父 / 母 / 家 / 教 / 艺 / 术 / 全 / 集

如何说，孩子才会听；
怎样听，孩子才会说

扫码收听全套图书

扫码点目录听本书

杨颖 编著

成都地图出版社

图书在版编目(CIP)数据

如何说,孩子才会听;怎样听,孩子才会说/杨颖编著. -- 成都：
成都地图出版社有限公司, 2018.12(2021.2 重印)
(父母家教艺术全集；2)
ISBN 978-7-5557-1110-0

Ⅰ. ①如… Ⅱ. ①杨… Ⅲ. ①家庭教育
Ⅳ. ①G78

中国版本图书馆 CIP 数据核字(2018)第 287500 号

如何说,孩子才会听;怎样听,孩子才会说
RUHESHUO HAIZI CAIHUITING ZENYANGTING HAIZI CAIHUISHUO

编　　著：杨　颖
责任编辑：游世龙
封面设计：松　雪
出版发行：成都地图出版社有限公司
地　　址：成都市龙泉驿区建设路 2 号
邮政编码：610100
电　　话：028－84884648　028－84884826(营销部)
传　　真：028－84884820
印　　刷：永清县晔盛亚胶印有限公司
开　　本：880mm×1270mm　1/32
印　　张：6
字　　数：160 千字
版　　次：2018 年 12 月第 1 版
印　　次：2021 年 2 月第 11 次印刷
定　　价：150.00 元(全五册)
书　　号：ISBN 978-7-5557-1110-0

前　言

蒙特梭利博士说："在帮助孩子健全发展的过程中，常被人忽视的，就是人性的特质——孩子精神上的需要。"因此，用沟通的方式教育孩子才是国际公认的优秀教育方法。

为什么不少孩子都会让爸妈这么怨声载道："这孩子怎么就喊不动呢？""我都说了 100 遍了，你怎么就不听呢！"怎么样说孩子才愿意听，愿意改呢？

说的再多都是唠叨。如果外来的刺激过多、过强或作用时间过久，就会使人感觉不耐烦，甚至产生心理逆反。如果真的需要批评孩子，那也要就事论事。有时候家长可以尝试用表扬代替批评，适当的宽容对待孩子，只要发现孩子比以前有一点儿进步了，都要给予鼓励，比如一个拥抱、一个掌声、一句鼓励、一个大拇指。

孩子也经常抱怨"为什么他们不问问我就这样了""我爸我妈咋这样呢"，而且这种抱怨的话有时候父母还不一定听得到！

显然作为孩子没有受到足够的重视与尊重，其自尊心受到了一定的伤害，心灵也受到了打击，久而久之，一个可爱活泼的孩子会变得沉默寡言，再也不愿意开口和父母交流，变成一个自闭、自卑、沉默的孩子！将心比心，做父母的应该把孩子当成朋友，消除彼此的隔阂。

本书围绕"如何说""怎样听"两个主题，结合现代实例，帮助父母懂得如何与孩子进行有效的沟通，在书中亲子关系中常见的场景中，告诉父母如何应对孩子不同的情绪，如何正确地听、说、做，通过一系列简单、实用、有效的方法，帮助你和孩子建立起一个能够快乐交流的平台，使孩子变得主动积极地与父母配合。掌握了这些技巧，就能开启孩子的心灵世界，与孩子达成美妙的交流沟通，让孩子在您的引导下身心健康发展。

2018 年 10 月

目 录
CONTENTS

扫码点目录听本书

第一章

告诉孩子，你真的很棒

你真的很棒 ／ 002

你让我们很放心 ／ 005

自信是你最大的财富 ／ 009

我们是支持你的 ／ 013

你遇事要沉着冷静 ／ 017

你要勇于实现自己的理想 ／ 019

你一定会有所作为的 ／ 022

你要做一个勇敢的孩子 ／ 027

你要勇于改正错误 ／ 031

第二章

鼓励孩子，你可以自己做决定

你要对自己负责任／036

你要尽最大努力做事／040

你要勇于承担责任／046

你要独立做事／050

第三章

告诉孩子，你要健康地成长

你要科学饮食／054

你要做个讲卫生的孩子／059

你要养成良好的生活习惯／066

你要养成良好的作息习惯／071

第四章

提醒孩子,学习决定未来

读书才是你的出路／076

你要勤于思考／083

你要做时间的主人／088

你要培养阅读的习惯／092

第五章

告诉孩子性是什么

我们会给你透明的性教育 / 100

我们会适当地对你进行性教育 / 103

我们会正确对待孩子手淫 / 107

我们不会回避性问题 / 110

第六章

告诉孩子，这个家你是重要的一员

我们会和你和谐相处 / 116

我们会拥抱你让你快乐 / 120

你要热爱家务劳动 / 124

你要养成孝敬父母的习惯 / 127

第七章
好好说话对你很重要

学会沟通的技巧 / 132

教孩子学会说和善的语言 / 135

加强女孩的语言表达能力 / 140

如何让孩子大胆地主动开口说话 / 143

给孩子表达意见的空间 / 149

给予孩子说话的自信心 / 152

第八章
孩子,你要待人友善

你要做一个乐于助人的好孩子 / 158
你要乐于与人分享 / 162
尊重他人就是尊重自己 / 166
你要试着欣赏别人 / 173
你要试着当志愿者 / 176
你要学会信任他人 / 180

第一章

告诉孩子,你真的很棒

扫码收听全套图书

扫码点目录听本书

你真的很棒

扫码点目录听本书

　　美国坦帕湾海盗队杰出的美式足球教练约翰·马凯在接受电视访问时，记者提到他儿子的运动天赋，问马凯教练是否以他儿子在足球场上的表现为荣，他的回答令人十分感动："是的，我很高兴小约翰上一季成绩不错，他表现得很好，我以他为荣。但是，即使他不会打球，我同样也会以他为荣。"

　　马凯教练的意思是，小约翰的足球天赋或许可以得到大家的认可和赞赏，但他个人的价值却跟他的球技无关。因此，如果他的儿子不会踢球，令人失望，仍不会失去他应有的尊严。小约翰在他父亲心目中的地位永远重要，并不受他在球场上的表现好坏所影响。

　　真希望世上所有的孩子都像小约翰这样幸福，拥有一个真正懂得孩子价值的父亲。

　　有的家长明知孩子并不是最聪明，也不是最优秀，却这样对孩子说："在我的心里，你是最聪明、最优秀的孩子！"这样的话给孩子树立信心，值得赞赏。要知道，信心是激发人的潜能的催化剂，失去自信心的孩子是很难取得进步的。世界上每朵花都有属于自己的美丽，何必要难为孩子做别人的复制品呢？不要将成功与孩子的智力联系在一起，因为成功并非都是源于聪明，自信和努力才是成功的关键。

作为家长，帮助孩子成长进步的最佳方法就是鼓励，并且一定要做到不失时机、持之以恒。尤其对那些不太自信的孩子，告诉他（她）：即使没有人欣赏你，你也要学会自己欣赏自己，相信你是最棒的！

很多孩子往往因自身的一些缺点对自己缺乏自信，不能正确地看待自己，对自己评价过低。所以，父母一定要在孩子小的时候教孩子学会欣赏自己、接纳自己，培养孩子的自信心。也许孩子的优点不多，值得骄傲的地方不多，但他（她）作为一个活泼可爱的孩子，一个生命力旺盛的儿童，身上一定有值得珍惜、值得欣赏的东西，家长帮助他（她）找到这些东西，便能帮助他（她）树立莫大的自信心。

（1）欣赏孩子的容貌。对容貌的欣赏是最直接的自我欣赏，因为容貌是外在的东西，直观可见，对容貌的欣赏最容易做到。给孩子准备一面镜子，鼓励他（她）每天在镜子前照一照，然后发现自己的优点和可爱的地方——比如，大大的眼睛、高高的鼻梁、白净的皮肤、小巧的嘴巴。也许你的孩子并不漂亮，但他（她）也会有许多值得欣赏的地方。比如眼睛很小但很有神，皮肤较黑但很健康，鼻梁不高但很秀气等等。不一定只欣赏优点，因为每个人都不可能十全十美，只有正视自己不完美和缺陷的人，才能接纳自己，才会真正地建立自信。

　　家长要善于启发孩子通过不同的手段，绘出自己的形象。比如，在地板上铺一张大一点的纸，让孩子躺在上面，请父母帮忙描出自己的轮廓，然后自己进行剪贴；也可以让孩子画自画像，使孩子进一步了解自己的外貌和身材。

　　（2）欣赏孩子的特长。　每个人都有自己的长处，在孩子小的时候，教孩子欣赏自己的长处，能促进孩子发挥特长，也可以使孩子时时保持自信。　无论孩子聪明与否，他（她）一定有自己所擅长的优势，要让孩子清楚地了解自己所长，善于发挥自己的长处。　比如，你的孩子很内向，不爱讲话，在一群孩子中很少引起别人注意，但他（她）很细心，做事认真，观察力很强，看动画片的时候，他（她）总是能注意到一些细节问题。　你要肯定孩子的优点，鼓励他（她）发扬这个优点。　最好告诉孩子，他（她）很仔细，能观察到很多细节，这是很好的优点，父母为他（她）高兴，如果他（她）能经常把自己看到的东西说出来就更好了。　这样，你的孩子就会认识到自己的优点，并加以欣赏。　比如，你家住在一个很大的房子里，条件不错，你要教孩子欣赏房子的宽敞、明亮，使他（她）懂得自己生活在这样的环境中很幸福。　如果你居住条件较差，要引导孩子发现房子的优点，比如，房子很小但光线很足，房子虽然光线不好，但很凉爽，你们一家人住在里面很开心等等。　让孩子从小就学会适应环境，不自卑也不自傲，在快乐中成长。

你让我们很放心

孩子成为什么样的人，与家长的态度有很大的关系。家长认为孩子会学坏、不争气，孩子会辜负家长，真的就会那样。比如，有的家长不认为孩子有控制能力，便处处监督孩子，孩子就真的管不住自己；有的家长觉得孩子不行，做不好事，孩子就真的很懦弱，没有锐气；家长怀疑孩子早恋，原本孩子没那回事，只是普通朋友，被家长一怀疑，不但早恋了，而且同居了；家长怕孩子染上网瘾，处处防范孩子，不让他上网，结果，孩子偷偷去网吧上网，耽误了学习……

最令人气愤的是，孩子各方面不够出色，家长还要责怪孩子，丝毫想不到自己在养育孩子的过程中，扮演了可恶的巫婆角色。

巫婆使用什么方法使得聪明的公主觉得自己很丑陋的呢？是因为巫婆每天都对她说："你的样子丑极了，见到你的人都会感到害怕。"公主相信了巫婆的话，怕被别人嘲笑，不敢逃走。

巫婆的魔力在于，她用否定性语言，扼杀了公主的自信，使公主失去对自己的正确认识，不敢逃走，使盖世的美丽、智慧藏在高塔之下。

吸取这则反面寓言的教训，我们多对孩子说肯定性语言，说孩子能做事，我们不担心孩子，说孩子诚实，说孩子有前途、说孩子行，哪怕孩子有一点点突出的表现，我们都描述出来。这样，孩子就会觉得自己行，能把事情做好。孩子对自己有信心了，自然会形成良好的心理定式，向好的方面发展。

环境影响孩子，如果孩子经常被消极的暗示所包围，孩子的思想、行为就会变得消极。如果家长处处担心孩子，处处觉得孩子不行，孩子的聪明、潜力、智慧也将被埋没，真的会成为无能、无用的孩子。

一个人只有在自己有较高的评价并认为自己一定会成功时，他才能成功。孩子的自我评价，等同于父母的观点。所以，父母一定要鼓励、相信孩子。

我见过这样一个画面。

一群孩子在荡秋千，秋千不是很高，看上去也很结实。可能是某个孩子的家长临时给孩子们拴的。几个孩子轮流着荡秋千。一名小女孩拉着妈妈的手，很羡慕地在观看。孩子们轮了一圈后，喊小女孩过来。小女孩看看妈妈，妈妈点点头，冲着秋千努努嘴。

小女孩是第一次玩，几个孩子很友好地鼓励她："别怕，可好玩了！两手攥紧绳子就行了。"秋千荡起来了，小女孩坐在上面，心怦怦地跳，脸红红的，洋溢着幸福的笑容。

从那以后，小女孩经常和孩子们一起荡秋千。玩皮球、踢毽子的时候，他们也会叫上小女孩。一个周末，小女孩想和几个孩子去福利院献爱心。7岁的孩子，能做什么呢？妈妈问："你能给老人们做什么？"小女孩说："我会唱歌呀！""可是，你从未出过家门呀！""妈妈，不用担心，我和几个哥哥姐姐一起去，我和他们在一起，我不乱跑。"妈妈还是不放心地对女儿说："我不担心你。"

女儿出发后，妈妈便尾随着女儿到了福利院，然后又跟在女儿身后回家。一路上，妈妈见到的女儿俨然是个小大人。回到家，女儿喳喳地说个不停。说自己唱的歌，可受爷爷奶奶欢迎了。妈妈不断亲吻女儿，说："我女儿长大了，能够给别人带来快乐了。"女孩幸福地笑着，说："我长大以后要当歌唱家，唱歌给爷爷奶奶听。"

妈妈笑了，眼里含着泪花。两年前，女儿还是个胆小的女孩，见了生人就哭、就躲。现在，女儿终于展开笑颜，敢于憧憬自己的未来了。这多亏自己教育观念的转变呀！如果像以前一样像小猫一样护理孩子，孩子或许还会像小猫一样缩在家里呢！

父母的教育观念直接影响孩子的发展，譬如孩子小的时候爱爬高爬低，如果父母担心孩子跌倒、碰伤而制止他，久而久之，孩子就会胆小怕事，不自信。如果对孩子撒手，在排除安全隐患以后，鼓励孩子做他想做的事情，那么孩子从父母言行里读出了支持，就不会缩手缩脚。 孩子的思维能力是伴随着孩子的行动发展起来的，放开手脚实践过的孩子，不但做事能力强，头脑灵活，对自己也更加有信心。 所以，请家长不必为孩子担心，因为他们可以的。

自信是你最大的财富

　　小泽征尔是世界著名的交响乐指挥家。在一次世界优秀指挥家大赛的决赛中，小泽征尔按照评委会给的乐谱激情地指挥演奏，突然，他敏锐的直觉告诉他：演奏中出现了一个不和谐的声音。起初，他以为是乐队演奏出了错误，于是停下来重新演奏，但感觉还是不对。他认为一定是乐谱有问题，可是在场的作曲家和评委会的权威人士都坚持说乐谱绝对没有问题，是他错了。面对一大批音乐大师和权威人士，他思考再三，最后斩钉截铁地大声说："不！一定是乐谱错了！"话音刚落，评委席上的评委们立即站起来，对他报以热烈的掌声——他获得了总决赛的胜利。

　　原来，乐谱中的错误是评委们精心设计的"圈套"，以此来检验指挥家在发现乐谱错误并遭到权威人士"否定"的情况下，能否坚持自己的正确主张。虽然前两位参加决赛的指挥家也发现了其中的错误，但却在权威们面前失去了应有的自信，因而被淘汰。小泽征尔却因充满自信而摘取了世界指挥家大赛的桂冠。

孩子，一个人只有先相信自己，别人才会相信你。 自信是一个人成功的必要条件，然而自信不能只停留在想象上，要有切实的行动。 如果你在生活中很有自信地讲话，很有自信地做事，久而久之就能成为一个优秀的人。 而那些常常自卑的人，他们并不是没有优点，没有可爱之处，而是缺乏自信。

先看一个同龄人的例子。

刘娜是一个读初一的女孩，她认为自己长得不够漂亮，无论是说话还是走路总爱低着头。同学们认为她性格内向孤僻，基本上都不喜欢和她交往，这使得她更加自卑。

不过，一个偶然的机会改变了这一切。有一天，她从学校门口的饰品店买了一个红色的蝴蝶结，店主不断赞美她戴上蝴蝶结很漂亮。刘娜不相信，但是心中很高兴，不由自主地昂起了头，连出门与别人撞了一下都没注意到。她脸上充满了从未有过的自信和微笑，一路昂首挺胸走向教室，迎面正好碰上了她的老师，"刘娜，你抬起头来真漂亮！"老师微笑着对她说。那一天，她得到了许多人的赞美，她想一定是蝴蝶结的功劳。回到家后，她迫不及待地往镜子前一照，想看看自己戴蝴蝶结的样子。可是头上哪有什么蝴蝶结？她忽然想起来可能是走出饰品店时与人碰了一下，把蝴蝶结弄丢了。这时她才发现，原来是自信让自己变得如此美丽。

孩子，无论是你是长相普通，还是你的成绩不如别人，你都不应该丢掉你的自信。自信可以让你更美丽，自信也可以让你变得更聪明。所以，孩子，你一定要使自己成为一个有自信的人，你可以试着用以下几种方法来培养你的自信心：

（1）克服自卑心理。你的长相、成绩、家庭条件都不能成为你自卑的理由。认为自己某方面不如别人只是你认识上的错误，你要改变这种错误认识。只要你对自己有信心，谁都无法看轻你。

（2）走路时抬头挺胸。一般而言，那些自信的人走路时都会挺胸抬头，那些自卑的人则常常低头弯腰。反过来说，挺胸抬头容易带来自信的感觉，低头弯腰则容易带来自卑的感觉。所以，孩子，走路时请你一定抬头挺胸。

（3）面带微笑。微笑是获得自信的一个很好的方法。当你在比赛、考试、公众场合发言，感到自己不够自信时，如果能够抬头挺胸，面带微笑，你就会发现问题似乎容易解决得多。

（4）大声讲话。大声讲话是建立自信的一个突破口。一定要敢于开口说话，不要怕说错，一定要放开音量。可以先面对镜子自己练，然后再在人多的场合练。

（5）多与人交流。多与别人交流是建立自信最有效的方法。多与别人交流、说话，既可以让别人了解你、尊重你，也可以锻炼你的胆量，增加你的自信心。需要注意的是，与别人交流时一定要敢于正视对方的眼睛，说话的口气要不卑不亢、果敢有力。

孩子，如果你自信，你要一直保持这种自信；如果你不自信，那么，从现在开始就要把自己训练成一个有自信的人！

我们是支持你的

人活着的目标就是过快乐的生活。 要定位孩子不同的人生阶段，必须从孩子现在的生命需求开始思考，这才是父母要留意的教养重点。 因为人生的成就本是依赖每一个不同阶段的学习累积而来的，没有人可以跳跃成长。 现阶段失去的，在未来某一段的人生里，总要补回来。 我们就不要再打击孩子的心灵了，以正确的心态来对待他们，才是让教养者减少烦恼之道。

孩子的父母最重要的工作不是赚更多的钱，而是尽快寻找专家，协助检视自己成长过程的哪一个阶段出现了问题。 从内在的觉悟去了解，将受伤的心灵修补后，才有能力用新的智慧协助孩子活出自信。

父母应该允许孩子自由地探索和研究。 如果你经常说"不"或"不许碰"，孩子就会失去探索的勇气和热情，他甚至会认为好奇是个不好的品质。 相反，如果改变家庭的环境，让孩子自由地去探索，那么他的探索精神就会最大限度地得到发挥。

11 岁的小祥是一名小学六年级学生。小祥学习从不主动，总是靠人监督，平时与小朋友游戏时也总是跟在别人后面。老师的评价是，"小祥对人、对事不感兴趣，比较冷漠，问话时一言不发……"为此小祥的父母很是着急，不知该怎么办才好。

一天小祥的妈妈回家刚打开门，就听见厨房里传来一声杯子破碎的声音。妈妈急忙跑进厨房，看见小祥正拿着扫帚手忙脚乱地收拾着，地上满是玻璃碎片，水和摔碎的鸡蛋流了一地。看着一地狼藉的样子，妈妈问道："你在做什么，是饿了吗?"看见妈妈进来，小祥小心翼翼地说："不是，妈妈，我是怕你责怪我，所以一着急才打碎的……"

妈妈询问后才知道，原来小祥看见书上说:用玻璃杯装满清水，拿一个鸡蛋放进杯里，然后把食盐一点点地放入杯子里，并且用筷子搅动，刚开始沉入杯底的鸡蛋，就会慢慢地浮到了水面上。听完儿子的话，妈妈笑着说:"我明白了，原来你在做'鸡蛋浮起来了'的小实验啊。你的想法很好，妈妈支持你这样做，现在我们一起重新做一遍怎么样啊?"

听妈妈这样说，小祥立即欣喜地动起手来。随着盐的增加，鸡蛋浮到了水面上，小祥高兴地叫起来:"浮起来了，浮起来了!"随即，妈妈给小祥讲了水里加入盐后浮力增大的道理，还告诉他在水里放入其他东西溶化后也可以使浮力增大。这以后，小祥经常会给父母演示一些科学小实验。

父母往往认为孩子的主要任务是学习。糟糕的是，你以为孩子是个空桶，给什么，装什么；孩子是张白纸，画什么，是什么。因此忘记了，孩子是一个有个性、有思考、有追求的主体。他们的个性、思考能力，以及对未知世界追求的欲望和能力，是与生俱来的。

爱迪生什么大学也没有上过，小学也总共上了三个月。爱迪生的老师就是他的妈妈南希。南希看到爱迪生特别喜爱物理、化学，就买了本《派克科学读本》给他。这是当时的一本著名著作，里面讲了许多物理和化学实验，有简单扼要的说明和详细的插图。小爱迪生更加入迷了，凡是能够做的试验，都要自己做一做，做不成就不罢休。

爱迪生孜孜不倦地努力，反复实验，不断地总结教训，终于登上了科学的高峰，发明了电灯，发明了留声机，发明了电影放映机，完成了1300多项发明，成为举世皆知、令人敬仰的大科学家。

父母应该对孩子有创造性的想法给予表扬和鼓励，尽可能让孩子经历成功的喜悦和体验，产生"自我激励"的心理状态，提高自信心。这样，在父母的鼓励下，不仅能培养孩子的创造精神，还能锻炼他的动手能力，以及应对挫折和失败的韧性，这些都是考试成绩无法带来的。

由此可见，培养一个孩子的创造力是很重要的，以下几个方面对培养孩子的创造力十分重要。

（1）保护和激发孩子的好奇心。好奇是幼儿的特点之一，是探索知识奥秘的动力。好奇心愈强，想象力愈丰富，创造性就愈高。孩子对许多事情都感到好奇，凡事都想弄个明白。手电筒为何发光？不倒翁为什么推不倒？孩子想要弄明白，会把手电筒和不倒翁拆开。父母千万不能指责、制止。孩子平时捶这打那，全是好奇心所致。好奇是探求、创造的动力源。

（2）让孩子具有创造性思维。父母在教育孩子的时候，要善于激发孩子的求知欲和求知兴趣。要放手让孩子多做力所能及的事，给他尝试的自由。即使孩子做错了，也要因势利导，使他不怕失败，勇于进取。

（3）多和孩子沟通。父母可以找一些通俗有趣的故事和童话多念给孩子听并讨论其中的情节。孩子的脑子像是一部录音录像机，你若注意教他语言和思考，让他聆听好的作品故事，讨论故事的情节，他的分析能力、思考能力和表达能力一定会有惊人的进步。

你遇事要沉着冷静

孩子成长的过程中，可能会遇到各种各样的危险和挑战，比如做事不顺、生病、独自出行遇到坏人、利益诱惑、灾难、朋友反目等。如果孩子处理得不好，那么后果将不堪设想！

放学回到家，阳阳撂下书包就走到妈妈身边说："老妈，明天我要和同学去郊外玩！骑自行车！"妈妈一听骑自行车去郊外，有点担心，再看儿子满脸憧憬的神色，就答应了。

儿子出发前，妈妈最后一次叮嘱了儿子骑车出行的注意事项后，前前后后检查了一遍儿子的自行车，把手机塞到阳阳的背包里。

说好了傍晚6点准时回到家，可是7点还没有见到儿子的影子。妈妈眼前开始晃动各种不测，车祸？迷路？车坏了？被绑架？徘徊了许久，忍不住给儿子打了个电话。

电话里传来儿子焦急的声音："同学的自行车坏在半

路了，我们正在想办法！哎呀，急死人了！"妈妈从儿子带着埋怨的声音里，听出了慌乱。

"你们在哪条路上，决定怎么办？"妈妈问。

"在高新技术开发区外的银河路上，我们等了1个多小时也打不到车。"儿子的声音里带着哭音。

"从银河路上下来，你们会看到一个站牌！在那里能够打到车！你们不妨试试！别慌，保持镇定！"妈妈叮嘱儿子。

儿子犯难："一辆车租车也放不下这么多人呀？"

妈妈说："那就多打一辆车，打不到车就一部分人坐车，一部分人骑自行车回来！怎么样？"儿子在电话那头说："成！"

儿子回到家后，滔滔不绝讲述着今天的游玩，最后对妈妈说："要不是您，我们可能到现在还回不来呢？"

"瞧你们一个个的，在家里鬼主意多着呢，一出门就傻眼了。世上无难事，只怕有心人。遇到任何事情一定要镇定，不要慌乱，只要分析一下形势，静下心来就能想出好方法！"

儿子点点头："嗯！多出去几次我就有经验了，这次收获可真不小。"

只有多历练，多接触社会，孩子才有经验，遇到事情才会心里有底，不至于慌乱。否则，孩子难以独立，会因为软弱、没有经验而"临事慌乱""临阵脱逃"，甚至失去正确的判断，而惹来灾祸。

你要勇于实现自己的理想

　　父亲和读五年级的儿子坐在一起看电视。孩子见屏幕上的那个律师口若悬河、滔滔不绝，一会儿引经据典，一会儿举例证明，说得个个点头称是，敬佩之心不禁油然而生，便转身对父亲说："爸爸，我以后也要当个律师。"父亲立即说："好啊！我支持。不过，当律师可不是很容易的，必须熟悉很多很多的法律法规，许多条文都必须背得滚瓜烂熟，如果磕磕巴巴，谁会来请你呢？可你，现在连书都懒得背。你想当律师，从现在起，我看就要每天背一首诗，先把记忆力练练好。"听父亲这么一说，孩子就不作声了，心里却在想：那我还是不当律师算了。后来，孩子看一部反映特警战士的纪录片，看到高潮的时候，对旁边的母亲说："妈妈，我以后也要当特警。"接着在沙发上摆了几个招式。母亲说："这很好啊！我赞成。不过现在你必须好好读书，因为特警的要求很严格，不但要有丰富的科学文化知识，而且还要跌打滚爬，还要有不怕吃苦的精神。你呀，一点苦都吃不起，体育成绩也一般。以后，每天早晨早点起床，好好去锻炼锻炼。"孩子经母亲的这一番教育，想当特警的念头也一下子荡然无存了。

　　孩子在接触各种新鲜事物时，会自然而然地萌发自己的理想，这是很好的事情。对孩子的理想，父母如果觉得是合理的，就应该给予支持。但支持不是简单地说句好，也不是马上提出要求，并要孩子为实现理想去奋斗。支持是要讲究方式方法的，是必须充分考虑孩子的心理准备和接受能力的。像上面例子中的父母，从主观上说，他们对孩子的理想都是热情支持的，但从客观效果来说，实际上都是扼杀。主观愿望和客观效果完全相反。为什么会这样呢？这是因为：孩子在接触新事物时刚刚萌发的这种理想，是非常稚嫩的，不成熟的；是感性的，非理性的；是临时的，没有多少准备；是理想之苗，但不能说不是理想。对这种处于萌芽状态的理想，做父母的如果用纯理性的、非常严格的终极标准来要求孩子，并希望孩子能马上付诸实践，这就会使孩子感到措手不及，感到目标实在太遥远了，根本无法实现，因而觉得还不如放弃。每个孩子都应该有自己的理想，但理想的确立需要一个由初步设想到牢固树立的过程。在它的萌发之初，需要点拨和引导，需要精心呵护。对孩子的理想，不理不睬是错误的，拔苗助长也是错误的。如果我们都用这样的态度来对待孩子的理想之苗，那么，也许孩子永远也不可能树立稳固的理想。

　　怎样才是对孩子理想的真正支持呢？真正的支持应该建

立在对孩子的充分理解和尊重的基础之上，必须以孩子的现实准备为前提，然后进行适当的启发和诱导，不是说教，不是命令，也不是趁机提条件。 比如，当孩子提出以后想当律师时，你不妨这样说："看来，当律师倒是很不错的。 孩子，你说，那个律师为什么说得那么好，让那么多人都敬叹不已? 不知道他小时候读书怎样?"这样可能让孩子自己去思索；或者也可以这样说："想不到你想当律师，这个理想好! 我支持。 孩子，你想想，当律师最需要什么才能?"总之，对孩子的理想之苗，家长要一点点地培养和扶持，要细心浇灌和滋润，不要一见小苗，就立即倾盆大雨，恨不得让它明天就成为一棵大树。

你一定会有所作为的

孩子在父母不断地激励与鼓舞下会不断地树立信心。父母的支持与赏识是增强孩子上进心的内在动力，也是充分挖掘孩子潜能的一种无形的力量。

罗纳尔的成绩很差，每次考试总是在倒数几名。老师一直说他无可救药了，连他自己也觉得这辈子不可能成功。为此，他一直很沮丧。

有一天，老师兴奋地在班上宣布，著名的学者罗森·索索尔要来班上做实验。

罗森是研究人才学的专家，据说他有一种神奇的仪器，能预测出谁在未来会获得成功。

罗森只是到班上转了几圈便没了踪影，罗森的几位助手为学生们做了一次例行体检，除了体重计、血压计、听诊器之类，也没有什么神秘的东西。体检和学校平日组织的没有任何两样，只是助手多和孩子们拉了几句家常，问了些诸如"住哪儿""父母是干什么的""希望将来干什么"之类的话。

一天，老师神秘地点了五个同学的名字，请他们到办公室来一下。罗纳尔紧张得很，以为自己又没考好，是不是去挨训？其余几个同学也莫名其妙，因为他们的学习成绩平平。

办公室里坐满了老师，还有久违了的罗森·索索尔以及他的助手。"孩子们，"罗森和蔼可亲地说，"我仔细地研究了你们的档案、家庭以及现在的学习情况，我认为你们五个人将来会成大器的，好好努力吧。"

罗纳尔以为自己听错了，可是看看在场别人的表情，他知道这是真的。

从办公室出来，罗纳尔觉得自己脚步轻松了许多，他想："原来我还有希望，罗森是这么说的，他的预测一向是准确的，我要努力！"再看看其余四个人，罗纳尔觉得他们也全部面露喜色。

"罗森说我会成大器的。"罗纳尔一直这么激励自己，很快，他的成绩跃居班级前几名，当然被罗森点到的几位同学也都名列前茅。

十五年后，罗纳尔顺利地从哈佛大学数学系取得了博士学位，在毕业典礼上，他见到了久违的罗森教授。罗森头发白了，但罗纳尔还是一眼认出了这个他生命中最重要的人。罗森竟然还记得罗纳尔，热烈地向罗纳尔表示祝贺。

"可是，"罗纳尔最终还是忍不住地问了起来，"您是凭着哪一点确信我一定会成功的？当时连我自己都绝望了。"

"孩子，我给你看一样东西。"罗森请罗纳尔到自己的电脑室去，在那里，他调出了罗纳尔的全部资料，包括从他们那次实验后的每次考试成绩记录、就读的大学的情况。不仅有他的，还有其余四个人的。罗纳尔一点也不明白是怎么回事。

"那次实验到现在才结束，实验的题目是《语言的激励作用对人的影响》，我们一直对你们五人进行跟踪调查，实验大获成功。实际上，我并不知道你们都会成功，但除了因车祸而亡的丽达，你们都成功了。我只是从花名册上随便勾出五个人名，在此之前我对你一点也不了解。实验表明，帮助孩子培养对自己能力的信心，更能发挥孩子的潜力，因为人类会经常被自己心中的信心所引导，小孩也不例外。"

罗森·索索尔的这个实验是心理学上著名的实验，这是利用语言的暗示功效来培养人的自信心。罗纳尔正是在鼓励之中唤起信心而获得成功的。

现在，很多做父母的对孩子要求很严格，有错误、缺点从不放过，发现了就及时批评教育。这种不姑息、不袒护、不放任的态度是对的，也体现了对孩子殷切的爱，但教育效果并不是很理想。什么原因呢？原因在于只是一味地批评，不符合孩子的心理特点。

孩子的信心来源于父母有效的夸奖。孩子需要夸奖，需要鼓励。"夸"不仅仅表明了父母的信心，同时也坚定了孩子的信心。只有孩子对自己充满了信心，父母才能培养出优秀的人才。那么，家长具体要怎样去赞扬和鼓励孩子呢？

（1）不要给孩子消极的期望。当一个家长要求孩子第二天早晨自己收拾书包时，应该说："我相信你能做到这一点。"而不是说："你能做好吗？"后一种说法会使孩子自己也怀疑自己是否有完成这个任务的能力，在具体做的时候就不是努力去做，而是容易气馁，半途而废，招致失败。

（2）不要对孩子提出不合理的高标准。家长和老师都希望孩子上课能够时时刻刻专心听讲，每天都能够做到作业本整整齐齐，穿着干干净净，然而，这对于上幼儿园、小学的孩子来说大多数人是不可能做到的。所以，家长不能对孩子期望过高，不要使孩子觉得他们始终达不到预想的标准，这样的孩子会过早地失去童真和快乐，也会失去自信。

（3）重视孩子的贡献、自身价值和优点。要想使孩子感觉良好，就要使他们感觉到自己是有用的人，并且知道他们的贡献确实有用，受到重视。

很多家长说自己孩子时，总是把他们说得一无是处，在家里又什么都不让孩子做，因为孩子做什么都难以达到家长的高标准。要想使孩子觉得自己有用，家长应该客观地评价自己的孩子，肯定孩子的长处，帮助孩子用自己的特长为家里做出一份贡献。

例如，孩子擦玻璃擦不干净，但是擦其他的东西做得很好；扫地扫不干净，但是去取牛奶、买早点却很麻利……家长总能发现和培养出孩子做某件事情的特长，使这件事情成为孩子的"专利"，常常赞扬他，鼓励他越干越好。这样，孩子当然会为自己在家庭中的"重要位置"而感到自豪和自信。

（4）鼓励每一个进步，而不是关注最终的成就。家长常常关注孩子的考试成绩，或者关注孩子参加什么比赛得了几等奖，却容易忽视孩子平时的每一个微小的进步，这样做的结果会使孩子索性不去尝试每一个微小的努力，因为他一下子看不到长远的结果，又缺乏耐心和意志。因此，家长需要对孩子的每一个进步都有鼓励，使他们的正确行为得到强化。

你要做一个勇敢的孩子

很多父母都说过，自己的孩子非常胆小，每天都跟在父母后面，一刻也离不开，不敢独自出去玩，不敢和陌生人说话，不敢一个人睡……作为父母，谁不愿意自己的孩子具有坚强的意志和勇敢的精神？期望自己的孩子将来成为"龙"或者"凤"？但是看看自己的孩子，一副胆小怕事的样子，将来怎么会有出息？心里难免会有些失望，而勇敢的精神不是天生的，完全可以通过后天科学的心理训练，耐心地教育、培养出来。

勇敢是指敢于做自己力所能及的事情，下面这个男孩就是一个例子：

尚波一家在天津做生意，家里很富裕，一些当地的绑匪早就瞄上了他：

一天，尚波放学回来，在路上遇到一个陌生人，说是他父亲的朋友，去他家里拿一个影碟，让尚波带路，说着就把尚波推上了一辆面包车。面包车发动后，尚波发现不是去自己家，而是朝着另一个方向去了，这时他知道自己被绑架了。

车子开到了一个平房附近，尚波被绑匪带进去绑了起来。到了晚上，绑匪开始给他的爸爸打电话，不停地勒索钱。到了深夜，尚波想，如果这样下去，爸爸肯定会被这伙绑匪要挟控制，自己不能就这样在这里等死。勇敢的他向绑匪喊了起来："这样下去会死人的，死了人，我爸爸就不给钱了。"绑匪把尚波腿上的绳子解开了，尚波的腿自由了！歹徒走远后，尚波把嘴里的棉布吐出来，用衣柜的角磨断了绳子。现在他能移动了！趁绑匪打瞌睡的时候，他偷偷地从门缝里溜到了外面，正好碰见一个老大爷半夜出来上厕所，好心的老大爷报了警，最后警察抓住了这伙绑匪。

勇敢就是一个人能够积极应对各种突发状况，遇事不惊慌，能够想办法自救或者求助他人。就像尚波一样，如果他一被抓住，就在车里大哭大闹，说不定小命早就没了，相反，尚波的做法，才能称得上是勇敢。

勇敢是孩子应该具有的一种良好的品质和习惯，勇敢和勤劳一样，也是中华民族的传统美德：每一个孩子无论是在学习中，还是在生活中，要想获得成功，勇敢是必备的条件之一。从小就养成孩子勇敢的习惯，是家庭教育中的重要环节，作为家长，应该怎样培养孩子勇敢的习惯呢？

（1）对孩子进行榜样教育。榜样的教育作用对孩子来说，效果是非常好的。 很多英雄在追求真理的过程中，在遇到困难和危险时，都能表现出勇敢献身的精神，令人敬佩，这些都是最值得孩子学习的地方。

我们的朱德总司令，在他年少时，就经常从隔壁老匠人及私塾先生那里听到关于太平天国石达开的故事和清朝末期朝廷昏庸腐败的故事。故事中的英雄形象深深地印在了少年朱德的脑海里，从内心深处激发了他的革命英雄主义精神，促使朱德走上了革命道路，同时也成就了朱德为革命事业英勇奋斗、矢志不渝的光辉人生。那时候，朱德还是一个孩子，他还不到14岁。

孩子的人生观、道德观以及性格和习惯等都是在多种环境影响下逐渐形成的，这是一个漫长而复杂的过程，在这样的过程中，孩子尤其需要父母的关心和支持，作为家长，应该培养孩子养成勇敢的习惯，多讲讲那些大智大勇的英雄故事，指导孩子学习英雄人物的勇敢品质。

（2）让孩子养成正确的思想，树立远大的理想。 从心理学上看，孩子的思想制约着他的性格和习惯的形成。 如果孩子从小就养成了为社会、为人民服务的思想，树立了远大的共产主义理想，那么，孩子就会养成符合人民利益要求的勇敢的习惯，否则，勇敢也会变成鲁莽、粗暴、蛮不讲理。

（3）言传身教，给孩子创造一个良好的环境。 在生活中，父母是孩子最亲近、最可信任的人，也是在一起时间最长的人。 因此，父母在生活中对他人、对家庭、对集体、对社会，都要勇敢地去承担各种责任，不要给孩子造成一种"各人自扫门前雪，不管他人瓦上霜"的印象。家中来了客人，要让孩子主动问候招待，勇敢地和客人交谈；与别的孩子闹矛盾，要鼓励孩子勇敢地承认错误；学校布置的活动，要鼓励孩子积极参与；在上课的时候，鼓励孩子勇敢地发言；家中事务，要鼓励孩子发表意见。这样，给孩子创造一个良好的环境，孩子的勇敢品格才会在学习生活的实践中逐渐形成。

你要勇于改正错误

有很多"恨铁不成钢"的父母会揪着他们认为的"笨孩子"的耳朵，或者用尺子狠狠地敲打不听话孩子的手，跟他们讲道理，他们认为"不打不成材"，痛了才能记忆深刻。其实，这样的做法其成效是微乎其微的。可以想象一下，即使大人将孩子的耳朵揪红了、手指打肿了，也很难让孩子变得真正"听话"。这样的惩罚方式对孩子来说是残酷的，孩子不但不能因此而聪明起来，反而可能变得更加桀骜不驯。实际上，孩子只有借助不断地锻炼与汲取操作的经验，能力才能增强，而不是靠蛮力来惩罚。

很多父母都觉得"批评"或"奖赏"孩子的做法是促使孩子进步的动力和健康成长的保障。因此，在学习和生活中，孩子表现得好，或考试多拿了几分，会得到巧克力；表现不好，或考试没达到大人理想的结果，就会受到惩罚。他们固执地认为，教育孩子主要就靠"夸奖"和"惩罚"这两个手段，这才是教育好孩子的有效绝招。

然而，大量的教育研究证明，在孩子的教育过程中，有一件事情是绝对不能做的——那就是以夸奖、惩罚或打着"改正孩子错误"的旗号对孩子进行干涉。有的父母可能会着急：夸奖和惩罚都不能用，那要怎样才能让孩子改正错误，帮助他们走上正道呢？

　　事实上，若父母习惯于对孩子进行夸奖和惩罚的话，孩子就很容易对父母的行为产生依赖——父母鼓励，他们就做；父母呵斥，他们就停。他们无法拥有自发做事的激情，一切的动力和细节约束都必须依靠父母来提供，丧失自我约束的能力。这将是非常糟糕的一件事，对塑造孩子的性格也是有害无益的，可以设想一下：当孩子激情满满地投入自己喜爱的游戏或工作中时，父母不停地干扰，若孩子做得好就奖励一根棒棒糖，若做得不好就不带他到公园玩，孩子动不动就要停下来接受奖励或者惩罚，这很容易影响孩子工作的纯粹性和积极性，也会扰乱孩子工作时的专注力和精神创造的自由，还给孩子带来一定的精神压力。

　　和大人们一样，孩子一旦做自己喜欢的事，就会忘记一切。这时任何的奖励和惩罚都不能与他们手里的"工作"相比，对他来说都是干扰，会打消他的热情和积极性。设想一个孩子在搭积木，他想搭一座高塔，但是因为方法不对，他不断失误，但他并没有失望，还是愿意尝试。可父母却因为孩子把积木弄得满地都是而要惩罚孩子，愤怒地骂他很愚蠢，还用戒尺打他的手。这种伤害不单是肉体上的，更会在心灵上造成创伤，孩子也许真的就认为自己很笨，从而对自己失去信心。这样的教育方法是错误的，对孩子的成长不会有任何帮助，更不能改正孩子的错误。俗话说，"熟能生巧"，其实，让孩子改掉错误最好的办法就是让他在"工作"中反复练习，直到应用自如，呵斥或奖励是解决不了根本问题的。

此外，父母对孩子的指责并不是针对孩子错误的本身，而是在重复陈述连孩子自己都明白的缺点，因此，对孩子改正错误是没有任何帮助的。我们所要做的就是如何帮助孩子进行更多的训练，并且告诉孩子错在哪儿，引导孩子如何加以纠正。要知道，孩子也渴望完善自己，这种渴望甚至比我们的期待更要强烈，我们应该及时为孩子提供训练的工具和环境，满足他们的这种渴望。

首先，可以锻炼孩子敏锐的观察力。在日常生活中故意安排一些显而易见的错误，让孩子来纠正，以此锻炼他们发现错误的能力，在改正错误的过程中，不断完善自己。若挑错改错，对孩子而言，成了一件"好玩"的事情，那也就会成为孩子的兴趣所在。例如，父母和孩子做"按命令行事"的游戏时，可以递给孩子写着这样的话"到外面去，关上门，然后回来"的纸条，让孩子按照纸条上的命令去做，若孩子仔细研究这句话后，然后依照命令行动起来，在行动过程中他就会发现问题："如果我把门关上了，我怎样才能回来呢？"这样他就会发现"命令"中的错误，并且纠正过来。

其实，犯错并不可怕，任何人都不是十全十美的，大人都经常犯错，何以对孩子如此苛求。印度诗人泰戈尔曾经说过："如果把所有的错误都关在门外的话，真理也要被关在门外了。"小错误还是成长的资源，是孩子的另一个学习渠道。例如，当孩子在跌跌撞撞学习走路的时候，不免会犯下无数个小错误，然而他们都通过自己的力量克服了，并因此更健壮、更灵活；每个孩子都会欺负别人也会被人欺负，但可以从中学会自我保护；孩子砸烂东西、伤害小动物，却可以从中学会怜悯、爱惜和承担责任。

正是由于错误的存在，孩子做事才变得越来越熟练和准确无误。孩子是通过改正一个个错误得以成长和进步的。孩子若缺乏改正错误的能力，很容易变得自卑和软弱。因此，父母不能总是尝试代替孩子改正错误，因为你们不能做孩子一生的"校对师"，这样做只会剥夺和破坏孩子自身的修正能力。

第二章

鼓励孩子,你可以自己做决定

你要对自己负责任

著名教育家茨格拉夫人说过:"必须教育孩子懂得他们不同的一举一动能产生不同的后果,那么随着时间的推移,孩子们一定会学得很有责任感的。"

父母在教育孩子的同时,一定要让孩子明白:每个人都应该为自己的行为负责,无论好坏,都要承担其后果。这是父母在教育孩子时一定要着力培养的良好习惯。不论孩子有什么过失,只要他有一定的能力,就应当让他承担责任,这才是父母真正的爱心。

一位法国妈妈带着7岁的儿子到一个中国朋友的家里做客。

这位中国的女主人对外国友人的到来非常重视,特别学习了西餐的做法。她对外国母子说:"今天我做西餐给你们吃,你们尝尝中国人做的西餐味道好不好。"

小男孩听女主人要给她们做西餐,心想:中国人做西餐肯定不好吃。于是，当女主人问他吃不吃的时候，小男孩坚定地回答："我不吃。"

等女主人把西餐端上来的时候，小男孩被眼前的汉堡吸引住了。这么好看的汉堡，味道肯定很好！小男孩有点迫不及待地对妈妈说："妈妈，我要吃汉堡。"

女主人很高兴小男孩能够喜欢自己的汉堡，就高兴地把汉堡端到小男孩面前，说："来，宝贝，吃吧！"

谁料，这时男孩的妈妈严肃地对女主人说："不行，我儿子说过他不吃西餐，他得为自己所说过的话负责，今天他不能吃汉堡！"

男孩着急地哭起来："妈妈，我要吃汉堡！"但是，男孩的妈妈根本不为所动，只是对儿子淡淡地说："你得为自己说过的话负责。"

女主人看着，觉得男孩的妈妈也太认真了，就说："给他吃吧，孩子总是这样的。"

男孩的妈妈正色对女主人说："亲爱的，我们要培养孩子的责任心。"

最终，无论男孩怎样哭闹，妈妈就是不同意让他吃汉堡。

事实确实如此，只有让孩子懂得自己的行为将会产生什么后果，他才会对自己的行为负责任。

在现实生活中，父母要试着把孩子生活中的每一项责任都放到他自己的身上，让孩子自己承担。比如，当孩子遇到麻烦的时候，你应该说："这是你自己选择的，你想想为什么会这样。"而不要对孩子说:"你已经努力了,是爸爸没能力帮助你。"虽然只是一句话,却反映出了观念的不同。 如果你无意中帮助孩子推卸了责任,孩子将会认为自己无须承担责任,这对他以后的人生道路是很不利的。

如今,很多父母都不太重视培养孩子的责任心。 当孩子遇到一些事情的时候,父母总是替孩子完成,希望能为孩子留出更多的时间去学习。 其实,责任心是孩子做人、成人的基础。 因为有责任心的人,首先要有一定的道德水准,否则他就不可能对事情负责任。 责任心也是做事情的标准之一,没有责任心就不可能认真去做事。

父母培养孩子勇于承担责任的好习惯需要注意以下几个方面。

(1)听取孩子对家庭生活的建议。 父母可以适当地与孩子谈谈家里的花销添置及人事来往,并请孩子谈谈自己的看法,或者请孩子出主意想办法。 当父母经常聆听他们的意见,采纳他们的有价值的建议的时候,孩子就会在心中产生对家庭的责任感。

(2)不要鼓励孩子告状。 如果孩子常在父母面前说别人如何如何,那么,他就是在学着怪罪别人。 作为父母,您要是听从孩子的告状,就等于是对他们说:"妈妈会帮你处理这些事情。 妈妈知道你还太小,应付不了这个。 所以只要任何应该让妈妈知道的事,就要告诉妈妈。"这种态度对孩子的成长很不利。 一般来说,对孩子的告状,妈妈应该说出自己的想法:"我不喜欢你打别人的小报告。"当然,父母必须考虑到安全的问题。 如果别的小孩正在做比较危险的事情,孩子跑过来告诉你，你肯定要重视。

（3）让孩子心中有爱，关心他人，善待他人。 父母要培养孩子对社会的责任心，必须要求孩子主动关心老人、病人和比自己小的孩子。 父母生病的时候，让孩子学会照顾父母。让孩子知道父母的生日，鼓励孩子给父母送上一份生日礼物。

（4）让孩子做力所能及的家务劳动，培养孩子对家庭的责任心。 父母要把每件要求孩子做的事情，对孩子交代清楚，保证孩子能完全理解。 耐心指导孩子做家务，以鼓励、表扬、奖励等方式对孩子进行积极的反馈。

孔子说："爱之能毋劳乎？"如果我们爱孩子，就让他们在劳动中学习吧。 学习承担责任由生活内涵做起，换个角度看事情，请不要再剥夺孩子学习的机会了。

你要尽最大努力做事

著名教育家陈鹤琴先生曾提出："凡儿童自己能够做的，应该让他自己做；凡儿童自己能够想的，应该让他自己想。"因此，要培养孩子成为强者，父母首先要鼓励孩子做一些力所能及的事情。若是孩子实在太小，有些事做不了，父母代劳一下情有可原。但是，他力所能及时，父母应该教他如何做好自己的事。

要培养孩子自立、自强，首先就必须让孩子从小养成动手做事的良好习惯。凡是孩子自己能做的事情，我们要尽量让孩子学着去做，如早晨起床以后，可以安排孩子扫扫地，晾晾鞋子，洗洗手帕、袜子等；饭前抹抹桌子，准备碗筷、摆放椅子，饭后一样一样收拾、洗刷；还可让孩子参与择菜、择葱、剥蒜、洗生姜等做饭类的家务活；爸爸妈妈下班回家后，可以叫孩子送条毛巾揩汗、倒杯水喝、打点水洗脸、拿把扇子扇风、搬椅子让爸爸妈妈坐着歇会儿……

当孩子遇到困难时，家长不要一味包办，要先让孩子自己想办法解决。如果孩子确实没有能力解决，也不要直接帮助孩子做，只要给他解决问题的方法就可以了。比如，当孩子不会拉拉链时，父母不要直接帮他拉上，而应给他提供一些能帮他学会拉拉链的动作。虽然父母替他们扣扣子、拉拉链会使这些事更快做完，但若给孩子时间来练习与掌握这些技能，则可增强他们的动手能力。

孩子刚开始动手做事时，可能会显得笨手笨脚，甚至会把事情弄糟，这个时候家长千万不要呵斥孩子，而应该耐心地把动作解释清楚并做示范，让孩子看得懂听得清，然后再让他练习。孩子大都胆子小，做事前可能会有顾虑——怕把事做坏了。这时，家长要及时地给孩子树立坚定的信心，打消孩子的顾虑。这样，孩子以后就会大胆地做事了。

儿童文学家吉姆·法里说："人应该有探索，有追求。这些都要从培养独立性和主动性做起。"想让孩子独立自主，就千万不要把孩子当成弱者来看待。父母能干，培养出的孩子未必能干。爱孩子当然没错，可是爱有很多种方式，为什么偏要选这种有害无益的呢？

让孩子独立和爱孩子并不矛盾，不要舍不得放手，不要一厢情愿地心疼孩子。爱他，才更要让他学会自食其力。其实，孩子并不像我们想象得那样脆弱。

周末，刚吃过晚饭，方倩带着六岁的女儿小玖到小区旁边的夜市闲逛。突然，小玖的腿就像被什么东西粘住了一样，方倩一看，原来她盯着一个笼子里的小白兔在看。方倩催小玖到别的地方看看，但小玖开始大吵着要方倩给她买只小白兔。

　　看着小白兔那可爱的样子，方倩开始动心了。但一想到自己上班那么忙，还要抽出时间来照料小白兔，她又开始犹豫了。聪明的小玖似乎看出了妈妈的心思，露出恳求的表情对妈妈说，自己会照顾小白兔。最后方倩只好向女儿投降。

　　把小白兔带回家后，小玖很积极，又给小白兔洗澡，又喂它吃东西。

　　但仅仅过了一个星期，小玖就不愿意照顾小白兔了，觉得照顾它太烦人了。于是，方倩每天下班之后，在自己已累得要命的情况下，还要帮小玖照顾小白兔。方倩开始有些后悔给小玖买小白兔了……

　　其实，方倩的错不在于给小玖买小白兔，而在于把本应由小玖承担的责任揽了过来，这不仅让自己很累，而且失去了一次培养小玖责任感的机会。

　　培养孩子的责任感，应该是家庭教育中的一项重要内容。所谓责任，就是做好自己分内的事。每一个人在社会上都会同时扮演不同的角色，而不同的角色承担着不同的责任。比如，方倩在公司是会计，她的分内工作是会计工作，她承担的责任就是把会计工作做好；在家里，方倩是小玖的母亲，照顾好小玖也是她应承担的责任：买小白兔是小玖提出来的，小玖是小白兔的拥有者。作为拥有者，小玖在享受拥有小白兔的特权时，也应该照顾好小白兔，她必须承担起照顾小白兔的责任。因此，方倩应给小玖创造自己负责的机会，以培养小玖的责任感。

对于孩子来说，责任感是一种极其重要的素质，它是提高孩子承担能力的"催化剂"。有责任感的孩子，会自觉、自爱、自立和自强。可以说，责任感是孩子走向成功和幸福人生的必备条件之一，而缺乏责任感的孩子成年后会遭遇很多困难。

尽管孩子现在还小，但他总有一天要进入社会。孩子成年走向社会后，将要承担许多社会责任：作为儿子（或女儿），他（她）有责任让自己的父母安度晚年；作为父亲（或母亲），他（她）有责任让自己的子女受到良好的教育；作为丈夫（或妻子），他（她）有责任让自己的配偶过上安乐的日子；作为公司员工，他（她）有责任做好自己的本职工作……这些责任，不存在"想不想承担"的问题，而是"必须"的。

但是，现在有相当多的家长不注意培养孩子的责任感。他们不知道，自己为孩子做的很多事情，本应是由孩子去做的。有可能因为家长太忙，也可能缺乏相应的知识，总之，有很多家长不愿花时间去训练孩子，让孩子学习做一些他们力所能及的事情。像方倩这样，一看到小玖嫌烦，为了图省事，就把照顾小白兔的活儿揽了过来。她从没想过要通过让孩子动手来提高能力，其实对孩子是不公平的。

家长的责任，不是包揽孩子的一切事情，而是培养孩子的社会责任感和基本的社会生存能力。只有这样，当孩子长大成人，走向社会之后，才能通过自己的奋斗成为一个成功和幸福的人。因此，家长一定要牢记一条原则：不要替孩子做任何他自己能做的事情。

家长包揽了孩子自己能做的事，就是剥夺了孩子自己动手解决问题的机会，使孩子缺少获得成就感的体验，这种体验是形成孩子责任感的关键。不仅如此，家长包揽了孩子的事，会让孩子认为自己需要家长的照顾，并且理应受到家长无微不至的照顾。这样一来，孩子永远不可能形成自己的责任感！

当家长把孩子培养成"小皇帝"之后，孩子就习惯了家长为自己服务，而不会替家长分忧。如果家长不能为他提供无微不至的照顾，他就会认为不公平，会认为家长"欠"了他；当家长拒绝照顾他时，他就会觉得自己是个受害者，于是，他就想报复家长，甚至报复周围所有的人。

方倩可以采取"情商四步法"来处理小玖不肯照料小白兔的问题。

第一步，发挥情商中识别感情能力的作用。当小玖说自己照料小白兔很烦的时候，方倩应压下怒火，认识到小玖是因为不熟悉小白兔的生活习性或学习任务繁重而不愿意照顾小白兔。

第二步，发挥情商中理解感情能力的作用。虽然小玖缺乏耐心，不肯照料小白兔，方倩还是应向小玖表示自己的理解，可以说："妈妈理解你的感受，你现在学习确实很累。照顾小白兔会让你有点烦。"这种理解并不表示认同小玖的行为，而是表示自己理解小玖现在的感受。

第三步，发挥情商中利用感情能力的作用。在方倩表示了自己的同情和理解之后，能够基本消除小玖的抵触情绪，这时，方倩应和小玖说："但是，当初是你决定买小白兔的，你是它的主人，你享受了小白兔带来的乐趣，就应该同时承担起照料小白兔的责任。这是你身为主人的责任。"如果方倩是以尊重的态度和真诚的语气跟小玖交流，那这时小玖肯定会愿意接受方倩讲的这些大道理。

第四步，发挥情商中调整感情能力的作用。方倩讲完道理后，就应针对小玖的实际情况帮她解决问题，可以和小玖一起制订"时间分配方案"，合理分配时间。在与小玖交流时，方倩可以问小玖对照料小白兔还有什么想法、打算怎么办以及如何照料小白兔的问题等等。

你要勇于承担责任

责任感是一种高尚的道德情感，是一个人对自己的言论、行为、承诺等，持认真负责、积极主动的态度而产生的情绪体验。例如，实现了承诺，完成了任务时感到满意，心安理得；由于客观原因未能达到要求，但尽了主观努力时，感到遗憾、问心无愧；未尽到责任时则感到惭愧、不安、内疚等等。责任感一旦产生，就会成为一种稳定的个性心理品质，可以有效地提高学习积极性，自觉加强意志锻炼，促进个性的全面发展。

金无足赤，人无完人。人生在世没有人会不犯错误，有的人甚至还一错再错，既然错误是无法避免，那么可怕的不是错误本身，而是怕错上加错、不敢承担责任。

人非圣贤，孰能无过，知错能改，善莫大焉。发现错误的时候，不要采取消极的逃避态度。而是应该想一想自己应怎样做才能最大限度地弥补过错。只要你能以正确的态度对待它，勇于承担责任，错误不仅不会成为你发展的障碍，反而会成为你向前的推动器，促使你不断地、更快地成长。任何事情都有它的两面性，错误也不例外，关键就在于你从什么样的角度去看待它，以怎样的态度去处理它。

王磊是某化工厂的财务人员。一天，他在做工资表时，给一个请病假的员工定了个全薪，忘了扣除其请假那几天的工资。于是王磊找到这名员工，告诉他下个月要把多给的钱扣除。但是这名员工说自己手头正紧，请求分期扣除，但这么做的话，王磊就必须得请示老板。

王磊认为，老板知道这件事后一定会非常不高兴的，但王磊认为这混乱的局面都是因自己造成的，他必须负起这个责任，于是他决定去老板那儿认错。

当王磊走进老板的办公室，告诉他自己犯的错误后，没想到老板竟然说这不是他的责任，而是人事部门的错误。王磊强调这是他的错误，老板又指责这是会计部门的疏忽。当王磊再次认错时，老板看着王磊说："好样的，你能在做错事情的时候主动承认，不推到别人的身上，这种勇气和决心很好。好了，现在你去把这个问题解决掉吧。"事情就这样解决了。从那以后，老板更加器重王磊了。

如果只是顾全面子，不敢承担责任的话，那最后吃亏的只能是你自己。假如你犯了错且知道免不了要承担责任，抢先一步承认自己的错误，不失为最好的方法。自己谴责自己总比让别人骂好受得多。如果勇于承认错误，并把责备的话说出来，十有八九会宽大处理。作为一个平凡的人，在办事过程中难免会犯一些错误。虽然有些人认识到了自己的错误，但没有勇气承认，或把犯错的理由归结于别的因素。在他们看来承认错误就意味着要受到责罚，却不知道领导则认为沉默和狡辩的托词意味着逃脱责任。

　　小刘在一家工厂任技术员。经过几年的实践锻炼，在老同志的帮助下取得了一定的成绩，并且被提拔成车间副主任，负责车间的生产技术工作。

　　有一次，车间的生产线发生了一些问题，产品质量也受到了影响。他看过之后，便立即断言是原料的配比不合适，认为在投放新的一家企业提供的原材料后，原有的配比必须改变。但调整之后，情况仍不见好转。此时，另一位技术人员提出了不同的见解，认为问题的症结并不是新的原料或原料配比不合适，而在于设备本身的问题。对此，小刘从内心觉得技术员的看法很合理，但是，他觉得自己是负责全车间技术与工艺的领导，如今自己的判断出现了失误，就必须承担一定的责任。

　　为了避免责任，他一方面继续坚持自己的看法，另一方面也布置专人对设备进行必要的维修和调整。但是由于贻误了时机，问题最终还是爆发了，给公司造成了巨大损失。小刘在羞愧之中提出辞职。

有很多人喜欢好高骛远，不能踏踏实实地工作，工作中出现一些小问题也不愿深究。他们的观点是：如果我所犯的错误性质十分严重，我一定会承认的；如果是芝麻大的一点小错，那么再认真地计较，难免有点小题大做，依我看根本没有这个必要。如果你也是这样看待错误的，那就大错特错了。工作无小事，更无小错，1％的错误往往就会带来100％的失败。

人的一生所可能犯的最大错误，是因为怕犯错而不敢尝试。赢家不怕犯错，只怕因为怕犯错而不敢承担。有的人成功了，只因为他们敢于承担责任并吸取教训。遇到问题不要畏惧，要勇敢地去面对，只有抱有这种想法的人才不会永远与失败相伴。

孩子的责任感是从对具体事物产生喜爱开始的，起初表现为对他所敬爱的人交给的任务有责任感，而对其他人交给的同样任务没有责任感，对他爱做的事有责任感，对他不爱做的事没有责任感；以后发展为能对自己说过的话、应该完成的任务负责，对同伴、集体负责；到青少年期便能形成更抽象、更概括的责任心，对国家负责，对人民负责，对事业负责。家长可以从鼓励孩子从事一些力所能及的社会工作来培养孩子的责任感：

社会责任感的有无和大小是一个人能取得他人和社会认可的重要因数，如帮着照看小弟弟、小妹妹，主动帮邻居爷爷、奶奶拿东西等，获得他人及社会对他的肯定，同时也使孩子感到自己的所做工作的价值和意义并从中得到乐趣，从而建立起对社会的责任心。

家长要摆脱"娇生惯养"的思想，放手让孩子去做，只要有能力去做，能够承担责任，就不要阻拦，家长可给予帮助，让孩子承担责任的体验更加丰富更加快乐。

你要独立做事

如果小鸡永远在母鸡的翅膀下成长，那么，它是不可能自己去觅食的。如果小鹰永远在老鹰的呵护下长大，则也不能翱翔天空。同样的道理，孩子永远生活在父母的怀抱里，就无法具备独立生活的能力，就难以适应社会。因此，父母不要大包大揽，对孩子总是放心不下，而要大胆地培养孩子独立的生活能力，让孩子养成自己的事情自己去完成的好习惯。

小英今年15岁，一天她和同学们去动物园。下午小英回来告诉妈妈说："我把奶奶刚送的新衣服碰坏了，这可怎么办呢？"

正在准备晚饭的妈妈看看很着急的女儿故意说："先放那里吧，等妈妈有时间了，帮你把新衣服缝好，不过今天姥姥要来哦！"

"那姥姥一会儿来了，看见我把衣服已经弄破了会生气的。"小英很着急。

妈妈说道："就是啊！姥姥经常夸你是一个懂事的孩子，什么事情都不用妈妈操心，如果你发现自己的衣服坏了，并且还放在那里，不知道姥姥会怎么想你。"听见妈妈的话，小英的脸刷的一下子就红了。她十分不好意思地对妈妈说："妈妈，自己的事自己做，我自己来试一试吧。"妈妈听后微笑着点点头。

小英找出了针线，决定按着妈妈以前缝衣服的样子把衣服缝上。小英心里喜滋滋的，毕竟是第一次用针线，还真不顺手，因为线不容易穿进针眼，因此，穿针眼用了五分钟，然后，才开始缝。一不小心，针把小英的手扎出血了，她赌气地叫了起来。

妈妈闻声走过来，看见小英把衣服、针和线一起扔在了一个角落里。妈妈心疼地帮小英把受伤的手指包扎好后说："好孩子，你看，手指没事了。缝得很不错啊，但是还没有完成。"听了妈妈的话，小英心里又惭愧起来。经过努力，小英终于把衣服缝好了，双手捧着缝好的衣服，她觉得自己动手做自己的事其实是很快乐的。

由此可见，父母应该从生活中的点滴小事来教育孩子自己的事情自己做。这样有助于培养孩子生活自理的能力。孩子养成爱劳动、自己的事情自己做的好习惯后，在成长路上一旦遇到事情时，就会不等、不用、不靠别人的帮忙，而自己去做。

其实，父母替孩子做他应该做的事，不仅不会给孩子带来幸福，反而会使孩子失去锻炼的好机会。

让孩子从小养成自己的事自己动手的好习惯，我们建议父母要做到以下：

（1）孩子分内的事情，父母不得"包干代办"。父母别什么都替孩子包办。整理床铺、洗袜子、收拾书包等都属于孩子分内的事，一定要让他们自己完成。较小一些的孩子可能会做不好，没关系，关键在于练习和尝试。

（2）让孩子亲自动手做事，满足自身需要。任何孩子都有内在的需要，都想亲自动手来满足这种需要。首先，父母要区分孩子的需要是积极的还是消极的。父母要满足的是孩子的积极需要，克制孩子的消极需要。其次，当孩子在正确需要驱动下表现出"我要做时"，父母要及时给予鼓励和赞赏，必要时还应创造一定条件使孩子亲自动手做事，满足自身的需要。

（3）让劳动开发孩子的智力。孩子在动手做事情的过程中，手的动作是在脑的活动支配下进行的，是孩子的观察、注意、记忆、想象、思维、言语等能力的综合运用过程。同时，手的动作又刺激脑的活动支配能力，这就是我们平时所说的"心灵手巧"。

（4）对孩子做事提出有计划的要求。父母让孩子劳动的时候，应该提醒孩子做事前想一想先做什么，后做什么，怎样做最好。如孩子初学洗手绢，可以让孩子先计划自己的行动程序：准备好水和肥皂，卷起衣袖，将手绢浸湿，擦肥皂，搓手绢，用清水洗净，晒手绢。父母经常指导孩子有计划地做事就能使孩子养成有计划性做事的好习惯。

第三章

告诉孩子,你要健康地成长

你要科学饮食

阳玲是个四年级的孩子，她父母都是企业高层，家境非常好。由于父母工作忙，便请了一个保姆专门给她做饭。保姆阿姨的厨艺非常好，一家人都很爱吃她做的饭，阳玲更是如此。可是好景不长，阳玲在同学的影响下，爱上了吃零食。

她每天吃完阿姨做的早餐还要去超市买一些小吃，如饼干、花生等。每天放学前她又要跑到商店去买许多麻辣食品，边走边吃。回到家后，望着阿姨做得香喷喷的饭菜，她就是没有胃口吃，后来甚至一到吃饭时就开始厌食。

但是每到临睡前她又觉得肚子空空的，于是又让阿姨给自己做饭吃。慢慢地，阳玲形成了用餐不按时，经常吃零食的坏毛病。过了大约半年，阳玲就胖了一大圈。不仅如此，她学习时还常常觉得头昏脑涨，没有力气，不能集中精力看书。从前那个活蹦乱跳的孩子变得越来越呆滞和冷漠。

饮食就是指进餐的学问，简单一点说就是一日三餐的事儿。听起来很简单，但现实生活中却有许多孩子由于饮食不规律、不科学而使学习、生活受到影响。每个人都必须吃饭，而且得吃好饭，这是人的基本需求，不容忽视。

许多父母把注意力过多地集中在孩子的学习或者品德教育上，而忽略了她们的饮食习惯的培养。的确，在现在这个物质条件十分充裕的时代，没有哪个孩子会把自己饿着。但是吃饱了并不代表吃好了。饮食不当不仅会影响孩子的身体健康，还会使孩子学习、生活的质量下降。

饮食不当会引起孩子身体机能下降，更会使孩子患上孤独症。专家指出，一个健康人的血液呈弱碱性，如果吃肉和糖等酸性食物过多，血液等体液随之酸化。这种体质的孩子会出现一些慢性的不适应症状，如手脚冰凉、容易感冒、皮肤脆弱、爱哭、易受惊吓，等等。因此，为了孩子的身心健康，父母应该努力培养她们科学饮食的习惯。

（1）根据孩子成长阶段的特点搭配饭菜。孩子在不同的成长阶段所需要的营养成分也不一样的，因此，父母应该学会根据孩子成长各个阶段的特点给他搭配饭菜。这样一来，孩子身体健康成长所需要的基本营养物质便能得到充分的保障，科学饮食的目的也就达到了。

紫兰今年 10 岁，个子不太高。父母知道女儿这个年龄正处在长身体的时候，而她却迟迟长不高。因此，父母便给她制定了一份钙含量丰富的菜谱。

每天早晨，父母都给紫兰热好牛奶，因为奶制品里含钙量丰富且易于吸收。中午时，父母都会做一些豆类或者鱼贝类含钙量丰富的菜肴，以补充孩子生长发育所需要的钙量。晚上睡觉前，父母还会给她准备好钙片，让她在睡前服用。

父母应该根据孩子的成长阶段给他制定食谱，例如孩子处于长个子的时候，父母就应该注意多给他补充含钙量丰富的食物，如牛奶、豆类食品等。

（2）指导孩子养成正确的进食习惯。 许多孩子吃饭时常想着卡通片或者和小朋友玩游戏，不好好吃饭，东张西望或者吃得过快，狼吞虎咽，这些都是不正确、不健康的饮食方法，而父母要努力让孩子养成正确的饮食习惯。

姚盈上四年级了，她非常喜欢看动画片。有一次，她正在看动画片，妈妈招呼她要吃饭了，她以最快的速度盛了自己的饭，然后端到电视机前开始吃起来。她眼睛一刻也不愿意离开电视，妈妈有些生气地说她都要把饭吃到鼻孔里去了，学习时也没见她这么认真。

于是妈妈规定不准女儿在吃饭时看电视，否则就接受惩罚。在妈妈强硬的管理下，姚盈慢慢养成了正确的进食习惯。

对于孩子不科学的进食方法，父母要及时纠正，例如吃饭不专心，边吃边玩游戏或者看电视；狼吞虎咽，大口嚼食物；用餐姿势不正确，趴在桌子上吃饭等。父母还应该指导孩子养成良好的用餐礼仪，如吃饭时要考虑别人，要专心用餐，不哈哈大笑等。

（3）同类互换，引起孩子的饮食兴趣。长期吃一类食物不仅不利于补充孩子全面的营养，更容易使他们产生用餐疲劳。因此，父母可以将营养和美味结合起来，按照同类互换、多种多样的原则调配孩子的一日三餐，引起孩子的饮食兴趣。

家里经常吃瘦猪肉，父母就可以利用与瘦猪肉的营养价值相当的鸡、牛、兔肉进行变换，既保证了孩子的营养，又引起了孩子的饮食兴趣。常见的还有鱼、虾、蟹等水产品的互换，大米与面粉所做的食品如饺子、面条等的互换。

（4）合理分配孩子的三餐用量。一日三餐是我们国家饮食的基本习惯，也是长期以来较为科学的饮食方法。其实一日三餐不仅要按时吃，也要按量吃。"早餐要吃好，中餐要吃饱，晚餐要吃少"，这是关于三餐用量的基本要求，但是根据孩子的作息习惯父母也要做相应的调整。

从蓉今年11岁，身体非常好。她的父母很注意合理分配她的一日三餐，以保证她身体健康地发育。父母主张"早餐要吃好，中餐要吃饱，晚餐要吃少"，但是由于从蓉每天要学到晚上11点才睡觉，所以她让女儿晚餐也尽量多吃一点。

每天早晨，父母会给她吃鸡蛋、牛奶等营养丰富的食物。中午的时候，父母便会做一些开胃的菜，让孩子多吃一些主食。晚上的菜谱跟中午的大致相同，以保障女儿学习时的能量供应。

一般来说父母准备早餐时要注意保证营养全面，鸡蛋、牛奶等可以作为早餐的主要食物，为孩子准备午餐时要注意能量供给，最好准备主食如米饭等，保证孩子一天的能量供应，晚餐后如果孩子还要进行学习，也应该注意能量供给，不能让他们吃得太少。

（5）纠正孩子挑食、偏食的毛病。且不说零食的卫生情况，零食对孩子正常的一日三餐的习惯影响都非常大。许多孩子吃完零食后就不愿意吃饭了，但是零食又不能保证孩子充足的营养和能量供给，因此，常常使得她们总是处于饱的状态，却没有精力学习，身体素质也非常差。

父母一定不能纵容孩子吃零食，尤其是那些卫生不达标的食品更要坚决抵制。父母可以利用丰富的一日三餐来改变孩子对零食的兴趣，也可以利用相应的奖惩措施使孩子丢掉吃零食的坏习惯。

你要做个讲卫生的孩子

　　培养孩子讲卫生、爱清洁的习惯，既有利于孩子的健康，也是文明美德教育的一个重要方面。它体现了一个孩子的素养，会对他将来的生活产生深远的影响。父母要让孩子明白：养成良好的卫生习惯，不仅仅是为了自己，也是为了大家，为了整个社会。人人都讲卫生，生活才更加美好。

　　督促孩子在日常生活中养成良好的卫生习惯，家庭教育起着不可替代的、至关重要的作用。良好的卫生习惯须从小养成，从日常生活中的一点一滴做起，让讲卫生的意识和行为，逐步融入孩子衣、食、住、行的方方面面，成为孩子生活中不可分割的一部分。

　　孩子的清洁卫生看起来是一件微不足道的小事，却反映出孩子的精神面貌和生活情趣。同时，良好的卫生习惯，还是保证孩子身体健康的必要条件。因此，父母应该帮助孩子养成讲究卫生的好习惯。

　　（1）讲究卫生父母要做好表率。要求孩子讲究卫生，父母必须做好表率。

　　朱泾欣是个不讲卫生的小孩子，整天穿得邋遢至极，浑身散发着汗馊味。在学校，同学们都不愿意跟他玩。老师为这件事专门到朱泾欣家里去进行家访。一进朱泾欣的家门，看到邋里邋遢、精神颓废的朱泾欣的爸爸的时候，老师便明白他为什么会这样了。

　　原来，朱泾欣的妈妈很早就去世了。生活的重担落在了爸爸一个人肩上。爸爸每天天不亮就要到市场卖菜，根本无暇整理自己的形象，也没时间打理儿子的形象。

　　如果孩子周围的成人不能自觉遵守卫生规则，那么要纠正孩子不讲究卫生的习惯就非常困难了。父母应向孩子示范，梳洗打扮时允许孩子在一旁观看，学习如何保持仪容的整洁。

　　（2）教孩子养成勤梳洗的生活习惯。勤于梳洗也是需要父母帮助孩子养成的良好卫生习惯之一，要教导孩子把洗脸、刷牙、洗澡等工作当成每天生活的必需部分，孩子自然会养成习惯。

　　7岁的张颖是个爱干净、讲卫生的孩子。每天早晨起床之后，不用父母催促，她就主动洗脸、刷牙。每天晚上，张颖还主动自己洗脚、洗澡，然后才上床睡觉。

　　张颖之所以养成了良好的勤梳洗的生活习惯，是与父母的教导分不开的。父母从张颖3岁起就开始对她进行自己梳洗习惯的培养。至今，她已经养成这种爱干净、讲卫生的习惯了。

要养成习惯，父母就要帮助孩子每日坚持同样的好行为，如果允许孩子有时候要洗澡，有时候不用洗，孩子会混淆，不确定该不该、需不需要洗，让他去洗澡时，他也可能不顺从。而一旦让孩子养成洗澡的生活习惯，孩子就自己去洗澡，而不用父母来催促了。

（3）给孩子制定具体的卫生规则。卫生规则是帮助孩子养成讲卫生习惯的有力工具，父母可以与孩子合作制定具体的卫生规则。

小东家的墙上贴有一张"卫生规则"。这张规则是父母和小东一起制订的。上面规定了全家人都要遵守的卫生要求。这张规则不仅小东要遵守，爸爸和妈妈也要遵守。

和孩子共同制定具体的卫生规则，并向他讲明这些规则的意义，甚至可以将这些规则以标语的形式张贴在墙上。例如：不掉饭粒，饭前洗手，饭后擦嘴，吃水果要洗净，等等。这样可以时时提醒孩子遵守卫生规则。

（4）督促孩子养成勤洗手的习惯。据调查，90% 以上的孩子做不到吃东西前用肥皂或洗手液洗手；有调查机构曾对100 个孩子的洗手方法进行观察，结果仅 1 人符合科学洗手的要求。

人的双手每天要接触很多东西，往往沾上各种污物和细菌。一只未洗净的手上有 4 ～ 40 万个细菌，一克重的指甲垢里藏的细菌和虫卵有 38 亿之多。父母一定要使孩子养成饭前、便后和玩过玩具后及时洗手的习惯。

雯雯是个讲卫生的"乖乖女"，大家都非常喜欢她。父母告诉她：饭前便后勤洗手，百病不入你的口。父母耐心教给她正确的洗手方法：把手放在流水下，使手充分浸湿，打上肥皂或洗手液，反复搓揉双手及腕部，一定要洗够 30 秒，最后用流水冲洗干净。冲洗时，要使指尖向下，让水把泡沫顺手指冲净，避免脏水再次污染。

"如果不常洗手，就会让病毒乘虚而入。揉眼睛、掏耳朵、抠鼻子等一些不好的小动作，都有可能使你感染腹泻、痢疾、长蛔虫等疾病，还会得沙眼病哦！"妈妈经常这样提醒雯雯。现在，雯雯已经养成勤洗手的好习惯，还成了父母的小"监督员"呢。

彻底洗手，是防止"病从口入"的关键，还可使孩子避免铅中毒。研究表明，现在的孩子铅中毒的现象越来越多。玩具、彩色图书、蜡笔、铅笔、橡皮泥、彩色的食品包装纸、化妆品等，都是铅的载体，如果长期接触，将会造成孩子铅中毒。

培养孩子养成良好的卫生习惯是件平凡而细致的工作，父母要持之以恒，坚持一贯地严格要求孩子，要运用示范、讲解、提示、练习等方法，给孩子以具体的指导和帮助。

有位家长，在孩子还在襁褓中的时候，就一边给孩子擦脸、擦手，一边唱《卫生歌》。等孩子会说话了，家长就教孩子唱：

你拍一，我拍一，讲究卫生要牢记。

你拍二，我拍二，勤洗手来爱干净。

你拍三，我拍三，早晚刷牙要坚持。

你拍四，我拍四，不吃路边的零食。

你拍五，我拍五，勤洗头，勤洗澡。

你拍六，我拍六，衣着干净第一流。

你拍七，我拍七，人人都来爱干净。

你拍八，我拍八，讲究卫生人人夸。

你拍九，我拍九，生活习惯要长久。

你拍十，我拍十，讲究卫生是大事！

孩子懂了歌词的意思，就有了卫生与健康意识。相比之下，下面这位妈妈的做法就显得很笨拙。

巩文杰不喜欢洗澡，常常是妈妈刚把他摁进浴缸里，他就挣扎着跳出来，或者嗷嗷地哭。妈妈呢，不管他怎么闹，只管拿着一个大大的搓澡巾，把他的身体从头到脚仔细地洗一遍。

"哇哇，不！不！弄疼我了。"巩文杰会在水里乱扑腾以示抗议。妈妈嘴里说着："好了，好了，马上好了！"手上却不停止对孩子的揉搓，招来孩子更大动作的反抗！

于是，一缸水在妈妈的坚持和儿子阻挠中变得浑浊不堪。妈妈指着浴缸里的水给儿子看："看看，你有多脏，把水都洗黑了！"然后，妈妈又打开喷头，从头到脚给儿子又淋了一遍。

终于洗完了，巩文杰裹着毛巾逃跑似的离开了。下一次洗澡，还是这样！

家长强制孩子执行，虽然达到了目的，但是，孩子有一种被压迫的感觉，会更加反感这件事，更甭提出于对自己健康负责的目的而去讲卫生了。再小的孩子都是趋利避害的，不用强迫教育，只要创造条件帮助他们认清利害关系就够了。洗澡这件事情也一样。

著名教育家陈鹤琴说："儿童有自己的思想，儿童有自己的力量，要让儿童自己去做他所能做的事情，要让儿童去想他所能想的事情。"要想孩子成为一个讲卫生的人，就要让孩子从内心深处认识到讲卫生的必要性。耐心给孩子讲解讲卫生的好处。

讲卫生利于健康，但是过于讲卫生，让孩子一点儿尘土都不接触，就不利于健康了。

美国西北大学的研究人员在菲律宾对 3327 名孩子进行了调查，从出生到 22 岁，对孩子成长的卫生环境以及他们长大后身体对炎症的抵抗力进行了评估。其公布的研究报告称，在过于干净的环境下成长的孩子长大后更容易感染炎症，从而会增加患各种疾病的风险。

研究显示，在不怎么干净的环境下成长的孩子，他们长大后身体对炎症的抵抗力要高于在过于干净的环境下成长的孩子。

　　负责此项研究的人类学副教授麦克达德说，这项研究只是告诉人们，讲卫生不要过度，而不是故意让孩子在肮脏的环境下成长。

你要养成良好的生活习惯

　　每个父母都希望自己的孩子能够健康，可是父母的行为却与他们的愿望背道而驰。 看看现实生活中，我们的父母都是怎样对待孩子的吧，当孩子想要做某件事时，父母会毫无顾忌地任意阻止他们的活动，对孩子掌握绝对的控制权，就像主人对待没有人权的奴隶一样，而且父母在这样做时，感觉是那样的理所当然，毫无内疚之心。 很多父母认为，父母要尊重孩子的选择是十分可笑的一件事。 例如，假如一个孩子正在吃饭，有些父母或者其他长辈看到孩子吃饭很慢，或者掉饭粒，就会自觉或不自觉地去喂他，又如，当孩子正在努力穿外衣时，可能会在扣扣子上花很多时间，有些父母又会急不可耐地帮他扣上等等。 总之，孩子无论做什么，父母或者其他长辈总是去代替他做。 父母以为这样做是对孩子好，可事实上，父母的这种干涉行为表现出的是对孩子的不尊重。 可是，与之形成鲜明对照的是，如果孩子妨碍到父母的某些事时，父母会十分严厉地加以禁止！ 父母对这些事情已经习以为常了，不觉得有什么不妥。

孩子常常很无奈，当他们正在不慌不忙地用汤匙一匙一匙品尝汤的美味时，大人会突然出现，从他们手中抢走汤匙，并且下命令："限你五分钟内把饭吃完，并且把汤喝完！"孩子抗议："我吃不完，十分钟好吗？"父母会瞪着眼睛，于是，孩子不得不停止细嚼慢咽，开始狼吞虎咽起来。有些父母可能还在一旁看着，计着时间，给孩子造成很大的心理压力，这势必对孩子的消化功能造成损害。

又如，当孩子要去参加一个令人高兴的聚会，自己在房间里愉快地慢慢穿着自己喜欢的印有咸蛋超人的外套，可这时候，父母又突然出现，将一套小西装扔到孩子手上，告诉他要穿这套衣服。孩子一脸不高兴，很无奈地穿上那套小西装，开始的愉悦心情消失殆尽，父母的举动让他感到自己的尊严受到了莫大的伤害。

孩子的身体所需要的营养不仅包括喝下去的汤、有益于健康的走步训练，也包括他们能自由地做这些事情。父母总是用自己的意志代替孩子的意志，或命令孩子不准动，或强行让孩子不断走动，为他做选择。父母这种教育方式实际上是在阻碍孩子初期意志的发展，让孩子感受到一种控制他们行为的力量，使他们变得胆小，甚至失去承担责任的勇气，其后果是不堪设想的。

孩子天生具有的自我发展的潜能促使他去触摸某种东西，并熟悉它，而父母的一句："别碰！"阻碍了他这种学习的机会。孩子喜欢到处跑动着，因为这样可以走得更加稳当，父母对此却吼道："别跑！"让孩子走得战战兢兢。孩子脑袋里装着十万个为什么，他们对一切都充满好奇，喜欢问问题，但父母却很不耐烦地回绝他："别烦人！"让孩子丧失了学习知识的机会。

科学的创造性想象是建立在现实基础上的。就像你如果对两百年前，还用着油灯的人们说，将来有一天，这个城市会灯火辉煌，高楼大厦林立，人们可以在大海中尽情遨游，可以在天空中自由飞翔……先辈们一定会说我们是在痴人说梦。因为就当时的环境条件和人们的认知能力而言，这些事情对于他们来说是天方夜谭。

所以说，只有想象与现实相结合，人们的思维才会变得活跃，内在思想也就开始工作了，开始用双手改变着这个世界，将自己的想象变成现实。缺乏实践的想象就是空想，就是白日梦。

在当今社会，竞争如此激烈，所有人都应该接受科学方法的熏陶，所以，父母应该让孩子都亲自动手，参与实验和观察，让他们的想象与现实生活紧密联系起来。这样，他们的想象才能更合理，他们的智能也能被很自然地引向创造之路。所以，每个父母都应该记住：让你的孩子依照自己的喜好去做，让他自己穿衣服，自己吃饭，自己洗脸刷牙，不要觉得他只有三四岁，就什么都帮他做了，这样也就扼杀了孩子的想象力和创造力。

有些幼稚园里摆放着一些容易打碎的东西，例如玻璃杯、盘子、花瓶等，很多父母见到这些都会质问老师："为什么将这些玻璃制品放在这里？这些两三岁的小孩肯定会打碎它们的。"可以想象，他们的家里面肯定只有不能被孩子打破或弄脏的东西，也就是说，孩子被限制在家里根本动弹不得，不能练习如何控制自己的身体（例如练习如何避免碰到易碎的花瓶，如何小心翼翼地端着玻璃杯），也不能学习使用日常生活中常用的东西。很多学习必要生活经验的机会就这样被剥夺了，孩子的生命也将因此而受到影响。有这种想法的父母，是否应该醒悟了呢？难道这类值不了多少钱的东西比孩子被迫的身体训练还珍贵吗？

父母在教育孩子时，有几项原则是必需遵守的，父母可以在此基础上寻求出最适合孩子的教育方法，这样才能更好地了解和发展孩子。第一条原则是，尊重孩子的选择和他正在进行的所有合理活动，最好能了解他们活动的目的。第二条原则是，尽可能支持孩子活动的意愿，不让孩子习惯于依赖父母，注重培养孩子的独立性。第三项原则是，父母必须时时警觉与孩子相处的方式，因为孩子的感情是非常细腻敏感的，尤其是对外来的影响。

每个人都有缺点，都会犯错，父母也不例外，所以不必在孩子面前充当完人，希望每件事都做得十全十美。不仅如此，父母还要不时审视自己的缺点，虚心接受孩子公正的观察批评。

法国著名的启蒙思想家伏尔泰，在年轻的时候就身染胃病和天花，只能靠药物维持生活。而药物的副作用使得他头晕眼花，有时甚至疼得在地板上打滚，换作别人可能有放弃生命的想法了，但伏尔泰却奇迹般地活到了八十四岁，还获得如此巨大的成就，除了得益于他惊人的意志力，更重要的是他懂得规律饮食对身体健康的重要性。为了改善身体状况，伏尔泰在日常生活中非常注意节制自己的饮食，他偏爱小扁豆，对于油腻的食物很少碰，只是略微吃一些羊肉，也不暴食暴饮，偶尔喝一点酒。他对一日三餐有严格的规定：早餐是面包加牛奶或咖啡；中午通常是巧克力和咖啡；晚餐在九点至十点之间，是唯一正规的用餐，主要是清淡的蔬菜和汤。

戏剧大师萧伯纳也曾说过："人们倘若有规律地生活，有规律地饮食，就不会生病。"养过小狗的人就会知道，他们早上把食物喂给小狗，可如果小狗因为贪玩没有及时就餐，他们就会把食物收走，这样小狗饿了找不到食物时就会明白自己错了，以后就不会再错过任何用餐时间了。当然不能拿孩子和小狗比，但其实孩子在饮食方面也一样，父母应该疼爱小孩，但为了帮助他们建立规律的饮食习惯，让他们感受一点点饥饿的惩罚也是不错的方法。而一旦孩子养成了规律饮食的习惯，就不会总想着吃零食，这对孩子的身体健康是有一定好处的。

有些父母可能会错误地认为一个高智商的人，一定是面黄肌瘦，窄胸驼背，脸上架着眼镜。而事实上，健康强壮的体魄对于天才人物来说比对普通人更重要，因为只有这样他们才能有过剩的精力，支撑他们天马行空的思维活动。

你要养成良好的作息习惯

　　刘军锋是个贪玩的孩子，他的妈妈原本替他定了一个她认为是十全十美的作息时间表：早晨 6 点起床，中午放学回家，吃完午饭后，做 1 小时功课，然后上学；下午回家，先补 1 小时历史，再看妈妈替他预录的卡通节目，然后有半小时的自由活动时间，晚饭后可以休息一会儿或到附近公园散步，之后回家再温习功课，然后才上床睡觉。

　　刘军锋的妈妈满以为有了这样的作息时间表，肯定对儿子有很大的帮助，谁知实行了没有几天她便很快发现儿子的功课越做越慢，有时候还打瞌睡，有时在他的功课还未完成时，他的好同学便打电话来问他看了某个电视节目没有，每天晚上的散步也似乎令刘军锋疲累过度，根本不能在晚上集中精力学习了。

　　明智的刘军锋妈妈及时发现时间表确实有问题，于是果断地做出改动，午饭后让儿子有午睡时间，下午看了儿童节目才开始做功课，晚上的散步时间也随着孩子的需要而增多或减少。

时间表变得更具弹性，刘军锋的学习兴趣也比从前增加了。

按时作息的良好习惯，不仅可以使孩子身体健康，而且还能使孩子有充分的精力去积极主动地学习。

凡是那些能够按时睡觉、按时起床、按时就餐、按时学习、按时活动的孩子，大多都是身体健康，学习成绩优良，自理能力强的孩子。父母要督促孩子养成良好的生活习惯，保持充沛的精力，有规律的生活习惯能让学习、生活有条不紊，从而缓解压力。

孩子不能按时作息，往往影响孩子的睡眠，而睡眠是人体恢复精力和体力的必要条件，是人的生命活动的一个有机组成部分。对于孩子来说，养成按时睡觉、早睡早起的习惯就能保证孩子足够的睡眠。

现在，不少家长很重视养成孩子的学习习惯、卫生习惯，但往往不注意养成孩子良好的作息习惯。孩子不能按时作息、生活，往往影响孩子的睡眠。做父母的必须记住，生长激素生长最旺盛的时间是 11 时至半夜，超过这个时间睡觉，对孩子健康必然会产生负面影响。

人的一切生理活动有周期性的节律，我们称作生物钟。一切健康长寿的生命体，都必须与环境和生活规律保持平衡。如果能根据人体的这一生物钟安排作息时间，使生活节奏符合人体的生理自然规律，就可以保持充沛的精力，不容易得病。

生物钟紊乱就会生病甚至死亡。

顺应自然界的规律，人体也要有相应的变化。该起床时就起床，该工作时就工作，该吃饭时就吃饭，该睡觉时就睡觉，保持有规律的生活秩序，使身体、心理都达到一个最佳状态，充分发挥个人的聪明才智，才能做出更大的成就。

（1）父母以身作则。如果父母自己的睡觉时间少于8小时，那么让孩子按时入睡就会很困难。所以专家建议从做父母的第一天起，就建立科学的睡眠制度。这样，到了每天睡觉的时候，孩子就会产生倦意，并且意识到睡觉的时间到了，重要的是把这个睡眠制度坚持下去，不要由于环境的变化或别的什么原因而改变。随着孩子的不断成长，他对睡眠的需求也在变化。孩子的睡眠时间随着年龄的增长而逐渐减少，父母应根据孩子睡眠时间的客观变化，相应调整睡眠制度。

（2）帮助孩子制作作息表。孩子在开学时往往会感到不适应的就是作息制度。家长要根据学校要求和季节变化，有意识地培养孩子的良好作息习惯。为孩子安排一个家庭学习生活的作息时间表，讲明早上按时起床，晚上按时入睡的重要性，并每日督促检查，帮助他形成良好的作息习惯。这样，才能保证孩子不仅睡眠充足，而且有时间吃好早餐，上学不迟到，能精力充沛地投入学习。

（3）让孩子按时睡觉。一旦给孩子规定好上床睡觉的时间就不要改变。睡觉时间越明确，孩子就越容易按时去睡觉。但不要把"天黑了"当作孩子上床睡觉的标准，因为夏天白天很长，这种说法会引起麻烦。孩子们喜欢预先知道下一步要做什么，所以固定的睡觉准备活动就会使孩子想到上床睡觉的时间要到了。

（4）让孩子按时起床。 早晨叫孩子起床也是有学问的。叫孩子按时起床，不仅可以培养孩子良好的作息习惯，而且为以后孩子上学早起打下了良好的基础。 孩子这个生活习惯的培养，不是一个月、一个学期就可以形成的，或许需要一年甚至两年的时间，所以从上幼儿园时就要开始引导孩子，帮助孩子建立起早起的生物钟。 等孩子上小学的时候，早晨起床的良好习惯已经"内化"为孩子下意识的行动，孩子就有更多的精力去面对新的环境所带来的其他问题。

第四章

提醒孩子,学习决定未来

读书才是你的出路

现在，为数不少的家庭中，父母对孩子读书表示一种无所谓的态度，一种新的"读书无用论"通过父母的误导严重地影响着孩子，尤其是影响着在校孩子的学习。

有一个孩子刚刚上完小学，在假期里做着上初中的准备。他的爸爸在城里做小生意。一天，他的爸爸回家，看见孩子在学习，就说："还学什么，读完小学就行了。以后跟我进城摆小摊儿挣钱去。"

还有一个小孩儿，他对爸爸妈妈说："我的梦想是从小学、中学到大学，一直读到硕士学位。"他的爸爸扭过头来劝孩子说："读到什么学位都没有用，你没听说硕士生到头来还是在卖猪肉？"

像这样的例子，简直不胜枚举。

有一位父亲名叫李达国，他的小儿子李晋，大学毕业后工作没着落，这让李达国很伤心。乡亲们说得更直接："李晋大学毕业都找不到工作，看来，这书也没什么读的了。""老李啊，你大儿子没读什么书都可以赚一千多元，小儿子大学毕业还要你出钱养，读了书还比不上没读书的，读书作用不大啊……"

十年寒窗苦，一毕业即失业，这固然让人哀伤。但是更让人唏嘘的是，把读书当作发家致富的工具，看到大学毕业后的现状和预设的前景格格不入，便得出"读书无用论"的判断，这是一种误解。

某大学生说："我以前是村子里小孩子们学习的榜样，如今的榜样是我那个初中毕业就去打工的弟弟。"有的农民说：读了大学也难找工作，这书怕是读了也没什么用——就业难使农村渐渐出现了新"读书无用论"。

拿到斯诺克大赛冠军的丁俊晖一句"打球有钱赚，读书有啥用"，就引起社会整体性的"读书无用"的共鸣；盖茨辍学成富翁的经历在本国没引起什么议论，而在中国一再成为"读书无用论"的论据；几个农村学生毕业没找到工作，很迅速地归结到"读书无用"上。我们的"读书信仰"何以如此脆弱？

"读书"是民间对"教育"的通俗化表达，"读书信仰"的脆弱折射出教育对社会多元价值整合力量的式微。一种成功的教育，能形成一种独立的、不易受社会其他功利价值影响的价值判断，凝聚起社会对"读书"坚定稳固的信仰，有足够的影响力把分裂的社会群体牢固凝聚于"知识改变命运"的价值共识下，不因一时的利益损失而动摇。比如美国社会就形成了这种坚定的教育信仰，无论辍学的盖茨有多富、现实中工作有多难找，美国人很少会抱怨"读书无用"，其通过教育向上流动的信念不会改变。

为什么一些父母会产生"读书无用"的想法，并用这种想法去误导孩子？主要是我们的家长似乎很容易受到社会功利价值观的影响，没读书就出人头地、毕业了没找到工作、北大才子街头卖肉……这些新闻事件能轻易动摇人们对读书的信赖。

教育成本相对于社会平均收入的高昂，也滋生了公众对"读书信仰"的浮躁心态。在一个教育成本相对低的社会中，一个家庭不需要多大的付出就能送孩子接受教育，他们对读书之"用"就不会有那么迫切的回报心态，就能以一种从容平和的心理接受暂时的经济上的付出，坚守"知识终究会改变命运"的认识。如果送一个孩子要费很大的力气，要赔上全家人甚至全族人的养命钱和送终钱，他们自然会对回报迫不及待。高成本孕育的回报焦虑下，一旦遇到就业难的挫折，就会上升到对读书付出的怀疑上去。读书是否无用？这是伪命题。无论是求证于科学巨擘、财富新贵，还是举出学术精英、政界新秀为例，可以断言，这些硕博、才俊或成功者，其绝大多数都是因为学有所成，其成功的基础正是因为接受教育。再以我们周围大多数的金领、白领为例，这些人所取得的成就何尝不是拜读书所赐？所以，"知识改变命运"是已被证明和正在被证明的真理。

一时找不到工作就能说明读书无用吗？应该说，受过良好教育的和没有受过教育的人，其思维方式、谋生本领、处世能力和思想内涵等等是迥然相异的。从长远看，受过教育的远比没有受过教育的更有前景。当然，也许能找出个别文盲或准文盲成才成功的例子，但显然这只是个例。在知识经济的时代里，"读书无用"永远也经不起推敲。

有些父母就是因为有"读书无用"的观点，致使孩子荒废学业，更耽误了大好前程，尤其是在孩子成长的大好时光里，终止孩子的受教育机会，改变了孩子的成长道路，导致他们一步步误入歧途，对孩子、对家庭来说，都是一种危险的身心伤害。

读书是提高孩子人文素质的重要途径。在我国的一些大学里，很多理科生对文科知识知道得很少，而一些文科生对理科知识了解也不多，由此看来，不同学科的孩子拥有不一样的思维方式和做人准则。那些文科倾向严重的孩子，往往把感情看得特别重，而那些理科倾向严重的孩子思维都非常严谨。一般来讲，理科知识对一个人的道德水准影响较小，而文科知识则完全不同。读书影响着孩子的人文素质的高低，父母要培养孩子养成爱读书的习惯。

读书是开阔孩子视野、获取知识的一种学习方法，也是一种能给孩子带来无限乐趣的娱乐活动。

在我国的传统中，父母的价值观一般都会传给孩子，尤其是母亲，因为孩子跟母亲在一起的时间最长，母亲通过言传身教，来传递深刻的道德理念和文化价值：而在传统中，有很多没有文化的母亲，也成为中华民族的文化价值和伦理道德代代相传的传递者。

人究竟为什么读书？或者从另一个角度发问，读书到底有什么用？对孩子来说，读书是为了考上好学校，为了获取丰富的知识，为了提高修养，为了改变命运，为了就业，为了成名成家，为了报效祖国等等。

读书，也要扩大范围，不能只读一个学科的书，要像吃饭一样，吃多种蔬菜和杂粮，摄取多种营养——阅读各种各样的书。

16世纪英国哲学家培根说过一句名言——"知识就是力量"。他还说过："读史使人明智，读诗使人聪慧，数学使人缜密，博物使人深沉，伦理使人高尚，逻辑修辞使人善辩。总之，知识能塑造人的性格。"

而当今孩子读书，多数都是为了应付考试，只有很少的一部分是为了提高修养，愉悦心情，提高自己的人文素质。父母要注意培养孩子读书的习惯，一是要注意孩子的兴趣；二是要根据孩子的具体情况，选择不同的书。为了让孩子完善自己、充实自己的人生，为了明理——明做人的道理和办事的道理，需要读书、读好书、好好地读书和把书读好。

父母要时常教育孩子，读书是为了提高自己的综合素质、培养高尚情操，不排斥孩子在读书中学习一些实用的技术和技巧，但是应该从读书中更加重视做人的艺术，从读书中提高自己的人文素养，在读书与做人的领域中，以强大的知识武装头脑，以美好的情趣陶冶性情。

读书要有耐心，要读得进，还要读得出，不能死读书，就像孟子说过的一样，只有先"苦其心志，劳其筋骨，饿其体肤，空乏其身，行拂乱其所为"，孩子长大后才能把从书中学到的知识用到生活中，才能做一个成功的人。

读书是孩子成才的必经之路，每一个父母都希望孩子成为有用之才，将来会在竞争中占得一席地位，显示出孩子的天赋和才能，造福于社会乃至全人类。从主观上看，成才的要素可归纳为知识、能力和素质。因此，不论在什么情况下，对孩子来说，读书的目的就是积累知识、培养能力和增强素质。

人文科学浩如烟海，博大精深，孩子的学习时间是非常有限的，因此，父母要帮助孩子结合他自己的实际情况，如专业特点、兴趣爱好等，有选择地学，从而建立自己的知识结构。

那么，在人文素质的背景下，该让孩子如何去读书呢？

（1）"好读书而不求甚解"。对孩子来说，他的知识面还不能够达到像专家教授一样，能够把书研究得非常透彻，况且，孩子的智力水平也达不到，所以，父母要指导孩子在读书的时候，尽量多选择一些好书，只要求孩子掌握书中的大意，不必刻意要求孩子把每一个字词都理解得通透，也不要让孩子钻牛角尖。但凡读一本书，首要的任务是弄清作者的观念、这本书宣扬的主旨，切不可被细节困惑。

（2）由约而博、由博返约。读书，要浅读，而不是让孩子随便翻翻就算读过了，如果能把书中的知识和现实生活联系起来，最好不过了。对于那些优美的短篇诗文，不宜匆忙读过，而要慢慢咀嚼玩味，品出味道来。有些一时不懂、读不透的，也可以让孩子先把这些内容用笔做下记号，有空的时候，再拿出来翻看一下，可能有一天孩子会豁然开朗，真正领会到其中蕴藏的深层含义或艺术上的高妙之处。

当孩子读文学作品的时候，要让孩子发挥他的联想能力，指引孩子用自己的生活经验来验证作品中描述的生活，可以引发出自己的独特体会，不一定要与作者的意愿相符。除此之外，还要让孩子多了解作家的生平和作品产生的历史文化背景，就是所谓知人论世。 学会把握自己的人生，把人生变成一种近距离的观察，使自己活得有滋有味。 阅读要持之以恒，对于提高孩子的文学素质必然是大有益处的。

读书不单单是让孩子积累知识，还要让孩子学会自己拓宽、更新知识的本领，要养成一种经常上图书馆、逛书店的习惯，为提高孩子的人文素质打下良好的基础。

你要勤于思考

卢瑟福是 20 世纪最伟大的实验物理学家之一，在放射性和原子结构等方面都做出了重大的贡献，被称为近代原子核物理学之父。他成为一个硕果累累的大科学家之后，仍然很重视读书和思考。有一天深夜，卢瑟福看到实验室亮着灯，就推门进去，他看见一个学生在那里，便问道："这么晚了，你还在干什么？"学生回答说："我在工作。"当他得知学生从早到晚都在工作时，很不满意地反问："那你什么时间思考问题呢？"

同样，世界首富比尔·盖茨从小最大的特点也是喜欢坚持不懈地思考。当母亲叫他吃饭时，比尔·盖茨置若罔闻，甚至待在他的房间里一整天都不出来。当母亲问他在做什么的时候，比尔·盖茨总是回答："我在思考！"有时他还反问家里的人："难道你们从不思考吗？"比尔·盖茨的头脑从来没有停过运转。据说，微软公司流传着这样一种说法："和大多数人谈话就像从喷泉中饮水，而和盖茨谈话却像从救火的水龙中饮水，让人根本应付不过来，他会提出无穷无尽的问题。"

这就是思考对于成功的巨大意义。成功的人都善于思考，勤于思考。卢瑟福的一生，就是思考和工作的一生，而比尔·盖茨之所以有今天的巨大成就，与他从小热爱思考不无关系。思考是创造力的源泉。

孔子说："学而不思则罔，思而不学则殆。"这句话将思考和学习的关系阐述得很透彻。思考在学习的过程中是非常重要的，如果不会思考，就不善于运用积累起来的知识，不善于总结经验，不会举一反三，学习的效果将大打折扣。

思考习惯的养成对于孩子以后思维方式的形成以及知识的积累都有很重要的作用。现在越来越多的家长都已经意识到让孩子学会思考的重要性，那么，如何让孩子学会思考呢？

（1）让孩子明白思考的重要性。在培养孩子思考之前，应该让孩子明白为什么思考很重要，要在实际生活中让孩子体会到思考的好处。孩子能体会到思考的乐趣和好处，就会喜欢思考。孩子对自己所接触的事物有自己的判断，得出判断的结果就是孩子的思考过程。孩子独立思考的过程，就是他们成长的过程。

（2）鼓励孩子发表自己的意见。在一个宽松的环境下，孩子更容易启动思维，积极思考。生活中，有些孩子往往不敢发表自己的意见，因为大人的权威让孩子心理上不能放松。孩子在任何情况下都应当被允许表达意见，允许意见和大人不一致。 这对孩子思考能力的发展是至关重要的因素。

因此，父母要鼓励孩子发表自己的看法，发挥独特的思考。 即便孩子说得不对，家长也不应该责怪孩子，要从另一个角度肯定孩子，然后给予孩子恰当的提示。

对于孩子的正确意见，家长应该给予鼓励，让孩子充满自信。 孩子受到鼓励后就会积极主动地思考，这样也就达到了父母培养孩子思维能力的目的。

（3）保护孩子的好奇心。 好奇心是引发思考的基础。好奇心是孩子的天性，孩子的学习兴趣往往是和好奇心联系在一起的。 独立思考能力强的孩子，往往具有较强的好奇心。父母应该尊重孩子的好奇心，千万不要因为孩子提的问题过于幼稚就加以嘲笑，以免伤害孩子的自尊心。

好奇心是促使孩子去探索和思考的动力。 作为家长，不仅要尊重、保护和正确引导孩子的好奇心，而且应努力激发他的好奇心，使孩子幼稚的好奇心发展为强烈的求知欲。 对孩子提出的问题，要确切、通俗易懂、有条理地给以答复。 这对培养孩子的想象力、思维能力有很大的帮助，使孩子强烈的求知欲和好奇心不至于泯灭，从小就能养成勤于思考、勇于探索的好习惯。

（4）给孩子创造思考的情境。 父母向孩子提问，可以为孩子创造一个思考的情境。 多角度的提问可以引发多角度的思考。 例如，父母不妨假设，"假如世界上没有黑夜怎么办？""假如鱼儿长翅膀了会怎样？""假如世界上全是海洋，我们怎么办？"这样可以激发孩子的想象力。

父母在与孩子的相处和交谈中，要经常采用平等讨论的方式，留给孩子自己思考的余地，父母可根据交谈内容经常发问，如"你觉得怎么做会更好""你为什么会这么想"等问题，以引起孩子的思考。

总之，为孩子创造一个思考的情境，让孩子在平等的气氛中长大，才能有开放的思维、愉悦的心境，才能培养出创造性思维。

（5）引导孩子思考，自己找到答案。让孩子学会思考是家长的责任。在生活中，孩子遇上难题时，一般都会向父母求助，一些孩子经常会说"妈妈，我不知道怎么做。""妈妈，你说怎么办吧！""爸爸，你帮我……"父母常常直接把完整的答案告诉孩子。慢慢地，孩子对父母的依赖越来越重，就懒得自己思考，指望父母直接给出正确的答案。

要知道，每个孩子都有一定的独立思考的能力，当孩子向父母求助时，父母首先要鼓励孩子认真思考一下。当孩子真的想不出来的时候，父母可以逐步提示，引导孩子思考。在提示后，父母要给孩子足够的思考时间，不要因为孩子思考较慢，就不耐烦地否定孩子的答题能力，马上将答案告诉孩子。孩子答错了，可用提高性的问题帮助他们思考，启发他们自己去发现和纠正错误。针对不同的孩子，家长可以利用生活中发生的具体问题，提供机会让孩子学会独立思考，自己面对问题，并想出解决问题的方法。

歌德说过：缺少知识就无法思考，缺少思考就不会有知识。

英国剑桥大学的迪·博诺教授说："一个聪明的人，也许他有很强的创造潜力，但是不一定很会思考。智力和思考的关系，就好比一辆汽车同司机驾驶技术的关系，你可能有一辆很好的汽车，但如果驾驶技术不好，同样不能把车开好。 相反，尽管你开的是一辆旧车，然而驾驶技术高超，照样能把车开好。 很显然，这里在智商高和会思考之间画上了不等号。"

你要做时间的主人

父母千万不要把孩子管得太"严"了，而应给孩子一定的空间，并从小培养孩子强烈的时间观念，告诉他们时间属于会利用时间的人。合理、有效地利用时间，就等于赢得时间，争取了学习和生活的主动。有效的教育方法，才能产生有效的教育结果。让孩子认识到时间的重要性，学会合理利用时间，这是生活中更重要的事情。

萍萍读三年级，在时间的分配上，没有太多的轻重缓急之分，经常是玩累了，才想起还有作业没有完成。爸爸经常督促她，但效果不好，爸爸只好替她把时间安排好。

后来，爸爸发现，小区里有一个比萍萍小一岁的孩子，每当他没有完成作业，萍萍约他出来玩时，他都断然拒绝。于是，爸爸就在萍萍面前，用赞赏的话语夸奖那个小朋友懂事，有时间观念。"爸爸，我的时间不都是你安排好了的吗？"萍萍听出了爸爸的意思，不满地说。"你自己来安排学习时间好吗？""真的？""当然了，但是时间是很容易逝去的，拥有时间的时候，最重要的是应该学会怎么安排和利用，你自己试一试吧！"

第二天，爸爸送给了萍萍一台袖珍式收音机，并且跟她讲，在看书和做作业的空闲时间，可以听听自己喜欢的广播节目，还允许她看几个她喜欢的电视节目。除此之外，爸爸还注意监督萍萍的执行情况，以免她无限制地听广播和看电视。

孩子心理过程的随意性很强，自我控制能力较差。常常是一边吃饭，一边玩耍；一件事情还没有做完，心里又想着另一件事情；做事总是杂乱无章，缺乏条理。这时候，父母如果不加注意，就会让孩子养成"拖拉"的坏习惯，久而久之，这种坏习惯会根深蒂固。对于孩子来说，如果他有良好的学习习惯，他体现出来的能力也是超乎想象的。也就是说，只要孩子拥有良好的学习习惯，智力天赋并不高的孩子，也能够取得很好的学习成绩，也能够在学习中取得成就。在安排时间上，我们每一个人都应该向富兰克林学习。

富兰克林是美国著名的科学家，《独立宣言》的起草人之一。有人问他："您怎么能够做那么多的事情呢？而上帝也不多给您一点儿时间呀！"

"我有自己的时间安排，你看一看我的时间表就知道了。"富兰克林答道。他的作息时间表是什么样子的呢？

5 点起床，规划一天的事务，并自问："我这一天要做好什么事？"

8～11 点，14～17 点，工作。

12～13 点，阅读、吃午饭。

18～21 点，吃晚饭、谈话、娱乐、回顾一天的工作，并自问："我今天做完了该做的事情吗？"

朋友劝富兰克林说："天天如此，是不是过于……"

富兰克林摆摆手，打断了朋友的谈话，说："这已经是我的习惯了。你热爱生命吗？那么，别无谓的浪费时间，因为时间是组成生命的材料。"

学会安排自己的时间，并让这种安排成为你自己的习惯，你就会在成功的路上，多一道希望的光芒。一些父母把自己未来的期望寄托在孩子身上，这是一件很残酷的事情。其实，不如让他们自己做选择。学习是一个终身的过程，孩子将要不断地经历学习、工作、取得经验、再学习这样一个循环往复的过程。

当孩子不能很好地安排自己的时间，或制订的计划难以操作时，父母要给他一定的指导或建议，最好是和孩子一起制订，千万不能命令他、压制他。在时间安排方面，一定要提醒孩子，每天给自己安排玩的时间，或者是孩子自己特别想做的事情。有的父母认为，玩耍会影响孩子的学习成绩，而他们却恰恰忽略了孩子的天性，所以结果往往是适得其反。正所谓"玩得好才能学得棒"，孩子学会安排自己的时间，提高学习效率才是关键。

总之，父母要培养孩子自我安排时间的能力。孩子能够科学合理地安排自己的时间，就会为自己的日常活动提出独立的、不依附于父母或其他人的规则或标准，这样的孩子就是一个独立自主的孩子。

你要培养阅读的习惯

高尔基说过"书籍是人类进步的阶梯",而阅读则是开启孩子智慧之门的金钥匙。阅读能让孩子开阔视野、陶冶情操,以达到提高学习成绩、增强学习能力的目的。养成好的阅读习惯,孩子一生都将受益。

从前,有一个波兰的小女孩,她特别爱读书,即使国家在战争中灭亡了,她仍然坚持用自己国家的语言加倍地学习。不管形势怎么变化,不论周围多吵闹,她都不会分心,这个女孩就是伟大的科学家居里夫人。

那些成功人士令我们仰慕,但是,当我们审视这些成功人士的生命时,我们会感到他们之所以能够成功,是因为知识的力量在左右着他们的人生,而知识最重要的来源就是读书。少儿时期是孩子读书的重要时期,更是人一生潜能发展的最佳时期,所以,父母要抓住关键时期,从小就培养孩子阅读的习惯。

孩子只有多读书，才能让自己的语言逐渐积累起来，才能拥有丰富的语言，才能提高口语表达能力和作文能力，才能出口成章。叶圣陶先生曾经说过："小学生今天做某篇文章，其实就是综合表达他今天以前的知识、思想、语言等方面的积累。"叶老先生的话很明确地指出了写作与积累的关系：阅读多了，积累也就多了，作文的表达也就强了，语言自然也就丰富多了。这些都要归功于阅读，因为孩子的书读得多了，就会把读过的知识内化为自己的语言，随着阅读量的增加，他的语言积累也就会越来越丰富，下笔自然也有"神"了。

并不是所有的孩子都喜欢读书，有的孩子觉得读书没什么乐趣，还不如去看电视或者是听音乐，小芳就是这样，她现在快小学毕业了，在学校成绩还算可以，属于中上等水平，虽然平时很少读书，但是她的口头表达能力非常强，亲戚朋友见了都说她是个聪明而且会说话的孩子，小芳平时不喜欢读书，只是经常坐到电视前看电视，说自己的口才都是从电视上学来的，读书不如看电视，看电视也可以增长知识，而且比读书更有乐趣。

现在，随着电子产品和网络的普及，很多孩子的阅读时间越来越少，阅读的范围越来越小，孩子的阅读兴趣也随着"读图时代"的来临而逐渐改变，甚至很多孩子都产生了排斥文字的心理，他们的课余时间逐渐被影像、电子游戏和卡通占据，文字阅读只占孩子阅读中的很小一部分。

现在很多家长也都发现了这个问题，他们呼吁学校要与家庭联起手来，共同改变孩子对文字疏远、冷漠的现状，培养孩子的阅读习惯，让孩子重新回归到正确的学习道路上。

《中国青年报》在 2001 年 8 月 6 日刊登的一篇题目为《网络与影视横行的年代，你冷淡了文字吗？》的文章提道：

"只要留心，人们就会发现，如今两三岁的孩子简直都是古怪精灵，一张小嘴表达能力特强。教育学家认为，这是大量电视信息对儿童刺激的结果，电视使他们的语言能力得到开发。但奇怪的是，这些孩子长到十几岁时却大多归于平庸，读写能力很差，比如前段时间传出的某次全国性考试，有学生面对考题无话可写，竟引用《大话西游》里的台词！教育学家认为，清晰表达思想的能力，必须通过大量的阅读才能获得，而电视无法培养人们的这种能力。在与电视依存的日子里，人们养成了远离书籍的坏习惯，就像与一位朋友在一起待久了，他的坏毛病会传染你一样。"

课外阅读，可以让孩子走进一个神奇、美妙的图书世界，而且还可以学到课本上学不到的知识，取得长远的知识效益。一本好书，就是一个好的老师，不仅会让孩子学习到更为广阔的书本知识，更重要的是还可以让孩子从书中获得人生的经验。对孩子来说，不可能事事都去亲身体验，书中的间接经验，将有效地补充孩子经历的不足，为孩子的学习和生活增添新的感受，还可以丰富孩子的想象力。

孩子在上学的时候想象力是最丰富的，而想象的过程又是孩子对大脑中已经存在的表象进行加工改造形成新形象的过程。因此，想象的产生离不开表象的积累，表象的积累又多来源于文学作品。一般来说，孩子可以从文学作品中积累各种各样的人物形象和景物形象，孩子的表象积累更快，更多，想象也就有了原料，联想起来更加容易。因此，阅读书籍可以大大提高孩子的表达能力，而文字没有固定的形象，孩子在阅读时，可以充分展开想象的翅膀，这也就是我们常说的"一千个读者心中就有一千个哈姆雷特"。

那么家长该如何培养孩子的阅读习惯呢？

（1）做个爱看书的父母。身教重于言传，如果父母平时就有爱看书的习惯，孩子也会在无形中受到父母行为的影响，这样孩子的阅读习惯培养起来会更加容易。

（2）不要让电视代替了孩子的阅读。如果孩子一回家就坐在电视跟前，不仅会浪费很多时间，而且对孩子的眼睛也是非常不利的，电视的辐射是造成孩子近视的重要原因之一，孩子的眼睛处于发育阶段，如果发育受到影响，孩子的大脑也会变得只能接受变化快速的影像，缺乏思考和创造力。而且电视还有许多不适合孩子看的节目，会给孩子的价值观念和生活态度带来很多不良的影响。

（3）让孩子远离电子游戏。现在电脑已经进入许多家庭，很多父母也能够认识到电脑的重要性，就时常把电脑交给孩子，让孩子自己去研究。但是，由于这个阶段的孩子没有明确的学习目标，再加上许多父母不具备指导能力，这样，电子游戏、网上聊天就成了孩子们在电脑上进行的主要活动。

作为父母，应该如何应对孩子的上网问题呢？第一，指导孩子多读书，让孩子有更多的选择，给孩子更多的娱乐方式，让孩子去发现，读书也是一种乐趣，从而避免孩子迷上电子游戏。第二，父母要多陪孩子看书，在陪孩子读书的时候，多为孩子选些有趣的书，培养孩子有自己钟情的活动——

读书。 第三，跟孩子约定好，只能在规定的时间内玩电脑，还有把电脑和读书联系在一起，从电脑中阅读。

（4）养成固定的每天读书的习惯。 韩愈有一句治学名言："业精于勤，荒于嬉。"所以，要让孩子养成勤奋读书的习惯，"三天打鱼，两天晒网"是成不了大事的。 阅读要靠一天天的积累，偶尔读上两天，效果极为有限，一定要帮孩子每天安排一定的时间读书，一直到养成习惯为止。

（5）有意识地给孩子设置一些问题。 这样做可以让孩子利用书本上的知识回答问题，给孩子运用知识的机会，让孩子感受到读书的巨大作用。

（6）为孩子办一张借书证。 借书证是孩子"读万卷书"的开始，有了这张小小的借书证，孩子就可以在课余时间去图书馆读一些自己喜欢的书了，图书馆是书的海洋、知识的宝库，孩子在这里吸取营养，同时也会养成"泡图书馆"的好习惯。

（7）在家里建立一个小的读书空间。 在家里给孩子专门设置一个读书空间，一个简易的书房，是促进孩子阅读的一个重要步骤，同时也体现了父母对孩子阅读的重视。 而且，一个舒适、安静的读书环境，可以提高孩子阅读的兴趣和效率，促进孩子养成阅读的习惯。

"你或许拥有无限的财富，一箱箱的珠宝与一柜柜的黄金，但你永远不会比我更富有——我有一位读书给我听的妈妈。"这是《朗读手册》中的开篇语。难以形容当时我看到这句话时的喜悦，因为它，对我们长期在培养孩子阅读兴趣上的一些不自觉做法，是一种印证，更是一种鼓舞。

从孩子周岁起，每晚睡前，都要听我们讲故事。当时，担任这个任务的是她父亲。从《格林童话》中的"小红帽""狼和七只小山羊"到《安徒生童话》中的"丑小鸭""海的女儿"，甚至是他即兴而编的各种小故事，每天都会给孩子讲一个。最喜欢在冬夜里听他给孩子讲故事了。柔和的床头灯，温暖的棉被，孩子软软地躺在他的臂弯，听他低沉和缓的述说，那样的夜晚隐去了白天的繁杂和喧闹，变得无比单纯和澄亮。这样的时刻，总叫我不由自主地停下手中的活儿，倚靠过去，跟着沉浸在故事的温馨里，过了不久，孩子便带着满足的笑容甜甜地进入了梦乡！

所有的这些，都是毫无意识的，没有任何理论指导的。但我们很快发现，孩子很喜欢书，常捧着那些色彩艳丽的书本翻弄不停，不时地还带着令人捧腹的发问。一到夜晚，便扯着书，嚷着要听故事。

如今，孩子已上三年级了，她已经不再嚷着要听故事了，而是常缠着我带她逛书店。她学会了自己看书，迷上了书，成了出名的小书迷。她的阅读速度越来越快，阅读兴趣也已经十分广泛。从《百科全书》到《水浒传》，从侦探故事到国际大奖小说系列，从唐诗宋词到各类儿童诗歌，从爷爷的报刊新闻到爸爸订的各类杂志，这些都赋予了她开阔的视野，活跃的思维，以及丰富的情感。

每天晚上，我们都有一段亲子共读的美好时光。一个故事，一本书，大家轮着读。这一段，你读；接下来一段，他读。就这样一页一页地读，一本一本地读，偶尔说说看法，发发评论。夏天，是令人着迷的，在炎热之后是夏夜晚风的清凉，此时，孩子就把《堂吉诃德》给抱过来了。于是，我们肩并着肩，开始大声读书。念着念着，孩子会发问：妈妈，堂吉诃德第二次出游，又会发生什么事呢？

"是呀，我也想知道！"

"妈妈，你不觉得桑丘很无辜吗？"

"是这样的，因为他的无知。"

有时候，她忽然来了兴致，对下面的内容好奇得不得了，就要求着："妈妈，再多读一章好吗？""妈妈，你想不想继续？"

"想，继续吧，妈妈想永远这样读下去！"我回答。这样清朗和无忧的夜晚，唯愿它不停地延续的，一直到孩子的中学、大学、成人……抬头和孩子他爸相视一笑，是彼此希望的交流，晚上九点，这是我们一天中最美好的时刻！

把阅读跟美好的体验、愉悦的情绪紧密地联系在一起，长此以往，像每天需要快乐一样，阅读兴趣就自然而然地养成了。

第五章

告诉孩子性是什么

我们会给你透明的性教育

中国父母，即使是有较好知识背景的父母，遇到孩子问"我怎么来的""我将来怎么才会生孩子"之类的问题也会期期艾艾，不知道怎么说，索性就敷衍。

进入发育期的孩子开始亲身体验到身体的微妙变化，如果在这之前，他们已经接受过来自父母的科学指导，便不会对月经初潮或遗精现象感到紧张。但是他们仍然会感到害羞，父母要以巧妙的方式引导孩子坦然面对性成熟。

一位细心的母亲发现儿子最近行为诡异，经常藏被精液弄脏的床单。终于有一天，儿子跟爸爸说："我遗精了。"

父亲拍拍儿子的肩膀，说："儿子，爸爸祝贺你，这说明你已经是个男子汉了。"

之后，父母送儿子一本青春期科普读物。

很多专家都认为，家庭进行"性"教育具有个体化、生活化的优势，是对孩子进行性教育的最为理想的渠道。

有些家长认为，人对"性"的认识可以无师自通，或者等孩子到了青春期再面对这个问题也不迟。这两种想法都是不科学的。

家庭性教育非常必要，父母是孩子性教育的第一任老师，性教育应当从小就开始。

一般3～5岁的幼儿对性就开始有了意识，他们会问的最普遍的问题是：我是从哪里来的？这时候，父母千万不可用"瞎话"来搪塞，可以简单地告诉孩子"你是在妈妈的肚子里长大的"，一般孩子就不会再追问。

这个时候的孩子还会注意到两性差别，父母可以分别带他一起洗澡，让他很自然地通过观察了解两性的差别，防止不健康的好奇心理的发展。

上了小学的孩子会比较害羞一些，他们不常发问，但这并不表示他们没有问题，他们会从广播、电视、报纸上听说"艾滋病""强奸""性虐待"等名词，他们想知道是怎么回事，所以父母要常常与孩子聊天，以一种自然的方式将这些问题解释给他们听。

孩子上小学二三年级时，应该给孩子讲一些有关人体结构和生殖器官的知识，告诉孩子人体各部位尤其是生殖器官的科学名词。让孩子知道，孩子是父母相亲相爱，由父亲的精子与母亲的卵子结合，然后在母亲的子宫里发育成长起来的。这时候跟孩子讲生育的知识，就像讲解为什么天会下雨一样，不会造成任何刺激。

小学高年级的女孩比男孩更成熟，她们往往开始对两性关系发生兴趣。 如果父母比较民主、开明，那么她们就不会将困惑埋在心里，而会随时向她们的父母请教。

美国性教育家戈尔顿教授认为，受过家庭性教育的青春期少男少女，大都能推迟首次与异性接触的时间。 同时，父母不要指望仅仅用某种教科书来解决孩子青春期的所有问题，而最好的家庭性教育的方法是与孩子拉家常。

父母可以借某个性方面的问题，打开话匣子，让孩子了解性活动及相关知识。 了解这些并不等于允许他们过早地这样做，而是要让孩子知道过早这样做会有害无益。

我们会适当地对你进行性教育

不少父母对性教育存在误解，他们认为性教育就是性行为，跟孩子谈性是难以启齿的。于是，直到今天，有的父母发现孩子偷偷翻阅色情刊物时，还会严加责骂；有的父母发现孩子言语粗鲁淫秽时，会动怒不已；当孩子问父母有关性的问题时，父母仍然会编个故事或找个借口欺瞒自己的孩子。

春节长假，吴先生和妻子带着上小学五年级的儿子和四位老人一起去南方旅游。夜宿宾馆时，宾馆不仅提供了一些洗漱用具，还提供了一些需要自己付费的东西，并提醒顾客外包装一经拆封，即算使用。

晚饭之后，儿子就被动画片迷住了。四位老人一路劳顿，也早早休息了。吴先生和妻子到外面逛了逛夜市。之后回到宾馆，儿子不好意思地对吴先生说："爸爸，可能你要帮我付 10 块钱了。"这时爸爸意识到儿子闲不住手脚把那包东西拆开了，果然儿子老实交代了事情的真相，他说："爸爸妈妈，这到底是什么东西？我以为是薄荷糖，还是进口的呢，所以就拆开了，可那好像不是糖。"儿子手里拿着一个包装盒问道。

吴先生一看，不禁脸一热，原来儿子真的把一包安全套拆开了。再仔细看包装盒上的文字，的确有"薄荷味"的说明，怪不得儿子会把它当成薄荷糖。

"爸爸，这东西很有弹性，我以为是 QQ 糖之类的东西，可是说明书上却写着只能外用，它到底是干什么用的？"

看来，儿子已经把这个玩意儿研究过了，该怎么对他解释呢？吴先生故作镇定，指着盒子上的字说："这的确不是糖，盒子上不是写了'安全套'三个字吗？"

"这个又小又软的东西能保护谁的安全呀？"儿子不解地问。

吴先生一时语塞。

儿子见爸爸没说话，就问妈妈："妈妈，这个图上画的好像是套在'小鸡鸡'上的，是保护'小鸡鸡'的吗？就像你的罩罩一样？"

妈妈以前为儿子解释过自己要戴文胸的道理，没想到儿子的联想那么快。"你说得也有点道理，但也不全对。"妈妈给儿子解释，"妈妈的胸部需要一直保护，而爸爸不需要，仅仅在需要的时候才保护。"

儿子急切地问："那什么时候爸爸才需要用安全套呢？"

看来，儿子对这个问题产生强烈的兴趣了，没有满意的答案是不会罢休的。于是妈妈略微调整了一下思路，对儿子说："你已经知道了你的生命是由爸爸的精子和妈妈的卵子相结合的产物，对吗？可是，爸爸有很多精子，妈妈也有很多卵子，如果它们都结合起来，那你就有很多弟弟妹妹了，为了防止它们结合，爸爸就穿了一件小外套，避免精子和卵子相遇了。"

"哦，原来是这样啊。"儿子恍然大悟，终于不再追问了。

妻子看了一眼满脸不自在的丈夫，长长地松了一口气。

也许是深受几千年传统意识影响的原因，不少父母觉得和孩子谈性实在开不了口。所以，他们对孩子提出的关于"性"的问题，不是守口如瓶，就是胡编乱造，以致误导了孩子。这也难怪，有的家长说他的孩子跑到药房买"卫生巾"，为的是要治疗脚伤；有的孩子无意中发现了避孕套，却将其当作气球来吹。孩子对性知识的缺乏可见一斑。

其实性教育不只是性行为，它还包括认识两性的差异、生育、男女恋情、性爱关系、与异性相处之道以及身体的发育等方面的问题，亦即性教育是一种生活教育及人格教育。作为父母，适时与你的孩子谈性，关系到孩子对性观念和性知识的学习，以及对自己身体器官的了解，这对孩子是一项重要的教育课。

（1）不要回避，而要直接回答。回避、搪塞只会让孩子觉得这种事情见不得人，会觉得自己的好奇心让父母蒙羞了，甚至导致孩子对生育、性爱的恐惧。如果父母编造神话故事，只能一时蒙混过关，将来当孩子发现事实时，就会对父母失去信任。如果你想成为孩子的好父母，就必须从一开始老老实实地回答孩子提出的关于的性的问题。

（2）父母对孩子的回答应保持大体一致。父母对孩子的回答应该基本一致，不要给孩子大相径庭的回答。否则，会严重误导孩子，使孩子对性产生错误的认识。

（3）给孩子符合他年龄段的回答。回答问题的时候，父母应该简洁地给孩子解释，而不是给他上一堂复杂的科学或者道德课程。如果父母回答不了，就找一本简单的书，和孩子一起阅读。再次重申：小孩子对"性"不感兴趣，只想知道自己是怎样出生的。

（4）教孩子正确地称呼所有的器官。性器官与身体任何一个部位的器官都是一样的，并没有神秘性，如果父母总是将性器官视为特殊的东西，在称呼它的时候很随意，或是用带有猥亵粗鄙的意思称呼性器官，很容易给孩子造成误解。正确的称呼让孩子对自己的身体肃然起敬，给他们一种科学的、自然的、正常的感觉。

（5）必要时可以只回答孩子提的部分问题。孩子问什么，你回答什么。不要过多地提供信息，尤其关于性交的细节，父母最好直白地对孩子说："爸爸的阴茎把精子放进妈妈的阴道里，精子遇到卵子，小宝宝就形成了。"像这类问题一定要简要回答，必要时可以只回答部分问题。

我们会正确对待孩子手淫

手淫的孩子是不是学坏了呢？ 其实，手淫就像婴儿吃奶一样，一出生就会了。 最常见的就是许多孩子在很小的时候一边吃奶一边都会出于无意识玩弄自己的生殖器。 但是，那时父母绝对不会以孩子的这种行为为耻。 手淫到底对孩子的健康有没有伤害呢？ 医学已经证明：手淫本身并没有什么危害，偶尔发生的手淫行为对身体不会有任何影响。 所以当父母发现孩子有手淫行为的时候，要以平常心正确对待，不要让教育蒙上羞辱的色彩，而是用知识让孩子懂得他们"长大了"。

丹丹在很小的时候就被妈妈养成了晚上睡前"洗屁股"的习惯。以前总是妈妈帮着洗，后来丹丹长大了就自己洗了。这件事情在丹丹的眼里就像每天睡前要洗脸、刷牙一样，已经成为日常生活中的一部分。就在丹丹初中一年级时，她来了月经。妈妈把丹丹拉到一边笑着对她说："我们家的小公主长大了。"从那以后，丹丹总觉得"洗屁股"忽然变成了一件很害羞的事。这项每天晚上例行的公事，都是当没有人注意她的时候，她才偷偷地溜到洗手间里洗。

有一天，丹丹又像往常一样，趁着爸爸妈妈在看电视的时候，自己倒了一盆温水进了洗手间。本来只是想把屁股洗得更干净一些，可是当自己碰到私处的一刹那，丹丹有了一种非常舒服的感觉。她喜欢上了这种滋味。她一边触摸着那个地方，不停地搓动……也是从那次开始，丹丹的这个"坏习惯"形成了。

后来，爸爸发现每天孩子进洗手间的时间越来越长，就让妈妈去看看。让妈妈没有想到的时候，当她打开女儿忘记反锁的门的时候，女儿居然正在陶醉于手淫的快感之中！妈妈一下子蒙了，自己的女儿只有14岁，怎么就变成这样了呢?!

父母一般把手淫的对象都锁定在男孩子身上，实际无论是男孩还是女孩父母都应该把相关的教育做到位。那么，作为父母如何去发现孩子的手淫行为呢？在生活中，父母要留心观察，看看孩子有没有下列情况的发生。男孩子用手玩弄自己的生殖器；女孩子用手去摸外阴；孩子把物品塞进裤子；孩子喜欢在家里突出的地方用生殖器部位蹭来蹭去；孩子骑在什么物体上前后左右地扭来扭去等。如果孩子有这种行为，作为父母就应该给予关心和关注了。

如果父母发现孩子有了这种行为，不要狠批孩子，也不必过度惊慌，问题既然发生了，唯一的办法就是解决问题。

（1）首先要看一看孩子用手碰触生殖器的行为，是不是因为孩子的卫生没有搞好而导致发痒红肿，又或是衣裤过紧让孩子感到不舒服等，不要一看见孩子的异常行为就一口咬定孩子手淫，一定要弄清状况。

（2）孩子睡觉时的被子不宜太厚太暖。

（3）让其他小朋友多与孩子交流，避免孤独。 作为父母也要做孩子的好朋友，要主动抽出时间陪孩子，与孩子多做互动。

（4）如果发现孩子有玩弄生殖器行为时，要带孩子去做一些他喜欢做的事来转移孩子的注意力。 并相信运用以上小方法，通过父母双方的共同努力，一定对孩子有所帮助。

我们不会回避性问题

有的父母认为，对孩子提出的性问题，最好什么也不说，沉默或者打岔才是最好的办法。一位母亲说："我自己总相信孩子长大以后就什么都懂了。我父母从来都没有直接给我讲过性知识，这倒不是因为他们保守，而是觉得没有必要。水到渠成嘛，性知识并不是非'启齿'不可。我不就这样过来了？我也不准备对自己的孩子说什么。"

这样的态度，实际上就是一种"鸵鸟"式的教育，即当孩子提出问题以后，父母往往保持沉默，或者回避问题。生活中有很多父母希望对孩子的提问保持沉默，在他们看来，对孩子讲多了性知识肯定不是什么好事，认为那是有意"惹"他们。但这样闭口不谈性，往往会使孩子觉得，性是不能谈论的问题，是丑陋的事情，从而形成对性持否定态度的价值观念。

渐渐地，孩子也会不再向父母提出性问题。他们会认为大人根本不想谈这方面的问题；而且，他们会感到性是应该禁忌的话题。 亲子之间越是回避性话题和交流，孩子就越会觉得那是一件不该启齿的事，但是他们的兴趣却与日俱增。 一些性问题成了他们比较感兴趣的事情，也会觉得越来越神秘。

一个男孩的母亲对此深有体会：

> 儿子刚升上小学五年级，很好问，提的问题经常涉及性知识，令我和他爸都很难堪。我们曾密谋如何对付这难题，但我们两人分歧很大。他爸认为儿子年纪还小，能搪塞就搪塞过去，等他长大了自然会晓得。可儿子偏偏对其中的"疑点"发问不止，就连我洗澡，他也敲门想跑进来看个究竟。在儿子面前，我和他爸小心翼翼地生活着，真害怕露出"性"的蛛丝马迹。我们活得很累，担心尤甚，害怕因为我们的反常举动，让儿子对女性产生神秘感，这同样不是件好事情。

> 一次看电视时，儿子又发问了："'苏菲'有什么用？"我就胡扯一通："这是女性的曲线，你看，这很美。"儿子听后哧哧地笑道："这是女人的卫生巾，男孩子有什么不知道的？"这时他爸把我叫到一旁，很紧张地说："我们越遮掩，他越感兴趣，还不如趁早告诉他，免得他走入歧途。"

面对孩子的性疑问，我的建议是：

（1）不欺骗孩子。 许多父母仍然对性的问题比较保守，喜欢以"谎言"回答孩子的提问。 大多数孩子在受了欺骗之后，随着他们年龄的增加，慢慢会识破成年人的谎言，但成年人的做法却有可能让他们也变得虚伪、不诚实。同时也会让他们感到，在性的问题上是不能说真话的。另外，成年人一些不恰当的玩笑，也会使孩子对性知识有误解，这需要父母特别注意。

（2）如实回答。当孩子向你提问时，尽量如实回答，不要遮遮掩掩。如果孩子向你提的问题，对你来说是陌生的，甚至你自己也存在疑问。遇到这样的情况，不必紧张，只要把自己的真实情况告诉孩子就行。例如，可以对孩子说："这个问题妈妈也没有弄懂，不如我俩一起去查查资料吧。"

（3）准备一本性知识的书。家中如果有一个青春期的孩子（10～20岁），一般都需要准备一本性知识的书。当然，要尽量选择专家写的较为权威的小册子。这样，当父母无力回答性问题时，可从容地让孩子看书。

科学研究发现，儿童对性的了解需要基本分四个阶段：

（1）身体认识阶段（0～4岁）：大多询问身体器官的名称及区别等问题。这个阶段的孩子处于婴幼儿阶段。这时他们的性心理发育往往具有两个特点，一是自发性，二是好奇性。尤其在幼儿时期，他们的性意识开始孕育，对性的愉快体验也开始从无意渐渐走向有意。因此，有些男孩会用手触摸阴茎，有些女孩会用桌子边角或者其他物体去触摸阴蒂。这种行为并不说明孩子有什么性目的，只是一种自发的现象。随着年龄的增长，自我意识的产生，孩子开始意识到自己的性身份和性角色。尤其是当发觉自己和他人有差别之后，他们就会有意识地表现出对性的好奇和关心，也就会不断地提出各种关于性的疑问。如：为什么妈妈的乳房很大，爸爸的乳房很小？ 为什么男的和女的要进不同的厕所？

这时，父母应采取正确的态度，使用科学的名词，告诉孩子身体不同部位的名称。 父母可参考一些专业书籍，利用图片让孩子认识男女身体上的器官及其不同，或者在与孩子一起洗澡的时候，帮助孩子了解人体各方面的构造。

（2）生命起源阶段（4～8岁）：大多询问生命起源及生育等问题。 此阶段孩子大多生活在幼儿园或者小学低中年级，他们开始认识到自己的重要性，因此对自己的归属感非常敏感。 他们提问的重点主要是与"生命的起源"相关的一些问题。 如：我是从哪里来的？ 我是怎么生出来的？ 爸爸没有生我，我为什么要叫他爸爸？ 爸爸怎么还能生孩子呢？ 妈妈是谁生的？ 生孩子是不是真的很疼？ 剖宫产是怎么回事？

这时，父母尽量不要以谎言来应对孩子，如对孩子说"你是从石头缝里蹦出来的""你是从路上捡来的"等，而应该让孩子清楚地了解，自己是爸爸妈妈相爱结合而生下来的。

（3）"性"知识阶段（8～12岁）：大多询问一些与性有关的问题。 这个时期，孩子已经进入了小学中高年级。 由于智力快速发展，语言能力迅速增长，他们提出的纯粹与"性"有关的问题要远远多于前两个阶段。 如：为什么男生没有月经？ 女生干吗有时可以不上体育课啊？ 什么是性梦？ 性骚扰是骚扰哪里啊？ 睾丸里装的到底是什么？ 叔叔阿姨进了洞房都干什么啊？

这个时期父母对孩子的性教育内容之一，就是科学地、大方地回答孩子的性提问。 为了及时做出恰当的回答，父母应该学习一点有关儿童性教育的知识。

（4）爱的教育阶段（12～16岁）：大多询问一些与爱情、婚姻、性相关的事情。在这个阶段里，孩子一般进入了青春期或者青春前期。这也是孩子发育最快的阶段，这时不仅孩子的身体迅猛发展，各种性征也渐渐出现，以生殖器官和第二性征明显发育为特征。这时，孩子往往会对自己的生理发育速度、第二性征以及生殖器的大小和形状等产生忧虑。因此，他们特别渴望得到性知识。但他们提问已经不会再如同小时候那么直接，而是间接地、策略地提出来。如：一个人总想看见另外一个人，这就是喜欢他吗？遗精是怎么回事？如果一个女孩的梦里总有一个男孩出现，这是不是不好的现象？手淫是不是下流？什么样的爱情才是真正的爱情？

在孩子青春期阶段，父母要给孩子一定的关怀与指导，注意孩子的性生理、性心理变化，确定恰当的教育时机，对孩子进行针对性的性教育。

第六章

告诉孩子，这个家你是重要的一员

我们会和你和谐相处

大家如果回首童年或许会感慨地发现，那些让您刻骨铭心受益终身的教育，大都是您最喜欢最爱戴的人给予的，而这些美好的记忆与您所厌恶的人可能毫不相关。

有一天，安徒生的父亲在做活时剩下了一块木头，顿时想到可以给孩子做些小玩意儿！他决定给儿子做几个木偶。父亲把木偶做好了，又对他说："你向妈妈要一些没有用的碎布来，给这几个小'演员'缝制几件衣服。"小安徒生听了，高兴地叫道："好啊，就去问妈妈！"他兴冲冲地跑到妈妈那儿，在妈妈的帮助下，终于给小木偶们各自缝了一套衣服，安徒生细心地替他们穿好。父亲对他说："它们是不是很像几个演员？咱俩玩'演戏'怎样？"父亲从院子里搬来一张桌子当作舞台，用妈妈的头巾当幕布，还从书架上找来一本名叫《荷尔堡》的书当剧本，就这样，父子两人在堂屋里即兴演起戏来。他们互相练着台词，不时地争执该用什么样的表情和动作，简直像两个专业的演员。爸爸滑稽的动作和幽默的语言把小安徒生逗得东倒西歪，实在演不下去了！妈妈这时也放下手里的活儿当他们的观众。隔壁的邻居们也被笑声吸引过来，都笑这父子俩真是疯了！

之后，安徒生又遇到一位对他创作很有帮助的人，一位在医院里专门给人收拾东西的老太太约翰妮。她是位和善并且会讲很多故事的老人，对这座古城的每一块石头、每一棵老树，都能讲出故事来。讲完后她总是说："这一切都是存在的，不是瞎编的。"安徒生认真地听着这些故事，听时他常流出眼泪或者大笑起来。日子久了，他听到了很多的故事，就把这些故事讲给小伙伴们听。自此以后，安徒生就迷上了故事，迷上演戏。那些虚构的人物和情节对他来说，就像古老神秘的森林一样吸引着他。为了演好戏，为了了解更多的故事，他疯狂地喜爱上了看书。这对他以后的童话创作产生了很大的影响。

随着年龄的增长，他开始意识到机遇是要靠自己努力寻找的。于是在1819年6月的一天，十四岁的安徒生走到母亲的面前，说出自己埋在心中多年的理想，"我要当演员，我要演戏。"他不顾家人好心的劝阻，毅然踏上了通往哥本哈根的漫漫长路，去实现自己的理想。

安徒生在剧院牧童合唱队或士兵队里扮演小角色，度过了哥本哈根一个漫长的冬天后，他逐渐意识到演戏并非他追求的最终目标。他开始改变追求的目标，他要用自己的语言来支配演员的行动，他要写作。为了避开一些人鄙视的目光，他外出旅行，到法国、德国或者意大利，广泛接触活在下层的穷苦人民，他为自己没有能力来帮助他们而感到痛心，于是他就用童话的形式，把人民大众的疾苦和对美好生活的向往写出来。

他热爱编故事，每年以写一本书的速度勤奋写作。他的童话作品每写出一篇，都会得到世界性的赞誉。他在写童话故事的同时，还写小说、戏剧。几年以后，他用巨大的艺术创作成果，证明了自己非凡的成功。执着追求的梦想，也得到了实现，他的童话作品一版再版，各种荣誉纷纷而来。

我们几乎都能感受到这样一个现象：孩子如果喜欢他的老师，就可以喜欢这位老师的课以及他要求的一切；孩子如果讨厌他的老师，则可能讨厌这位老师的课以及他讲的一切。孩子对于父母的关系也基本上如此。大家面对现实也许会感到，当你与孩子的关系发生了问题，你的教育也会随之陷入困境。所以，如果用一句话说出什么是好的家庭教育，那就是：好的亲子关系就是好的家庭教育。

（1）关键在定位。好的关系胜过许多教育。父母什么时候与孩子关系好，对孩子的教育就容易成功；什么时候与孩子关系不好，对孩子的教育就容易失败。而建立良好的亲子关系，其关键在于"定位"。

①不当"法官"，学做"律师"。有些父母看到孩子出了问题，便迫不及待地当起了"法官"，这是很危险的。孩子的内心世界丰富多彩，家长要积极地影响与教育孩子，不了解

其内心世界便无从谈起。 而了解孩子的第一要诀是呵护其自尊，维护其权利，成为其信赖和尊敬的朋友。 即家长对待孩子，要像"律师"对待自己的当事人一样，了解其内心需求，并始终以维护其合法权利为唯一宗旨。

②不当"裁判"，学做"啦啦队"。 在人生竞技场，孩子只能自己去努力。 父母既无法替代孩子，也不该自作主张去当"裁判"，而应该给予孩子一种保持良好竞技状态的力量，即"啦啦队"的力量。 这样更能帮助孩子建立自信心，而这正是家庭教育的核心任务。 做孩子的"啦啦队"，既要善于发现和赞美孩子，还要引导孩子正确面对失败，在挫折前做孩子的战友。

（2）与孩子共同分享一种兴趣。 世界闻名的丹麦童话作家汉斯·克里斯汀·安徒生出生于欧登塞城的一个贫民家庭。他创作出的童话故事如《海的女儿》《卖火柴的小女孩》等受到全世界儿童的热烈喜爱。 他父亲虽以修鞋为生，但却深知早期教育的重要性。 他常常利用休息时间领着安徒生沿着羊肠小道，攀上高处，给他讲欧登王城堡的故事，讲他小时候所经历的遭遇，讲穷苦人的故事。 父亲明白自己不能给儿子提供什么好的玩具，看着小安徒生求知若渴的眼睛，他也常常感到很内疚。

我们会拥抱你让你快乐

与男孩相比，女孩的触觉、感觉、味觉、嗅觉、听觉都更加敏锐。尤其是触觉方面，女孩从出生的时候起就习惯通过父母对自己拥抱来感受父母对自己的爱。如果父母经常拥抱女儿，那么女儿会认为自己对父母来说很重要，父母很爱自己，会感到很快乐。反之，她则会觉得父母忽视自己、不爱自己，进而不快乐。毫不夸张地说，父母给予孩子的拥抱直接关系到女儿的快乐与否。

双儿出生后，父母非常高兴。为了将女儿培养成为独立、坚强的女孩，双儿父母从女儿满月开始就对她进行了"严格"的教育。双儿的妈妈总是把双儿一个人放在婴儿床上，而自己则忙里忙外。一开始的时候，双儿用啼哭表示反抗，但是双儿的妈妈说孩子总是惯着，会惯出一身毛病，因此对双儿的哭闹置之不理。后来，双儿果然不再哭闹，但是几个月大的双儿却变得表情呆板，即使爸爸逗她，她也毫无反应。

双儿的父母吓坏了，担心她是个智障。但在一连串的检查后终于放下心来。

但是随着双儿的成长，问题似乎越来越严重了。在大人们眼里，双儿是个很深沉的小女孩，她甚至有些少年老成，喜怒不形于色，也不愿意与人有过多的交流。在双儿十岁的时候，父母发现女儿的目光甚至是呆滞的。她总是一个人静静地坐着，把爸爸妈妈当作透明的空气。看到这样的女儿，双儿的父母又开始带着带着女儿四处求医，但所有的医生都说生理上没有问题。最后一位好心的医生建议他们带双儿去看儿童心理医生。

心理医生看了看双儿的情况，询问了双儿的父母平常对女儿的抚养方式。为了帮助双儿，他叫来自己的几位助手——几位非常年轻活泼的女助手，让她们和双儿做游戏、谈心，并且还要多拥抱她。这些女助手笑闹着和双儿做游戏，争着抢着要与双儿拥抱，抱不到的就开始亲双儿的脸颊、抚摸双儿的头发。一开始，双儿似乎很紧张，但是慢慢地，她的嘴角开始微扬，眼神也开始清明。就这样，双儿的父母每天都会陪女儿来接受这样的心理治疗。

没多久，奇迹发生了：双儿像其他小女孩一样活跃了，食欲也增强了，甚至高兴的时候会主动要求同那些女助手们一起做游戏。

双儿父母对此疑惑极了，心理医生告诉他们："这孩子是得了'皮肤饥饿症'，这是由于缺乏父母的拥抱、爱抚所造成的心理障碍，时间久了孩子会发育不良、智力衰退，甚至变得反应迟钝，就像智障儿一样。"

虽然女儿的治疗情况让人欣慰，但是双儿的父母还是有些内疚，为自己在女儿很小的时候就剥夺了女儿被父母拥抱的权力而感到自责。

女孩心理脆弱，很害怕被父母冷落，对得到父母的关心和爱护的愿望尤为强烈，所以，对于女孩来说，父母的拥抱在其成长过程中扮演着极其重要的角色。一个经常被父母拥抱、爱抚的女孩较其他女孩会更加聪明、活泼。千万不要以为这是无稽之谈，由于女孩的感觉神经非常敏锐，因此拥抱和爱抚能够很好地激活她大脑的思维细胞，进而使她的每一种生命功能都能发挥到最大限度。因此，家有女儿的父母，一定要多拥抱、爱抚自己的女儿。具体地说，父母们需要注意这样几个问题。

（1）每天至少保证和女儿身体接触 15 分钟。儿童行为研究专家指出，每天是否能和女儿进行 15 分钟的身体接触，是父母和女儿亲子关系的关键。在父母温暖的怀中，女孩体会到温馨、舒适，感受到父母的爱，这样她就会学会爱父母。相反，一个缺乏父母拥抱和爱抚的孩子是孤独的，她也不懂得什么叫爱，自然也就不懂得爱父母，而亲子关系自然也就不会和谐。

（2）即使女儿已经长大，也请拥抱她。随着女儿年龄越来越大，父母为了在女儿心目中树立权威的形象，对女儿的拥抱会越来越少。其实这是非常不应该的。要知道，无论女儿有多大，都是需要从父母的拥抱和爱抚中感受爱的，这样她才不会觉得被忽视，才不会觉得孤独，才能够拥有健康的心理，进而健康地成长。因此，父母们千万不要因为女儿大了就不再拥抱女儿，给女儿拥抱，女儿才会更加健康、快乐地成长。

（3）对于女儿来说，父亲的拥抱同样不可缺少。生活中，许多父亲因为"男女有别"，对女儿总是"敬而远之"。他们认为，女儿需要拥抱，那就让她妈妈拥抱她好了，至于自己还是"敬而远之"的好。

的确，妈妈的拥抱对于女儿来说是很好的安慰剂。如当女孩的月经初潮来临，觉得惊慌失措，甚至觉得羞耻的时候，妈妈的拥抱能够给予她勇气，让她不再惊恐不安。母亲的拥抱能够让女儿感受安定，并获取同自己的坏情绪做斗争的力量。但是缺少了父亲的拥抱，女儿不仅容易产生心理问题，而且容易和父亲的关系越来越疏远。

女儿长大了，身体发生了巨大的变化，因此父亲不愿意再与女儿有更多的身体接触。但是女儿并不了解父亲内心的想法，她往往会认为父亲不再关注自己，不再爱自己，会觉得非常失落，甚至对自己失望，从而变得孤僻而自卑。因此，对于成长中的女儿来说，父亲的拥抱是不可缺少的。

（4）学会拥抱的另一种表达方式。生活中，很多亲密的行为都具有拥抱的意义。如夸奖、亲吻、鼓励的眼神都和拥抱具有同样的效果，而这些也都是父母应该给女儿的。多对女儿说一些柔软、甜蜜的话语，多注视着女儿的眼睛倾听她、欣赏她，多关注女儿，这样，父母和女儿的感情交流才会顺畅，女儿才能够健康、快乐地成长。

你要热爱家务劳动

据一项抽样调查显示，我国学生对家务劳动的疏远程度，达到了令人吃惊的地步。调查表明，高中生近六成起床不叠被子；五成从不倒垃圾，也不扫地；七成不洗碗，不洗衣服；九成从不洗菜做饭。还有部分高中生什么家务也不做，连整理书包都还要家长代劳。是现在的孩子真那么懒，不肯做家务劳动吗？其实不然，调查结果出人意料，有82%的高中生表示愿意做家务；36%的学生认为做家务很开心，是一种乐趣；有40%的学生说家长不让做家务，也从不教他们怎么做。

造成这种状况的原因是许多父母认为孩子还小，不愿让孩子承担家务。当孩子要求做家务的时候，他们经常会说："你还小，等你长大了再帮我。"这简单的一句话就剥夺了孩子做家务的机会和义务，其结果是造成对孩子独立能力的伤害。这些家长的一片"苦心"，导致孩子们不仅不会做家务，还养成了衣来伸手、饭来张口的习惯，认为别人为自己做什么都是应该的，却不知道自己也有关心与帮助别人的一份责任。 这种状况在幼儿身上的体现尤为明显。 "等你长大了再帮我"，家长或许是心疼孩子，或许是对孩子的能力不放心，害怕还要给孩子收拾残局，所以总是禁止孩子做某些事情。但是，如果家长什么事情都帮孩子做好，那么孩子以后的生活自理能力就不容易培养了。 孩子愿意帮家长做事，这就是一种值得赞许的行为。 家长应该制造机会让孩子来表现，例如让孩子自己穿衣服、穿鞋和叠被子等。 重点并不在于他做得好不好，而在于帮助他养成好习惯：

有一个善良的小男孩叫亨利。他的父亲早已过世，陪伴着他的只有穷困的母亲和一个两岁大的妹妹。他很想帮上母亲的忙，因为母亲挣的钱总是难以养家糊口。

一天，亨利帮一位先生找到了他丢失的笔记本，于是这位先生给了他一美元。亨利把钱放到一个谁也找不到的地方。他母亲一直教育他要诚实，绝不能拿任何不属于自己的东西。

亨利用这一美元买了一个盒子、三把鞋刷和一盒鞋油。接着他来到街角，对每个鞋不太干净的人说："先生，能让我给您的鞋擦油吗？"他是那样的彬彬有礼，因此人们很快便都注意到了他，并且也十分乐意让他替自己的鞋擦油。第一天他就挣了50美分。

当亨利把钱交给母亲的时候，母亲情不自禁地流下了激动的热泪："你真是一个懂事的好孩子，亨利。你这么小就能帮妈妈，妈妈谢谢你。"

从此以后，亨利白天擦鞋，晚上到学校上课。他挣的钱已足以负担母亲和妹妹的生活费了。

这位母亲就是教育孩子的好榜样。 她教育孩子要诚实，而且对孩子给自己的帮助表示感谢，这是对孩子最大的鼓励和肯定。 现在很多家庭的经济状况并不好，可是许多父母却选择自己受累受苦，不让孩子帮着做任何力所能及的事情。 他们总想等孩子长大了再做家庭的顶梁柱，帮助和照顾自己。可是，这些父母就不想想，从小缺乏锻炼的孩子长大了能有多大出息？ 孩子能独立生活就已经不错了，还指望他们来帮助父母？ 所以，父母一定要从小给予孩子锻炼的机会，让他们在力所能及的范围内帮助家庭做事。 这是培养孩子自我管理能力的最佳方式之一。

你要养成孝敬父母的习惯

有的父母说："女儿是我们的贴心小棉袄。"有的父母却感叹："到底是女儿外相！"其实女儿是孝顺父母、成为父母的贴心小棉袄，还是自私、和父母不亲近，这都源于父母们对女儿的培养。

亲情是一个人善心、爱心和良心的综合表现。孝顺父母是做人的本分，是天经地义的美德，也是各种高尚品德形成的前提，因而历来受到人们的称赞。试想，一个人如果连孝敬父母、报答养育之恩都做不到，谁还相信她是个"人"呢？又有谁愿意和她打交道呢？

可以毫不夸张地说，作为一个女孩，能否孝顺父母直接决定了她是否能够被他人、被社会所认可，直接决定了她是优秀还是低劣。因此，培养女儿孝顺父母的习惯是家庭教育中不可缺少的环节。

现在女孩子讲究娇养、富养，于是在生活中便出现了这样的情况：吃过饭后，女儿扭头看电视或玩耍去了，父母却忙碌地收拾碗筷；家里有好吃的东西，父母总是先让女儿品尝，女儿却很少请父母先吃；女儿一旦生病，父母便忙前忙后，百般关照，而父母身体不适，女儿却很少问候……凡此种种，值得忧虑。

晓萌11岁了，爸爸妈妈对她异常疼爱，晓萌也很喜欢爸爸妈妈，但却不知道心疼、体贴父母。父母结束了一天的工作，拖着疲惫的身子回到家里，连一口水也顾不上喝，就被晓萌缠着陪她玩，还吵着饿了。

对此，父母不禁感到难过。他们想，也许是自己平时对女儿的溺爱让晓萌没有孝敬父母的意识。于是他们决定从生活小事做起，培养女儿的这种意识。

有一次，晓萌来了兴趣，要尝试自己洗衣服，于是妈妈痛快地答应了。第一次洗衣服，晓萌洗得相当吃力，额头上都渗出了细细的汗珠，而且洗完衣服，胳膊都开始酸痛了。

晓萌好奇地问起妈妈："妈妈，你平时帮我和爸爸洗衣服也这么累吗？"妈妈说："虽然我力气要比你大些，不过每次洗那么多的脏衣服，也是很累的。"晓萌听完后若有所思地说："妈妈，我现在长大了，以后我的衣服我自己来洗吧。"

妈妈听了女儿的话，心里不知有多高兴，并及时夸奖晓萌说："晓萌懂事了，知道心疼妈妈了。"听了妈妈的夸奖，晓萌更高兴了。此后，晓萌变得懂事多了，除了坚持洗自己的衣服以外，还主动帮父母扫地、洗碗，更懂得心疼父母了。

晓萌为什么变了？因为她体验到别人的疾苦，激起爱心或同情心，从而设身处地地为别人着想。

有无孝敬父母的习惯，不单单关系到女儿和父母的情感，其实质是女儿能否关心他人的大问题。在家里能养成孝敬父母的好习惯，长大后到社会中，才有可能做到关心他人，才能很好地融入社会、有所作为。因此，在娇养女儿的同时，父母要有意识地培养女儿孝敬父母的好习惯。那么父母怎样培养女儿孝敬父母的好习惯呢？

（1）要建立合理的长幼有别的家庭关系。所谓"合理"，是指全体家庭成员之间首先是民主平等的，父母要尊重女儿的独立人格。同时，家庭又是一个整体，不能各自为政，总要有人来"领导"家庭，管理指导家庭全体成员的生活。父母是家庭生活的供养者，而且他们有丰富的生产经验，自然应当成为家庭的核心和主事人。女儿应当在父母的指导、帮助下生活、学习。

现在，不少家庭中，女儿是"小太阳"，父母变成围着女儿转的月亮、侍从，这就为女儿形成以自己为中心的自私性格提供了土壤，也就更谈不上培养女儿孝敬父母的好习惯了。因此，父母要让女儿明白她自己与父母的关系，让她知道父母是长者，是家庭生活的主事人，而不能颠倒主次，任女儿在家庭里逞强胡闹。

（2）要让女儿了解父母为她和家庭所付出的辛苦。现在不少女孩并不知道自己漂亮的裙子、美丽的鞋子是父母辛苦工作换来的，不知道父母的钱是怎样得来的，只知道向父母要钱买这买那，认为父母给自己吃好、穿好、用好是天经地义的。这样的女儿必然不可能从心底里孝敬父母。为此，父母应当有意识地经常把自己在外工作和收入的情况告诉女儿，从而让女儿明白父母的钱得来不易。自然，女儿会逐渐珍惜自己的生活，也会从心底里产生对父母的感激和敬重。

（3）从小事入手培养女儿孝敬父母的行为习惯。教育子女孝敬父母的一般要求是：听从父母教导，关心父母健康，分担父母忧虑，参与家务劳动，不给父母添乱。要把这些要求变为女儿的实际行动，就应当从日常小事抓起。如关心父母健康方面：要求女儿每天要问候下班回家的父母；当父母劳累时，女儿应该主动帮助或请父母休息一下；当父母有病时，女儿主动捧上一杯热水等。父母应该根据女儿的能力、学习情况，合理分配，具体指导，耐心训练，热情鼓励。这样不但有利女儿养成做家务劳动的习惯，也有利于女儿不断增强孝敬父母的观念："父母养育了我，我应为他们多做事。"

（4）以身作则，父母要做孝敬长辈的楷模。女儿怎样对待父母，在很大程度上取决于父母怎样对待长辈，尤其是母亲对长辈的态度更是直接影响到女儿对待父母的态度。父母在照顾好自己的小公主的同时也不要忘记照顾好年迈的双亲。如果说平时因居住地较远，工作较忙不能和老人朝夕相处，那么在节假日尽量抽时间带上女儿去看望老人，帮老人做些家务，同老人共聚同乐，尽一份子女应尽的责任和义务。在这种耳濡目染的环境中和潜移默化的影响下，女儿也会逐步养成尊敬长辈、孝敬父母的好习惯。

第七章

好好说话对你很重要

学会沟通的技巧

"我觉得很痛苦，明明很简单的一个问题，往往我说很多遍，别人都不明白我的意思，我不知道到底该怎么表达，怎么和别人沟通，才能让别人理解我……"

实际生活中，经常有孩子会这样抱怨：

"为什么别人就是不能理解我呢？这件事情本来就不是我的错啊！"

"唉，如果能听我的话，我们至少能提前半天完成任务，可是，他们就是不愿意按照我的意思来做，真不知道他们是怎么想的！"

"我最好的朋友不理我了，说我不重视他，看不起他。天知道，我可从来没有过这样的想法！"

是啊，为什么我们的本意总是被曲解？为什么我们的观点总是不被人接受？为什么我们的行为总是会遭到别人的质疑？

其实，这就和我们不懂一些沟通技巧有很大的关系。

在与人交往的过程中，一定的沟通技巧必不可少，如果我们不知道如何和别人沟通，那么，我们和亲人、朋友之间的感情必定就会产生一些隔膜，严重者会影响到正常的生活。

这对我们今后的发展来说意味着什么，想必大家心里也很清楚。

既是如此，我们该如何做，才能提高自己的沟通能力，成为沟通高手呢？

（1）学会倾听，让你和别人的距离更近一步。 人类学家研究发现，有些人之所以不善于沟通，就在于他们不善于倾听。

这些人在与别人交流的时候，总想着要把自己的所思所想一股脑地说出去，却从不用心去聆听别人的感受和观点。

这也就造成了在交流的过程中，个人主观性太强，不能很好地去体会别人的感受。 在这样的状态下，交流也就达不到应有的效果。

真正高效的沟通是要求我们巧妙地将"听"和"说"结合，而不是无所顾忌地谈话。

学会倾听就是迈出良好沟通的第一步。

在这个过程中，掌握这样几个沟通小窍门对我们就很有帮助。

①你不必知道所有的答案

或许别人所谈到的话题恰恰是我们所不熟悉的，这个时候，坦诚地说"我不知道"也是很好的。

如果你想了解什么就说出来，然后说出你的想法。

②对事实或感受做正面反应，不要有抵触情绪

首先，对于别人的倾诉给予积极正面的回应，例如，说

"多告诉我一些你所关心的事"或是"我了解你的失落"总比说"喂，我正忙着呢"或"这不是我分内的事"（这很容易激怒对方）要好。

其次，在聆听别人谈话时，适当地给予别人你的意见，表现出你对他的关心，表示出你在倾听。

比如，我们可以这样说：

A."告诉我更多你所关心的事。"

B."你所关心的某某事是怎么回事啊？"

C."我对你刚才说的很感兴趣，你能告诉我，你为什么这么喜欢它吗？"

D."你为什么对某某事感到不满意呢？"

（2）懂得尊重他人，是良好沟通的关键。

①求同存异

无论观点还是喜好，每个人之间都会有所差异，想要别人完全和我们一致是不大可能的。所以，在和别人沟通时，我们完全没有必要揪着那些差异不放，我们大可以找到两个人的共同之处，在共同之处上发表我们的看法和建议。这样的话，不仅能达到有效的沟通，还能让双方的关系更上一层楼。

②不要总是以自我为中心

几乎每个人下意识里都会犯这样一个错误，那就是凡事总是以自我为中心。

但是，如果我们在沟通的时候，能够很好地把自己认为最重要的事情说出来，同时也问一问对别人来说什么才是最重要的，既顾及自己，又顾及他人，这样才会给沟通打下良好的基础。

教孩子学会说和善的语言

语言，是拉近距离最好的手段，亦是获得人脉的利器，但其前提是和善的语言。因此，父母若想孩子今后能成就大事，就应培养他们学会说和善的语言！

斌斌出生在一个书香世家，爸爸是一位小有名气的书法家，妈妈则是某大学文学系的教授。从小到大，他在父母的熏陶之下言谈举止都彬彬有礼。然而，自从他由小学升到初中，由于在家的时间开始减少，再加上受到了不良风气的影响，他渐渐将那些不文明的语言挂在了嘴边，而且，为了显示自己的男性魅力，他还常常配合这些语言做出粗鲁的动作。

面对儿子的改变，父母是看在眼里气在心里，但他们更多的是一种担心，他们担心自己多年以来的精心培育会就此毁于一旦。为了纠正斌斌这种语言上的错误，他们决定重新培养儿子的语言能力，让他学会运用文明礼貌的措辞，以及能够受到大家欢迎的和善言语。

从那以后，父母便开始行动了，如妈妈在让斌斌帮助自己做什么事时，总会对他说："请你帮我……好吗？"或者说："请你……好吗？"而不会像以前那样顺口丢出一些生硬的句子，也更不会再用强硬的命令语气让他去做事。当斌斌做完了某件事以后，妈妈也总会说一声"谢谢"。

不仅如此，不管遇到什么事情，即便是一些微不足道的小事，父母都会和斌斌商量一下，如父子在一起看电视时，如果爸爸想换一个电视节目，便会先对他说："斌斌，我们换个频道看看好吗？"对于父母的这种转变，斌斌心里非常清楚他们的用意，并觉得他们是故意这样，便没有想改变自己的意思。

在去年的圣诞节时，爸爸给斌斌买了一个篮球作为礼物。这天，爸爸参加同学聚会回家后，突然想跟昔日的同窗来一场比赛，于是，他便当着大家的面问斌斌："斌斌，能不能把篮球借给我们玩一下？"

同窗好友们顿时都感到十分惊诧，便问道："儿子的不就是你的，还用借？"

此时，爸爸笑着回答："既然是送给孩子的礼物，它就是孩子的物品，所以，不管是谁要使用这个物品，都必须先跟孩子商量。"

爸爸的一席话，让斌斌感到自己备受尊重，与此同时，他的心也悄悄地动摇了。

一段时间以后，父母欣慰地发现，斌斌又重新变回了彬彬有礼的好孩子!

　　英国著名生物学家、哲学家赫胥黎,临终前以一句话回顾了他一生的学习过程:"让我们彼此更加善待对方。"罗宾·夏玛在他的《改写生命的一百〇一个忠告》中说:"我们常常相信必须建立丰功伟业,以跃上杂志封面或报纸头版才算是真正圆满地过一生,没有什么比这更偏离事实了,有意义的生命由日常正派和善的举止串联而成,这些举止在生命的流程中,聚沙成塔,变得真正伟大。"

　　由此可见,善是成就大事的有力武器,其中当然也包括了和善的言语。 对孩子来说,最有亲和力的语言莫过于文明用语,因此,父母若想孩子今后前程似锦,就应当注重培养他们运用礼貌的措辞。 一个有教养的孩子,必须有良好的文明礼仪,而这样的孩子往往都比较受人欢迎,这便是心理学上所说的"被众人接纳的程度高",但文明礼仪要从小培养,才能逐渐形成。

　　然而,有些家长认为,现代社会是个自由的社会,懂不懂礼仪没关系,只要学习好、有真本事就行了;有些家长则认为,小孩子天真无邪,长大了就会懂得文明礼仪的。 其实,这都是家庭教育的误区,一方面,孩子的文明礼仪需要从小培养,否则,一旦形成了坏的习惯就再难改变了;另一方面,越是懂礼仪的孩子,越能获得自由发展的广阔天地,因为他们会受到他人的尊重和欢迎。

因此，家长在培养孩子的语言能力时，一定不要忘记了礼貌用语这一环！

一直以来，语言都是家庭教育中的重点，但父母往往都只关注语言的本身，却忽视了语言背后的深刻含义——和善。因此，培养孩子的语言能力，绝不能忘了如此重要的一课，唯有让孩子明白不因被欺骗而丧失善良的心，不让片刻的乌云遮住明媚的阳光和晴朗的天空，孩子生活中的美好才会越来越多！

孩子的和善就体现在礼貌上，对此，父母应从下面几点开始培养：

（1）为孩子树立一个良好的榜样。父母都是孩子的榜样，父母良好的行为举止，是对孩子最生动、最有效的教育。因此，父母要注意提高自身的修养，使用文明的语言，在家庭中不要讲粗话、脏话，家人之间多使用礼貌用语，说话要和气，这样才能通过自己的行为潜移默化地影响孩子，让孩子在良好的环境中，养成文明用语的习惯。

（2）一定要净化孩子的语言环境。不文明的语言，一般都来源于周围的环境。要想让孩子成为一个文明礼貌的人，首先要净化孩子周围的语言环境，当父母发现孩子说脏话时，要找出孩子说脏话的"根源"，尽量让孩子远离或少接触那种不良的语言环境，如父母可以有意识地限制孩子与经常说脏话的同学来往，也可以和教师取得联系，借助老师的力量促进其他孩子养成文明礼貌的习惯等。

（3）培养孩子运用礼貌的措辞。父母应要求孩子使用文明礼貌用语，如"您好""谢谢""请""对不起""没关系"等，在向孩子强调文明礼貌的常识时，父母不要用教训、命令的口吻，而是要循循善诱、谆谆教导。 同时，父母还要让孩子明白，人与人之间若出现互相挤撞，不要恶言相向，要抱有理解、宽容的态度；要求孩子做到行为文明，如和人见面时主动打招呼，和别人说话时专心，爱护公共环境，遵守交通规则等。

（4）父母必须学会尊重自己的孩子。 文明礼貌看起来是一种外在的行为表现，实际上却反映了一个人的内心修养。有自尊的孩子会尊重自己，维护自己的人格尊严，而懂得尊重他人的孩子，在说话时往往也会顾及他人的感受，因此，父母在生活中要做到尊重孩子。 与此同时，在家庭中父母也要互相尊重，因为父母之间的尊重，亦会在潜移默化中给孩子以良好的影响。

加强女孩的语言表达能力

女孩似乎生来就具有丰富的语言表达能力。她们总是能用自己丰富的语言，表达自己的情感，更好地与别人沟通，相对于男孩的"笨嘴拙舌"，她们总显得那样的冰雪聪明、蕙质兰心。或许，语言本就是上天赋予女孩的一笔特殊财富。

但是，这并非所有的女孩生来就具备好口才，由于生理构造的不同，决定着女孩在语言表达能力上强于男孩，但是，那种准确地表达自我、与人沟通的能力，还是需要后天培养的。

父母的语言水平、文化修养、家庭藏书情况、父母对女孩教育的兴趣等等，都对女孩的语言能力发展有很大的影响。父母如果说话粗俗、词汇贫乏，必然会给女孩带来负面影响。所以，父母一定要注意提高文化素养，注意语言美，使自己的话能成为女孩模仿的典范。家长与女孩说话时，要特别注意讲究说话的艺术，为女孩的语言能力的发展提供条件。和女孩说话时要比较慢，口齿清楚，语调温和亲切。不可用严厉的语调对女孩说话，也不要恐吓或者在他面前讲别人的坏话。

家长对女孩说话，要多用积极鼓励性的语言，少用消极的、禁止性语言；多用提问的方式，少用命令的方式。语言对女孩的行为有强化作用，对好的行为，父母要多讲、多鼓励；对不好的行为，要尽量避免去强化它，最好是少议论，或是从其他角度，从积极方面去讲。

俗语话说："良言一句三冬暖，恶语伤人六月寒。"一句话，可以成事，也可以败事。一个人的语言表达能力不是先天的，而是可塑造的。因此，父母有意识地强化女孩的表达能力，将对女孩的人际交往起到很大的帮助。

（1）不做女孩的"代言人"。要想让女孩能够毫无障碍地表达自己的语言，父母就不要做女孩的代言人。当女孩想说什么但找不到合适的词时，请不要马上直接替说出来，应引导女孩学习和使用新词，一旦掌握了新词，要及时地鼓励她。

（2）多给女孩表达自我的机会。家长可以充分利用女孩周围生活的人和物，丰富女孩的生活经验，为女孩提供说话的材料，培养女孩口头表达的能力。例如，节假日家长可以带女孩去公园玩，然后让女孩讲述在公园里看到了什么。

（3）让女孩多读、多看、多背，促进语言能力的发展。课本中很多文章都是语言优美、逻辑性强、句子精练的好文章。因此，让女孩朗读课文、诗歌，并在理解的基础上背诵下来，使一些名言警句深深地印在女孩的脑海中，就可为女孩的语言发展和口头表达能力打下基础。

（4）让女孩融入自然中。要让女孩多接触大自然，散步、参观都是很好的方式。家附近、动物园、植物园，随女孩任意漫游。给女孩一种完全不同的生活体验，当她在这种完全不一样的体验中感受到乐趣时，自然也就产生了表达的意愿。

女孩天生性情各异，有的能说会道，有的沉默寡言。对于不爱说话的女孩首先应找出其原因，然后再加以引导。家庭的熏陶对女孩的一生都起着重要的作用。因此，父母要特别注意自己在女孩面前的言行谈吐，给女孩营造一个良好的语言环境。

如何让孩子大胆地主动开口说话

不肯主动讲话的孩子一般性格都比较内向，平时少言寡语，不轻易向别人吐露真情。然而，这些孩子内心里又强烈地渴望得到他人的理解和关心。所以，家长应该主动了解孩子的内心状态，和孩子进行深入地沟通。千万不要用粗鲁、蛮横的态度对待孩子，让孩子主动说出真实的想法和感受。家长需要做的就是对待孩子要耐心，耐心，再耐心！

（1）克服孩子怕生的心理。在幼儿园门口，常有一些父母虽然恼怒但又必须面带笑容地哄那些哭闹着不肯入园的孩子。在心理治疗中心，也常有家长带着孩子来咨询，例如，有个6岁的小男孩，在家淘气，在学校却又胆小怕事；另一个小女孩由外婆带，偏食，怕见生人，语言表达能力差……

这个年纪的孩子人际交往的能力不佳，一般有以下几种因素：一是智力或基本能力有问题，不知如何表达自己的意思，或表达不好，怕人嘲笑，于是更胆小；二是由于交友受挫，导致害怕与人交往；三是没有交友的动机，不觉得交朋友有何好处，觉得自己一个人也可以玩，或纯粹个性内向，不喜欢与其他小朋友玩。就外界因素而言，则存在以下情况：楼房代替了四合院，邻里之间不相往来；家长怕孩子出危险，不让孩子出去玩；保姆代替了父母的劳动。却弥补不了父母的情感，造成孩子的情感饥饿……

怕生不仅表现为怕见陌生人，还表现为怕接触新环境、怕尝试新事物。怕生这种现象，在孩子只有 6 个月大的时候就开始出现了。孩子 6 个月大时，就会分辨父母、家人和陌生人。当他面对陌生人或新的事物时，会不知所措，会哭泣和躲避，这种情形会持续相当一段时间。孩子 2 岁以后，他的社会需求开始增加，开始喜欢与别人交往，特别是与相同年龄的小朋友一起玩。所以一般来说，两三岁的孩子即使刚见到陌生人时会有些不自在，但过不了多久，他就会与他们玩得很熟了。但是有些孩子却不同，他们即使到了四五岁，甚至更大一些，还是一见到陌生人、一到了新环境，就会局促不安，不敢说话，参加活动时也会畏缩不前，胆怯害羞。如果这种怕生现象持续的时间过长，不仅会影响孩子与他人的交往，也会使孩子失掉许多学习和尝试新事物的机会，甚至会影响孩子成年以后的生活。

孩子怕生可能有这三个方面的原因：天生气质如此，缺乏安全感，缺乏与他人交往的经验。首先，人的天生气质各不相同，有的外向活泼，有的内向拘谨。其次，孩子必须在他所熟悉的环境里获得充分的安全感，他才能把这种安全感转移到陌生的人或事物上面去。如果家里缺乏欢乐和温暖，会对孩子的性格产生多方面的影响，孩子可能会因此变得胆怯怕生。 另外，如果孩子从小很少见到陌生人，缺乏在众人面前露面的体验，也会使孩子难以适应陌生的环境和事物。 了解了孩子怕生的原因，就不难找到帮助他们的办法。

①创造机会让孩子与生人交往。 带孩子散步的时候，停下来与友善的陌生人聊几句。 在公园里，鼓励孩子和小朋友一起玩一会儿。 渐渐地，孩子就会感到陌生人并不可怕，而且很和善，能与他友好地相处。 孩子稍大一点以后，爸爸妈妈可以帮他请邻居的朋友来家里玩，让他自由自在地交谈和游戏，不要因为吵闹或弄乱了房间而责怪他们。 在这种自由欢乐的气氛中，孩子的天性自然地流露出来，渐渐就会变得活泼起来。

②容忍孩子的怕生。 家里来了客人，父母不必一定要勉强怕生的孩子向客人打招呼，也不要非让孩子为客人表演节目，更不要觉得孩子怕生有损自己的面子，不然孩子更会感到不安和焦虑，对于克服怕生的心理没有好处。

③不要讥笑孩子。 有一种非常普遍的情形，就是父母当着孩子的面，把孩子所做的可笑的事向别人讲述，或者让孩子向人表演他以前的可笑动作。 这些父母没有意识到，孩子的心是非常敏感和脆弱的，以后孩子还怎么敢在生人面前露面呢？

④自然地与人交往。 让孩子明白，不被某些人喜欢和不喜欢某些人是很自然的，谁也不可能跟所有的人都相处得很好。 这样孩子就不会因为担心自己会不受欢迎而不敢进入陌生的环境，也不会因为一两次交往的失败而对与他人交往心存畏惧。

小华的父母以前的工作单位比较特殊，和外界接触得较少。单位里没有和小华同龄的孩子，也没有幼儿园。小华从小便是由一个农村来的小保姆照顾。保姆人很老实，不太爱说话，慢慢地小华就学会了独自在家里玩，很少出去了。由于妈妈和爸爸的工作都挺忙，平时也很少和孩子在一起，亲戚朋友比较少，家里也很少有外人来做客。小华变得越来越怕生，不合群。小华的父母后来意识到这种情况后，一步一步指导孩子和别人交往。他们请同事、邻居家的小朋友来玩，父母在旁边加以指导，教给他一些常用的社会交往方法，如让小华和小朋友一起玩玩具，和小朋友做合作游戏等，还带小华到人多的地方，鼓励、指导孩子多和其他陌生的小朋友、友善的叔叔阿姨主动问好、说话、玩耍，不要怕生羞怯；每天去幼儿园之前，鼓励小华在幼儿园多交朋友，回家之后，询问小华有没有进展。刚开始的时候，帮孩子出点主意，小华每交到一个新朋友，父母都表示由衷的高兴，并给予表扬。最终，小华克服了怕生的心理。

　　（2）纠正孩子不肯主动讲话的习惯。随着人们的物质生活水平的不断提高，现代家庭的居住环境得到了很大的改善，许多孩子都拥有了属于自己的独立空间。因此，许多孩子从小就养成了喜欢关在自己的小屋里做事的习惯，自我意识和独立性比较强。但是，令人担心的是，因为拥有了属于自己的独立空间，许多孩子有了封闭的倾向，和父母保持一定距离，不肯与人主动讲话，很难向别人吐露心声。

一位母亲忧心忡忡地说："我家孩子上小学时就拥有了自己的房间。但随着年龄的增长，孩子越来越喜欢一回家就关上房间门，而且还把门反锁上。开始我们认为孩子独自在房间里会安心看书，没想到她的成绩一天天下滑。我们一气之下，干脆把孩子房门上的锁给撬掉了。谁知孩子更绝，一回到家，照样关上门，然后再用凳子把房门堵上。我们家里买了电脑，我们说什么也不敢让孩子上网。但女儿干脆借了一大堆碟片，关起房门独自欣赏。任凭我们在门外喊破喉咙也不开门。我们给了孩子独处的空间，但是孩子和我们越来越疏远，这孩子到底怎么了？"

怎样纠正孩子不肯主动讲话的习惯呢？

①找准孩子不肯讲话的原因，对症下药。 一些心理专家认为，造成孩子不肯主动讲话的原因主要有这样几个方面：天生性格孤僻，好独处，不喜欢与人交往。 父母和孩子之间存在着观念上的巨大差异，也就是通常所说的"代沟"。 父母经常看不惯孩子的言行，动不动就干涉，孩子很反感，因而用沉默表示反抗；学业竞争压力大，紧张地学习之后，需要独处，自我调整，而不愿说过多的话。 因此，父母应该仔细了解孩子的内心状态，和孩子进行深入地沟通。 千万不要用粗鲁、蛮横的态度对待孩子，让孩子主动说出内心真实的想法和感受。

②对孩子不肯主动讲话不必过分忧虑。 孩子的交往面很狭窄，他们的生活阅历不多，因此，当他们面对陌生的环境和

陌生的人时。 他们一般不会主动讲话。 与此同时,孩子们对所谓的成人礼节,如见面寒暄,对他人假装热情和关心等,很不感兴趣。 他们往往会根据自己的感觉,对自己不感兴趣的人或物置之不理。

③为孩子挑选一些特别有趣的玩具。 许多惯性玩具和声控玩具,可以改变孩子过分内向的性格。 这些玩具比较有趣,孩子会情不自禁地追逐这些玩具,或者被这些玩具弄得捧腹大笑。 久而久之,他们就会变得乐观、开朗和自信。

给孩子表达意见的空间

　　有的父母喜欢那种俯首帖耳"听话"的孩子，父母怎么讲，孩子就怎么做。 一旦发现孩子做错了，就会不分青红皂白地训斥、打骂孩子，不允许孩子申辩。 这样不但不能使孩子心服口服，还会使孩子滋长一种抵触情绪，为撒谎、推脱责任埋下恶根。 孩子申辩本身是一次有条理地使用语言的过程，也是与父母交流的过程。 如果父母能有意识地找一些问题来与孩子辩论，孩子的思维能力和口语的表达能力可以得到很好的训练。

　　孩子在任何情况下都应当被允许表达意见，不仅允许孩子谈可接受的、安全的话题，而且要允许他们参与讨论、争论，这对孩子的发展是至关重要的因素。 它可以建立孩子良好的自我形象、信心，让他知道一个孩子说的话和做的事并不是无关紧要的。 就说话而言，孩子可以体会到他的权利是什么，社会允许的限度又是什么。

　　孩子再长大一些，就会质疑你的判断，提出相反的观点，并且进入真正的成人式讨论。 在孩子改换角色，进入社会之前，让他在充满爱心的家庭中学习这一切非常重要。 必须让孩子明白：能够自己思考是有益的。 但不要因此而奖励正确的回答，惩罚错误的回答。 好的家长并不急于在孩子一犯错误的时候就指出并纠正他们。 如果你这么做，孩子自我检查和自我纠错的能力就得不到充分的发展，他也无法获得充分的自信。

成年人喜欢有礼貌地反驳别人，这同样适用于家长与孩子间的任何交往。 家长可以用这些方法帮助你的孩子形成自己的看法，强化逻辑思维，教给他如何真正地、自信地发问；也可以允许孩子在友好的气氛中阐明他的想法，反驳大人的观点。 好的家长会为孩子的智力和自信的成长感到自豪，并且不惧怕孩子的异议。

与孩子说话还应采取以下正确的方式：一是诱导式。 通过循循善诱使孩子增长知识，发展智力，获得乐趣，加深感情。 二是协商式。 对孩子采取平等的态度，尊重孩子的人格，通过商量和讨论启发孩子动脑筋想办法，使孩子积极参与说话。 三是说理式，也可以称为"解释式"。 动之以情，晓之以理。 当不赞成孩子做什么的时候，应解释原因，说明道理，并征得孩子的理解和同意。 在孩子做错事时，帮助孩子分析原因，指出危害，使孩子心服口服。

另外，在与孩子说话时，家长要特别注意以下几点：

（1）要从平等的地位出发，不摆家长的架子。 在心情好的时候要这样，在心情不佳或被顶撞的时候更要注意态度。

（2）话题要以孩子为中心。 要以孩子关心和感兴趣的话题进行交谈，当然，有家长和孩子都感兴趣的话题更好，以这类话题说话最容易产生沟通，也便于掌握孩子的思想动向。

（3）家长要有足够的耐心。 有些问题孩子不一定能很快地理解，家长要有耐心帮助孩子慢慢认识问题。 对于孩子没完没了的讲述，家长也不要随意打断，应适当引导，使孩子逐渐提高表达能力。

给予孩子说话的自信心

孩子因为自卑不敢在人前讲话，不愿意与同龄人交往。我们在任何时候都要鼓励孩子大声说话，把自己的想法和要求讲清楚，有了良好的语言沟通能力，就会逐渐培养起孩子的自信。

美国的一个机构曾经做过一个社会调查，主题是：你最害怕什么？调查结果排在第一位的是"当众说话"，其次才是"原子弹"。有舆论称：当众说话比原子弹更可怕。

对很多孩子来说，他们缺乏的不是怎么说话，而是说话的自信和勇气。心理学有研究表明：恐惧、自信、勇气等情绪情感是由人的潜意识控制的，恐惧是潜意识启动自我防卫机制的结果，也就是自我保护的需要。

孩子之所以会害怕当众说话，逃避与人交往，可能是受父母性格的影响，父母内向、不善交往的处事方式给孩子的影响是最大的；还可能是因为敏感的孩子在人际交往中受到过伤害，在心中制造了一个恐怖的印象而产生的逃避行为；也可能是因为孩子有先天的缺陷，怕人嘲笑或遭到过嘲笑而产生恐惧心理等。

杰克·韦尔奇是美国通用电气公司的董事长，他带领通用电气进行全面的企业改革，在全世界范围内打开市场，以他非凡的领导才能，创造了20世纪的商业奇迹，被称为世界第一经理人。

可是，小时候的杰克却是一个不敢在人前讲话，有口吃毛病的孩子。杰克从小就口吃，因为遭受到小伙伴的嘲笑，对着他喊"口吃鬼"，他变得不爱出门、不爱说话、自卑怯懦，每次回答别人的问话就是"嗯""哦"，再也不多说一个字。

当孩子开始有了自我意识，开始尝试与伙伴交往，他们会根据伙伴的评价来定义自己的形象。当伙伴嘲笑杰克"口吃鬼"的时候，他对自己的认识就会停留在"口吃"上，认为自己是一个不正常的孩子，自信心严重受损。如果这样下去，孩子一辈子都会生活在自卑中，甚至会变得孤僻自闭。幸运的是，杰克的妈妈给了他很大的鼓励。

母亲告诉杰克，口吃算不了什么缺陷，甚至还表扬他："你有点口吃，正说明了你聪明爱动脑，想得比说得快些罢了。"然后，母亲继续说："别担心别人说什么。你只要大声地说出你的想法，把话说清楚就好。"

母亲的鼓励无疑给杰克带来了极大的自信。结果略带口吃的毛病并没有阻碍杰克的发展，也没有影响他的自信。而在实际生活中，注意到他有口吃这个缺陷的人，反而对他产生了敬意，美国全国广播公司新闻部总裁迈克尔甚至开玩笑地说："杰克真行，我真恨不能自己也口吃！"

杰克的自卑源于他的口吃，而成功的标志也是"口吃"，重要的是他的自信。在他为口吃自卑的时候，是母亲鼓励他把不足看作优势，告诉他要大声说话，把话说清楚。在大声讲话的同时，就会看到自己的能力，找回自信心。

说话是孩子表达的主要方式，声音的大小能体现孩子信心的多少。大声讲话是克服心理胆怯的最有效的手段之一，也是提高孩子社会交往能力的重要因素。因为大声说话的时候会给自己积极的心理暗示，它传递给自己"我很自信，我能行"的信息。所以，要让孩子能够大声地、自然地、清楚地表达自己的想法、愿望和情绪。

大声说话本身就是在进行积极的自我暗示：我是自信的，我是有力量的人！这种暗示会让孩子形成良性的循环，从而不断提升孩子的自信心。

有个心理专家曾经给一个叫敏敏的学生做过心理辅导，她内心脆弱，认为老师和同学都讨厌自己。平时就自己躲在教室的角落里，上课不回答问题，下课不与同学交往，说话时声音也小小的。她内心非常痛苦，希望这个专家能够帮助她。

心理专家在了解了她的情况后，帮她做了一些心理疏导，还给她布置了作业：要求她找出自己的优点，每天大声念5遍；每天找3个同学大声地说笑……

经过一个月的训练，敏敏的状况有了很大的好转，已经能在课堂回答问题了，和同学谈笑也很自如。

敏敏的案例说明：大声说话能帮助孩子克服自卑的心理，尤其是大声地把自己想说的内容表达清楚，对提升孩子的自信有很大的作用。

对于比较小的孩子，做家长的可以利用孩子最急切的要求，比如他要吃的、玩的，要求我们帮他做什么，作为一种奖励来训练他大声说话。让孩子大声地叫我们一声，或者说一句话，表达一个自己的看法，再把东西给孩子。这样就会暗示孩子：大声说话就可以满足他的要求。如果孩子虽然说话大声，但是还不够清楚，就要求他把话说得清楚一点。比如他想要吃冰激凌，可是讲得太快、不清楚，要让他说清楚，然后再满足他的要求。孩子把得到满足和大声说话联系起来，为了得到东西就会主动地大声讲话，并努力讲清楚自己的要求和看法。孩子就在我们的逐步暗示下，慢慢地提升自信心。这对于一两岁的孩子有很好的效果。

大一点的孩子，我们需要培养他们独立生活的能力，让他自己去商店买点东西。如果孩子说话比原来大声一些了，就马上表扬他，积极的暗示会激励孩子不断去挑战自己。对孩子的训练要由易到难，不能一开始就带孩子去一个非常严肃、非常陌生的环境让他大声说话，这样不但锻炼不了孩子，还会吓到孩子，让他的内心更恐惧，更压抑了自信。

对于不同的孩子，我们要采取不同的激励方法，让他们学会大声说话，表达清楚自己说话的内容，努力帮孩子提升与人交往的自信。

第八章

孩子,你要待人友善

你要做一个乐于助人的好孩子

　　程普上完厕所出来，突然发现前面一个低年级同学"哧溜"一下滑倒了，眼镜摔出老远。程普见状，不仅没有帮忙，还在后面哈哈大笑起来。这时，杨老师过来了，他赶紧扶起那位同学，还帮他捡起眼镜。程普一看情况不妙，赶紧溜之大吉。

　　放学回家时，程普看到赵奶奶提着一大篮菜吃力地走着，就赶紧放慢了脚步。赵奶奶一回头，还是看见了他。就喊道："程普啊，快来帮帮忙吧，奶奶贪便宜买多了，帮我抬着篮子，好吗?"程普推辞不过，只好跑过来帮忙。

　　刚走到门口，程普的妈妈看见他们了。赵奶奶赶紧谢陈普，还要送父母一些菜，父母推辞了。赵奶奶说："程普这孩子不错，我喊他，他就过来帮忙。"妈妈也高兴地拍拍儿子的头说："变乖啦。"程普没有想到，帮助人也是快乐的，他马上为自己在学校的做法后悔了。

给他人力所能及的帮助，是一种美德，自己也能从中收获快乐。 一个乐于助人的孩子，也能得到他人的支持和帮助。孩子想在开放、交融的社会环境中获得成功，就离不开他人的帮助。

孩子乐于助人，从一些生活小细节中就能体现，也许只是一句关心的话，扶人一把，帮忙提一下重物，都能展现孩子乐于助人的精神。 孩子心中有他人，眼中有他人，才能知他人疾苦和冷暖，才能在他人危难、困顿时及时提供帮助。

孩子在他人急需帮助时无动于衷，是缺乏同情心的表现，这样的孩子，在人际交往中常常陷入困境，他无法清楚地理解对方的意图，无法准确有效地实现合作，这不利于孩子走向成功。

好人缘就是从相互帮助中获得的，孩子只想获得，不愿意付出，就只能渐渐远离好人缘。 助人为乐最初是在帮助他人，最终是在帮助自己。 父母要让孩子明白这一点，当他在帮助他人时，也是在为自己积累人脉，养成良好的品德，树立正面的个人形象。

（1）父母要有一副热心肠。 任何一种优秀品质，都离不开家庭氛围和父母榜样的熏陶和影响。 乐于助人的父母，能够时刻影响孩子。 乐于助人体现在细节上。 父母与楼上、楼下的邻居关系都很好，谁有困难都热心帮助，是个热心肠的人，孩子就会以父母为榜样，也会喜欢乐于助人。

同时，父母也要及时赞赏孩子乐于助人的行为，让孩子喜欢上这种行为。 父母在生活细节上给孩子的影响更多，父母的古道热肠时刻影响着孩子的观念和行为，时间长了，孩子在遇到人需要帮助时，也会慷慨相助。

（2）让孩子首先学会服务父母。 孩子和父母的关系最密切，孩子通过学会为父母服务，直接能体验到助人为乐。 父母要多给孩子一些机会，让他为父母尽爱心。

> 陈冬在看电视，妈妈洗了一上午的衣服，累得腰酸背疼，就对儿子说："儿子，你帮我捶一下腰和背吧。"陈冬让妈妈躺在沙发上，边看电视边给妈妈捶背。妈妈一会儿就睡着了，陈冬帮妈妈盖上了棉毯，调低了电视声音。看着妈妈熟睡的样子，陈冬很开心。

孩子为父母服务时，也能体会到快乐。 父母在家庭生活中，要多鼓励孩子做这些事，孩子一旦养成习惯，就能够自觉地为别人着想。 这样，孩子就会变得更具有孝心和同情心，在生活中乐意给人提供帮助。

（3）创设情景，让孩子体会助人为乐。 父母可以为孩子创设情景，让孩子在游戏中体会帮助人的快乐：父母可以模仿故事情节，选择一些角色扮演类的游戏。

> 夏超和妈妈上楼，妈妈故意说："哎呀，包好重啊，我提不动了。"夏超赶紧说："妈妈，我来帮你吧。"妈妈把包递给他说："谢谢你！"回到家，母子俩又开始玩游戏。妈妈扮演病人，夏超扮演好心的路人，夏超要把"病人"安全地送回家。母子俩玩得很开心。

帮助人是一种快乐，孩子只有去体验，才会喜欢上这种快乐的感觉。 游戏、情景剧中的助人为乐，同样能让孩子体味到快乐。 父母可以通过情景来创设助人为乐的机会，让孩子多一些锻炼、体验。

你要乐于与人分享

黄小菲的父母都是小学老师，从女儿很小时他们就教导女儿要学会与人分享。

邻居小梦的父母离婚了，小梦跟着妈妈过。小菲特别喜欢和小梦玩，总是把父母给她买的零食分给小梦吃，还会送她头花等小物品。

一次，小菲的父母给她买了一本图画故事书，非常好看，小菲就拿着书赶快去找小梦，两个孩子一起阅读这本书，非常快乐。父母为女儿有一颗乐于分享的心而欣慰。

小菲也经常和父母分享自己的快乐和悲伤。分享快乐，小菲会感到更加快乐，而把不高兴的事同妈妈分享，小菲就感觉不那么悲伤了。

乐于与人分享的人，都有一颗开朗、乐观、宽容、大度的心。能够把自己的东西拿出来与他人一起享受，这首先就体现了一种大方的胸怀。乐于分享的人更容易与人相处，也能更好地处理人际关系。

现代社会是一个信息化时代，信息化时代有一个显著特征，就是资源共享。一个人如果紧守着自己的一点资源，不懂得把它拿出来和大家分享，那么这点资源就是死的，不能把它变成活的资源，更不能使资源增值。

父母要让孩子从小就养成和人分享的习惯，无论是悲伤、快乐、物质、知识，等等，都可以拿出来和人分享。分享的好处是，你可以化解掉自己的不利因素，成倍地增加积极因素，同时可以分享朋友的资源，一定会收获更多。

父母在培养孩子分享的过程中，要以身作则，为孩子树立一个好榜样。对孩子加强引导，让孩子体会到分享的乐趣，做到愿意和人分享，乐于和人分享。

孩子都有很强的可塑性，父母要根据孩子不同的年龄，看待孩子与人分享的态度。不能看到孩子不和人分享就批评孩子，认为孩子是错的。父母要从孩子的角度出发，明白孩子的行为与年龄及经验有关，然后区别对待，不可操之过急。

（1）不要"逗"你的孩子。当孩子还小的时候，父母不要欺骗孩子的感情，比如，当孩子手里拿着吃的东西，父母问他要一些，当孩子递过来的时候，父母却说："逗你的，你自己吃吧。"

孩子不会区分这样的游戏，重复多了，孩子就会认为根本不用给父母，因为父母是逗他的，不会接受他的东西。这样很难培养孩子分享的习惯，所以当孩子愿意与父母分享的时候，父母一定要愉快地接受。

（2）鼓励孩子与人分享。无论是吃的、玩的还是用的，父母要鼓励孩子与人分享。"爱孩子就要给孩子最好的"，这是父母的共识，但是在培养孩子与人分享的习惯时，父母要懂得，"爱孩子就要让孩子把最好的与人分享"，这样才能真正培养孩子与人分享的习惯。

成成的父母给他买了个玩具小火车，他每天在家里玩得不亦乐乎。一天，朋友带孩子来家做客，那个孩子看到成成玩得很投入，也想参与进来，可是成成却不搭理他，看他凑近，还说："你一边玩去，别碍事。"

妈妈听了很生气，于是温和地说："你们一起玩吧，那样会更有意思的，我和阿姨说话，你照顾好弟弟，行吗？"成成立刻答应了。事后妈妈问："两个人好玩吗？你以后要学会和人分享快乐。"成成点点头。

孩子有时候会使点小脾气，这时父母要温和地和他说话，引导他和人一起分享自己的东西。

（3）让孩子与人分享自己的心情。父母要告诉孩子，可以与人分享的不仅是物质，还可以是心情。要鼓励孩子在高兴、气愤或悲伤的时候，都把它拿来和亲人朋友分享。

鑫鑫考试考砸了，心情很糟糕，回到家就把自己关到屋子里，父母叫她出来吃饭她也不理。父母轻轻敲开鑫鑫的房门，进去和她聊起来，问她今天怎么了，鑫鑫就把今天考试没考好的事告诉了父母。

父母说："每个人都有失误的时候，这没什么大不了的，下次注意就行了。"鑫鑫把自己的烦恼说了出来，又听了父母的一番安慰，心情好多了，就跟着父母出去吃饭了。

通过诉说的方式把心情表达出来，这也是一种分享。父母要让孩子明白，与人分享你的快乐，快乐就会变成两个；把悲伤和人分享，悲伤就会减半；多和人分享，生活就会多一些快乐，而少一些悲伤。

（4）对孩子的分享说"谢谢"。当孩子给父母分享他的东西或快乐心情时，父母要说谢谢，让孩子感觉到被尊重，感觉到分享的快乐。孩子只有感受到分享的快乐，才能促使他不断地和人分享；如果接收不到任何回报，或仅仅是自己的付出，孩子就会拒绝下次和人分享。

所以，在孩子与自己分享的时候，父母要对孩子表达出谢意。只有这样，才能让孩子感觉到满足，这会激发孩子更多与人分享的行为。

尊重他人就是尊重自己

古人云："人敬我一尺，我敬人一丈。"尊重别人，别人也会尊重你。反之，不尊重别人，别人也不会尊重你，尊重是与他人沟通的基础。尊重他人就是尊重了自己，怀着一颗感恩、宽容的心去生活，要知道"人与人都是平等的""尊重别人就是尊重自己、帮助别人等于帮助自己"。基于这样的理念，也正是由于对别人的尊重和对生活的热爱，才能赢得众多的朋友，成就一番事业。要教会孩子尊重别人这种品德，要懂得这种品德并非是天生就具备的，它是父母良好教育的结果。父母应该尊重孩子。英国著名教育家斯宾塞说过，野蛮产生野蛮，仁爱产生仁爱，这就是真理。如果你对待孩子没有感情，那么他们对待别人同样就变得没有感情，而用良好的友情去对待他们，就是一个培养他们友情的手段。也就是说，以应有的尊重对待孩子，孩子才会懂得对他人尊重。因此，父母在这方面所负的教育义务是义不容辞的。

美国有一个男孩叫拉凡·斯蒂恩，他的家住在北达科他州莫特市的一个草原小镇上，爸爸在那里开了个小商店，称之为"我们自己的五金家具店"，拉凡·斯蒂恩从小就在店里帮忙。这样，自然就学到了从商的技能。

开始，拉凡·斯蒂恩只是做些诸如打扫卫生、把货物摆到货架上，以及包裹材料之类的零活，后来就开始接待顾客了。在这期间，拉凡·斯蒂恩逐渐了解到这项工作的意义不仅仅是生存和销售。有一天，父亲给他上的一堂课让他永远铭记在心。那是在圣诞节前，他当时上八年级，只在晚上帮爸爸干活，替爸爸管理玩具部。这天晚上，一个五六岁的小男孩走进商店，身上穿着一件棕褐色的旧衣服，袖口又脏又破，他的头发乱七八糟，还有一绺头发直直地立在前额上。他的鞋子磨损得非常厉害，有一只鞋子的鞋带还是断的。在拉凡·斯蒂恩看来，这个小男孩非常穷，穷得根本买不起任何东西。他在玩具部左看右看，不时拿起一两件玩具，然后又仔细地把它们放回原来的位置。

爸爸下楼走到小男孩身边，和蔼地问小男孩想买什么。小男孩说他想为他的兄弟买一件圣诞节礼物。爸爸对待他的态度就像接待成年人一样，这给他留下很深的印象。爸爸告诉小男孩随便看，尽管挑，小男孩确实这样做了。大约20分钟后，小男孩小心翼翼地拿起一架玩具飞机，走到爸爸面前说："先生，这个多少钱？""你有多少钱？"爸爸问。

小男孩握着的拳头松开了，手掌因为紧握着钱而留下一道又湿又脏的折痕。手掌展开后，里面有两枚一角的硬币、一枚五分镍币和两便士，折合 27 美分。而小男孩选中的玩具飞机价值 3. 98 美元。"你的钱正好够。"爸爸说着接过小男孩手中的钱。爸爸的回答至今仍在他耳畔回响。在他为小男孩包裹礼物的时候，他心里一直在想着这件事，当小男孩走出商店的时候，他没有再去注意小男孩身上那件又脏又旧的衣服和他乱蓬蓬的头发，以及那只断了的鞋带，只看到一个怀抱珍宝的容光焕发的男孩。

父亲为什么要赔钱把小飞机卖给那个小男孩？因为父亲知道小男孩是想"为他的兄弟买一件圣诞礼物"，父亲看重的不是这架飞机能赚多少钱，而是小男孩的爱心，因为大爱无价！父亲为什么不直接把小飞机白白送给小男孩，而是问小男孩"你有多少钱"？因为父亲心里想的不是施舍给他，而是帮助他用自己的力量去实现自己的爱心。当小男孩展开手掌，数出比飞机价格低得多的 27 美分时，父亲却说"你的钱正好够"，这极大的尊重，让男孩子产生了极大的成就感。父亲的一系列行动让斯蒂恩懂得帮助一个弱者获得成功，不是去施舍他，而是帮助他获得自信，获得成就感，这是对人性最大的尊重。

斯蒂恩在父亲一言一行的感染下，学会了看人，不是"以貌取人"，看他的衣着，而是看这个人的内在品质。当这个五六岁的小男孩刚刚走进商店时，斯蒂恩看到的是他"头发乱七八糟，还有一绺头发直直地立在前额上，鞋子磨损得非常厉害，有一只鞋子的鞋带还是断的……"但在父亲的影响下，斯蒂恩改变了他的眼光，当小男孩走出商店时，他"只看到一个怀抱珍宝的容光焕发的男孩。"

作为父母就要处处尊重别人，成为家庭当中尊重别人的榜样。有一些父母十分喜欢在背后议论别人，嘲笑别人的短处。被嘲笑的人当然并不知道，然而却给孩子留下了不尊重别人的"榜样"。有的父母把盲人称作瞎子，把一只眼睛失明的人叫作独眼龙，还有的父母喜欢叫别人的外号。所有这些不尊重别人的行为都会在很大程度上给孩子带来不良的影响。

培养孩子学会尊重他人，在日常生活中就是教导他要学会平等待人、诚实守信、善于助人、宽容大度，形成良好的人际交往习惯。就像是斯蒂恩的爸爸所用的身教的方法教会他要平等待人，不能以异样的眼光来看待别人，这也是一种收获。

不管社会如何发展，观念如何更新，思想怎样进化或开明，相互尊重的美德是不能摒弃的。为人父母者，要教会孩子秉承传统的为人之道、处世之理，让孩子学会尊重！因为只有让孩子学会尊重他人，才能使孩子赢得他人的尊重。家长必须教会孩子尊重别人，就像你要别人尊重你一样，你必须承认别人具有你作为一个人应有的同样权利。必须会正确待人，并且赞扬他们的努力，原谅他们的错误，正如你期待别人原谅你的错误一样。我们应该教育孩子，尊重别人的工作、劳动和意愿，让我们孩子真正做到文明礼貌，还要让孩子学会诚实地表现出我们对他人或某一事物的欣赏、感激等。另外，家长言传身教的潜移默化作用也非同小可，因此，家长一定要注意自己的言行举止，以免给孩子带来不良的引导作用。

从斯蒂恩的例子会使我们明白：一个有教养的孩子应该学会同情别人、帮助别人。尊重别人的人才会受到尊重，尊重别人其实也就是尊重自己。

有的孩子被惯坏了，不懂得替别人着想，有一点儿不随心就发脾气。这个时候，家长怎么做呢？

　　妈妈带张星嘉去小饭馆吃饭，点了张星嘉最喜欢吃的鱼香肉丝。张星嘉只吃了一口就扔筷子了："什么破鱼香肉丝？都是菜，没有肉丝。"妈妈看了儿子一眼，依然不动声色地吃。妈妈平时做菜很好吃，又经常出入大餐厅，居然能吃得惯这么难吃的菜？张星嘉心里很纳闷。

　　"有那么难吃吗？这是小店，不是大饭店，店主人那么热情，价格也不贵，体谅一下吧。不要随便发脾气，要照顾到他人的感受呀。"听妈妈这么一说，张星嘉想到了进门的时候，店主人诚挚而热情的笑脸，又拿起筷子，默默地吃了起来。

　　这次经历让张星嘉懂得了一个人要时刻体谅他人的感受，不能随意伤害别人。有一次，学校食堂做了肉炒笋丝，很多同学都说不好吃。唯独张星嘉一声不吭地吃光了所有的菜。同学们奇怪，觉得张星嘉很牛。张星嘉说："昨天排骨炖土豆、炒豆角你们不是吃得都很香吗？偶尔一次不好吃，你们就这样，食堂师傅多伤心呀！就是神仙做的菜，也不能保证每天都合口味呀，不管怎样，我们都应顾及他人的感受！"同学们听了有道理，每个人又都埋头吃饭了。

如果家长能够体谅他人，孩子受家长影响，也会善解人意，顾及他人的感受。所以，家长在日常生活中，要做到处处善解人意、为他人着想，不刁钻古怪，不为难他人，遇到事情宽容大度。

比如，被人误会了，只要澄清了问题，就不要纠缠下去；在拥挤的地方，被碰了、踩了，只要没有伤害，就不要得理不饶人；别人说话不好听，一笑而过，没什么的，何必较真；亲戚朋友之间，多讲仁爱，为了亲情肯于牺牲物质利益，不因为一点儿私利而争执不休……父母是孩子的榜样，父母什么样，孩子就会是什么样。

要想让孩子顾及他人的感受，家长先要照顾到孩子的感受。孩子不开心的时候，不要去惹孩子；孩子不喜欢的事情，不要强迫孩子去做；孩子在乎的事情，父母不要去打扰；孩子需要经常和父母待在一起，家长就不要以各种理由，让孩子自己在家；孩子渴望和家长交流，把自己的想法说出来，家长就要给孩子机会，耐心倾听，而不是随意打断孩子，甚至嘲笑孩子幼稚、单纯……

李阳晴的妈妈是有名的小提琴演奏家，妈妈希望李阳晴能够继承自己的衣钵。可是，李阳晴告诉妈妈他不喜欢小提琴，他喜欢钻研美食。妈妈已经观察到了儿子在小提琴方面很有天赋，但是她不能不顾儿子的感受，而强制儿子学习小提琴。于是，妈妈告诉儿子："如果你愿意，可以放弃小提琴，学习美食！但是，妈妈希望他坚持练琴！因为练琴并不耽误你钻研饮食文化！"看到妈妈说得那么诚恳，李阳晴不忍心伤了妈妈的心，他在学习美食的时候，没有放弃小提琴的学习。结果，李阳晴不但成了著名的小提琴演奏家，还成了有名的美食家。

在这个世界上，自己才是最了解自己的人。家长可以帮助孩子去了解他自己，但是绝不可以不考虑孩子的感受。尊重孩子的感受，孩子才会照顾到他人的心情。孩子感受到家长对他的爱、关注与期望，才能化作成长的动力。

在一些家庭事务中，家长要照顾到孩子的感受。比如父母因为工作调动要搬家，家长要事先跟孩子解释，让孩子有个心理准备。选择新家的时候，要让孩子参与选择，这样，就能弥补搬家给孩子带来的损失。

有的家长觉得搬家是大人的事，孩子跟着走就行了。这样想，是典型的没有考虑到孩子的感受。孩子在一个地方生活了几年，甚至十几年，对环境有了感情，交了很多朋友，陡然离别，会让孩子心情惆怅。如果家长提前告诉孩子，让孩子有个告别仪式，和朋友交换好联系方式。以后，孩子处理起类似事情来，也会照顾到每个人的感受。

你要试着欣赏别人

孩子，在你成长的旅途中，你是否懂得用欣赏的眼光来看待周围的人？

欣赏别人是一种谦虚的心态，不要认为欣赏别人就会降低自己，恰恰相反，在你欣赏别人的同时，你的内心也会得到升华。

孩子，当你懂得欣赏别人的优点的时候，别人也会欣赏你的优点，你的人际交往将有一个更加开阔的前景。

一个内心封闭的人，是不会懂得欣赏别人的，我们应该让自己拥有开放的心态，去发现别人的优点，取长补短，而且在这个过程中，你要学会赞美别人，真诚地去鼓励别人。

孩子，如果稍微留意一下，你就会发现这样一种现象：你们班的某位同学成绩并不是很优秀，但他却能当选为班长。一般情况下，能当选为班长的同学一定具备很强的组织能力和管理能力。那你想到过没有，他为什么有组织能力和管理能力呢？别人为什么又心甘情愿地服从他的领导呢？其实这里面有一个很重要的原因，那就是他善于发现别人的优点，懂得欣赏别人。他欣赏别人，别人也自然会信服他、服从他。这就是班长的魅力所在。当然，这只是懂得欣赏别人的好处之一。

反之，如果你不懂得欣赏别人，就会产生两种后果：一是别人会认为你自以为是，从而渐渐疏远你；二是你这种心态会导致你故步自封，从而形成以个人为中心的盲目自信，最终你会落后于别人。因为你看不到别人身上的优点，也无法吸取别人身上的长处。

> 一个女孩叫芳芳，她对自己的人际关系感到非常困惑，她总希望自己能有较好的社交能力，可是见了人常常不知道该说什么，因此很少与人交谈，后来她的性格变得更加内向。她希望能使别人快乐，也使自己快乐，但是却不知道该如何改变这种状况，于是，她请教了班主任老师。后来，老师教给她一种方法，那就是先学会欣赏别人。因为在集体中，每个人的性格都不同，或许每个人都有自己的优点或缺点，但如果懂得发现别人的优点、宽容别人的缺点，客观、准确地对他人的优点给予真诚地赞美，就能营造良好的交往氛围，从而使自己摆脱孤独的境地。

孩子，你赞美过你的同学吗？还是只是一味地只想得到别人的赞美？要知道吝啬赞美，吝啬鼓励，吝啬感谢，别人还回来的是加倍的吝啬。有一句话叫"种瓜得瓜，种豆得豆"，那么，我要告诉你的是种下欣赏，你会获得更多的赞美。

善于赞美别人的人，是幸福的人。 一支蜡烛不因点燃另一支蜡烛而降低自己的亮度，甚至在点燃的瞬间，会使自己更加辉煌！ 所以，孩子，我希望你对自己做出一些新的尝试：

（1）你需要经常观察那些人缘好的同学所接触的人，以及他们的处事方式。 从他们身上找到成功的原因，向他们学习欣赏、赞美别人的方式。

（2）找到曾经被你忽视的同学，分析他们的优点，赞美他们的长处，和他们打成一片。

（3）当自己遇到困难需要帮助的时候，如果有人伸出援助之手，你不仅要学会感激，还要学会回报，多帮助别人，将有利于建立良好的友谊。

你要试着当志愿者

志愿者（Volunteers）是一个没有国界的名称，指的是在不为任何物质报酬的情况下，为改进社会而提供服务、贡献个人的时间及精神的人。

志愿者是不受私人利益的驱使、不受法律的强制，是基于道义、信念、良知、同情心和责任感而从事公益事业的人或人群。他们不以谋利为目的，志愿为他人和社会贡献时间、智力、体力、财产的人。在我国，他们的主要工作领域有扶贫开发、社区建设、环境保护以及为大型活动服务等。"志愿者"和志愿者工作的含义在于：奉献时间和精力，奉献技术和才华，更重要的是，奉献爱心。志愿者不只用手和脑，还用心帮助别人。他们服务的意义超越了服务本身，他们帮助受援者克服自身的弱点，给他们带来了信心和希望。同时，"奉献"和"共享"是他们的原则，志愿服务并不是慷慨的富人对穷人的施舍，它是各阶层的人们奉献社会、服务他人的一种选择。他们所得到的回报是受援者一生的友谊和信任。给予和回报提升了人与人之间的包容和信任，建立起社会公正和稳定的基石。

志愿者的价值和意义并非是金钱所能衡量的。它提供的是金钱无法买到的人间温馨：关怀和帮助，友谊与同情。

先决定什么机构的宗旨值得自己关心，并决定自己必须付出多少时间——即使一个月只有一个小时也无所谓，然后就抽出这个时间，除了付出所得的欣慰感之外，别期待任何的金钱回报。

就多方面而言，付出时间就是回报我们每天都收到，但我们大都视为理所当然的礼物——生命。若要表示我们是一个大团体的一部分，要表示我们彼此大都有共通处，付出时间只是一种极微不足道的方式。但是，当你付出时间做志愿者时，就表示你肯定那种归属感。

奥运会的工作吸引着精力旺盛的开拓者，更召唤着那些崇尚奥林匹克运动而愿为之献身的人。事实上，洛杉矶奥运会最辉煌的胜利之一就是广大志愿服务人员的加盟。众多传媒的评论指出："组委会的志愿人员政策，不但为组委会节省了数百万美元，而且它促进了人们对奥运会的了解，激发起美国人的奥运激情。"

一位生活在贝艾尔富人区的女士想成为志愿司机，后来为法国代表团开车。一次正巧有人在贝艾尔宴请法国代表团，当客人下车后对她说："你能在这儿等着吗？我们大概需要两个小时。"她说："我回家一趟你们会介意吗？"客人说："噢，那太远了！"她回答："不，我家就在隔壁。"客人看着她的家，才意识到她居住的房子比宴请他们主人的房子还要富丽豪华。

　　志愿者为奥运会默默奉献，而奥运会也成为年轻志愿者们锻炼自己、融入社会的好机会。 利勒哈默尔冬奥会一共招募了9100名志愿者，组委会有意让来自挪威各地、有着不同职业背景的人生活、工作在一起，并鼓励他们与世界各地的运动员、记者和游客交流，这样所有的志愿者都可以待在这样一个非常独特的社会环境中，通过扩大他们的交际网络，大大提高了他们的处世能力。

　　作为志愿者，奥运会所有志愿人员的工作都是无偿的。他们所能获得的就是免费的工作餐、工作制服、上下班的公共交通以及培训的机会，每届奥运会组委会都会通过颁发证书、奖章、奖状等形式对志愿者的工作予以表彰。 事实上，这已经足以让志愿者感到十分的光荣了。

　　洛杉矶奥运会结束后，组委会曾发给工作出色的志愿者每人900美元奖金，颁奖比例大约为志愿人员总数的10%。 许多志愿人员接到奖金后，立即又退还给组委会，并说他们感到"这是一种侮辱"。 志愿人员的情操一直都是令人感动的。人活在世上不能只想自己，作为当代大学生的我们对社会是负有责任的。 中央财经大学红十字会会长朱桂锦说："我喜欢当志愿者，我热爱这份事业，和孩子们打交道心里很舒服，你可以无所顾忌地和他们交谈，这是任何物质上的东西无法给予的，他们值得我们用心去交流和帮助。 我想，互助不在于获取物质，而在于发自内心的爱与关怀。 这是一种心灵上的净化。 在帮助别人的同时，自己的灵魂也在不知不觉中得到了升华。"

青春需要在风雨中磨炼，生命需要在奉献中升华。 志愿者用不同于别人的方式实现着自身的价值，使人从中懂得了责任的含义，理解了奉献的意义。 因为看到幸福，因为心中有爱，志愿者用自己的双手撑起一片晴朗的天，用自己年轻的生命，谱写出青春绚丽的乐章。

今天就开始，坐下来打几个电话，看看你所挑选的几个机构是否需要帮忙。 他们一定很乐意接纳你。 事实上，当你出现在他们的办公室时，你可能会觉得自己好像是世界上最重要的人似的。

行动起来做一名志愿者或无偿为弱者服务，并用这一行动或传统影响自己的孩子，使他成为富有爱心，受人欢迎的人！

你要学会信任他人

信任是指相信而敢于托付。倘若你迟迟不敢去信任一个值得你信任的人，那永远不能获得爱的甜蜜和人间的温暖，你的一生也将会因此而黯淡无光。

信任是一种有生命的感觉，也是一种高尚的情感，更是一种维系人与人之间关系的纽带。你有责任，有义务去信任另一个人，除非你能证实那个人不值得你信任；你也有权受到另一个人的信任，除非你已被证实你不值得那个人信任。

《出师表》里有这样的一句话："亲贤臣，远小人，此先汉所以兴隆也；亲小人，远贤臣，此后汉所以倾颓也。"诸葛亮从两种截然相反的结果中为我们提供了信任对象的品格。这条贤臣与小人的定律应用到现实生活中也无不可。当然，"小人"与"贤臣"不会写在脸上，还要我们用心去判断。

信任，其实也是一种责任，把自己的约定当作一种大事，那你也做到了"信任"二字的含义。

晏殊信誉的树立就是一个有关信任的故事。北人晏殊素以诚实著称。14岁时，有人把他作为神童举荐给皇帝。皇帝召见了他，并要他与一千多名进士同时参加考试。结果晏殊发现考试是自己十天前刚练习过的，就如实向真宗报告，并请求改换其他题目。宋真宗非常赞赏晏殊的诚实品质，便赐给他"同进士出身"。晏殊当官时，正值天下太平。于是，京城的大小官员便经常到郊外游玩或在城内的酒楼茶馆举行各种宴会。晏殊家贫，有时在家里和兄弟们读写文章。有一天，真宗提升晏殊为辅佐太子读书的东宫官。大臣们惊讶异常，不明白真宗为何做出这样的决定。真宗说："近来群臣经常游玩饮宴，只有晏殊闭门读书，如此自重谨慎，正是东宫官合适的人选。"晏殊谢恩后说："我其实也是个喜欢游玩饮宴的人，只是家贫而已。若我有钱，也早就参与宴游了。"这两件事，使晏殊在群臣面前树立起了信誉，而宋真宗也更加信任他了。

这世界上，信任是一种弥足珍贵的东西，没有人用金钱可以买得到，也没有人可用利诱或用武力争取得到。它来自一个人的灵魂深处，是活在灵魂里的清泉，它可以拯救灵魂，滋养灵魂，让心灵充满纯洁和自信。

父 / 母 / 家 / 教 / 艺 / 术 / 全 / 集

没有教不好的孩子，
只有不会教的父母

扫码收听全套图书

扫码点目录听本书

杨颖 编著

成都地图出版社

图书在版编目(CIP)数据

没有教不好的孩子,只有不会教的父母/杨颖编著. -- 成都：
成都地图出版社有限公司, 2018.12(2021.2 重印)
(父母家教艺术全集；1)
ISBN 978-7-5557-1110-0

Ⅰ. ①没… Ⅱ. ①杨… Ⅲ. ①家庭教育
Ⅳ. ①G78

中国版本图书馆 CIP 数据核字(2018)第 287541 号

没有教不好的孩子,只有不会教的父母

MEIYOU JIAOBUHAO DE HAIZI ZHIYOU BUHUIJIAO DE FUMU

编　著:杨　颖
责任编辑:游世龙
封面设计:松　雪
出版发行:成都地图出版社有限公司
地　址:成都市龙泉驿区建设路 2 号
邮政编码:610100
电　话:028 - 84884648　028 - 84884826(营销部)
传　真:028 - 84884820
印　刷:永清县晔盛亚胶印有限公司
开　本:880mm × 1270mm　1/32
印　张:6
字　数:160 千字
版　次:2018 年 12 月第 1 版
印　次:2021 年 2 月第 11 次印刷
定　价:150.00 元(全五册)
书　号:ISBN 978-7-5557-1110-0

前　言

　　父母是孩子的第一任老师，每个孩子都是一块待雕琢的璞玉，能否雕琢出美玉，全在于当工匠的父母之手。每一个孩子的成长，都凝聚着父母巨大的心血和智慧，成功绝非偶然。

　　没有一个父母不希望自己的孩子长大有出息，但是，我们真的做到了吗？比利时一家杂志对全国 60 岁以上的老人做了一次专题调查。调查的题目是："你最后悔的是什么？"并列出了十几项生活中容易后悔的事情，供被调查者选择。调查结果表明，有 63% 的人后悔对子女教育不够或不当。有些父母直到多年后，才发现按照自己的模式与经验，并没有使子女成才和受益。

　　作为父母必须要清醒地认识到，教育方法妥当与否，直接影响着孩子的成长。作为父母，总是想把最好的都给孩子，希望他们能够成长为有出息的人，因此在教育上总是不遗余力，但是不恰当的教育方式往往会适得其反。父母使用的方法是否妥当，直接影响着家庭教育的效果。作为父母必须要清醒地认识到，教育孩子是父母不可推卸的责任，父母的一言一行，都将对孩子产生不可忽视的影响，有时候这种不易察觉的影响，也许会伴随孩子的一生。教育专家周弘说过这样一句话："没有种不好的庄稼，只有不会种庄稼的农民；没有教不好的孩子，只有不会教孩子的父母。"父母对待孩子的态度，也同样决定了孩子的命运。做父母的不可能选择孩子，但可以改变教育孩子的态度与方法，孩子的命运也许会发生改变。

改变教养方式，熊孩子照样可以变成乖孩子！每一个优秀孩子的成长，都凝聚着父母巨大的心血和智慧，成功绝非偶然。身为父母，当对比自己的孩子与别人家孩子的差距时，应先看到自己的付出与别人的差距。在孩子的教育上，同样是一分耕耘一分收获。每个父母都应该牢记：没有教不好的孩子，只有不会教的父母。

《没有教不好的孩子，只有不会教的父母》针对千万父母会遇到的教育问题，实例分析，给道理给方法，提供实用的解决方案。本书告诉我们：只要方法稳妥，任何孩子都是优秀的，只要用心总能找到合适的方法。

2018 年 10 月

目 录
CONTENTS

扫码点目录听本书

第一章

好孩子的成长需要聪明的父母来陪伴

努力营造关爱和谐的家庭氛围／002

父母的语言传递着自身的价值观念／008

改变你的语调，敞开你的心扉／010

父母的决定要言出必行，始终如一／014

第二章

读懂孩子才能教育出好孩子

读懂孩子的心，走进他的小世界／020

了解孩子的需求，理解孩子的需求／023

读懂孩子审视世界的方式／027

要明白孩子的长处和短处／031

第三章

聪明的父母总是与孩子一起学习

专心：一次只做一件事／036

习惯性：让孩子的记忆力有明显提高／041

让孩子有时间去做自己喜欢的事情／045

责任心的培养：让孩子不再懒惰／048

第四章

夸一夸孩子更优秀

学会用欣赏的眼光看待孩子／054

多鼓励孩子，让他更自信／058

发现并重视孩子的长处／061

孩子的错误中也藏着优点／065

第五章

孩子有了坏习惯父母千万别着急

孩子撒谎怎么办 / 070

孩子懒惰怎么办 / 075

孩子爱顶嘴怎么办 / 078

青少年网络依赖的干预方法 / 082

第六章

男孩穷养、女孩富养

不妨对孩子"狠"一点 / 084

让他为自己的错误"买单" / 090

"富"养可以开阔女孩的眼界 / 093

富养，不是让你包办一切 / 095

第七章

培养孩子的交际能力

培养孩子与人合作的能力 / 104

让孩子学会赞美别人 / 107

使孩子懂得与人分享 / 110

培养孩子待人接物的能力 / 113

教孩子学会与父母沟通 / 118

培养孩子与同学沟通的能力 / 123

让孩子学会和老师相处 / 128

第八章

培养孩子的好心态、好性格

影响孩子心理健康的因素 / 134

培养孩子开朗乐观的性格 / 137

让孩子大胆地说出心里话／140

直接影响孩子性格发展的教育方式／144

保护好孩子的自尊心／148

让害羞的孩子变得大方得体／152

第九章

摆正学习心态，培养广泛兴趣

明确学习动机，调动学习积极性／158

相信自己能行，用坚定的信念完成学业／161

学会交流，借鉴别人的学习经验／168

挑选一种适合孩子的乐器／174

培养孩子的绘画欣赏能力／178

让孩子自己动手搞"发明"／180

第一章

好孩子的成长需要聪明的父母来陪伴

扫码收听全套图书　　　扫码点目录听本书

努力营造关爱和谐的家庭氛围

　　家庭是我们人生旅途中的旗帜，孩子靠家长的旗帜掌握方向。 只要父母能和孩子一起努力，就算是在大风浪中，也可以让孩子具有安全感。 但是如果父母不齐心协力，船翻了，孩子一般也会受到伤害，所以，小船既能为孩子的成长护航，也可能会演变为失败的源头。 所以，家长应该很好地教导自己的孩子，家长的教导对孩子一生都有深刻的影响。 家庭氛围一般有以下几种类型：

　　1. 期待型

　　父母看不到孩子的独特之处，总是将自己的全部想法都寄托在孩子身上实现，希望孩子能完全按照自己想的来做，这样只会让孩子心中有所不安。 如果父母一直抱着这种期望，孩子又不能达到父母要求的能力，孩子们就易陷入不满、自私、冷漠的深渊中，毫无生气。

2. 溺爱型

不管孩子提出什么要求，父母总是什么都同意，过于宠溺孩子，孩子的任何要求父母都想办法满足，即便是不正确的事也不会加以阻拦。孩子生长在这样的环境中，容易让自己陷入迷茫，一旦有要求得不到满足，便不知道如何去解决，而且这样的孩子往往没有自制力，做任何事都是以自我为中心，不能很好地融入社会，不能独自在社会生存，也不能忍受别人的忽视，只是追求一些有刺激的事情，不管是对什么都没有足够的信心，一直处在期望别人帮助的状态中。

3. 严厉型

这种类型的父母虽然也是爱孩子的，不过对待孩子的态度却总是不正确，不是命令指导，就是指责批评，对孩子的行为严格控制，要孩子完全遵守家长的想法，一旦父母不顺心，就会对孩子进行严厉的批评甚至打骂。如果父母一直用这种态度对待孩子，有可能让孩子在磨炼下精神溃败。还可能出现心神不宁、不会跟别人相处等现象，甚至会产生一些社会犯罪事件。有的孩子只是在表面上表现得很听话，看起来做得挺好，实际上只是对现实的逃避，这样便导致了懦弱的性格。

4. 干涉型

这个类型大致跟期待型一样，父母都是为了孩子的未来着想，对孩子过度的照顾，整天不停地唠叨。这样的家庭氛围下，孩子不容易很好地成长，而且情绪易变，不能承受失败和挫折，没有良好的耐力，没有责任心。孩子本身有了太多人的关怀和照顾，跟别的孩子的接触就少了，也就不容易长大成熟，总是依赖大人，不能很好地融入这个社会，不能独立做事，也没有属于自己的梦想和抱负。

5. 矛盾型

父亲和母亲对孩子有着不一样的行为举止，有批评责骂，也有安慰宽恕。不同的时间和地点，父母也采取不同的方式对待。有时父亲责骂而母亲安慰，这样会让孩子在难受中难以自拔。如果用这样的方法教育孩子，会让孩子的心理产生严重的失衡。即使有被安慰的时候，可是不知道什么时候不知道什么原因又会被责骂。

在不同教育方法下教育出来的孩子，夹持在两种权威思想中间，常常会让孩子感觉手足无措，精神也会出现不正常。尤其是在老爸发飙老妈护孩子的时候，孩子这时会产生一种反抗心理，有些甚至会助长反社会的倾向。并且很多时候孩子不喜欢展现自己攻击的一面，表面上看起来很老实很听话，可是当自己的假象被拆穿的时候，马上会露出一副残酷的样子。

在这种家庭氛围里成长的孩子往往有或者看不起爸爸，或者对妈妈心怀怨恨的心理。

6. 民主型

这种类型的家庭和睦，父母能温和耐心地对待子女，当孩子需要帮助的时候，父母会给予孩子力量，想尽办法去了解孩子，多和孩子进行交流，保持父母和孩子处在一种和谐的关系中；要给孩子足够的理解和尊重，让孩子自由独立地发展，让孩子勇敢地发表自己的意见及处理自己的问题，父母同时也体会自己做父母的责任。如果家庭是比较民主自由的，那么培养出的孩子也会比较善良，有着超强的适应能力，并且具有很强的独立自主性，责任感也比较强，性格也显得外向开朗。

父母总是希望自己的孩子能成为有本领、有能力、有才华的人，而要培养出这样的孩子，家长们就要从自身做起，给孩子一个合适的生活学习环境。一位美国学者通过相关调查总结了下列几项孩子希望的家庭氛围：

（1）父母在孩子在场的时候不要吵架。

（2）不要对孩子有偏见。

（3）不要和孩子说谎，要讲信用。

（4）父母和睦，不要互相辱骂。

（5）家长要关心孩子，父母子女之间要保持亲密的关系。

（6）要支持孩子与朋友交往。

（7）不要让孩子感觉自己很无趣，不要经常跟孩子生气。

（8）孝顺老人，尊重孩子，有事情的时候要和大家一起商量，建立民主型家庭。

（9）适时在家庭搞一些娱乐活动，周日的时候适当地放假。

（10）允许孩子对父母的错误进行批评。

我们把上边这些孩子的希望归纳起来，其实就是要求父母营造一种充满爱与和谐的家庭氛围。

（1）明白父母真正的威信是什么。孔子曰："其身正，不令而行；其身不正，虽令不从。"家长对孩子有一定的责任感，有一种不可否定的相互关系，父母对孩子的尊重和孩子对父母的敬仰则是这种关系的基础，家长对孩子的威信不是从对孩子的打骂中建立起来的。日常生活中，家长要对孩子有所关照和理解，尊重孩子的人格发展，引导孩子表达内心的真实情感，并且按照家长的要求去完成事情。时间长了，孩子和父母的关系就会越来越亲密。这样，家长在自己孩子的眼中，慢慢也就建立起自己的威信了。这样营造起来的家庭氛围，不仅不会损害父母在孩子心中的形象，反而可以让孩子更早的独立，塑造孩子良好的品性。

（2）要充分尊重孩子的人格。当父母对孩子进行教育时，教他们要对父母尊重，对他人尊重，在教孩子这些的同时也要尊重孩子，不要将孩子简单地看作是自己的产品，他也是一个独立的人，也有自己的个性和人格。在和孩子进行交流的时候，要保持一种平等待人的态度，孩子的兴趣爱好等父母都要表示尊重，要温和平静而不是严厉地训斥孩子，即便孩子犯了错，也要仔细给孩子讲道理，尊重孩子的自尊心。要让孩子自己做选择，不要干涉太多，鼓励他们参加家庭组织的各种活动，这样可以让孩子自己说出自己的见解，畅所欲言。当父母听了孩子的想法，如果是正确的就该鼓励，家人之间还应经常讨论交流，听从有理的那一方。

（3）爸爸妈妈之间要学会相互体谅。孩子的启蒙老师便是自己的爸妈，父母的任何行为都对孩子产生着影响。所以，爸妈要相互的协调，如果双方产生矛盾，也要尽量心平气和地解决，正确谨慎地处理，要说到做到，给孩子起一个很好的模范作用，不要在孩子面前吵闹、打架，粗鲁地解决出现的矛盾。只有夫妻之间感情好，家庭才会和谐。

（4）不能忽视孩子应有的权利。孩子也是一个完整的个体，是家庭的一部分，他也该拥有家庭里的一部分权利，同时也要有自己的责任感。所以，当孩子还小的时候，就应该让他知道，他们必须做的一些事情是什么。

父母的语言传递着自身的价值观念

父母要时刻谨记潜移默化的作用，其实父母在不经意间便将自己的想法传递给了孩子，包括怎么分辨事物的好坏，什么事能做什么事不能做，什么事是该做或不该做的，什么事是该提倡或不该提倡的等等。这就是说，在家长的领导下，在日常生活中，要让孩子慢慢知道和了解什么是重要的事和什么是完全没有必要的事情，因为这些是为人处世必须要学习的。

有些父母习惯以权威身份来向孩子提出一些不合理要求，例如家长一边要求孩子要讲礼貌、懂道理，一边却又总是发号施令、对孩子不尊重、对别人没礼貌。其实，要想让孩子按自己的想法成长，家长就应该先做好榜样，不要停留在单纯的说教上，想让孩子对别人尊重，家长就应该首先尊重孩子、尊重他人，想让孩子懂礼貌，家长要十分注重言辞，和孩子说话，要温柔而不要表现得很恶劣。当孩子还小时，对家长的各种鼓励、爱护都会接受并学会。

家长都想自己的孩子变得强大不被欺负，但是，如果是自己的孩子欺负了别的孩子，你心里可能会觉得他做得不对，在行为表现上却是对孩子微笑，然后还温柔地说："你怎么可以打人呢？"这样便表达了一个难以控制的信息："这不是什么大不了的事情。"因此，家长的表现是孩子行为的主要影响因素，孩子的行为也代表着家长的个人价值观。

不让孩子吃一点点亏的教育往往最失败。 因为这样的孩子在父母的过度保护下，往往没机会跟别人交往，孩子不懂得如何与人交流，更别说跟别人友好相处了，这样的孩子往往会受到大家的排挤，对孩子的未来发展不利。 孩子都是通过跟其他小孩一块玩然后慢慢掌握为人处世的道理的，因此从一定程度上说，"吃亏就是福"是没错的。

改变你的语调，敞开你的心扉

尊重孩子是每个父母都应该做到的，可是不是每个家长都能做到。例如很多家长都会用严厉的声音跟孩子说话，但是不会用这样的语调和其他人交流。假如家长录下来跟孩子说话的过程，品味一下自己的语态和语气，就会知道自己有多恶劣。由于父母经常使用责骂、哄骗的语气，诱导孩子来完成交流，那么即使孩子跟我们交流也不会说出自己的真实想法。假如我们看到自己的方式是错误的，就应该从这一刻开始改变自己。把孩子和自己放在平等的位置，然后再跟孩子交谈，而不是在一种教训的氛围下交流，这样就能更好地了解孩子的真实想法了。要是你一直都在找孩子的错误和毛病，孩子只会为此更加烦闷，觉得自己肯定是个讨人厌的孩子，这在一定程度上会和家长产生矛盾和隔阂，时间长了，父母和孩子之间也不好沟通了。

有时孩子问你："你是生气了吗？还是不高兴？"你却耷拉着脸说："没事。"但是你的表情却把你的情绪都表现出来了。 我们要懂得孩子是很敏锐的，他们也能从你的表情或者你说话的语气中了解你的情绪。 但是作为成年人的家长并没有那么敏感，根本不会想到孩子发现了，也不去想这样的话会对孩子产生什么样的影响。

父母总是会借机讲授一些固定的话语和固定的模式，想让孩子按照自己的想法成长，因此，只是一味要求孩子"必须这样"或者是"一定要这样做"，而并不是让他们真正知道"这样做的原因"。 事实上，父母应该和孩子商量一件事应该怎样做，这样的交流方式能够表明父母对孩子的尊重，即便父母跟孩子的想法可能不一样。 孩子喜欢在暗处观察别人的感受，然后去思考这种感受，再按照这种感受给自己的指示做出一些反应。 每个孩子心中都有自己的生活，假如孩子从小不是和父母一起生活的，这样可能会导致有的孩子不喜欢和别人交流，以后永远不擅长跟别人交流了。 家长不要觉得孩子还小就不尊重他们的想法，想要用自己的想法来将他们的脑海填满。 家长总想任意塑造孩子的品性，就像是他们根本没有自己的想法和欲望，可以让我们随意填充。 其实，孩子从这个角度来看便是被挤压和迫害的。 不过这并不是说父母不要对孩子进行教育，这只是表明我们不能去用强硬的手段进行。 很多孩子会产生对家长的抵抗心理，大部分原因就是家长总是强加给孩子他们的想法。

对于孩子的思想，如果我们能接受并正确看待，和孩子一起讨论事情的经过，时常问他们"如果真的那样的话会发生什么事情""你心中又会怎么想"，这样当孩子在处理事情的时候，他就能想到他是有伙伴的。 另外，家长向孩子询问也是沟通的一种好方法，这样，很多孩子长大后还是把父母当成好朋友，而和家长交流会有意想不到的收获。

不喜欢跟孩子诉说内心，只是简单地对孩子说教，却想让孩子把心里话都告诉你，这种不公平的交流，当然不会有很好的效果。 孩子长大后一般都不喜欢跟父母交流心事，而是跟同学朋友交流。 不过这些同龄人的经验总是不丰富的，总是有着自己的不成熟的想法，虽然他们之间的交流是深刻的思想交流，可是大家都难以摆脱这样的事情，因此即使交流了也不会有什么大的提高。 假若父母不能跟孩子及时交流沟通，不能对孩子进行指导，这便是对孩子们的一种极大的伤害。 如果父母和孩子能多交流，两者就会更容易沟通，要想让孩子更好地成长，父母和孩子之间的默契是需要更多沟通交流的。

如果孩子为表达关心而问道"老爸出什么事了""工作又有不顺心的地方了"这一类的话时，家长就该跟孩子仔细谈一下。 如果随便回答说"我没什么事"或者"这里没你的事，你去做你自己的事情吧"，这样一下子就把孩子的关心和爱护挡在了外边，孩子想到的只是这件事父母不让插手，只要跟自己没关系的都别管。 这其实是家长拒绝让孩子成长为一个有爱心和有责任心的人。

和孩子一起商量自己做法的好坏，告诉孩子自己怎么想的，这其实就是对孩子一种最直接的教育。 我们在生活中总会碰到失败挫折，很多人一生都没有很大的成就，跟孩子一起分享自己的人生经历，要敢于正视自己的错误和失误，当然告诉孩子自己一生都没有完成的事，这对家长来说没那么容易，家长可能会想是不是孩子会看不起自己，但这对孩子成长很有益处的。告诉孩子自己的经验教训，这正是孩子想要的东西，并且对孩子来说是莫大的欢喜。

父母的决定要言出必行，始终如一

孩子犯了错，总是会显得很可怜，父母常常会说"下次不能再犯同样的错误了""暂时先原谅你吧"。 家长心中有不安，便不会去严惩，让孩子学会逃避责任，当孩子做错事，家长也假装看不到……到了第二次情况出现的时候，孩子还会这样求父母让步。 这样的话，要让孩子按照自己的想法去做，就更加不容易了。 这样不仅让管教变得很难，而且会让孩子更加的不服管教。

父母都是只说不做，很多孩子便会有这样的想法：即使没听父母的话，也没什么惩罚。 我们要做的只是让孩子知道自己的威信，不管什么时候，对孩子说的话一定要做到，一直坚持，这才是对自己负责。

"周浩，快点写作业。写完了可以自己放松一下。"

没过多久孩子就说作业写完了。"老妈，我完成了，去和朋友玩了！"边说边打算换鞋出去溜旱冰。

"还是不要吧，万一摔倒了怎么办？你还是玩其他的吧！"妈妈这样回答说。

"不要，说好了可以让我去溜旱冰的。"

"乖，好孩子，听妈妈的话啊。"

孩子的想法还是没有得到实现，他不能去做自己喜欢的事，只好不去做，去玩别的游戏了。妈妈没有给孩子足够的自由让他玩自己喜欢的游戏或玩具。要是我们要做出一个明智的决断的话，就要让他们做喜欢做的事情，假如真觉得孩子做的事情是错误的，就该让他们从失败的经验中学习，而不是只是靠妈妈不停地对孩子进行说教。母亲拒绝孩子的喜好，不让他亲身实践，保护孩子不受任何伤害，不让他懂得如何忍受痛苦，如何锻炼毅力，这样的母亲不是出色的家长。她事先告诉孩子可以选择喜欢玩的，后又自食其言，这当然会降低家长的尊严。

"梦梦，很晚了，该去准备睡觉了啊。"妈妈催促梦梦。不过梦梦却好像没听到一样，还是继续玩她的积木。梦梦不管妈妈怎么催促，依然玩自己的，母亲也没有再说什么。其实妈妈让孩子按时睡觉是为了孩子好，不然明天孩子会没有精神去上课的，但是妈妈的行动又显示出她并不在乎梦梦是否真的按她说的做了。孩子并不在意那些，他们只是想着现在玩。要是孩子觉得母亲的话可以不听的话，时间长了，妈妈就会越来越不受孩子尊重。当梦梦没有反应时，妈妈就应该过去，拿掉孩子正在玩的东西，然后直接对梦梦说："去睡吧，明天有的是时间玩。"然后看着孩子走到房间睡在床上。

当然，要想孩子心甘情愿地去做，还要告诉孩子这样做的原因。假使孩子有什么不安，便要继续说清楚原因，直到妈妈和孩子达成一致，这样就不是只用妈妈的权威做事了，而是让孩子也参与到其中，让孩子少一些抵触心理。

　　"妈妈，把这个故事念给我听吧。"孩子拿着自己的书向老妈求教。

　　"放放，你作业做完了吗?"

　　"没有呢。"

　　"那就要先写作业，写完作业，我再给你讲故事。"

　　"妈妈，你要先给我讲故事。"

　　"听妈妈的话，先写作业。"

　　"你要是不讲的话，我就不按照你的想法做。"

　　母子俩谁也不肯让谁，然后放放大声说道:"必须要讲!必须要讲!"

　　"好吧，好吧，你过来，我现在就给你讲，然后再去写作业。"

　　"听你说完我就去做。"

　　然后妈妈以威胁的语气说:"要是你食言的话，那我可就……"

　　不过这些威胁的话却从来没实行过，这就好像"狼来了"的故事一样，很多时候这样的话孩子都当成了耳边风。孩子觉得父母只是吓吓他，并不会真的那么做。这样便会让孩子误入歧途，给孩子留下坏印象。

很多时候家长不说出来是因为不想让孩子难受，想把事情快点做完，然后能继续做其他事。不过你越是不想找麻烦，就会有越多的麻烦来找你，只是因为你没有坚持，下次再遇到同样的情况，你一样会重蹈覆辙。

必须让孩子懂得，父母说出的话是一定要做到的。要是你不想看到自己的孩子遭受惩罚，当时给孩子警告时就一定先想想这个惩罚是否恰当，因为说出的话就像泼出的水。不过如果孩子在6岁以下，那么就不适宜使用"罪有应得"式的处罚。当孩子过了6岁，就已经开始有一些道德观念，适当的赏罚会让孩子更听话。如果是一个较大的孩子，不小心把东西弄坏了，你可以用自己的方式来对其做一种补偿，如罚孩子做一会儿家务事也是不错的方法。另外，家庭成员之间要懂得配合。

　　7岁的薇薇总是让妈妈给她买新玩具。妈妈说如果买了就一定要保存好，这样下次想玩的时候还能玩，要是还是像之前那样随便扔，就不给她买新的玩具，直到所有玩具都找到并答应改正为止。孩子答应了，母亲便兑现了自己的诺言。刚开始，薇薇每次玩完都会收好。慢慢地便总是乱丢，想玩的时候还找不到。于是过了些日子，薇薇又让妈妈买新玩具给她，妈妈说："你并没有按照你说的话去做，上次的东西，你弄得到处都是，我不能答应你的要求。"孩子沉默了，便不再说话，不过有一天妈妈突然发现薇薇又在玩新的玩具，"这是奶奶买给我的。"孩子现在表现得像是一个胜利的将军。

有时候孩子做不到自己承诺的，家长便通过这样的事情进行了赏罚，不过其他家庭成员却又违反这种要求。其实教育孩子需要家庭所有人的帮助。当你制定"规则"时就要考虑周详，加入一些这样的条款："就算是有人给你新的玩具，不过如果你做不到你说的，妈妈也会先替你保管新玩具，直到你可以自己控制自己了才可以拿到手。"这样就不会出现上述状况了，也可以让我们的行动和准则有所改变，言行一致，从而培养出孩子的好品性。

第二章

读懂孩子才能教育出好孩子

读懂孩子的心，走进他的小世界

很多父母都应该对此深有体会，孩子在很小的时候都很听话，不过却越长大越不听话：总是要跟大人背道而驰；总是和大人的思想相违背；他们不经常和父母交流，一旦父母开始说话就觉得唠叨；只愿意和同学进行沟通，不想跟家长说话……很多父母都为此很心烦。 这都是不理解孩子的表现！ 其实，理解孩子是每个做父母的都应该做到的。 很多亲子关系的障碍都来自父母不懂孩子的世界，并不知道孩子心中的想法。

小杰的妈妈有很成功的事业，在事业上不愿意输给任何人，因此对儿子也有很高的期望。 为了让小杰朝自己设想的方向发展，因此对待孩子总是很苛刻。

孩子从小便很懂事很听话，不过从上初中开始，他开始有一些自主意识，小杰开始用各种方法来反抗妈妈的制约，慢慢地，孩子在母亲的眼里似乎变得很陌生。 在家里，妈妈根本看不到小杰的真实想法，因为孩子总是上网，玩完就吃饭。至于小杰内心是怎么想的，妈妈完全猜不到。母亲希望孩子可以懂得自己的心思，有什么心事都告诉妈妈，跟孩子做亲密的朋友，但是儿子却一直体会不到母亲的这番心思。

这天，小杰看起来满腹心事地回到家，关上门不出来，吃饭也不在状态。母亲很忧愁，问："什么情况？怎么这么不正常？"妈妈这么问他，小杰的回答却只有短短一句："我现在不舒服，没有心情说话。"孩子的这副模样，让妈妈有很强的挫败感。她不知道孩子为什么就不明白她的心思，不能对自己畅所欲言。

相信不止一位家长和文中的母亲一样疑惑。他们觉得对孩子已经够用心了，不过孩子对他们却还有抵触心理，不想让别人走进自己的生活。这到底是什么原因？

孩子总是需要父母的教育。要想教育出好孩子，不但要保证孩子有健康的身体，保证孩子学习成绩的进步，还要给孩子一个完整、健康的心灵。但是想真正懂得孩子的内心并不是一件容易的事情。许多家长说自己的孩子不知道自己有多苦，自己把所有的都给了孩子却没得到回报，那只是因为他们很少去了解孩子的想法，总是以自己的眼光来看待孩子。时间长了，便会让孩子和家长之间的感情越来越远，当父母发现孩子跟自己的关系越来越陌生时，就会很难将这层堡垒打破。

1. 重视和孩子的眼神交流

从一个人的眼睛里便可读出一个人的心思，时不时和孩子进行沟通和交流是十分重要的。 如果当父母和孩子说话的时候不看孩子的眼睛，孩子本能的反应便是没有人重视我，也不会跟父母说自己的心事了。 要是家长总是喜欢微笑对待孩子，孩子自然也会跟家长好好交流。

2. 要和孩子说好自己的心里话

家长应该时常和孩子说出自己的真正思想。 即使是家庭生活的一些小问题，也可以向孩子征求意见。 就算是孩子们不能做什么，也可以培养家长和孩子之间的良好关系。 在这个过程中，孩子依旧可以感觉到自己存在的价值，所以便也会跟父母讲自己的心事了。

3. 发掘孩子的爱好才能了解"心"

孩子的真实想法体现在兴趣上。 很多家长总是置之不理，觉得和孩子玩耍都是浪费时间的表现，这便将和孩子沟通的道路堵塞了。 其实，如果爸爸在周末时能和儿子一起去打篮球，母女一起坐下商量衣服的事情，他们就已经开始走进孩子的世界了……孩子会把家长当作是自己的朋友，因而也不会觉得他们和自己的想法不合拍了。

了解孩子的需求，理解孩子的需求

很多家长认为教育孩子很困难，家长投入很多却得不到自己想要的回报，这是因为孩子没有按照之前的路线前行。 导致这种情况的原因在于，父母并不了解自己孩子的真实想法，他们并不真正了解孩子的需要。 家长要真正认识自己的教育对象，然后找准目标，这样才可以得到成功。 假如父母忽视孩子的需求，只是向一个地方扔大把的钱，就不会取得自己想要的结果。

冰冰是独生女，父母都是单位中很有威望的人，家境也挺好。冰冰在家什么活儿都不用干，冰冰的妈妈首先是不愿意女儿做这样的事情，其次是怕因此耽误女儿的学习。即使爸爸一再要求应该培养孩子的独立生活能力，但是孩子的母亲却一直不听劝解。觉得孩子现在最主要的是要好好学习，之后的事情在他们成人之后，就会有自己的选择了。一转眼，冰冰就高中毕业了，该去上大学了。孩子的父母都非常高兴。但是冰冰的学校离家比较远，一直没有离开母亲的孩子要自己住在校园，妈妈把这看成大事。

从离开学半个月开始，母亲便不断地给冰冰买食品，几乎天天去逛超市，一直买到开学那天。吃穿用样样俱全，家里像是一个小型的储物空间。冰冰的爸爸很反感这种做法，觉得这完全没必要，但是看到孩子、妻子奔波的样子，又不忍心泼凉水。

终于等到开学了，送冰冰上学时，父亲就像是个仆人带着一堆的东西，累得满头大汗。给孩子安排好后，父亲放下手中的一堆东西，对冰冰说："你离开家，没人跟我说话了，我该多没意思。"冰冰听完这些，便在父亲的怀里哭了。冰冰妈妈在旁边特嫉妒，她觉得自己对孩子的付出真的很多，一直是她在忙活，每天都那么累，最后孩子却丝毫不感谢妈妈，有的时候还不停抱怨。而冰冰爸爸只说了一句话，孩子就一直哭。母亲觉得自己像是在做无用功。

虽然冰冰的妈妈买了好多东西准备给孩子，可是孩子想要的并不是这些东西，这并不是必需的，所以女儿当然没任何表示了。可是爸爸的一句话却点到了重点，说到了孩子的心上，这句话饱含着父亲对女儿的尊重、理解和疼爱，正因为是孩子心中想要的才会打动她的心灵。家长在教育孩子的过程中，要注意细节，细节很重要，细节决定成败。

现在大多数家长都只是注重孩子的物质需要，但是没有注重他们精神上的追求，这是非常不好的。通常，孩子的精神食粮有这些类型：安全感、相互交流、信任、创造力、探索、身体成长和独立，以及获得成功的需要，另外，还有一些潜在需求（民主的权益和自己隐私的保护等）。家长首先要了解孩子的精神需求，才能教育孩子。

1. 分清"正当需求"和"不正当需求"

要不要满足孩子的要求呢？父母要明白这是孩子的正当要求，还是不正当的要求？假如是正当需求，那么就让孩子满足；假如是不正常需求，那就要坚决拒绝。不过，当孩子有所需求时，不要仅限于满足物质的欲望。

2. 尊重孩子的成长规律，要更深入地了解孩子的想法

在现在很多的家庭里，孩子都是家庭的支柱宝贝，父母几乎投入了所有的精力到孩子身上。虽然父母为孩子付出这么多，不过他们却不真正了解孩子的内心世界。就像很多时候在为孩子做房间时的固定造型和颜色，女孩子房间一般用粉色的，男孩则用蓝色的。可是孩子的反应和大人的反应是完全不同的。父母这样做只是出于自己的想象，只是自己的一厢情愿。所以，当家长教育孩子的时候，就要走入孩子的内心世界，按照孩子的成长轨迹，满足孩子的心理需求。

3. 要经过孩子的同意再去给孩子做准备

现在大多数家长都喜欢为孩子设计未来，不会想到孩子的想法，其实这是错误的做法。比如，许多父母都为孩子报了

很多特长班，害怕孩子在起跑线上就输了，不过如果孩子不认真去学习去认知将会是一个很严重的问题。其实大部分家长让孩子上辅导班都只是自己决定的，根本就不管孩子心中是怎么想的，也许相对于去上舞蹈班他可能更喜欢英语。所以，家长要和孩子进行商量之后，才能做出决定。只有孩子喜欢的事情孩子才能认真坚持去做，这样才能得到最后的成功。

读懂孩子审视世界的方式

　　日常生活中，家长总是不能理解孩子的思维方式。 这是为什么呢？ 因为家长跟孩子总是用不同的眼光看待事物。 每个孩子的脑海中都有自己梦想的世界，他们跟大人兴趣不同，他们不会去感受别人设定的那些事情。 这就意味着，虽然孩子年龄还小，不过他们已经会用自己的眼光来审视并分析身边的所有事情，这是家长一定要牢记的，家长们一定要尽量地去理解孩子看待世界的方式。 家长要是没有注意到这样的情况，就会经常跟孩子出现矛盾，引起不和。

　　娜娜已经上初中了，她从小就生活在城市里，物质上从来没有什么缺憾，也从来不懂得爱惜东西。爸爸妈妈每次批评她，她都满不在乎地说："如果不花钱，你怎么能增加经济效益？"对于妈妈总是时不时提起自己小时候缺衣少穿的情景，孩子对这个很难理解，时代不一样了，当然消费观念也要随之变化了。

有一次，为了对孩子进行一次意义深刻的教育，妈妈带娜娜去看舞台剧《白毛女》。可是让妈妈没有想到，当娜娜看到剧中地主向杨白劳逼债时并没有觉得很生气，当看到地主黄世仁最后被镇压时也没有任何的反应。妈妈百思不得其解，后来在回家路上，她问娜娜看完这个剧后想到了什么。娜娜说："我觉得是杨白劳逼着女儿去给人抵押，而且欠了别人的钱，本来就应该还钱的啊，那杨白劳借了地主的钱，不还钱是罪有应得，是自找的，最后还逼得女儿躲到了山洞里，她女儿也真是傻，地主很有钱，干吗不嫁给他啊，自己却躲在山洞中不出来，难以想象！"娜娜的妈妈顿时觉得很困惑，记得当时自己看的时候，自己有多么的入境生情，今天让孩子看了，但是孩子却跟自己以前理解的完全不一样。

　　其实，娜娜的话也不能说完全没道理。因为不同的年龄和不同的经历会让人产生不同的感想。出生在市场经济蓬勃发展的娜娜和同龄人，没有办法获知如何去判断当下社会的好坏，因此也无法理解话剧中的情节。因为家长不知道自己孩子的真实想法，觉得孩子都是错误的观点，孩子也一定为此觉得很反感。当家长对孩子进行教育时，一定要注意这点，要按照一定的方式去领悟孩子世界的真谛，即使觉得孩子有错误，也要采取让孩子能够接受的方式。

　　因为不同的家庭教育环境，孩子做事和大人有着本质的不同。家长应努力理解孩子的思想，在那些完全没有机会遇到的问题上不能一棒子打死。即使孩子有些错误思想，只要能够相互理解，孩子也就更能接受父母的思想了。如果家长总是坚持己见，孩子就可能觉得家长太专制了。那么，家长应该怎么去看待孩子的世界呢？

1. 不要忽略和孩子的年龄差距

为什么家长理解不了孩子对世界的看法呢？原因之一就是父母总是喜欢忘记自己和孩子年龄的不同。很多家长都不明白孩子为什么要追星，却忘了自己年轻时的疯狂。所以，家长不应该总想着让孩子按照自己的想法来思考。要是觉得孩子的想法太单纯，家长要设身处地去想象，会不会有一种更好的手段。假如能以这种角度来考虑，可能会有更深的理解。

2. 别忽略了时代的变迁

时代不断发展变化的结果就是每个人所生活的地方和见过的事情不一样，也正因为这样，造成了家长和孩子间看待世界的方式上存在着差异。在以前长辈年轻的时候，他们也会崇拜很多人，有很多偶像，但是如今的孩子心中的偶像一般都是歌星、影星等。当然这是由很多原因形成的。要是家长有足够的时间去了解，那么对于孩子跟家长分析事情的手段不同这件事，家长也就能够以平常心看待了。

3. 走进孩子的世界

每个孩子都有自己的小天地，在思想上、行动上、心理上等方面，孩子与孩子之间都不同。要是家长能理解孩子特有的感觉，能真正理解孩子的内心，这便会让孩子更好地认识这个世界。 家长可以通过读孩子喜欢的书、听孩子喜欢的歌曲来改善思维，这样的话，家长便可以做出和孩子之前相仿的那些决策。

要明白孩子的长处和短处

孩子在社会关系中生存，一定有好的地方和坏的地方，有优势也有劣势，家长要经常赞美孩子鼓励孩子，教会孩子学会取长补短优劣互补，获得较大的进步。但是长期以来，我们教育的理念就是，先找出孩子的不足，然后不断地告诫，让他改正自己的不足。父母总觉得自己没有做错，然后孩子就会有进步了，也就提高了能力。可是事实上并非如此。这样的情况下，孩子会觉得自己没什么用，压抑和自卑的情绪非常不利于他的身心健康。

坤坤让妈妈操碎了心。三年级的他是班里最闹的"调皮鬼"，不是上课迟到被老师罚站，就是不做作业被叫家长……母亲最害怕的便是老师的电话，因为每次接电话准没什么好事儿。每次听到老师的控诉，母亲总是会训斥坤坤，骂了打了就是不见效。

坤坤的叔叔非常理解妈妈的难处，便想和孩子好好聊一聊。后来，叔叔和坤坤交流后，觉得坤坤对画画很有兴趣。于是，叔叔就给坤坤买了很多画画需要的用具，让孩子去画他喜欢的东西。坤坤很兴奋，在叔叔的激励下，画了很多作品。看了坤坤的作品，叔叔对坤坤说："画得这么好，太棒了，怎么不画两张送给爸爸？"

坤坤想了一下说："母亲会责怪我画得难看的。"叔叔鼓舞坤坤说："这才不会，妈妈会喜欢的。"爸爸收到了坤坤的画后，十分兴奋，然后很开心地对孩子说了一遍想法，还带着坤坤吃了一顿麦当劳。因为这件事，不但孩子画画的技巧有了长进，而且，坤坤和妈妈的关系也有所改变，孩子也更加听从管教了。最近，坤坤的英语测试还得了 100 分，妈妈为此感到特别兴奋。

很多家长都认为自己的孩子满身是缺点，就像不喜欢学习之类，而且成绩都不及格，上课迟到乱说话，自觉性差，总是不喜欢听老师讲话之类。但是作为家长，要是不断数落孩子的缺点，这样会让孩子看不起自己。同时，这些缺点在孩子的认知中扎了根，久而久之，孩子会觉得自己没有改变的可能，也懒得去改正了。其实家长应该这样做——去观察孩子的优点，在指出孩子弱项的同时也要表扬孩子的长处，这样才不会让孩子觉得自己一无是处，这样才能让孩子健康发展。

"金无足赤，人无完人。"父母的眼光总是看着孩子的缺点，就会心生不耐烦，对孩子的批评教育缺乏耐心与信心，这会导致孩子往不利的方向发展。但如果父母在找到孩子毛病的同时，也能发现孩子身上的优点，发现他的每一点进步，并给孩子一定的赞赏和支持，孩子就会慢慢改掉坏习惯，逐渐了解家长的良苦用心，努力克服缺点。

1. 要用完整的眼光去看待自己的孩子，发现孩子身上的闪光点

有的父母只想看到孩子的成就，其实孩子的内在性格、孩子的待人接物的方法、孩子的喜好和优点都应该是孩子好坏的见证，即便是单看孩子的学习，也不应仅看孩子的成绩，还要看孩子平时学习的用功程度、孩子优势的学科。家长考虑全面了，孩子的优点也就能被发掘出来了。

2. 正面强化，要让孩子有所作为

当孩子发扬自己优点的时候，最想听到的便是父母的赞赏。所以在面对孩子的优点时，家长应该明白，这是孩子的优点，这会给孩子自信，需要尽可能地发扬。家长需要及时对孩子进行鼓励与肯定，这能让孩子感觉得到自己的想法，让孩子明白到自身的价值，强化他的优点。

3. 别把孩子的优点当缺点

一些孩子总是显得特别淘气，父母总认为这是孩子不服从管教，有的孩子很喜欢读小说，但是家长认为这是不愿意学习的表现，只知道看没有用的书……其实，孩子拥有一颗单纯的心灵，孩子对知识有着很大的渴求，假如家长不用心去了解，就不能发现孩子的优点。

4. 不向孩子的缺点妥协

孩子的毛病是一定要让他改正的，比如说懒散、不讲礼貌、打架斗殴等。 如果父母对孩子的这些缺点无视，不仅对孩子的成长有坏处，更是家庭教育中最大的失败。 同时，父母在协助孩子改正缺点的过程中，也要有自己的手段，要依照一定的规则，慢慢让孩子改掉自己的坏习惯。

第三章

聪明的父母总是与孩子一起学习

专心：一次只做一件事

孩子可能会有很多兴趣点，经常不能让自己安静下来，无法全神贯注。有这样一句话："给他吃的不如教给他怎么去找吃的。"当老师教给孩子知识的时候，同时培养孩子听讲的能力，就既能让孩子的学习水平得到提高，还能让自己的教育水平得到提高，这样便是两者之间共赢。

有一次，法国作家巴尔扎克正在写作，恰逢一个朋友来访。朋友等了很长的一段时间，巴尔扎克都没出来与他见面。中午，仆人送来饭菜，客人认为这是给自己准备的，于是就吃了。后来天黑了，巴尔扎克觉得饿了，就来吃饭。当看到桌子上的饭菜所剩无几的时候，便说："原来我已经吃过饭了！"

有一位虫类学家很喜欢研究蚂蚁，经常连续几小时趴在潮湿、肮脏的地面上，用放大镜观察蚂蚁的各种活动。周围有很多人都不知所措地看着他，他也毫不理会。

大文学家罗曼·罗兰有一次跟著名艺术家罗丹去参观他进行雕刻的屋子。面对塑像，罗丹又看到了很多不满意的地方，便重新修改，口中还自言自语，仿佛那座雕像是他的知己。修改完后，罗丹专心地看了一会儿，觉得满意了便走了，险些把朋友关在雕刻室里。

这些名人只想要自己热衷的事业，对他们所想到的科学问题反应清晰，对除此以外的话题没有一点动心之处，一点也不在乎。要想孩子的成绩得到提高，要让孩子们的智商有提升，首先就要让孩子养成专心致志的习惯。要不然，别的事情也不会很快的完成，更不会有成效。父母可以从以下方面来努力。

1. 培养孩子善于集中注意力

上小学时，养成好的学习习惯才是最重要的，并且要保持持久稳定。有的孩子在做作业时，脑海里总想着电视机里正在播放他们最爱的动画片；有的孩子在做作业时，总是摇摆不定，左顾右盼，不专心；一些孩子甚至边写作业边看电视；有些事情本来应该在很短时间能做完但是却要花费很长时间……

要想集中精力，不是一件容易的事，要告诉孩子，专心学习时较高效，也可以有更多的时间去做自己喜欢的事。

2. 要把孩子学习的地方整理干净

不要在孩子的书桌上放除了书和文具以外的杂物，以防孩子注意力不集中。抽屉、柜子最好上锁，防止他随时打开，没写完作业就去做别的事情；书桌上最好只放一些与学习有关的东西，不要把没用的东西放在那里；镜子不适合放在桌上，尤其是女孩，这会给她无法集中注意力的机会。

一定不要让孩子一边做作业一边看电视。电视是注意力的杀手，电视的色彩会干扰到孩子，降低孩子的自制力。电视可以开阔我们的视野，但对于孩子来说却是完全被动学习。没有思想、没有思维地被动学习不利于培养孩子的想法和思维语言的发展。美国科学家表明，从小一直看电视的孩子，注意力不会太集中，甚至感觉是电视的刺激强度过大而重新布局了大脑。所以，美国人并不同意未满 2 岁的孩子去注视电视屏幕。

3. 让孩子按时间完成应该做的事情

假如孩子有太多的作业可以让孩子分批进行。很多家长因为孩子没有足够自制力，便会在边上"站岗"，但这不是有效的方法，长时间以后，孩子便会依赖你。除此之外，家长的情绪也影响着孩子的注意力，所以家长要给孩子一个完美的环境。喧哗的环境不适合孩子学习，周围环境的一切都左右着孩子的想法。父母还要知道，注意力的集中与孩子的年龄有关。研究表明，注意力的维持都是有时间限制的：5～10 岁的孩子是 20 分钟，10～12 年龄段的孩子是 25 分钟，12 岁之上的孩子是 30 分钟。所以，假如想让 10 岁的孩子 60 分钟坐在那里去细心地做完作业是件很困难的事情。

4. 让孩子在一定时间内专心做好一件事

经常有父母抱怨说："我的孩子办事效率低，写作业也慢。"家长要培养孩子在某段时间内完成规定的任务。要等家长安排完才去做作业，做完一门功课可以允许休息一会儿，不要让孩子太疲劳。很多家长总觉得孩子行为举止很慢，但不许休息还唠叨的行为，会让他们心中很抵触，当然不会有好的效果。

5. 重视体育锻炼

体育锻炼是现在孩子都很缺乏的，但这是不利于孩子成长的。很多运动中，孩子的各部肌肉、神经和感官都要相互配合。如孩子跳绳时，眼要看，手要摇绳，要什么时候开始起跳，这些配合都要经过大脑的指挥才行；又如折纸时，孩子的眼睛和手都要配合起来，才能折好纸，也就是视觉和触觉要结合起来。

一般感觉协调的孩子大脑也比较发达，容易掌控身体的各个部位和组织。这样的孩子不管是运动还是静止不动，都有能力控制自己的行为。而"感觉统合失调"的孩子，在他的大脑中，指挥能力和控制能力都很差，就算只让他坐着，也不能长时间坚持下来，他会觉得难受无比，仿佛不乱动身体就会痒痒。

6. 不要让孩子参加过多的课外补习

现在家长总喜欢让孩子参加各种课外兴趣班，但这些都只是家长的想法，没有考虑孩子的因素。然而这种做法也会影响孩子的注意力。每个孩子都喜欢玩，把他的时间安排得满满的，这样只好在课上自己去玩耍了。时间久了，孩子便变得注意力不集中。所以要让孩子有充足的时间玩，给孩子一个完整的时间去放松，才能让孩子写作业的时候更集中精力。

习惯性：让孩子的记忆力有明显提高

　　曾有一位心理咨询专家接到家长的询问："我们孩子并不是因为脑子有多笨，为了帮孩子提高注意力，我们也想了许多办法，可是却没有很实际的效果。""小明并不是一个爱玩的孩子，回到家后便马不停蹄地做事情，学习时间也比别人久。""他学习那么用功，就算是没有长进，我们也不忍心说。"

　　小明的班主任也叹息，小明是个很知道学习的好孩子，但学习却终是赶不上其他同学。对自己的学习情况拿不准，小明说道："我不清楚事情的始末，因为这些记忆在我的脑海中不会存在太久。"针对这类问题，专家给出了这样的回答。

　　首先，家长应该对孩子有足够的信心，要让孩子相信自己的能力，记忆力并不是天生的，可以用一定的手段来完善。孩子对自己的记忆力失去自信，就会很难提高。对于一个年纪很小的孩子来讲，培养学习能力非常重要，要用办法把这件事情的内容记清楚。此时，家长千万不要打击孩子的自信心。一些家长经常拿"猪脑子，什么都不知道"等这类话语责骂孩子，但这种做法只会伤害孩子的自信心、自尊心。要花费心思来想解决办法，让孩子受到鼓励。

其次，要让孩子的兴趣得到更多的培养。大人对自己的事情都会有着很深的记忆，多用心去记自己感兴趣的事物。孩子也是这个样子的，儿童的注意力往往不能集中，若不能激发其学习的兴趣，就不会有很好的成效。家长对孩子的记忆进行指导时，要通过各方面的努力来改善孩子的想法，家长要根据孩子的实际年龄进行合适的指导。很多时候，孩子的记忆时间很短暂，记忆的主要方法是机械识记，让孩子脑中有印象就要一直说，可让他们背诵一些简单的儿歌、诗歌。要上学的孩子的脑子很好用，可以教他们运用顺序记忆、归类记忆、联想记忆等方法。进入学校要牢记一篇文章，这样便可以用化整为零的手段提高记忆力。

我们在这里介绍一些很实用的记忆方法：

1. 提纲记忆法

如果要记忆的内容很多，不用一下子就全部记完。可以先列一个提纲，在提纲中讲一些重点和次重点的内容，然后分时段进行记忆，这样的话不仅可以让事情很快结束，还会记忆深刻。

2. 组块记忆法

人们的短时记忆广度为 7 +2 或者 7 这样一个长度。换句话说，若在很短的时间给你大量的资源和信息去牢记，那把材料分成 7 个左右的小材料块进行记忆的效果最好。 根据这个记忆法则，父母便要对这样的东西分开类别，对于类似的记忆材料进行组块式的记忆，这样一来会让我们很轻松的记忆。

3. 松弛记忆法

当我们进行记忆时，要让头脑时刻保持镇定和清晰，心理学研究发现，过度紧张或过度松弛，工作效率都不会很高。可是要是让我们的想法在一个平稳的状态很难，就好比在一个平静的湖面投进一块大石，会产生很大的波澜。 同理，我们将记忆的内容投进相对平静的大脑，这样便会记得更加牢固。

4. 闭眼记忆法

我们在生活中获取信息的途径是眼睛，很多人在记住某些事情的时候，闭上眼回忆的效果也会较好。 这是因为眼睛看到的东西是大量的、多数的，所以可能导致大量的心理能量都消耗在眼睛上。 因此，闭上你的双眼能减少心理能量的损耗，这样便可以把自己的精神放在一个上面。

5. 想象记忆法

想象记忆法一般适用于抽象的、不容易被理解或认识的。如果要记忆地理知识，将这些形状与现实生活中的实物对比，这样一来便变得很容易区分。 例如，中国的版图像公鸡，头是东北三省，胃是福建，尾是新疆；意大利的版图像靴子形状的等等。

大家应该注意，还有很多可以加强记忆的手段，运用合适的方法帮孩子增强记忆，采取一系列的措施和改善记忆的手段才能提高孩子们的记忆力。

　　每个人都需要记忆力来记东西，这对当下的孩子来说更是很重要。有些学生在学习上，也努力了，可是并没有很好的学习成绩。除了学习方法可能有问题外，可能的原因便是没有好的记忆力。学了后面忘了前面，记住今天又忘掉昨天，总不能灵活运用所学的知识，学习效果自然不会好。最后便会让孩子的积极性、自信心受到挫伤，就有可能自暴自弃了。作为家长，我们要杜绝这样的事情发生，用智慧来解决这些事情。

让孩子有时间去做自己喜欢的事情

现在，很多的家长都明白时间的紧迫感，教会孩子合理安排时间也是一大问题。让孩子学会合理安排作息时间，这可以让孩子的体质和身心有所改善，还是对其进行成才教育的一个基本训练。从小便要确立孩子对于过去、现在、未来的充分认识，让其尽早懂得"时间如逝去的流水，一去不复返"的道理。

从小学起小琴就一直名列前茅，但是在初中的时候，她总觉得自己有些恍惚，无所适从，学习还很累，和老师也经常交流，老是觉得孩子没有什么太大的变化，特别是自习课，她总是东张西望，不知道自己该做什么，第一次考试，竟然很长时间写不完一页卷子。为此，我说了她好几次了，但是事情没有进展。平时与她聊天，感觉这孩子也有上进心，可现在这种情况已经持续很长时间了，从前的那个开朗的孩子再也回不来了。我该做什么呢?

看到这种情况,心理专家认为:孩子在小学的时候很聪明,进入中学后就不一样了,这是有原因的,应该做好引导工作。其实,从一个角度说,在刚上学时,是孩子从儿童时期向少年时期的过渡。每个阶段都有不一样的地方在里面。比如,小学一节课是40分钟,初中变成了45分钟。虽然只多出来5分钟,可是没有给孩子一个心理上的暗示,便会经常疲劳。另外,孩子在初中的时候,会骤增课程量,孩子会感觉特别忙,也会有较大的压力。两个阶段的老师的教学手法也是不同的,如果小学阶段的学习方法用在中学,就会觉得很吃力。所有的一切导致了孩子的失败。

小琴一直名列前茅,这表明孩子并不笨,积极进取的孩子会主动给自己定目标,这种目标也无形中给孩子增加了压力。这种压力之下如果没有合理的计划,孩子肯定会身心俱疲,当然也就不会有好成绩了。

面对这样的情况,提议给家长以下几个重点:

1. 让孩子做事情按顺序来,不要盲目

把要做的事准备好,准备好一天的学习任务,把目标尽量缩小化、简单化。就算是一节自习,也要安排好自己的任务。一开始,可以和大家一起商讨计划的原则,这样很简单。渐渐地,还要让孩子自己去准备,做出安排。安排好后还要仔细检查,这样就能够按计划完成任务,要是达到目标有难度，就要调整自己的方法。

2. 要帮助孩子合理地计划和安排时间

如在做作业、练习时，要先考虑各科学习任务完成的先后顺序，做到时间的合理分配，之后再将精力放在计划上面，这样就不会手忙脚乱了。我们也应该引导小琴将这种有目的、有计划的事情放到生活中去。这样一来孩子的心情便会更加阳光，恢复往日的笑脸了。

树立一个良好的时间观念，是百利无一害的。

责任心的培养：让孩子不再懒惰

一个经验丰富的老师对缺乏责任心的孩子作了两点总结：

现象一：有些孩子在学校只对学习感兴趣，不理睬其他事情，敷衍了事，还总是让家长帮他们收拾残局。

现象二：还有些孩子做事马马虎虎，不会自觉学习，没有耐心，不能坚持，他们也不关心成绩的好坏，对父母的态度也不是很好，还经常发脾气。

孩子应该具有爱心和社会责任感。当今社会人们交往频繁，只有人人都充满爱心、人人都承担一定的社会责任，我们才能感受到生活的美好。自私自利、没有责任心的人，是很难跟别人好好相处的，也难以立足于社会。要培养孩子的爱心，对社会、对孩子个人的成长，有着非同凡响的重要意义。

什么是责任心呢？也就是一个人对于其在集体中的表现、行为规范以及他所承担的任务的自觉和负责的态度。包括责任认识、责任感和负责行为。假如孩子对于责任分不清楚，甚至认为与自己无关，上述问题就会出现在孩子身上。

那么，该如何培养孩子的责任心呢？

帮助孩子明确自己的责任。家长应该让孩子知道自己的责任，把孩子要做的事情明确地告诉他，孩子要学会自己的事情自己做，如学习扫地等一些力所能及的家务活，还要学会整理书包，削好铅笔，好好写作业……

1. 有目的地交代孩子任务，让孩子养成独立完成的习惯

首先，让孩子自己收起作业本，学习扫地，并让孩子学习整理书包，与此时同时给予一定指导，并且指出缺点，要求其改正。再次，鼓励孩子做事不能半途而废，要让孩子有持之以恒的态度，时常地给予鼓励，这是因为表扬是建立孩子责任心的好方法。最后，孩子掌握一种本领后，家长一定要给予其充分的表扬，与此同时可以告诉其老师，使他为自己感到自豪并树立责任心，体会到做一个有责任心的孩子是多么的重要，并在班级里树立榜样，鼓励孩子们向他学习，从而得到全面的教育。

父母应该特意让孩子做一些事，锻炼孩子们独立做事的能力，要给孩子亲自实践的机会，千万不要因为他们小就什么事都不让他们做。例如可以让孩子养个小动物。当孩子养小金鱼时，他们能懂得：如果他们对鱼投入了爱，就能够保证小金鱼的健康，就像对亲朋好友的爱一样。心理学上称之为"共情"。当孩子养小金鱼时，会学得细腻、耐心，会懂得家长对自己的爱，孩子也会更好地爱他人。

2. 多和孩子交流，让孩子主动承担责任

有些孩子的自理能力是十分差的，老师发现了这种情况，

就要及时跟家长沟通。例如，一位班主任曾经说过："我们班上有一个小孩，自理能力特别差，每天放学都是最后一个出教室门的，平时书包也总是乱七八糟的。通过跟父母交流发现，原来在家里都是妈妈帮她整理书包，因此这个能力没有得到很好的培养。后来开家长会，我又跟他的家长沟通了一下，希望家长能让孩子自力更生，自己准备学习用品，后来他妈妈也按照老师的要求做了，每天要求孩子们自己整理，孩子也慢慢进步了，我自己也很开心，经常在班上表扬他，虽然他现在的速度还没有提升得很快，不过已经比以前整齐多了。"

3. 坚持正面教育，多鼓励、表扬，少指责、批评

孩子的责任感不是一天两天就能培养成的。而且，孩子年龄还小，有很重的好奇心，不容易集中注意力，这些特点会妨碍他们把事情做完。所以一旦孩子完成一件事，家长要及时给予公正的评价，善于用言语来吸引孩子的注意，让他们继续做自己的事情。例如说："你肯定能把这件事做好。"相信孩子一定有能力来承担责任，只要他付出努力就能做到，也要教导孩子今后如何完成得更好，让他既知道自己的长处，也要看到自己的不足，这样才能让孩子养成良好的生活习惯，让孩子学会对自己的行为负责。

4. 父母是孩子最好的榜样

孩子的责任心是培养出来的，而父母是孩子最好的教师，日常生活中家长良好的行为态度，会成为孩子们学习的榜样。此外，父母应该多与孩子们谈论自己的工作，让孩子体会到家

长克服困难挫折的成功感，让孩子们能够感受到责任在生活中的重要意义，这样就能让孩子的责任意识得到培养了。

自主选择，机遇与责任同在。经过相关研究发现，责任感在小孩长大成人的过程中有很重要的作用。有这样一句话："当你有准备了，机遇才能降临于你。"一个毫无责任感的人是不会有头脑的，有责任感的人才会有这样的头脑，孩子都是具有自主能力的，当他进行自主选择的时候也就具备了这种责任感。

承担责任。如果不让孩子明白责任的真正意义，孩子的任何事情家长都代替孩子做，那么孩子是不会学会独立自主的。有位心理学家曾进行自主调研，当问到如果在生活和学习中遇到难题该怎么做时，几乎所有学生都说有难题第一个想到的是找父母，竟然没有一个学生说自己自主解决，当问及今后想干的职业的时候，大部分学生都说同父母一起确定。

我们由此可以知道父母这一做法的弊端，这一现象也十分让人担忧。家长不该代替孩子做所有事情，应该学会让孩子独立，让孩子学会自主选择。

1. 培养孩子认真负责的精神，允许犯错，但一定不能逃避责任

一定要让孩子知道事情是否可以实施，才能避免犯错误。一旦孩子犯了错误，父母也不要表现得太惊讶，更不要太苛责孩子，只要孩子敢于承认错误，父母就应该原谅孩子，让孩子发扬负责精神。假如犯错误是成长中必须经历的，他的每一个错误，都能让自己更完善，让自己变得更成熟。当然，孩

子们在每每犯过一个错误之后，父母都应该帮孩子总结经验教训，而不是在旁边说风凉话"让你再不听爸爸妈妈的话，真是活该"等等，要让孩子们明白聪明的人不是不会犯错误，而是不会一直在一个地方犯错误。

2. 培养孩子守信践诺的良好习惯

遵守诺言是人的美好品质，是与人交往沟通的基本要求。一个不遵守承诺的人是不值得别人相信的，也不能受人们欢迎。因此，家长一定要教孩子诚信做人。

以身作则，让孩子有社会责任感。当孩子知道他能够为家庭尽责任，甚至能够牺牲自己的愿望为家庭的利益出力，这个时候孩子的家庭责任感已经建立起来了。一个孩子只有有了家庭责任感，才能慢慢建立起社会责任感。社会责任感是一种崇高的感情，它要求孩子在做事的时候考虑到对社会、对公众的影响，并从内心唾弃违反公共利益的行为；跟大家要互帮互助，而不是对别人冷嘲热讽；要为社会的发展做出自己应有的贡献。只有树立强烈的社会责任感，才能做个有益于社会的人。

家长要帮孩子增强孩子的家庭责任感和社会责任感。例如父母可引导孩子关心自己的亲人，如果有亲人生病了，应该带孩子去探病，而且当亲友跟自己求助时，要给予其一定的帮助。进而引导孩子对周围人施加关爱，从而关心社会上那些不相识的人。

第四章

夸一夸孩子更优秀

学会用欣赏的眼光看待孩子

欣赏孩子是指要看到孩子的优点并且多表扬他们。人性中高层次的需求之一，就包括希望被人赞美、让他人满意。而在如今社会，大部分孩子都能在物质方面得到满足，在不缺乏物质的条件下，精神方面的满足是他们所需求的。迫切希望得到他人，尤其是和他们最亲密的父母的关注与赞赏。经常被家长表扬的孩子通常很容易自我认同，比起很少受到赏识的孩子，会更相信自己的能力，以后做事情就更能有热情了。

丽丽是个 10 岁的小女孩，她长相普通，也不开朗。一天晚饭后，丽丽与父母坐在沙发上看电视节目。他们将频道调到一档少儿节目，一个和丽丽年龄相仿的女孩身着白色的小礼服，宛若一个天使在表演节目。她的小提琴拉得很美妙，观众们都被这美妙的琴声所陶醉。丽丽的爸爸看到这个女孩的表演不禁赞美说："这孩子不但长得好看琴也拉得好，唉，当初也让丽丽去学乐器好了。"

敏感的丽丽听爸爸这么说，失落地噤声了。与那个完美的"小天使"相比，自己根本就是另一只丑小鸭。妈妈察觉出了丽丽的情绪变化，她微笑着抚摸着女儿的头，温柔地说："干什么偏和别的孩子比啊，咱们家丽丽也很出色。"丽丽低着头看着妈妈，低声说："妈妈，我没她漂亮，什么乐器都不会，你还会喜欢我吗？"妈妈听了笑着对丽丽说："傻孩子，妈妈也不如电视上的明星漂亮啊，你还会喜欢妈妈吗？"丽丽毫不犹豫地说："我还是会喜欢妈妈。"

妈妈说："一个道理呀，妈妈也不会嫌弃你。再说，一个人受不受大家的认可和她长得漂亮与否并没有太大联系，真正的原因在于她是不是懂事听话。我们丽丽那么乖巧，又心地善良有礼貌，大家都很喜欢你啊。"

丽丽若有所思地点点头，然后问道："那我需不需要会拉小提琴呢？"妈妈说："这是一项爱好，学什么都不是给别人看的，关键看你感不感兴趣。你不会任何乐器，但你很有绘画天分啊。有这一点，妈妈就足以为你骄傲。"妈妈的这一番话，让丽丽又高兴了起来。

"赏识教育"是每个家庭都应该要教给孩子的。如今，多数父母发现孩子优点还不能做到持之以恒。很多家长都有这样的误区，即混淆了赏识和赞美，认为赏识就只是夸孩子一句"你最棒"。而实际上，对孩子进行赏识远不是简单的几句表扬这么简单。赏识应该是一种对孩子满意的态度。当你把这种态度贯穿到教育孩子的整个过程中，孩子才会真正被这种力量所震撼。

孩子往往会从赏识教育中得到莫大的精神力量，这种力量对孩子提高信心有帮助，还有助于促进孩子智力发展和身心健康，进而提高孩子在学习上和生活上的斗志和自信，激发孩子更加努力，给孩子带来一个积极向上的童年。那么，家长该怎么做呢？

1. 赏识孩子心灵

"好看""招人疼"是很多家长夸孩子时常用的词语，然而孩子经常被这样夸也会带来负面影响，他们会虚荣心强，也容易因为过于注重外在而不注意自己内在的修养。所以作为家长，应该尽量避免夸奖孩子本来就具备的东西，要多夸奖孩子的内在优点，也就是所谓后天形成的优点。例如，与其说孩子长得漂亮，不如夸他待人有礼；孩子的成绩优秀，要多夸孩子勤奋努力。

2. 全面赏识孩子

对自己的孩子家长应该有全面的认识，不应该只夸奖自己认为重要的事情。一些父母只看重学习成绩，这对孩子的全面发展毫无益处。

3. 赏识孩子要说出口

用肢体语言表现出对孩子的赏识，孩子可以从中感受到父母对他们很满意。夸奖的话不但可以鼓励孩子奋发图强，更可以使亲子关系和谐，让家庭氛围也更适合孩子成长。

4. 从小事开始赏识孩子

孩子的长处父母要细心观察，这也是善于赏识孩子的父母的必修课。要学会赏识孩子的自身特点，即使是微不足道的成绩都要表示赞扬，认真观察孩子的拼搏过程和他心灵的闪光处，即使是一点点的进步也要对孩子进行赞赏。

多鼓励孩子，让他更自信

很多儿童教育专家都十分强调鼓励孩子。研究表明，鼓励是使孩子获得自信的最主要的方法。一位著名的教育家曾多次提道："孩子离不开鼓励，就好比人离不开空气。没有鼓励，孩子将无法健康成长。"由此证明，鼓励对教育孩子来说有很多的用处。不过很遗憾，许多父母并不注重鼓励，他们更注重如何矫正孩子的错误行为，很少考虑孩子的行为究竟表现了怎样的心态；有的父母在孩子犯错后只会进行打压或批评嘲讽，孩子的信心受到严重打击。事实证明缺乏鼓励的孩子大都缺乏自信心，很难获得成功。

晓丽天生一副好嗓子，歌声很美，也不跑调，常在家唱给爸爸妈妈听，父母都觉得她很有这方面的天赋。但是晓丽性格内向，不敢当众唱歌。有一次，晓丽的学校举办合唱比赛，要找一个领唱的女孩。晓丽回家告诉了妈妈，妈妈鼓励晓丽去报名。晓丽非常愿意，但是担心唱不好会被大家笑话。

妈妈明白了晓丽的忧虑，鼓励晓丽说："妈妈认为你比别的同学唱得都好听，妈妈希望你勇敢地尝试一下。你努力了，就不会有人嘲笑你的，相反，大家会很佩服你呢。"

在妈妈的鼓励下，晓丽壮着胆子去报名。正如妈妈所料，老师立刻决定让晓丽做了领唱。妈妈得知后很开心，对晓丽说："妈妈早知道你会被选中，你是最棒的。经过排练，你还会有大进步的。"晓丽点点头说："我会努力练的。"演出的日子很快就到了，妈妈特意请假，来为晓丽加油。上台前，晓丽感到十分害怕，妈妈安慰她说："不用担心，你唱得很棒。一会儿你就看着妈妈的眼睛，想象妈妈就在你旁边，你就像平常一样，在家里给妈妈唱。"妈妈的话让晓丽备受鼓舞，最后超常发挥，观众都被她的歌声征服了，老师和同学们也都对晓丽赞赏有加。这次公共演出让晓丽比以前自信多了，妈妈更是为她高兴。

在孩子看来，他们需要家长的鼓励来给他们信心、来增加对生活的热情。而身为家长，孩子在成长中犯错误不可避免，要给予足够的理解和宽容。孩子在成长过程中表现出来的长处，要给予充分肯定和激励。当孩子遇到困难时，父母要鼓励孩子正视困难，走出失败的阴影，重获成功。孩子在成长的时候，鼓励是极其重要的，其产生的信心是可以影响孩子一生的。在正确的激励下，孩子才能更全面地认识自己，充分挖掘自己的潜力，进而取得更大的成功。

鼓励是父母在孩子成长过程中最好的礼物，是孩子进取、向上的动力。孩子在被教育的过程中，鼓励的作用是不容忽视的，它给予了孩子认可和赞扬，也让他们懂得自重。 由此可见，为人父母者应当重视鼓励，注重技巧，以便帮助孩子在复杂多变的人生旅程中走得更加稳健，更加踏实。

1. 用"具体"的方式鼓励孩子

家庭生活中，父母经常会对孩子说"要认真干""要多用功"等这种抽象、模糊、没有实际意义的话，产生的效果也微乎其微。 对孩子的鼓励要清楚、易懂并且具体，例如鼓励孩子学好英语，父母与其说"你一定能学好英语的"，还不如说"我觉得你对语言很有天赋，一定能把英语学好，你认为是报个班好，还是妈妈买些书和光盘回来你自学？"这样一来，孩子既获得了勇气，也不会不知所措，无计可施。

2. "激将法"是不错的选择

人的潜力是无限的，每个人都有不服输的信念。 在孩子做事的积极性不高或者是兴趣不大时，家长可以运用激将法来激励孩子，增强孩子的勇气，坚持下去。 但同时要注意好分寸的把握，不应使用讽刺性语言，以免引起孩子的反感，取得相反的效果。

3. 适度表扬

家长在对孩子进行鼓励时，要结合孩子的实际情况，不要鼓励孩子去做超出他们能力范围的事情，这样不仅不能增加他们的信心，还会因为多次的失败而自卑，丧失积极性，同时还会对家长产生抵触情绪。

发现并重视孩子的长处

　　几乎每个家长都能挑出孩子的一大堆毛病，但让他们说出孩子优点时，很多家长都说不出来了，只有为数不多的家长能说出孩子的优点，但仅是少得可怜的几点。这种情况之所以会发生，并非是孩子的缺点远远多于优点，而是家长不注重发现孩子的闪光点。

　　宁宁今年刚上初中，因为学习成绩较差，所以在父母的眼里，宁宁身上只有缺点，并没有什么优点可言。一天，宁宁的姑姑来家里做客，妈妈很不高兴地对姑姑说："你看其他孩子都能学习那么好，我们家宁宁怎么就不聪明呢？花很长时间背的单词，过一小会儿就全忘了，数学应用题他也搞不懂……"妈妈的批评让宁宁难过地低下了头。姑姑看了宁宁一眼，对妈妈笑笑说："这样说孩子是不对的，宁宁还是很优秀的。"

　　妈妈不屑地说："他哪有什么优点？"姑姑说："怎么

会没有，我刚一进门，宁宁不仅帮我拿拖鞋还帮我放好包，如今这样细致贴心的孩子很少了。"妈妈想了想，说："是的，每当我回家，他都会给我沏杯茶。"姑姑继续说："现在多数孩子沉迷网吧，玩电子游戏，宁宁不玩吧？"妈妈回答道："他平时的娱乐也就是出去踢足球，或是待在家里看书。"

姑姑说："所以他是个懂事的好孩子。你不能只看孩子的成绩，孩子之间的特质不同，成绩难免有差异。宁宁的问题可能是出现在学习的方法上，可以让他表哥周末来辅导他。"妈妈很高兴："那最好不过了。他课余学习很努力，再掌握正确的方法，成绩一定会好的。"姑姑和宁宁都笑了。

多数父母都和宁宁妈妈犯一样的错误，判断孩子的好坏仅凭学习成绩，这样会将孩子的某个缺点过度夸大，而孩子在其他方面的优点就给抹杀掉了。孩子被这样的标准衡量，自然觉得自己很糟糕。父母对孩子的教育是不是成功，关键在于是否能让孩子的特长优势最大限度发挥出来。只有知道了孩子的闪光点，才能让他的潜力发挥作用，利用特长优势获得成功。父母如果能够把这些优点放大，就可以帮助孩子知道自己的潜能所在，让自己的各种能力得到提高成为人生的赢家。

孩子的优点被家长发现，能使孩子变得更加积极向上。父母的表扬可以帮助孩子树立信心，对自身的能力有了正确的认识，他们也会自觉加强自己的优势，避免弱势。那么，这么做的结果是否就说明家长可以不去管孩子的缺点呢？ 答案自然是否定的。 家长在寻找和放大孩子优点时，有以下几个问题需要注意：

1. 以乐观的心态看待孩子

以乐观的心态看待孩子是每个家长都应该做到的。 其实，对孩子细心观察一下，父母会察觉到孩子一直在进步，比如对某些问题认识的提高，对一些问题分析得更全面；也可以是由学业进步体现出来的科学文化知识的积累增加；还可能是课余活动有突出表现，或是在文体方面有所提高。 父母要从孩子每一次的细微进步中发现孩子隐藏的优点，并有意放大这些优点，孩子的优点便会被强化，从而有更大的进步。

2. 将孩子的优点"迁移"

一些父母常常抓住孩子的缺点不放，但往往是投入了很多时间精力，效果却不甚理想。 父母应该将孩子在其他方面所表现的优点扩大，再用适当的方式利用优点去影响缺点。 比如孩子对学习缺乏信心，却擅长运动，父母就应从这方面培养孩子，让孩子在自己擅长的领域里获得自信，与此同时，父母要在恰当的时候给孩子暗示，他只要足够努力便一定可以获得成功，孩子慢慢也会建立起对学习的信心。

3. 缺点也可以变成优点

单方面强调孩子的优点或是缺点，都不正确。 虽然我们提倡家长多发现孩子的优点，但绝不是忽视孩子的缺点。 父母的帮助可以让孩子将缺点转化为优点。 例如一些喜欢动的孩子，他们反应快，不过缺乏耐心，父母可以分配给他们一些有趣的手工活，例如组装玩具模型，孩子既能从中培养动手能力，又能够锻炼他们的注意力，培养他们的耐心和毅力。

孩子的错误中也藏着优点

孩子从小长到大，免不了犯各式各样的错误。家长经常会因为孩子犯错而批评他们，其实教育孩子的方法很多，如果不慎用了错误的方式，会使孩子的一生受到影响。过分的辱骂或是动用武力、体罚等责罚方式，不仅会使孩子受到伤害，更容易激发孩子对家长的反抗甚至是怨恨。要是家长找到了孩子隐匿于错误中的优点，除了批评外还能赞赏孩子的长处，不仅可以让他明白自己的错误，虚心接受家长的批评，还会促使他保持优点。

越来越懂事的小环今年上了初一，她看到妈妈很辛苦，就想要分担一些家务。这天周六，妈妈要起早加班。小环起床后，在厨房里看到放着还未做的蔬菜，突发奇想，如果她把饭菜做好了给妈妈吃，妈妈一定感到很开心。她幻想着妈妈夸自己是懂事的孩子，不禁抿起嘴笑了。从来没下过厨的她，想弄几个简单的家常菜。她想了想，终于决定做一个番茄炒蛋，一个青椒肉段和一个南瓜汤。

小环一边回忆妈妈是怎么做菜的，一边着手准备起来，然而在准备食材的时候有了问题。她想切肉丝儿，可就是切不好；青椒汁溅进了眼睛里，她辣得直冒眼泪……经过一番波折终于做好了准备的材料，小环将煤气打开开始准备第一道菜。青椒和肉被一同倒进了锅里，没多长时间青椒就被炒烂了，肉和青椒都被炒煳了。心知这道菜失败了，小环决定把锅刷干净，可锅底黑乎乎的东西就是刷不下来……

过了一会儿，妈妈下班回来了，看到厨房里一片混乱：垃圾遍地，炉灶上粘着油污和水，洗碗池里放着脏兮兮的锅，锅里是烧焦的蔬菜……小环惊慌失措地看着妈妈。妈妈当时就发火了，冲着小环骂道："你就知道添乱！厨房被你糟蹋成这个样子，午饭怎么吃啊？"小环很愧疚，泪珠子一颗一颗往下掉。看着小环伤心的样子，妈妈心软了下来，她走上前去，拍拍小环的头，说："你想帮妈妈分担一些家务，对吗？"小环点点头。妈妈说："妈妈很欣慰你这么懂事。虽然你今天做的饭菜失败了，但是妈妈仍然知道你的孝心。现在我们一起来清理厨房，然后看着妈妈怎么做菜你再学好吗？"小环抹干泪水，欣然同意了。

每个孩子都会犯这样的错误，只有不断地犯错、改正，孩子才能健康成长。因此，孩子犯错误不重要，重要的是家长对于孩子纠正错误的态度。 能够从孩子的错误中找到优点，以欣赏的目光去对待孩子的错误，远比一味地打骂有效。 孩子可以从家长对待自己的态度中明白家长对自己的肯定，这样孩子也会更努力地改正自己的错误。

家庭生活中，不难发现孩子所犯的错误，从孩子的错误中发现优点却很难。 实际上，多数父母只要看到孩子犯错便会发很大的火，更别提从孩子的错误中找优点了。 那么，哪些方法能让这些在错误中的优点显现出来呢？

1. 弄清孩子犯错的原因和过程

父母想要在错误中发现优点，首先对其犯错误的过程应该有一个了解，从分析过程中找到优点。 有些事情虽然孩子做错了，但是他的动机是好的。 家长如果只因为错误本身而对孩子进行责怪，会严重打击孩子的积极性。 例如一些孩子想尝试自己吃饭，没想到却将碗打破，若此时父母对他进行了责怪，孩子就不想再做尝试了。 父母应该做的是，先对孩子良好的初衷进行赏识，这样孩子才会受到鼓舞，之后再说出孩子不对的地方，告诉孩子正确的做法。 这样，家长的意见孩子也乐于接受，同样的错误也便不会再犯了。

2. 从孩子的错误中找到"闪光点"

有些孩子虽然做错了事情，但却能从侧面表现出一些值得夸赞的精神品格，例如经常打架闹事的孩子所具有的爱打抱不平的性格。 父母要先肯定这种精神，然后再对孩子说明这样做的危害，正确的处理方法是什么。 这样既不会打消孩子积极性，又能传授给他们正确的做事方法。

3. 敢于承认错误也是长处

如果孩子对自己的错误有意识并且敢于承认，家长就要学会适时原谅，并对他进行鼓励。

第五章

孩子有了坏习惯父母千万别着急

孩子撒谎怎么办

孩子无论善意的或者恶意的谎言行为都是不好的。若养成一种习惯，将会影响孩子一生，因此父母一定要帮孩子改正。很多父母认为，孩子小小的谎言中是没有危害性的，甚至还感觉他们很可爱，其实这有很大的危害。一旦把撒谎当成了习惯，也就为孩子长大后犯错埋下了根源，而且不容易改变。人与人之间的亲密关系容易被谎言腐蚀，造成人与人之间互相怀疑，而且说谎也意味着不尊重说话对象。

孩子在两三岁时，认知和语言能力发育还不成熟，他们还不能意识到话语和行动之间的关系。通常，当孩子长到四岁，他们就知道故意说谎是不对的。事实上，孩子只要稍微大点就很崇尚事实，假如发现有亲人欺骗他们，他们便会愤怒。

随着孩子年龄的增加，大多数孩子的情商也会相应得到提高，但针对诚实来说却不是这样。五岁时大多孩子还认为说谎是不对的，自己从未说过谎的占75%。但是到十一岁时，却只有 28% 的人觉得说谎是错误的，基本上每个人都说过谎。 随着不断长大，孩子开始区分谎言的类型和轻重程度。

导致孩子说谎话的原因有很多，一些可以被理解，有的不能被理解。 为了免受惩罚，得到自己想要的东西或让同伴羡慕是幼年孩子说谎的原因。 尽管人在成长过程中不可避免地撒谎，但是如果孩子习惯性说谎就成问题了。 一位儿童心理学家说，撒谎会使父母处理问题很困难，撒谎成为一个问题就更严重了。 谎言使两个人距离越来越远，互相信任的关系就被损坏了。

调查显示，爸爸妈妈经常说谎孩子也会这样。 另外，管教不多、对孩子不闻不问的家庭出来的孩子也爱说谎。 自己说过谎人人都是承认的，但父母也该清楚说谎对孩子有什么影响。 当然，对孩子说谎永远没有正当的理由。 把所有事情都告诉孩子们并不是必须的，很多事情是家长所不知道的，远远超出孩子的理解能力的事，比如你的隐私。 即便如此，若孩子真的要问你，也要告诉他们实话，编瞎话是完全没有必要的。 父母也要在家里经常探讨诚实的重要性。 让孩子养成诚实的习惯，这也有利于孩子变得诚实正直起来。

习惯性行为中的一种就是欺骗，经常撒谎的孩子会习惯性撒谎，因此，父母教育孩子的时候要特别注意培养孩子的良好品行。

列宁是俄国十月革命的领导人，性格开朗活泼好动是他小时候的特点，家里的东西常被他弄坏。

他 8 岁的时候，母亲带他到姑妈家中做客。列宁一不小心把姑妈的一只花瓶打破了，只是当时没有人看见。碎花瓶很快被姑妈发现了，便问孩子们："谁把花瓶打破了？"孩子纷纷说不是自己。小列宁认为这是在姑妈家做客，担心在说出实话之后被责备，所以他顺着大家的回答也说："不——是——我！"

但是，母亲看出了小列宁在撒谎，便知道花瓶是他打碎的。因为小列宁特别淘气，类似的事情在家也常发生，但是每次小列宁都主动承认错误，从不撒谎。列宁的妈妈在想：这不是一件小事，小列宁撒谎这件事情要怎么对待呢？当然，如果直接揭穿这件事最省事的办法就是严厉处罚他，但她并没有这么做，她要帮列宁纠正错误，让他主动认错，养成诚实的好习惯。

此后很长时间他们都没提这件事，但是列宁的妈妈通过给列宁讲故事教育他要诚实守信，当然目的只有一个——让孩子真正从内心认识到自己做错事了。此后，列宁的妈妈明显地感觉到，列宁不再像以前一样活泼了，他似乎被什么郁闷的事情折磨了一天晚上。第二天妈妈跟平时一样，边讲故事边抚摸他的头。小列宁突然大哭起来，伤心地告诉妈妈："我撒了谎，并且欺骗了姑妈，我打碎了姑妈家的花瓶，但是我没有承认是我干的。"听着儿子羞愧难受的述说，妈妈很耐心地劝慰他，说："好孩子，你是好样的，这没什么，好孩子应该勇于悔过，赶快给姑妈写封信，告诉姑妈你犯了错，姑妈知道后一定不会责怪你的。"

妈妈帮着小列宁给姑妈写了一封信，向姑妈承认错误，说花瓶是他打碎的，并请姑妈原谅。不久，姑妈就给小列宁回信了，信里说，姑妈不仅原谅小列宁，还对小列宁勇敢承认自己的错误进行了赞扬。小列宁得到姑妈的原谅，自然十分高兴，像原来一样活泼可爱了。他还告诉妈妈："诚实真好，心里踏实，也不用有思想负担了。"儿子和妈妈一块笑了。

父母必须认识到一点：孩子撒谎不是什么可怕的事情，可怕的是父母对孩子的谎言不管不问。父母若想要帮助孩子不说谎，培养孩子诚实的品行，是需要耐心的。阻止孩子说谎，培养孩子的诚实要注意以下几点：

1. 要树立良好的榜样

孩子如果说了谎话，父母最好能用一定的时间，跟孩子进行沟通。如果孩子承认自己犯了错，孩子的诚实表现一定要被称赞，可以这么说："你虽然做错了事情，但是你勇敢承认了错误，这一点让我很高兴。"孩子最早的老师就是父母，孩子的成长深受父母言行的影响。因此父母不要在孩子面前说谎，即便有些是出于善意，也不要说。诚信是一个人做人的根本。无论对事还是对人，父母一定要做到真心实意，这样才能让孩子跟你一样学得诚实做人。

2. 要找出孩子说谎的原因

假如孩子到了懂事的年龄却还是不诚实，父母应该找出原因。下边是相关心理学家说的几种：

（1）为了不受到惩罚：很多父母都认为，孩子说谎的主要原因是因为不知道撒谎会造成什么后果。其实，说了真话可能会得到惩罚才是孩子说谎的原因。

（2）觉得无可奈何：很多父母都没意识到，其实是父母逼着孩子撒谎的。父母应该知道孩子也有权沉默。当大人们在处理一些复杂的问题时，也经常什么话都不说。如果非要孩子说话，孩子也就只能说谎话了。防止出现这种状况，可以让孩子缓解一下，等大家都平心静气了，孩子会主动说出事情的真相。

（3）为了让父母开心：皮亚杰博士作为著名发展心理学家，他们认为四岁以下的孩子判断自己是否做了恰当的言行时，通常会看父母脸上的表情。所以为了不让父母生气，他的第一反应就是不要告诉父母自己做了什么事。

（4）获得安全感：需要安全感是孩子说谎的原因，假如父母能够给孩子足够的安全感，孩子也就不会再说谎话了。

（5）减少孩子的心理压力：如果父母对孩子期望过高，孩子就会有过高的心理压力，这是孩子说谎的原因。所以，父母要对孩子设立合理的期望值，让他们做出超越本身能力的事情是不可能的。父母对待孩子要宽容，经常跟孩子沟通交流，孩子的心理障碍就会在一定程度上被消除，跟孩子做好朋友。

总之，要认真分析孩子说谎话的原因，然后才能对症下药，正确地引导和教育他们。父母都希望自己的孩子有成就，让每个孩子都成为杰出青年是不可能的，不过一定要让他们成为人格健全的人。

孩子懒惰怎么办

要想成才必须永远勤奋。

让孩子尽最大努力去学习，让他意识到水平的提高比分数更重要。 要让每个孩子发挥自己的最大潜能。 当然，高分并不是每个孩子都能获得的，不过这种方式会让所有的孩子都受益。 当孩子学习时，父母应加以督促和引导，让他们自觉养成勤奋刻苦学习的品质。 成就事业的必备条件之一就是勤奋，很多高考成功的学生都证明了这点。 北京"宏志班"里的学生成绩普遍很好，在这个班级中，很多学生都家境贫寒、成绩优异。 城里的孩子不一定比他们笨，而且各种硬件条件更好，但他们却跟城市的孩子一样优秀，这与勤奋是分不开的。

在国外读书的张佩就是这样一个通过勤奋获得成功的人。她从小就很勤奋，那些守株待兔、凡事总想不劳而获的人是她最看不上的。她小时候就很佩服那些勤奋学习的人。后来上学了，她每天早上六点半起床，然后进行半小时的早读，七点半吃完早饭，十一点半放学回家，再午休一个小时，晚上六点半再去上晚自习，直到十一点半才上床睡觉。她一直保持着规律的饮食起居。即便有时候生病了，也还是坚持着。她很小就有自己的独特看法，后来上高中时，她在日记中这样写道：虽然理想目标都是容易确定的，但是实现目标的过程是很困难的。

有一次她生了病，但还是坚持去学习。父母担心她的身体状况不让她去，不过她却潇洒地说没事，坚持一定要去上自习。上自习回来，她还一再叮嘱妈妈第二天早上六点半一定要叫她起床，早上起来还得背书呢。虽然这些小事很琐碎，不过正是这些琐碎的事才体现了她的勤奋。后来成功走进剑桥大学的张佩，实在让人羡慕，这些光环的背后离不开她刻苦勤奋的努力。正如张佩在日记中说道："成功更在于实现目标的过程，谁更努力勤奋，谁表现得更有毅力和耐心，谁就能变得更优秀。"

每个人都是有惰性的，当确定目标时，都说得信誓旦旦，然而在真正实施目标时却只有三分钟的热情……学习的确是辛苦的，作为学生，我们每天起早贪黑的去上课，面临着巨大的学习压力，我们只有培养自己的毅力。要想在成功的路途上踏出坚实的一步，就要勤奋刻苦。

家长该怎么做才能让自己的孩子也变得勤奋呢？这些是

专家给出的建议：

1. 从父母自身做起

父母想要在孩子身上培养某种品质，肯定要从自身做起。让孩子看到父母努力工作的景象，有利于培养孩子的勤奋品质。

2. 赞扬孩子的勤奋努力

父母要抓住孩子在生活中的表现，然后给予孩子一些赞扬，告诉他们你很喜欢他们这样。

3. 让孩子知道勤奋才能获得成功

尊重为学习而努力拼搏的孩子，"高于成绩本身"是对勤奋的评价。这也就意味着做父母的，要更注意成绩报告单上的分数所隐含的努力，并且要学会培养孩子勤奋努力的良好品质。

孩子爱顶嘴怎么办

大多数家长认为孩子跟自己顶嘴，是不听话的表现。实际上，他们只是想表达自己独立的思想。父母应该看清孩子什么时候才是真的顶嘴，他们有时候只是为了表达自己的个性。在孩子还小的时候，经常会说一些可笑的话。就在你为此高兴时，你也会意识到，每每你让他去做什么事，他会立刻脱口而出："不要！"——孩子已经慢慢开始跟自己顶嘴了。

实际上，这是孩子成长中必须经过的过程，也是孩子正常的成长表现，他是在告诉你他已经开始有了独立意识，对任何事情也都有自己的见解。

小年很喜欢跟妈妈顶嘴。一旦妈妈叫她做什么事，她就顶嘴："我才不要这么做！这么多事情其他孩子都不用做！"妈妈说："不行！你真正做的事情很少！你都已经这么大了，这些事是你该做的了。""我已经做很多了！无论怎样我都不会做了！"小年大声说，然后又回到自己房间了。妈妈知道，如果这样吵下去的话一定没有好结果。她决定，下次要采取不同的方法应对小年跟自己吵架。

"我必须做家务是什么原因？人家乐乐什么都不做！"这天，妈妈让小年去丢垃圾，她又开始吵闹。"小年，你太闹腾了，再和你争论下去并不是我想做的。"妈妈接着说，"下次我再吩咐你干活，希望你直接答应，然后开始做事。""为什么？我才不要这样"小年生气地说。小年的态度不被妈妈理会，妈妈继续说："假如你照我的话做，你就能够去做自己喜欢的事情了；假如你继续吵闹，我会给你更多的工作。明白吗？""我不明白！我就是什么事都不做！"小年还是很大声地说话。"很好，你现在就有一个工作要做。"妈妈温和地说，"现在去打扫客厅，做不完这个别做其他事。"小年开始耍赖，她什么都不做，然后快速奔回了自己的房间。

吃晚饭时，她发现餐桌上没有她的碗筷。"为什么没有我的？"她问。"如果你做完我吩咐你的事，自然会让你吃饭。"妈妈回答说。小年顿时懂了。客厅很快被打扫干净了，而且也把垃圾倒了。"妈妈谢谢你。"晚上睡到床上，妈妈边吻她边说。从此以后，小年不再跟妈妈顶嘴了。她发现，唇枪舌剑的好处没有好好听话的好处多。

通常，以下情况会导致顶嘴状况的发生：一是没顾及孩子感受，例如孩子正玩得开心，你却让他立刻去睡觉；二是交流不够，孩子认为父母总是干涉自己，因此就会顶嘴；三是父母对孩子太溺爱，一般对长辈有恃无恐的都是被溺爱的孩子；四是父母的反面榜样作用，假如父母经常和家庭其他成员顶嘴，孩子也会效仿家长这样做。因此面对顶嘴的孩子，父母要慎重对待，要合理应对真的顶嘴，如果孩子只是想表达自己的个性思想，父母也要慎重对待。

1. 要控制好自己的情绪

孩子之所以会顶嘴，是因为他们还没学会恰当地表达，父母不用生气。其实自己遇到不痛快的事而迁怒于孩子往往才是真正原因，这些父母自制力也不是很好，因此在教育孩子的时候难免粗暴急躁，孩子的心灵被伤害往往是因为这种不当的处理方法。

2. 主动了解孩子的意图

父母应该懂得，孩子表达自己的意图的时候一般很直接，不会掩饰。因此，当孩子跟你顶嘴时，你应该问问自己："小孩子会怎么想发生的这一切？"当你真正了解了孩子，为什么突然之间这孩子变得那么粗鲁你就会理解了。设身处地地站在孩子的角度思考问题，有利于缓和气氛和舒缓自己的情绪。要给孩子做出榜样，教育他们学会控制自己的情绪。

3. 提醒孩子改变说话方式

父母直接严厉地说不准孩子顶嘴，还不如告诉孩子"你换一种口气我可能更会喜欢"或"你这样说话并不是我喜欢的，试着陈述你的道理。"假如孩子正在生气，父母可以告诉孩子说："我知道你正在生气，我们的谈话应该在你冷静下来之后好吗？"

4. 给孩子做个好的榜样

假如在孩子面前跟老人顶嘴，可想而知管教孩子的难度了。所以，父母要以身作则，温和处事，不要心急，对长辈要尊重，这样孩子听从教导是很自然的事情了。

5. 减少对孩子的溺爱举动

溺爱的坏处是所有家长都知道的，要想减少孩子的顶嘴现象，必须消除溺爱孩子的氛围。全家要站在同一方向，假如孩子不听话，而且顶嘴胡闹很容易看出来，这时大家要特意不跟他说话，让他感受到孤立，让他承受这样做的后果。如果他变得讲道理听话时，就要对他进行一些恰当的鼓励。

青少年网络依赖的干预方法

网络技术的发展产生了网络依赖，干预方法比较常用。网络依赖的干预方法有：

（1）学会管理时间；

（2）对孩子进行监督；

（3）为孩子制定目标；

（4）特殊的网络使用行为应该被禁止；

（5）经常进行提醒；

（6）记住自己是什么时候使用网络的；

（7）下载一些程序，计算机屏幕上弹出窗口定时提醒；

（8）进行相关治疗。

上述几种方法，是通过各种渠道从行为上做出限制，对网络依赖者进行强制控制。 不过，让孩子从根本上解除这种依赖，可以针对不同类型的网络依赖者采取不同的干预方法。

第六章

男孩穷养、女孩富养

不妨对孩子"狠"一点

看过这样的一篇文章：

> 山鹰妈妈常常把巢穴安置在悬崖边上，当雏鹰长出双翅时，山鹰妈妈不仅停止对它们的食物供养，还会"狠心"地衔着雏鹰，把它们扔下山崖，山鹰妈妈却在巢穴看着它们在山崖下挣扎、扑腾。当雏鹰飞上山崖后，雏鹰妈妈便飞过来把它们又一次地扔下去。就这样，重复多次之后，雏鹰长出了一对强健有力的翅膀。

山鹰妈妈这么做是不爱自己的孩子吗？ 如果爱，它怎会如此"残忍"地对待自己的孩子呢？ 其实，山鹰妈妈这么做正是因为爱孩子，是对孩子真正的爱，理智而充满远见的爱。也正是因为这种爱，雏鹰才拥有一对强健有力的翅膀。 父母们要知道：孩子是不可能永远围绕在自己身边的。 当孩子长大以后，他就离开父母的怀抱，自己去独立生存，追求自己的人生价值。所以，父母们不应该有"捧在手里怕摔了，含在嘴里怕化了"的思想观念，孩子只有经过磨炼，才能丰壮羽翼，才能勇敢地展翅高飞。如果父母能像山鹰妈妈那样理智，孩子又怎么会不懂得"独自飞翔"呢？

在这天底下，没有不爱自己孩子的父母。大多数父母都会对孩子倾尽所有。从孩子出生，父母们便对孩子呵护有加，怕他们吃不饱穿不暖，怕他们受一丁点儿委屈，不舍得让他们吃苦受累。当孩子长大可以做些什么事情的时候，父母又是大包大揽，全部都为孩子考虑周全。不仅让孩子过着衣食无忧的生活，而且还为孩子的求学和就业道路打开"方便之门"，让孩子总是走在平坦的道路上。

父母这样做，不仅会让孩子心安理得地享受着父母的深恩厚泽，还会阻碍孩子的健康成长，限制住孩子的人格独立。当孩子身处逆境时，他就会无所适从、一蹶不振。有的孩子一直依偎在父母的翅膀下，即使是到了该赡养父母的时候，他们也不会有所举动，只会做一个实实在在的"啃老族"。所以说，父母过多的感情投入，并不是真的爱孩子，而是教育上的一种偏差。如果真的爱孩子，那就要对他们"狠"一点。

　　一位单身母亲，坐拥百万资产。虽然衣食无忧，但因为工作的超负荷压力，使她患上了一种绝症。因为病症，她一直痛苦不堪，但是最让她痛苦的是，以后她的儿子一个人在这世上怎么办。后来，她想了一个办法，那就是"狠心"地将儿子赶出家门，让他去独立谋生，经历艰苦的磨炼，期限为一年。

一年后儿子回到家，但他发现母亲已经离开人世，只留下一份用心良苦的遗嘱。遗嘱中写道："做妈妈的没有不疼爱自己孩子的，妈妈狠心地把你赶出去，是有原因的。如果我把什么都替你安排好，让你在没有任何压力的情况下生活，那肯定会害了你。就算是一个富翁，他也有成为穷光蛋的可能。所以说，一个没有吃苦精神和没有经受过磨炼的人，早晚会被这个残酷的社会所吞没。"

　　明眼人都能看出来这位母亲的用心良苦，她为了让儿子能够早点独立起来，隐瞒了自己身患绝症的事情，狠心地把儿子赶出门去。这位母亲绝对是一个"山鹰式"的母亲，想得深，看得远，如山鹰那样，"狠心"地将儿子"逐出"家门。当自己不能陪伴在儿子的身边时，儿子已经完全可以自立、照顾自己了。

　　这些例子虽然震撼人心，但在现实生活中，真正能做到这样的父母真的是不多见了。几年前，有位父亲想要模仿这样的例子来教育儿子，他的结果可想而知。虽然有人对他的做法表示赞赏，但更多的却是反对声，甚至是谩骂之声，骂他是一个冷酷自私的家长。

　　肖少北教授建议父母：首先，要让孩子经受磨难教育，从而增强他们的自立能力和责任感，让他们从精神上尽早"断奶"；其次，要减少对孩子的事情进行干涉，让他们自主成长；最后，要让年轻人不能自视过高，要抱着一种务实的态度去工作、生活。如果实在没有办法，可以将孩子从身边"赶"走，让他们在艰苦的生存环境中尽快地学会自立。

过度的保护只会让孩子失去战斗力，缺乏了竞争意识和忧患意识。作为父母都希望自己的孩子学有所成，团结同学，光宗耀祖，孝敬父母等。但是说归说，想归想，怎么才能让自己的孩子成为真正的"龙"呢？那就需要父母的配合了，只有父母对孩子"狠"一点儿，等孩子长大了，才会成为一个幸福的、受人尊重的人。

　　在家庭里，母亲的角色大多是慈爱的，她们认为孩子长大了就自然得变好。实际上，只有小的时候把孩子教育好了，孩子才会长成一个真正的人。

　　随着社会的进步，生活水平的提高，很多家庭都奔上了"小康之家"，再加上父母把孩子都看作眼中宝，让孩子成了"贵族"。一位家长说："'包办'和关爱孩子，是我们做父母的责任，我们都经受过苦难，难道还忍心让孩子再经受苦难吗？"

　　其实，父母这么做并不是在爱孩子，而是在害孩子。俗话说：宠着的孩子长不大。饭来张口、衣来伸手的溺爱只会剥夺孩子的动手能力和孩子的创造力。

　　有一个发生在美国的故事：

　　　　5岁的儿子总是不好好吃饭，这让父母很头疼。有一天，孩子耍别扭不吃饭。母亲很严肃地问他：吃不吃晚饭？孩子很坚定地说：晚上不吃，明天早上也不吃。母亲听罢便做自己的事情去了。晚餐时，母亲坐在餐桌前吃饭，让孩子在一旁看着。孩子说：想吃饭。母亲狠下心说：你都说了晚上不吃饭的，说过的话就应该算数。

当孩子上床睡觉前，肚子已经咕噜噜地叫了，他小声地对妈妈说：我想吃点东西。可母亲严肃地拒绝了他。此后，孩子再也没在吃饭问题上让母亲为难。

如果中国的孩子不好好吃饭，父母们会怎么去做呢？那肯定是求着孩子吃饭了，不然就以零食来诱惑孩子吃饭。父母要想让孩子成为一块好钢，那就得让他在学习中和生活中吃点苦头。在此，我要对父母们说，只有对孩子"狠"点，孩子才能真正长大。在这一点上，华人首富李嘉诚就做得非常好，很值得我们学习。

李嘉诚有两个儿子，李泽钜和李泽楷。李嘉诚一直要求两个儿子克勤克俭、不求奢华，所以兄弟俩从小便养成了独立的性格和节俭的好品德。他们在美国读大学期间，放学后都会到附近的餐厅打工。为了学会独立，节省生活开支，兄弟俩还学会了做饭。

一次，李嘉诚到美国探望儿子，到的那天正好是个雨天。李嘉诚远远地看见一个年轻人骑着自行车，背着大背囊，艰难地在车辆之间穿梭。李嘉诚为那个年轻人捏着把汗，希望他能平安地到家。但是看得久了，他发现那个年轻人很面熟。再定眼看，李嘉诚的眼睛里已经含着泪花，原来那个年轻人正是自己的儿子李泽楷。

李嘉诚在教育上，对儿子很"狠心"，但也正是这种"狠心"才换来他们事业上的成功。大儿子李泽钜叱咤香港地产界，小儿子李泽楷初涉商海便成为亚洲新经济的风云人物，被誉为商界的"小巨人"，大有超越其父李嘉诚之势。

如果你想让孩子将来有出息，那就不妨学学李嘉诚，对儿子"狠"一点！

让他为自己的错误"买单"

孩子的路是要靠自己走的，即使现在父母和孩子一路同行，但他们总有一天会离开孩子。俗话说：帮得了一时，帮不了一世。所以，当孩子犯错误时，父母要让他为自己所犯的错误"买单"，虽然这个"单"比较大，但孩子必须学会承受。

有这样一个故事：

小航放学回家以后，随手把书包往沙发上一扔，谁知道这一扔就扔出了事儿。他的书包把遥控碰到了，遥控器掉到地板上摔碎了。他看着地上散落的遥控器碎片，脸上露出了复杂的表情。小航弯下身拾起碎掉的遥控器，心里想：这下完蛋了！要是妈妈知道了，她肯定会特别生气的。

小航犹豫了一会儿，还是决定把遥控器藏起来，藏到哪里好呢？试了几个地方他都觉得不满意，最后，他把遥控器藏在了书柜里，然后回房间写作业。忐忑不安的小航写作业也静不下心，突然，他站起来在房间的抽屉里翻来翻去，最后从抽屉里翻出一瓶万能胶，原来他是想用万能胶把遥控器粘好。

在他的一番努力下，本来碎掉的遥控器已经被粘好了。不仔细看的话，是看不出来摔过的。他悄悄把遥控器放在了原来的地方，心中暗暗地庆幸。

妈妈下班回来后，叫小航过来吃好吃的。小航听到有好吃的，便飞快地跑了过来。不知怎么搞的，他一看到妈妈的笑，心里就又打起了小鼓：我应不应该向妈妈坦白呢？如果坦白了，妈妈会不会骂我呢？不管了，骂就骂吧！小航硬着头皮走到妈妈身边，用抱歉的口吻说："妈妈，我做错了一件事，您能原谅我吗？"妈妈听到小航的话并没有生气，她说："怎么了，你是不是闯祸了？"小航觉得妈妈太神了，连他做错事了都猜到了。于是，他把事情的经过对妈妈讲了一遍。妈妈知道事情的缘由后，笑着对小航说："你个小家伙鬼点子可真多！小航，能够认识到自己的错误并承认错误的孩子就是好孩子，妈妈不怪你。"听完妈妈的话，小航才是真正地如释重负。

小航的故事告诉我们：无论做错了什么，都要敢于为自己的错误"买单"。一位哲人曾说过，犯错误是人的惯性行为之一。其实，错误本身并没有那么可怕，可怕的是当错误变成事实的时候，我们选择了逃避。

当孩子犯错误时，父母不应该替孩子的过失行为承担责任，父母应该让孩子为自己的过失行为承担起责任。父母要注意：躲避责任的做法，不仅会给孩子的人生留下硬伤，而且还会让孩子一错再错。

现今的独生子女，优越感极强，责任感极低。他们觉得有父母这座大靠山靠着，不用什么事都在乎，反正犯了错误或遇到难题都有父母兜着。等孩子长大以后，他又怎么会对家庭负责，对别人负责，对国家负责呢？

因此，父母要从小培养孩子的责任心，一个敢于为自己的错误"买单"的人，他才会有着坚不可摧的力量。

"富"养可以开阔女孩的眼界

关于对女孩的富养问题，父母应该尽可能地开阔女儿的眼界，培养她高雅、睿智的性格，从而让她能获得幸福的一生。

伟大的物理学家阿基米德就曾说过："多看，多听，多接触，你就会成为智者。"我们也常常会听别人说道："眼界决定境界。"

由此可见，开阔视野对一个人来说有多重要！同样的道理，在家庭教育的过程中，父母也要懂得"站得高看得远"这个道理，从而让女儿开阔眼界。

下面我们来分析一个很典型的事例：

卡莉·菲奥里纳是一个成功的女性，她从推销员做起，经过一路奋斗和拼搏，最终成为世界上为数不多的几个女企业家之一，同时也是全球 30 家特大型企业里唯一的女性总裁。

自 1998 年开始，卡莉·菲奥里纳便连续数年都占据着

《财富》杂志"全球女企业家50强"的榜首位置，沐浴在成功的光环之中。此外，这位精明强干、深通管理之道的女性企业家，还是一位个性张扬、注重个人形象的完美主义者。卡莉十分在意自己的仪表，总是将自己打扮得高贵优雅而又大方得体。她每次都会以引人注目、神采飞扬的形象出现在别人面前，让人情不自禁地为之赞叹！

实际上，卡莉成为这样一个知名且有涵养的女人，和她的家庭有着莫大的关系。卡莉的父亲斯里德先生是联邦法官兼法学教授，母亲马德伦·斯尼德是一位画家。童年时她便已经追随其父母游历了许多的国家。后来又因为父亲的工作需要，而不得不经常搬家，在中学时期，卡莉就换了5所不同的学校。在平时，卡莉特别依赖做画家的母亲。在母亲美丽画面和绚丽色彩的熏陶下，小卡莉受到了很大的启发。

在母亲的影响下，卡莉逐渐有了开阔的眼界，并最终成了一个有思想、有主见、勤奋严谨、积极向上的女孩。

从卡莉这个成功的女强人身上我们能够得到很多的启示，尤其是懂得了开阔女孩的眼界是多么的重要。如果女孩一生中只保持一种认知方式，那么她适应新情境的能力就会变得僵硬并受到限制。但作为父母的我们如果能够为她打开一扇宽广的世界之窗，那么她就不会只用一种单调的方式去认知整个世界和整个社会。因此，父母们应该尽可能地帮女儿开阔眼界，让她通过多种渠道获得知识。

富养，不是让你包办一切

我们能给孩子生命，却不能够代替孩子去生活。我们能够给孩子带来梦想，但却不可能代替孩子去实现。我们能够给孩子生活上享受，但却不能代替孩子去创造享受的条件……因此，作为父母，我们要清楚地认识到，我们可以为孩子做很多的事情，但并不代表我们可以包办孩子的一切。

其实，包办也是一种溺爱，也就完全背离了"富"养的本质要求，如果父母想要让孩子全面发展，就要摒弃这种陈旧的观念，让孩子树立一种独立做事的风格。

如果父母对孩子太过于溺爱，甚至是准备为孩子做好一切，那么不仅会扼杀孩子的自立性，更会造成一种新的"本末倒置"的现象。

我是典型的80后，其实在"老少倒置"这种情况中，子女处在一种很无奈的位置。现在的父母在教养女孩方面，从出生、上学、就业，甚至是结婚都采取包办的政策。试想一下，如果孩子对什么问题都没有一点主见的话，那这样的孩子将来又如何能在社会上立足？再者说，现在又有哪些父母曾主动地让孩子去做一顿饭，甚至让孩子在旁边观看学习的都不多。如果对于任何事情孩子都不曾亲自参与，又怎么可能独立呢？试想一下，孩子每天面对的如果只是课本和作业，关心的只是学习和成绩，从没机会涉足社会实践，那么又怎么可能学会独立呢？因此，从某些角度上讲，正是父母包办一切的做法，导致了这种"老少倒置"的现象。看到这里，想必父母们应该都明白了，对孩子这种包办型的溺爱，只能给孩子带来一种极为严重的负面影响，甚至让孩子成为为父母而活的傀儡。

河北龙阳心理咨询中心的咨询医师认为，父母对孩子这种过渡的溺爱，并不是父母爱孩子的表现，恰恰相反，这是一种懒惰的爱，不负责任的爱。真正爱孩子的人会尊重孩子的独立，会在不同的阶段满足孩子不同的成长需要，并且懂得适时地放手让孩子自由去发展，接受孩子自我独立和自我成长。但想要做到这一点，却着实不易。这是一个挑战，父母要跨越这个鸿沟承认孩子是一个独立的人，而不是我们的附属品，必然要对传统的教育进行质疑甚至推翻，这就要求父母必须对孩子进行全面的沟通和了解。

咨询医师还总结说，父母对孩子这种一切都包办的"爱"是溺爱中最为突出的一种表现。这种方式养育出来的孩子，没有一点的自主能力，因为她们的一切都已经被父母安排好，自己什么都不做就能够得到一切，甚至都不被允许自己去解决问题。

美国心理学家帕萃斯·埃文斯在她的著作《不要控制我》中也写到，她的一个朋友在很小的时候就真正地"看清楚了自己"。从那个时候起，她的那位朋友就"感觉到一种安全感"，并且能够随时都感觉到自我的存在。当然，她能有这种感觉，肯定是出自父母对她的独立性和自我感觉的尊重。

这些人是幸运的，因为她们能够挣脱父母的庇佑，从而变得羽翼丰满，能够在很小的时候就产生明确的自我意识，这也造就了她们长大后拥有鲜明的个性、强烈的好奇心和高度的创造力。

只有让孩子通过自主的探索，才能形成真正属于她自己的领域，才能发现自己的价值和自己在社会上所处的位置，并在此基础上产生强烈的责任心，甚至做出自己都想象不到的丰功伟绩。

但是反过来讲，如果碰上包办型溺爱的父母，孩子就没有那么幸运了。父母们太注重塑造，因此就剥夺了孩子自我探索的机会，并刻意按照自己规划的蓝图去塑造孩子，完全忽视孩子的独立人格。那么，在这样的环境中成长的孩子，不论她们多么的完美，都始终会感觉不到自我存在的价值，甚至她们都不清楚自己到底是为谁而活。但是，我们必须要面对的是，这样的教育方式不仅仅会影响孩子的一生，让孩子无法独立生活，甚至还会造成无法挽回的遗憾。

心理专家曾对中国父母包办型的高度溺爱做过分析，他们认为，其实这是一种交换性质的教育方式，在父母"无私"为孩子做好一切的同时，孩子就要回报给父母一个"好成绩"。

24岁的大连女孩刘蕊（化名）就是在这样的教育方式中长大的，虽然现在的她业绩优秀，深得领导赏识，但她却还总是担心自己做不好，并因此来咨询心理医生。

刘蕊是家中最小的一个女孩，她有两个姐姐和一个哥哥，因此深得父母的宠爱，并将她视为"掌上明珠"。只要她提出的要求，父母会不惜一切满足她。

不仅如此，从刘蕊上幼儿园，直到毕业后的工作都是父母一手安排的。父母如此为她含辛茹苦，只希望她能够有一个完美的人生。

幸运的是刘蕊也很争气，从入学到工作，一直都很优秀，这让她的父母常常引以为傲。毕业后，她又在妈妈的安排下进入一家外企工作，由于业绩优秀，几年内就得到了数次提拔。

从她前几次的心理咨询中我们能够看出来，刘蕊是很在意她父母的。她说"对于父母，我从来没有过怨言，他们是完美的父母"。

直到最近一次，我们从谈话中发现了刘蕊的不满情绪。后来了解到原来在刘蕊毕业后，她的妈妈就一直忙着给她介绍对象。刘蕊说："其实妈妈介绍的那些人都挺好的，只是不知道为什么会对他们产生抵触情绪。"后来，当听到刘蕊说她妈妈为了她的婚姻大事哭起来的时候，我们能够明显地感受到刘蕊的情绪变化。

了解之后，医师便尝试着让她平复心情，调整一下状态。等她的情绪稳定以后，医师为她找来了两把椅子，一把代表她妈妈，一把代表她自己。刘蕊听医师的安排先坐到"妈妈"的椅子上，想象自己是妈妈，对着那把代表自己的椅子哭诉自己的良苦用心。然后又坐到代表自己的椅子上，以自己真实的感受对她"妈妈"倾诉。由于事先医师告诉刘蕊要放弃意识里的"不能生妈妈的气"的思维，她大声哭喊着对"妈妈"说："我想我自己做主一次，我不喜欢你和爸爸这样什么都为我安排好，我要自己做主！你们都不曾考虑过我的感受，你的包办让我感觉到窒息！"

事后，刘蕊静下心说："父母对我过度的爱，让我有了一种窒息的感觉。直到现在我才明白，原来我一天都没有为自己活过，一直都只是在为了父母而活着。"

其实，每个人能够懂得为自己而活的时候才是最完美的，就像故事中一样，虽然刘蕊很优秀，但只是在走父母为她建好的轨道，再完美也不过是一个"傀儡"。所以，父母要多体会一下孩子的感受，不要将自己的意愿强加到孩子身上。

如果父母觉得孩子终究是孩子，只有在父母的庇佑之下才能有一个好的人生，那就大错特错了。如果我们一切都为孩子包办好，孩子又怎么可能独立？孩子又如何能产生责任感？如果孩子连这些品质都不曾具备，那么当我们百年之后，孩子又该如何呢？

让我们来看下面这个故事：

李亚今年 22 岁，从广播学院毕业后就分配到了电视台当实习播音员，她非常想得到这份工作，可是学校送来的实习生却不止她一个人。

李亚工作起来十分卖力，尽管学校离电台很远，可每天第一个到电台的总会是她，最后一个离开电视台的依然是她。很快，她就引起了老同志的注意，并被安排去播报新闻。

有一次，李亚刚回到学校，听到同学们说话提到了姓氏，猛然想到自己今天录音时可能读错两个字——万俟。当时她还请教了一位电台的老同志，老同志也说念"wàn sì"，她也就那么录了。于是她放下包裹，立即翻开字典，果然，字典上说在指姓氏时应念"mò qí"。

这时李亚的第一反应就是必须要回去改掉，作为一个播音员，白字、别字、错字是万万不能出现的，怎么办？李亚焦急地在原地打转，终于下定决心，冒着大雨再次返回了电视台。

当她返回电视台时，已经快晚上十点了。李亚一口气跑到了三楼的播音室，把已经录好的带子取出来，找到播音员，把"万俟"两个字的读音改了过来。这下李亚才敢坐下喘口大气。在准备回学校的时候，她碰到了台长，于是她主动跟台长打了招呼："张台长，您好！"

"嗯，怎么这么晚了还没回去呢？"

李亚不好意思地笑了笑，说："有两个字念错了，我回来改一下。"

张台长说："那你在哪里住呢？"

"我还在学校住。"

"要多久才能回去啊?"

"也不是很远,一个多小时就到了。"

张台长略有所思地点了点头。

最后,毕业后的李亚留在了电台。

在生活中,可能会有很多人都经历过这样的事情,相信大部分人都不会为这样的一件小事再折回去,更何况是在这种恶劣的天气下。 但也正是李亚的这种强烈的责任心,成就了她的一生。 同时,我们能够想得到,她身上这种认真负责的态度,如果不是从小就经过严格的教育是很难培养出来的。

那么,对于父母来说,什么是能够让孩子做的呢?

1. 让孩子有私人空间

现在很多父母都因为太溺爱孩子,所以总是让孩子和自己在一起。 其实,在女孩 6 岁的时候,就应该让她们拥有自己的房间,而且她自己的房间由她自己收拾。 这样不仅有利于女孩心灵上的成长,也会极大程度地提高女孩的情商。 此外,还能培养孩子的独立能力,让她们能够自行解决自己的事情。

2. 多问问孩子的意见

很多父母为了能够扩展女儿的知识面,经常给孩子买书、买礼物来促进她们学习的积极性。 其实这些都是无可厚非的,只是父母应该多了解一下孩子的兴趣爱好,问下她们喜欢什么样的书，并带着她们去买。这个时候，父母不要因为孩子所选的书不好而否定孩子的想法，因为这样会在孩子心理上形成一种"自己不会买东西"的想法。甚至在更多的方面，父母都应该倾听下女儿的想法，这样不仅能够培养她们独立的思维方式，也可以锻炼她们的分析判断能力。

在教育孩子的时候，不要为孩子包办一切，最好的方式是给孩子独立做事情的机会。这样孩子既能学会独立，又能锻炼思维能力，是培养和训练孩子自我服务能力的有效途径。因此，父母要及时转变教育模式，把"让她做"变成"她要做"，其效果会更胜一筹。

第七章

培养孩子的交际能力

培养孩子与人合作的能力

合作是每个现代人都应该具备的能力。假如一个人不能与人合作，他就会失败。合作不是普遍情况下的人际交往，而是有共同目的性地成为互助互利的双赢关系。善于合作的人总是可以自由跟人交流，也喜欢边借鉴他人的意见边做事，从他人那里获得帮助。不过，这种性格并不是天生的，是可以后天培养的。

1. 要让孩子懂得与人合作的必要性

在平时生活中，有很多一定要两个或多个人一起协作才可以完成的事情，一个人是不能完成的。家长可以在这种机会来到时让孩子尝试一下独自不能完成的失败感，从而明白与人协作的必要性。

2. 让孩子体验合作的快乐

孩子可以从成功的合作中获取良好的体验及乐趣，进而促进孩子产生合作意识和合作行为。

3. 教育孩子与朋友沟通

要使孩子与同伴有足够的时间在一起，他们能共同交谈、分享、玩游戏或一起完成作业。父母要懂得，孩子们应该有他们独自的生活，假如孩子讨厌与别的孩子交往，父母应当有意识地鼓励孩子与他人接触。假如父母和老师过多地干涉孩子，甚至不许他们之间进行交流，那就会因小失大，因为孩子获得合作的能力与感情体验的最根本的条件就是交往，它能够让孩子丢掉孤僻的性格。

4. 使孩子和朋友共同承担任务

要想提高孩子的交际能力，可以分配一些任务让孩子与他的朋友一起努力完成。有时候，如果任务很复杂，需要进行分工，这就更锻炼了他们主动交往与协调能力。一旦把任务交给了他们，就要让他们独立去做，即便遇到挫折或者产生矛盾，也要只答不教，更不要什么事都替他们做。

5. 要鼓励孩子独自解决与同伴交往中的矛盾和问题

孩子必须提高自己的合作能力。孩子在交往中会不可避免地产生矛盾，假如不能使这些矛盾得以妥善解决，那么就永远无法学会合作。所以，当孩子与朋友不和时，应告诉他们不要逃避，并可以给他们一些建议。要培养孩子解决矛盾的能力，是迎着矛盾让孩子去主动沟通，而不是单方面处理，也不能回避或者拖延。有些孩子只喜欢和一类同伴沟通，而不屑交往其他朋友，这种过高要求的交往其实就是逃避的心态。家长更应有意识地引导、鼓励这类孩子，想办法让他们体验到在解决交往中的矛盾并在成功中获得满足感，从而在人际交往中更顺手。

6. 让孩子知道竞争与合作共存

现在的孩子一般都是独生子女，家里也没人跟他争，家长一般也不会对他的要求提出什么异议。不过在学校，竞争者和反对者就都出现了。这样的话，孩子不会把那些反对并与自己竞争的同学当成合作对象。因此父母要及时教育孩子摆正竞争姿态。为了实现自己的目标才进行竞争，这并不意味着跟其他同学作对。父母要教育孩子，同学是学习上的竞争对手，但在生活上可以是合作伙伴，一定不能只把他人当成敌人，为了跟他人对立而不顾一切。与此同时，家长要教会孩子跟人交往的技能，使孩子学会考虑集体的利益，在必要时刻要牺牲个人的利益。假如孩子缺乏这种意识和精神，是不能获得大家认可的。想让孩子和别人合作融洽，就必须具有和人合作的能力。

让孩子学会赞美别人

赞美有着巨大的能量，赞美是使我们乐观面对生活的重要因素，能让我们更加自信；赞美是人际关系的调和油；赞美能弥补自我不足，以积极向上的心态生活。 即便只是简单的几句赞叹都会使人的心理得到满足，把一个真诚的赞美传递给别人，能让对方感觉到温暖。 因此，在实际生活中，应该教导孩子去发掘、去寻找别人值得称赞的优点，然后真诚地告诉别人，这样不但能给别人带来快乐，给他的生活增亮，孩子自身，也会给自己营造一个良好的人际关系环境。

在人际交往时恰当地运用赞美，能使人与人的关系变得亲密，消除隔阂，增加双方的亲近感。 因为它能给别人带来自尊心和荣誉感上的满足，这样也就减少了抵触感，使双方的认识更加深入。 赞美可以鼓励他人，并使之不断进取，不过也能使人盲目自满。 因此，一定要有技巧地赞美他人。 有一句名言说得好："赞美之词具有两面性，它既能使人际关系得到进步，消除隔阂；也能给别人造成伤害，不利于人际关系的发展。"

应把赞美他人变为一种习惯，而且要从小培养这种习惯。那么，这种习惯应该怎么培养呢？

1. 一定要真诚地赞美别人

虚伪的胡乱夸赞绝不能与赞美相提并论，赞美他人时表情一定要认真诚恳。假如其他同学做事情失败了，你却赞美道：你干得很好，我想做还做不到这个地步呢。此时，别人听起来就是讽刺了。赞美不真诚往往会适得其反，不仅不能让别人感到高兴，反而可能让别人的心灵受到伤害。人只有能诚恳地、发自内心地赞美，才能让别人真正地喜欢你。

2. 对事不对人

对别人说奉承的话绝不是赞美。不能教孩子毫无依据地赞美别人，单纯说"你人真好"这样的赞美没有价值。要赞美的一定是事情本身，这样赞美别人时才能让别人喜欢你。

3. 善于使用间接赞美

对别人进行赞美和鼓励可以借助眼神、举止、姿势。一般的人对表情和动作的敏感度要超过对语言的敏感度，在某些场合，人的表情是装不出来的，也不会包含太多虚伪。例如，表达对别人能力的倾慕和敬畏可以用微笑、惊叹，或是夸张地瞪大眼睛，对方会很容易接纳这种方式。此外，如果想教孩子养成赞美别人的习惯，父母要先让孩子感受到赞美的力量。例如，李龙的英语成绩一直很差，他为此总是感到非常沮丧。 有一次考试，他及格了，而且老师给予了表扬，他的父母更是充分赞扬和鼓励了他。 这次好成绩使他又恢复了自信，学习成绩不断提高，终于考上了自己梦寐以求的大学。

恰当地赞美别人是必要的，它能使人与人之间的距离变近，使别人对你充满友善，让别人信任你。 日常生活中，只要这一点被孩子注意到了，常常适当地对别人进行赞美，会使孩子的生活得以改变，让孩子的生活充满爱，并深刻地感受爱的滋味。

使孩子懂得与人分享

分享是一种高尚的品质，也是一种幸福的体验。萧伯纳曾说："如果你和我都有一个苹果，互相交换，每个人还是有一个苹果。可是如果你和我各有一种思想，互相交换的话，每个人拥有的是两种思想。"分享可以减少人的痛苦，然后获得幸福。日常生活中，每个人都需要把自己的痛苦和快乐与人分享，缺少了分享，他得到的将是乏味枯燥的人生。

现在的孩子自私自利的现象太过严重，而孩子出现这种状况主要来源于家长的溺爱。为了使孩子的爱心不至于枯竭、消失，家长不但要爱孩子，更重要的是要把爱人的方法教会孩子。家长对孩子溺爱是最可悲的事，自私的孩子就是被这种爱滋养出来的。因此，父母在表达自己对孩子爱的同时要教孩子学会分享。

跟别人分享食物、玩具、快乐、经验等，说一些关心体贴的话，遇到有困难的人给予帮助，别人的错误不要计较，能够宽容谦让地对待他人，这样，就能慢慢培养孩子的爱心了。

那么，怎么让孩子养成分享的好习惯呢？

1. 要让孩子品尝到分享的乐趣

通常情况下，以自我为中心的孩子们有这样的特点：

自私自利、自我得意、目空一切。 没有自信心。 有的孩子即使表现得很娇纵，其实是一种自卑的表现。 交际能力比较差，不能与人共处。

2. 通过移情的方法引导孩子与他人分享

要想孩子学会跟别人分享，家长应给予其适当的教导。如吃饭的时候，要教会他给长辈夹菜；孩子如果给父母拿东西，父母要给予其鼓励；让孩子学会给客人让座。 让孩子尽可能地做这些事情，通过做有益于他人的事，让他们尝到由此给他们带来的喜悦。

3. 让孩子通过交换学会分享

很多孩子在玩耍的时候，总是期待所有的东西自己能够独自占有。 其实，孩子的这种举动和思想都是不对的。 可是，父母只是一味地指责孩子，反而会对孩子产生消极影响。 一旦碰到这种情况，家长可以鼓励孩子用自己的玩具和图书和他人交换，使孩子学会和别人互借物品，通过这个方法让孩子学会分享并享受分享的乐趣。

4. 允许孩子拥有独自的珍视品

我们每个人都有自己珍贵的东西，孩子也有。 父母可以让孩子藏起他认为重要的不能与他人分享的宝贝。

　　只有孩子把自己的宝贝藏好了，他才会大方地借给别人其他东西，才能更好地做到跟别人分享。 假如父母强迫孩子和他人分享所有的东西，这不仅没有道理，反而会让他们产生抵触心理，让孩子做出叛逆性的举动。

　　学会分享，可以使孩子在共享中获得永久的生存发展；学会分享，能培养孩子坚定的自信心、敢于独立的能力。 因此，不要让你的孩子再自私下去了，让他们飞翔在更加自由的分享的天空下。

培养孩子待人接物的能力

　　黄达在小区花园里踢球，邻居小莉抱着金鱼缸来晒太阳。小莉说："黄达，你可小心点，别踢着我鱼缸啊。"黄达说："那你离我远点，我可控制不好。"小莉抱着鱼缸走了。黄达说："真是小心眼儿，说一句话就跑了。"

　　晚上，妈妈请小莉来做客，教黄达数学。黄达马上说："我不答应，我不学。"小莉说："你怎么态度这么差？我也是好心帮你。"黄达说："你的好心我不需要。"小莉生气地说："黄达，我可是到你家做客来了，你怎么这么凶啊，我不敢招惹你了。"说完就转身走了。

　　黄达气呼呼地说："妈，我态度就是这样，我又没说什么，看她气成那样。"妈妈说："看来是我太惯你了，你刚才很不礼貌，把小莉都气走了，一点也不像主人的样子。"

　　待人接物是一门高深的学问，主客之间的礼仪是其中很重要的内容。 主客双方都应遵守规则，一旦一方未按规矩办事，另一方便会觉得对方不懂礼数，感觉受到了侮辱。 主客矛盾出现，双方常常会不欢而散，正如上例中的黄达和小莉一样。 因此，父母应该从小就培养孩子学会待客之道。

如何待客是反映孩子内心世界的一面镜子，父母应该给予重视，切莫以为这只是大人的事情。 家里来了客人，孩子会做出各种表现。 有的孩子见了陌生的客人，站在角落里，不声不响，默默地注视着客人的举动，即使客人跟他讲话，他也是笑而不答，或表现得相当紧张。 有的甚至躲进厨房，不肯出来见客人，显得胆小、拘谨，对客人的态度冷漠。 有的孩子则相反，看到家里来了客人，便拼命地表现自己，一会儿要喝水，一会儿要吃东西，一会儿翻抽屉，甚至为了一点儿小事大哭大闹，显得不懂礼貌，不能克制自己，以"人来疯"的方式引起别人对自己的关注，表示自己的存在。 还有的孩子在家里来客人时，能主动打招呼，拿出糖果招待客人，表现得热情而有礼貌。

孩子在家中来客时的种种表现虽然和他们的个性心理有关，但也和父母平时对孩子的教育有关。 来客时表现不佳的孩子，父母往往缺乏对他们在这方面的培养和训练，在接待客人时，忽视了孩子在家中的地位。 那些在家中来客时表现较好的孩子，父母往往比较重视在这方面的培养，让孩子和父母一起接待客人，孩子逐渐地消除了对陌生人的紧张心理，学会了一些待人接物的方法，表现得落落大方。 由此可见，让孩子共同参与接待客人的活动至少有以下几个好处：

（1）有利于培养孩子的主人翁感。 孩子在参与接待客人的过程中，体会到自己和客人的地位不同，自然会产生一种自豪感和责任感，他会比平时小心十分，殷勤百倍。

（2）有利于培养孩子礼貌待人的好习惯。 要接待好客人，让客人满意，孩子就必须在语言行为上都讲究礼貌，接待客人实质上是给孩子提供了礼貌待人的练习机会。

（3）能使孩子学到一些待人接物的方法。

最初，孩子是不会接待客人的，这就需要父母的帮助和引导。 怎样培养孩子接待客人的能力呢？

1. 让孩子做好心理准备

在客人尚未到来之前，父母应告诉孩子，什么时间，谁要来。 假如客人是第一次上门，还要告诉孩子，客人与父母、与孩子的关系，该如何称呼，使孩子在心理上做好接待客人的准备。

2. 共同做准备工作

父母可以和孩子一起做接待客人的准备工作，如打扫房间，采购糖果，和孩子共同创造一个欢迎客人的气氛。

3. 指点孩子接待客人

父母除了自己热情招待客人以外，还要指点孩子接待客人，让孩子感到自己是家中的小主人。 例如，客人来了，父母要指点孩子招呼每一个人，请客人坐，请客人吃糖果。 还可以让孩子把自己的玩具拿出来给小客人玩，把自己的相册拿给大家看。

4. 学着与客人交谈

父母应鼓励孩子大方地回答客人的问题，提醒孩子别人在讲话时不随便插嘴。如果孩子在某一方面有特长，可以提议让孩子为客人展示，以制造一种轻松、愉快、热烈的气氛。

5. 根据孩子的特点提要求

在让孩子学习接待客人时，要注意根据孩子的特点对孩子提出要求，不要强求孩子做不愿意做的事。例如，对待胆小怕事的孩子，要求简单些，可以让孩子与客人见见面就行，以后再逐步引导，提高要求。对于"人来疯"的孩子，父母应先让他离开大家一会儿，等其冷静下来后，再让他和大家在一起。切忌在客人面前大声训斥和指责孩子，以免伤害孩子的自尊心。

6. 评价孩子在客人面前的表现

客人走后，要及时评价孩子的表现，肯定好的地方，指出不足的地方，并要求孩子今后改正，使孩子接待客人的能力逐步提高。例如，以前孩子会表现出"人来疯"，可是今天很懂事，父母就应及时表扬他的进步，并要求以后客人来时他要和今天一样。让孩子在陌生人面前表现出落落大方，对人有礼貌是每一位家长的共同愿望。但在现实生活中，孩子有害羞而不愿意主动跟他人打招呼、进行交往的表现，只要不过分，也是很正常的。作为家长要求他"有礼貌"，但这种

"礼貌"在孩子看来有时是难以理解的。越是强求，他越反感。培养孩子有礼貌，有效的手段不在于督促孩子"叫人"，而在于平日里家长的态度是否做到尊重、平等、有礼，通过点滴的以身作则来影响孩子。

教孩子学会与父母沟通

　　李伟的父母都是高级知识分子，爱子心切，花了数万元把李伟从一所普通中学转到了市重点中学。在他的父母为他选定的重点中学中，因为跟不上学习进度，李伟的成绩一直处于及格边缘，他也因此在学校中情绪很低落，每天过着无精打采的日子。有一天，刚回到家中，李伟的父亲就把他大骂了一顿，因为老师刚刚打过电话来，说李伟的物理考试不及格，通知家长去学校商量一下提高的办法。面对父亲的责骂，李伟委屈极了！李伟扔下书包，就跑下楼去，在街心公园痛哭起来。从这以后，李伟更沉默了，什么话也不和父母说。李伟的父母开始着急起来，甚至给李伟找了一个心理医生，但收效甚微。

　　李伟的情况在现实生活当中并不特殊，之所以有这样的结果，很大一部分原因是孩子与父母缺乏良好的沟通。

天津市杨村一中的心理辅导教师周余波曾对本市初高中阶段的528名在校生进行的一次问卷调查中显示，只有9.85％的学生选择了"当你有烦恼时，找父母谈心"这一栏，而且大部分是女生。这就说明了中学生在心理上对父母产生了距离和不信任感。"知子莫如父"这一传统观念正在受到挑战。

　　那么，孩子为什么有话不愿同父母讲，为什么不愿向父母敞开心扉呢？孩子的心里话对谁说呢？

　　　　林静在电台工作。近段时间，她以知心姐姐的身份主持了"中学生热线电话"节目。每逢周六热线通话时间，桌上的电话铃声不断，"耳"不暇接。来电话的中学生朋友所谈的话题牵涉到许多方面，从作业负担到早恋苦恼，从升学困惑到人生思考。耐人寻味的是，这些中学生在一吐心曲之余，往往要拖一个尾巴："我这些心里话，只想让你知道，对父母和老师都是不说的。"

　　电台专辟"热线电话"节目为中学生释疑解惑，无疑是一件好事。不过，再仔细想想，来电话的中学生的心底秘密，在父母和教师这些尊者面前"讳莫如深"，对从未谋面的电台人员，却肯"和盘托出"，这是为什么？"热线电话"能获得中学生信任的秘诀之一，便是他们与中学生通话时，并不是简单地提供"标准答卷"，而是更注重于和学生做思想上的交流、探讨与沟通。

　　当代心理学的一个重要分支——行为心理学的研究表明，正处于趋向成熟期的青少年，一是由于逐渐形成强烈独立意

119

识，因此往往不愿他人给以现成的生活指南；二是他们的内心又对各种事物有诸多"不确定感"，因此迫切需要从别人那里获得认同和了解。而在日常现实生活中，我们有些父母和教师恰恰无视这两个心理特征。当他们偶尔知道孩子心里有什么隐衷时，或是漠然置之，而更多的则是"一本正经"的面孔，给孩子以"应该怎样做，不应该怎样做"的训词。这种居高临下的架势，又怎能谈得上与孩子相互沟通感情呢？久而久之，孩子感到，你这位尊者可敬而不可亲，也就不肯对你说"悄悄话"了。

处于青春期的中学生，总有需要宣泄的感情，总有需要表露的心里话。要是我们为父母者、为师长者不去关怀他们的这种心迹，一味放任自流，固然"热线电话"等社会咨询机构能分担一部分工作，但有些孩子也可能去找社会上的一些"哥儿们"倾诉心里话。如果由此让一些"歪门邪道"拐骗了孩子，岂不误了大事吗？

带锁的日记本在商店的文具柜台上随处可见，它们装帧精美，只不过，和其他的日记本不同的是，一把小锁可以把本子锁起来。售货员说："这是热门货，孩子们来买的很多。"日记本要锁起来，很有意思。这使我想到一些中学生前来心理咨询时的谈话：爸妈有时偷看我的日记，我放在一个小箱子里，也给翻出来，还随便拆看同学的来信，真气人。你说怎么办？

这使我又想到天津杨村一中的调查问卷，你有了愉快或不愉快的事喜欢跟谁诉说？可供选择的诉说对象为父亲、母亲、老师、同学。结果是，选择诉说对象最多的是同学，占

81%。所以孩子们喜欢带锁的日记本，原来是对付大人的，是为了向大人们封锁自己的心，这简直让父母感到残酷，感到害怕，感到痛苦不堪了。可是，我们做父母的人知道吗？你的孩子由幼稚走向成熟，由依赖走向独立，心中会逐渐有一些秘密，会有些不再愿意告诉大人的东西。这是他们长大的标志。由于时代的发展，今天的孩子这种独立意识更为强烈。对此，我们也该拍手叫好。然而，我们不少为人父母者总是不那么乐意接受孩子的独立意识，总是想把孩子庇护在自己的羽翼下，于是，就不讲方式地总想去"刺探"孩子心中的秘密。如此招来的只能是孩子的反感，孩子们就加倍地来守护自己的秘密。于是，带锁的日记本便成了最佳选择。

看来，造成孩子和家长之间的距离和不信任的原因是多方面的，除了中学生强烈的"心理断乳"外，缺少科学的家庭教育观念和传统的家长专制作风也是另外的一个重要原因。

通过调查分析，在能主动和父母沟通交流的学生中，大部分学生成绩优良，心理发育健康。自杀、离家出走、早恋等事件和现象往往发生在那些不与父母沟通交流的学生身上。孩子上小学时，有些家长还不屑于和孩子沟通交流，而到了中学阶段，他们却一下子感觉到他们和子女之间的距离不断拉大，有的家长甚至一点点地退缩到只能管理孩子的生活起居的狭隘空间里。

还有相当一部分家长属于传统压制型和现代溺爱型的混合体，他们很难与子女建立对等的、朋友式的关系，这样的家长对孩子的教育十有八九是失败的。

青少年时期是人生中的"暴风骤雨"时期，在对待孩子的教育问题上，只有了解孩子的内心世界，家长才能有的放矢，对症下药。

那么，我们家长该怎么办呢？

一是理解。对孩子由独立意识而导致的闭锁心理，首先得有个科学的态度。我们不妨来个心理换位，回想一下自己孩子时代的生活，并以此来体察孩子们的心。如此，您对上面的"为什么"就会有更切身的理解。有了对孩子的理解，"头痛"就消除了一半。

二是沟通。我们不要以为孩子是自己身上的肉，可以任我骂来由我打，不要以为自己多吃了一些年的咸盐，就可以居高临下地对待孩子，仿佛真理总在自己手中。对孩子要多来点民主和平等，努力成为孩子们的知心朋友。有关专家指出，民主型的家庭氛围、朋友式的合作关系是消除"代沟"、实现两代人交流的前提。只有这样，你才可以跟孩子有较多的沟通，才会促使孩子对大人敞开心扉。

三是尊重。尽管我们做了最大的努力，也不该奢望孩子什么都跟我们讲。孩子作为人格独立的人，他们心中应该有一块大人不必涉足的天地，应该有一些属于自己的秘密。对此，我们只有尊重，做孩子的指导者、协商者，而不是命令者，这样一来，我们也就用不着"头疼"了。

培养孩子与同学沟通的能力

　　程东林从小有个志愿：做一个演说家。在他的心目中，会演讲的人都是他的偶像。奥巴马竞选时，每一场演讲他都会第一时间找来听，有些经典片段，他都能背诵了。程东林还收集了一些光碟，都是成功激励大师的演讲。

　　在他看来，这些人，能够成功鼓动人、说服人，是因为掌握了一定的技巧。

　　妈妈知道他的爱好后，也非常支持他。母子俩常去书店，看到好的书，无论是理论的，还是实战的，都买回来。程东林不仅看，还积极去实践，也是个小演说家了。班上竞选班委，他一上台，总能博得喝彩。大家都喜欢听他演讲，觉得很有感召力。

　　常有人向他请教演讲技巧，程东林把自己总结的经验都无私传授给了别人。妈妈常鼓励他，也帮他总结经验，使程东林越来越有信心了。

程东林不仅演讲能力非常棒，而且他在与人交往的过程中，也非常善于讲话，总能将话讲到对方的心里去，让人听了很舒服。 他的讲话能力对他处理好人际关系有非常大的帮助，这使得他有很好的人缘。

在孩子的成长过程中，善于沟通这项技能让其受益最多。孩子要想办成一件事，就不得不去沟通。 如何高效简洁地传递信息，如何迅速感染、说服他人，需要各种交际技巧。

如今的社会，是一个信息量多并能快速传播的社会。 一个人不善于交际，不能迅速、清楚地传达个人的意愿，就很容易被淹没。 一个成功的人，必是一个善于传播信息的人，也就是具备一定交际技能的人。

父母都希望有一个优秀的孩子。 父母也应该明白，善于交流沟通，是整个时代的需求。 孩子要想立足于社会，就得尽快培养交际技能，才能充分展示个人价值。 再好的金子，不能展示自己，也终将在信息海洋中被埋没。

任何一种技能，都是在理念指导下不断实践获取的，交际技能同样如此。 理论和实践二者缺一不可。 父母要认识到这一点，给孩子最好的指引。

1. 支持孩子吸取理论知识

人际交往是一门学问，有大量的理论和实践书籍报刊等，孩子要提升人际交往技能，可以向书籍请教。 父母可以给孩子列一个书目，让他先补足理论课。 父母先要了解，人为什么要交流，如何交流，这些理论知识有了，才能高效地指导孩子实际的交流活动。

要让孩子学习交际理论知识，就要多读演讲大师的书籍，看大师们的演讲光碟，父母应从物质上支持。把人际交往当成一门学问来学，孩子才能成就显著。如果只是出于一时爱好，不注重基础的理论，这样的人际技巧只是皮毛，让孩子难以有长远的进步。

2. 鼓励孩子参与社会交际活动

有了理论做基础，还要让孩子增加实战经验。学校里、社会上，常常会有这种实战机会，如班委选举、学生会选举、义务活动的宣传等。这些活动都是磨炼交际技能的战场。

学校要组织一次"环保一日行"的活动，赵军回家跟妈妈说他想参加，妈妈马上大力支持。妈妈说："要钱要东西，你尽管说。"赵军说除了生活费，还需要妈妈帮忙借自行车。赵军想组织一个小团队，骑自行车，挂旗帜进行跨城宣传。

第二天赵军就忙开了。义务报名的同学，被编成了两个分队，赵军组织大家一起商讨路线，女生负责制作旗帜、写标语等。赵军经常组织各种活动，被推选为此次活动的队长。赵军热衷于这类有意义的社会活动，由于在活动中会有许多与人交流的机会，所以也使他轻松掌握了人际沟通的技巧。

孩子的交际技能，需要在大量交际活动中历练。学校里、社会上，只要有这种活动，父母都要鼓励孩子积极参与。

在这些活动中，如何协调人员，如何组织分配，每一个环节都离不开交际。孩子多历练，这种技巧才会越来越熟练。

3. 给孩子制造演示舞台

学校或社会的活动机会，也是有限的。孩子的交际技能，需要大量的活动来磨炼。对此，父母也可创设场景，给孩子制造锻炼机会。例如，常举办家庭联谊会，让孩子来安排；家里常请客人来玩，请孩子来接待；常请小朋友来玩，让孩子合作；常组织社区游戏，让孩子参与等。

> 程小莱有些胆小，遇人不爱说话。妈妈知道，是孩子的生活环境太封闭了，与人交流的机会太少。妈妈开始留心，小区有哪些孩子和他同龄，有机会妈妈就主动和他们联系，帮小莱结交朋友。一段时间以后，小莱家里常有小朋友来拜访。
>
> 周末到了，妈妈约上几家人，一起带孩子去广场做游戏。无论是玩球，还是玩车，小孩子在一起，总是特别高兴。有了同龄人的陪伴，小莱也变得活跃多了。走在路上，见到熟人了，小莱还会高兴地和大家打招呼。

有些孩子不善于交流，不喜欢交流，这种现象，与孩子的居住环境有关系，与父母太忙也有关系。父母要锻炼孩子的交际能力，就得让他多与同龄人交往。方法总是有的，只要父母多费点心，就能创设出许多场景，让孩子得到锻炼。

4. 鼓励孩子向高手请教

年龄较大的孩子，要想提高自己的交际技巧，不妨向高手请教。孩子的朋友、同学中，有谁人缘好，有谁会演讲，都可以去请教。孩子自己也能观察、总结一下，他人的经验是什么。

生活中，如果孩子对这类高手流露出羡慕之情，父母可及时鼓励他，让孩子大胆去向高手请教。这些高手的交际技巧更通俗，更自然，也更容易学。孩子要提高自己的水平，一定不要忽略这一学习途径，多观察揣摩，就能学到不少技巧。

让孩子学会和老师相处

　　小敏的学习成绩一直不错，但是初二开了物理课后，她发现自己对物理根本不感兴趣。有一天，在物理课上，老师叫她回答问题，小敏没有回答上来，老师很严厉地批评了她，说她没有好好复习。小敏很委屈，觉得这个老师太严厉，而且在同学面前使她丢了面子。回家以后，和妈妈说，"我讨厌我们的物理老师！"说完就伤心大哭。妈妈看到小敏那么伤心，就说："明天我去找找你们班主任，让他和你们物理老师谈谈。实在不行，咱们就请一个家教。"小敏害怕这件事给自己带来负面影响，拉着妈妈不让妈妈去。但从此以后，小敏对物理老师是敬而远之，对物理更是一点学习兴趣也没有，物理成绩越来越下降，成为物理老师头疼的学生。

　　孩子不断成长，需要处理形形色色的人际关系：同伴关系、师生关系等，而父母在看到孩子在关系中受到委屈时不禁想要为孩子"伸张正义"。但是社会是现实的，父母也不可能一直陪伴着孩子，所以应当允许孩子有机会接触生活的各种侧面并教会他们如何对付，而不是将他们与真实隔离开来，用父母的希望来操纵现实。与社会现实相通的最关键的方面就是让孩子自己与他人打交道，父母适当地给予正确指导，帮助他们学习处理各种关系的能力。

青春期的孩子，特别在乎自己在同伴心目中的形象，像小敏这样的孩子所处的阶段有一种奇特的现象——"假想观众"，她会感觉自己的一言一行好像都在舞台上表演，而周围的人都是她的观众，所以当众受到老师的批评会使她羞惭不堪，尤其是一个一贯学习成绩不错的女孩子。另外，小敏的物理薄弱，而对物理老师的逆反，使她有借口逃避困难。而父母的干预——找班主任谈，请家教，只能助长她对物理老师的反抗，使她更理直气壮地不好好学习物理，因此成绩越来越差。

那么，怎样才能让孩子与老师正常交流呢？

1. 尊重孩子，让孩子发表对学校和老师的看法

当孩子与老师有矛盾时，父母首先要以一种温和的态度与孩子交谈，不要制造压力，而要让孩子在宽松、自由的氛围中发泄对老师的不满，这种发泄还可以起到一种平衡心理的作用。父母提供一双耳朵，认真地倾听，孩子会感觉到自己的烦恼得到了尊重，就会毫不隐瞒地把自己的态度、抵触老师的原因讲出来。父母等孩子的情绪稳定下来之后，与孩子一起冷静地分析事情的利弊，客观地看待抵触情绪。如果问题的

主要原因在孩子，就要合理利用孩子争胜好强的心理，因势利导，帮助孩子认识到自己的错误，提高孩子认识自己缺点的能力。

2. 让孩子学会从老师的角度思考一下问题

作为父母，切忌让孩子无条件地服从老师，这样只会加剧孩子对老师的反抗。有的父母仅仅站在孩子的角度思考问题，过分溺爱孩子，甚至与孩子一起指责老师，更甚者跑到学校里与老师大吵一番，其结果只可能更糟。孩子的认识有时候有偏激的一面，很容易以自我为中心，仅站在自己的角度看问题。在这点上，父母要学会培养孩子的同情心，有的时候也称之为换位思考，与孩子一起站在老师的角度重新审视，必要时还可以创造场景以体会老师的情绪和难处，让孩子学会多体谅别人，为他人着想。这样的话，在家中就可以改善孩子和老师的关系，减轻孩子对老师的抵触情绪。教孩子学会尊重老师的同时还要鼓励孩子有想法，善于提问题，因此，教给孩子一些提意见的策略和技巧也是必不可少的。

3. 与学校、老师进行沟通，积极配合老师教育好孩子

有一些孩子，在学校里与在家中的表现迥异。在家里非常勤快，又懂事又听话，是一个很乖的孩子，可一到学校，就情绪低落，不爱学习，表现糟糕，经常受到老师的批评，也经常顶撞老师。家庭与学校教育方式的差异导致了孩子的这种反差极大的性格表现。在这时候，父母要主动地、心平气和地与老师沟通，向老师提供孩子在家的一些日常表现状况，让

老师也了解孩子行为表现的另一侧面，对孩子的行为有一个全面的评价。父母要与老师一起分析双方在教育孩子的方式上存在的差异，求同存异，给孩子一个恰当的教育价值观，不至于让孩子无所适从。

4. 教育孩子尊敬老师

柴可夫说："教师毫无保留地献出自己的精力、才能和知识，以便自己在对学生的教学和教育上，在他们精神成长上取得好的成果。"教师甘做人梯，这种奉献精神是伟大的。每个孩子的成长和每一次进步，都凝聚着老师的汗水和心血。特别是特殊学校里的聋哑学生，他们的每一个手势，发出的每一个音节，无不浸透着老师的心血和艰辛。所以孩子应该尊敬老师，爱戴自己的老师。

5. 教育孩子以主动、热情、诚恳的态度与老师交往

一位教师要面对许多的孩子，有时可能应接不暇，因此难免对孩子照顾不周，体察不到某个孩子想与老师沟通的需要。如果孩子主动向老师"进攻"，把埋在心里头的事情坦露出来，有困难向老师求助，学习上遇到难题向老师请教，主动与老师探讨人生哲理……是能够得到老师的帮助、理解和信任的。切记，千万要争取主动，别错过与老师交谈、探讨和向老师请教的机会！这样孩子才能真正与老师交朋友，才能更快的进步，迅速地成熟起来。

6. 教育孩子要以正确的态度接受教师善意的批评

现在，有些孩子对老师的批评感到反感，甚至有抵触情

绪。他们认为老师管得太严，态度苛刻，觉得在学校不自由。严，正是老师爱孩子的表现。没有哪位老师不爱自己的学生、不希望自己的学生成才的。老师要在尊重学生、爱护学生的基础上，通过严格的方法和手段，培养学生一丝不苟的治学精神和实事求是的科学态度，培养学生良好的思想品德和文明的行为习惯，这是教书育人的需要。不严，何以能治学？不严，何以能育才？我们应该教育孩子理解老师的苦心，正确对待老师的批评，诚恳接受老师的指导和严格要求，从而确立良好的师生关系。

当然，与教师建立良好的交往关系，在于师生双方的共同努力。从家长的角度出发，应该正确教育孩子要打开心灵之门，要用尊重、热情、真诚、理解和爱去架设沟通师生心灵的桥梁。

第八章

培养孩子的好心态、好性格

影响孩子心理健康的因素

儿童时期是人生发展的关键时期，在这个时期，如果教育适当，孩子会形成良好的个性和心理品质。但很多相关调查都显示，儿童时期的许多孩子已经表现出很多不良的个性特点，这就可能导致他们产生心理问题。孩子心理发展的最基础、最重要的环境就是家庭，这不仅有遗传方面的原因，也有父母对孩子影响等方面的因素。对孩子心理健康造成不良影响的因素主要有以下几种：

1. 教养方式不当

有的家长认为，他们的责任就是让孩子吃好、穿好、健康成长，但这却把孩子的心理健康问题忽视了，尽管他们对孩子的衣食及身体保健舍得投资。在现代，很多家庭都存在着只重视积累知识，却忽视行为习惯培养的问题；重视孩子身体营养，却忽视情感培养。比如孩子在家中高兴地讲一些开心的事或问一些问题时，家长觉得烦，不予理睬，孩子体会不到情感上的满足和快乐，久而久之就会变得冷淡。

2. 家长的教育观点不一样

假如孩子在幼儿园出了问题，幼儿园老师找到家长，找父亲的话，孩子回家后会被父亲责骂；找母亲的话，孩子回家可能免不了受皮肉之苦。这样，孩子就会知道能够从父亲那里得到很多好处，这样久了，孩子在父母面前就会不一致，进而，在老师和家长面前也会表现得不一致，慢慢地就习惯说谎。

3. 以成人的视角看问题

其实有很多事在孩子看来都不算什么，但是有些家长却从不正确的角度看待，使问题扩大化了。比如当家长看到老师让孩子劳动而老师却在聊天，家长就会认为老师既然不参与，孩子也不用干，这对孩子是很不公平的。但孩子却觉得这是集体活动，非常有趣。家长和孩子的感觉完全不同，反而让孩子不能接受，以后孩子长大后也会变得对任何事都小心眼和斤斤计较。

4. 祖辈与保姆代养的问题

通常，如果家长因忙于工作而没办法全身心照顾孩子时，他们会请人帮忙照顾孩子。但这样做存在很大的弊端：一方面与父母相比，祖辈和保姆的知识水平通常较低，他们只会看管孩子却不知道怎么教育孩子，因此他们远不及父母对孩子的心理健康所起的作用大；另一方面为了避免孩子受伤，祖辈和保姆总是会限制孩子的自由，或对孩子进行恐吓，这也不利于孩子的身心健康发展，会导致孩子对新事物怀着恐惧之心及出现懦弱胆小、运动能力差、害怕危险等现象。

对于上面出现的问题，我们列出以下对策与建议：

（1）家长要积极评价孩子，还要适时给予其表扬。一直这样做下去，才会让孩子逐渐建立自信心，慢慢孩子会做得更好。

（2）家长要注意改变自己的形象。假如你对孩子的某些特点不满意，要看一下自己是否也这样，假如有，让孩子和自己一起改正不良习惯。

（3）家长不要对孩子要求过高，不然就会把孩子的积极性和自尊心挫伤。

（4）家长要积极调整自己的心态。尽量多地看到事物美好的一面，尽可能从积极角度来理解和评价，这样才能积极评价自己的孩子给他们树立榜样。

（5）家长要为孩子创造一个良好的家庭环境，营造和谐的家庭气氛。要充分发挥合作的功能，让孩子参与家务劳动；要加强和孩子的交流，让孩子在家中享有民主平等的地位。

（6）家长要与老师保持紧密的联系，也要跟孩子同伴的家长经常交往，及时了解孩子的状况。

（7）父母必须了解一些关于孩子身心健康的知识。这样当孩子出现心理问题时，如果家长自己解决不了，要马上找相关专家进行咨询。

培养孩子开朗乐观的性格

乐观是一种良好的性格，很多孩子天生就比较悲观，但有些孩子则恰好相反。心理学专家研究发现，人是可以培养乐观的思想的，尽管乐观的品质并不是孩子天生就具备的，但通过后天的培养可以获得。

1. 勿对孩子控制过严

孩子天真烂漫的童心有可能被严格地压制，这样不利于孩子心理健康的发展。家长应该根据孩子的不同年龄让他拥有不同的选择权。孩子只有从小就能自由选择，才能获得真正的自由和快乐。

2. 在有意义的活动中感受快乐

无论是成功的体验还是做了有意义的活动，都是快乐的重要来源。孩子完成某些事就会感受到快乐，因为他把一件事情做完了，取得了成就。在获得成功的过程同时，孩子也得到了快乐，而且还能获得自信心。

3. 教会孩子与人融洽相处

跟别人相处能让自己的内心变得更热情。父母应该带孩子多接触不同性别、年龄、性格的人，让他们与不同类型的人能够相处融洽。孩子必须学会跟家人和亲戚友好相处。另外，家长自己也应该和他人友好相处，待人真诚热情，不在背后说别人的坏话，做孩子的好榜样。

4. 物质生活避免奢华

如果孩子的物质生活太丰富，便容易养成奢侈的性格，而对于物质的片面追求，孩子又常常很难获得自我满足，这就是为什么贪婪的人大多都不快乐的原因。不过，那些生活简单的孩子，即使只是一个普通的玩具也能倍感满足和开心。

5. 让孩子爱好广泛

如果孩子只有一项兴趣爱好，那么就会很难保持长久的快乐。试想一下：只喜欢看动画片的孩子如果没有可看的动画片时，肯定会不开心。相反，假如孩子在看不成电视的时候喜欢看书、读报或玩游戏，那么孩子便能从这么多事中获得其他快乐。

6. 保有一颗平常心

一个乐观的人能够看淡一切，不管是成功还是失败，是痛苦还是幸福。现在孩子大多生长在温室中，没有经历过太多的风雨，很少面临艰难困苦，更不知道该怎么去面对。让孩子尽量接触各种事物，接触的事情多了，见识广了，心胸自然就会开阔，也就不容易产生悲观思想。要教会孩子心态平静地去对待世界，不要消极对待。鼓励孩子多参加课外活动，刚开始的时候，可以向孩子暗示要主动提出问题，然后进行学习。接下来，如果孩子开始主动学习了，父母可以对孩子进行奖励以鼓励孩子继续这样做。

7. 引导孩子学会摆脱困境

即使是乐观的人也不会事事顺心，也不可能做到永远快乐。当孩子还小时，父母就应该开始培养他们克服困难的能力。如果孩子一时还不能摆脱逆境，要告诉孩子要学会忍耐，学会在逆境中寻找生活的乐趣。

8. 拥有适度的自信

自信是快乐的来源之一。不过也有很多自卑的孩子，家长一定要及时发现他们的优点，并恰当地多给予其鼓励和表扬，要帮助孩子克服自卑心理然后建立自己的自信心。

9. 创建快乐的家庭气氛

孩子们从小生活的家庭氛围，在很大程度上对孩子的性格会有影响。研究发现，对周围的情绪和氛围，孩子很小的时候就能感觉到，尽管他还没学会用语言来表达自己的感受。可见，如果一个家庭气氛不和谐，或者是不和睦的家庭，培养出来的孩子肯定不会乐观开朗。

让孩子大胆地说出心里话

孩子内心的话你是否能真的知道？孩子有了心里话该对谁说？关于儿童的调查表明，他们烦躁或苦恼时，在选择倾诉对象方面，老师不如家长，这也就意味着他们更愿意跟家长说心里话，不过在家庭生活中家长却很难做到这点。家长在碰到孩子抵触的态度时，大多数都会大吐苦水：真不知道孩子的真正思想是什么？怎么他都不愿意让我知道？由此可知，想开启孩子的心扉，真正了解孩子内心所想，是父母必须要做的。要想让孩子真正感受到父母的爱，就要耐心地倾听孩子的诉说，这样可以让孩子更加亲近父母。孩子把自己的想法告诉父母，也有利于家长对他们进行正确的指导。

很多父母即便跟孩子整天在一起，也还是对他们不了解。无法了解孩子的意见，就难以有效地指导孩子成为自己所希望成为的人。父母可以与孩子下棋、一起听音乐、看球赛、游泳，培养跟孩子的共同爱好，从而使父母和孩子能更好地交流。

家长下班后应该常常与孩子聊天说笑，培养情趣，共享欢乐。父母首先要亲近孩子，得到他的信任，他才会主动说出自己所想的。孩子只有对自己感觉亲近的人，才会无所顾忌地交流。

要让孩子信任自己，就要让他感觉到你是信任他的。平常和孩子的相处模式，应当是轻松和快乐的，和孩子就要像和朋友一样谈天、玩乐、打闹、开玩笑，让幽默和情趣充满整个家庭。另外和孩子讲话时，要让孩子看着自己，自己也要以信任的眼光看待他，这样本身也是一种沟通与交流。

有个孩子刚从奶奶家被接到父母家，一次母亲将炒好的鸡蛋端到桌上，然后回到厨房继续炒其他菜，这个孩子很快就把鸡蛋吃完了。母亲再次来到桌旁看见鸡蛋被他吃完了，没有责备他，只是对他说："我们都还没吃呢，你自己怎么就吃完了呢？"孩子没说话，却偷偷哭了。

妈妈说："你干吗这样啊，没打你没骂你，你为什么哭？"在询问后才知道，在奶奶家时，奶奶都是这样让他吃的，并且还会表扬他呢，但奶奶从没告诉他，当别人还没来得及吃时，自己不能把饭都吃完。母亲给孩子耐心地讲完道理后，孩子从此懂得了做事情不能太自私，要想着身边人。

如果那位母亲只是对孩子的错误进行责备，那就只能让孩子受到委屈而得不到教育。一般孩子考虑事情，都是非常幼稚和单纯的，这时父母万万不能妄下评论，不能对他轻视或嘲笑，反而要仔细听取他的意见，和他一起探讨如何解决问题。让孩子先说，然后父母再加以评论和引导，要看重事情的现状，分析得失利害，让他自己独立认真面对困难挫折。孩子把心里话说出来，即使有时会非常荒唐，父母也不要嘲笑，更不能加以责骂。父母要让孩子把自己的意见说出来，而且要让孩子知道父母是很重视他的。

孩子在成长过程中会做错事，说错话，这是不可避免的。针对这个情况，父母应该耐心地开导，让孩子明确地知道自己错在哪里。

1. 多和孩子聊天

现在大多数的父母整天都很忙碌。赶快洗澡、赶快吃饭、赶快写功课、赶快……这是一般的家长经常挂在嘴边的话。每天都这么急忙，就没有时间和心情与孩子聊天。但是，不常常和孩子聊天，又如何知道孩子在想些什么、做些什么呢？

无论再忙，也要找出时间和孩子聊，这才是合格的父母。经常和孩子谈话，多倾听孩子的想法，也适当地给孩子说些道理听，适当地给孩子一些管教，让孩子明白是非对错。在孩子即将犯错时，一股约束力量自然就会出现在心里——这种事爸爸妈妈曾跟我讲过不应该这样做，这样也就避免了错误的发生。

2. 学习倾听孩子的话语

大部分人都喜欢诉说，而不喜欢倾听，特别是父母对孩子，更是滔滔不绝地对孩子说"要乖乖听家长的话"。 但是这样又怎么会知道他的真正想法？ 不听孩子说话，又怎么能了解他、教育他？ 因此，父母想让孩子听话，首先要学会倾听孩子的话。

在孩子说事时，父母不要总想打断孩子的话，只要时不时对孩子点头微笑示意，或说几句简单的话鼓励他接着说就行了。 假如孩子感觉到父母感兴趣，那他一定也会有兴趣继续跟你说话。

3. 鼓励、说理代替责骂

"懒得理你"是很多孩子经常挂在嘴边的，当孩子对父母感到失望，就会用这种态度对待父母。 因为，如果孩子长时间和父母沟通效果都不好，他们就会干脆什么都不说了。 是什么导致沟通不良？ 孩子以前也许是很喜爱和父母说话的，但经常是刚开口说话，就立刻招来一顿骂，这样久而久之，孩子就不愿意再多和父母说了。 谈心、聊天是沟通的开始，而良好的沟通除了能了解孩子的动向，也有利于改善父母和孩子的关系。

直接影响孩子性格发展的教育方式

世上没有两个样貌完全相同的人，当然性格也是如此。好的性格是什么样的呢？

1. 饱满的热情

无论一个人做什么事情若没有热情，都不可能成功。很多孩子都有与生俱来的热情，不过，要让他们不受伤害，继续把热情持续下去，不是一件容易的事。热情的一个特点是脆弱，很容易在生活中被一些小事摧毁。所以，孩子的热情需要父母的悉心呵护。心理学研究发现，父母态度将影响孩子的性格，小的时候一般不容易发现，进入青春期之后，就能明显看出来了，并且伴随孩子的一生。

2. 充足的自信

成功的人都有能力迎接各项挑战。要做到这一点，父母首先要尽早地发现孩子的优点和才能，鼓励他们充满成功的信心，有意识地去诱导他们。

3. 热切的同情心

为了在孩子的心中播下同情的种子，父母要常常关心别人，给孩子做好榜样。

4. 较强的适应能力

孩子的适应能力应该怎样培养呢？最好的方法是让孩子感受到来自成人的爱，让他们能早日成熟。

5. 满怀希望

孩子一旦拥有这种特性就会敢于迎接挑战，能在黑暗中看到光明。要想孩子变成这样，父母本身就应该积极乐观。应常常告诉孩子：胜败乃兵家常事。这样，当困难到来时，孩子才会挺起坚强的脊梁，去战胜困难，而不是害怕，不敢向前。

影响孩子性格发展的重要因素之一是父母的教育方式。相关研究把家长分成溺爱型、忽略型、严格型、关心型、理智型五类。从这些分类中我们可以发现，从孩子的发展水平来看，其各方面都较低的是前两种家庭中长大的孩子；在行为上部分限制，思想上接纳子女的关心型父母培养出来的孩子，智力一般都比较高；理智型家庭的教育部分接纳不是期望中的行为，孩子各方面的能力都比较好。可见，对孩子优良品格的形成能起到积极作用的是较好的教养方式。

同时，父母是孩子的第一模仿对象，他们的行为将会被孩子模仿。 日常生活中我们发现，父母和孩子真像是一个模子中刻出来的，在很多方面都有相似之处。 这是遗传的作用，但同时也说明后天环境对孩子的性格有着非比寻常的影响。

这奇妙的相似之处不仅在父母与子女之间存在着，甚至兄弟姐妹之间也存在着。 另外，我们也经常发现，夫妻二人彼此之间会越来越相似，这说明环境对性格形成也有很大的作用，因此，努力为孩子营造一个良好的成长环境，是每个父母义不容辞的责任。

孟母不惜三次搬家，只是为了让儿子有一个良好的生活环境。 在母亲的教育下，孟子终于成为中国历史上伟大的思想家，没有让母亲的苦心付诸东流。 现代人也许不可能再像孟母那么做，但也应该为孩子营造一个良好的家庭环境。

有一点尚未引起人们足够注意的是：孩子性格的形成与早期生活习惯也有很大关系。 常抱怨孩子天性胆小、娇气的父母不知道，正是自己错误的教育方式养成了孩子的这种毛病。孩子性格品质要从小开始培养，建立良好的生活习惯是基础。

喜欢交际的孩子在人面前显得落落大方，具有很强的人际交往能力；相反，跟人很少交往的孩子一般都比较文静，一说话就脸红，极不自然的表情和举止暴露了他们害怕与人交往的事实。 所以父母要注意为孩子打造一个温馨的家庭环境，让孩子更善于跟别人进行交往。

对孩子性格有导向作用的是父母的情感态度。 现代父母更容易流露自己的情感，这使孩子变得异常脆弱敏感，依赖性强。 长期的娇惯让孩子不能被批评，如果父母的声音稍高一点，孩子可能都会因此受惊而哭泣，性格特征的弱点显而易见。 一般来说，娇气脆弱的孩子一般没有足够的心理承受力，容易在受到挫折时产生心理障碍。

现在很多家庭都是只有一个孩子，父母的悉心照顾表现得愈为明显，过多地包揽孩子的事情。 这种过分忧虑的心理，在语言和行为中不自觉地表现出来，对孩子起到暗示作用。很多父母在孩子想参加某项活动之前，对孩子"按响种种安全警报"，最后让孩子感觉到恐惧，并因此变得胆小。 年纪越小的孩子越容易受到这种暗示，父母的性格特点在潜移默化中影响着孩子。

先天遗传和后天生活的环境共同决定了孩子的性格。 作为父母，要注意纠正自己的性格缺陷，努力让孩子在良好的环境下成长的同时，还要注意多跟孩子谈心交流，多关心孩子，及时了解他们内心的真实想法，及时纠正他们成长过程中的性格缺陷，等到孩子性格已经形成了再纠正就没那么容易了。

一位心理学家这样叙述性格形成中遗传与环境的关系：

（1）家庭成员之间存在心灵与思想的遗传；

（2）在很多性格特质中，环境因素决定他们的发展及发展程度；

（3）先天已经具备的非常强的性格特质可以在任何环境中得到发展。

我们可以从上述说法中得到这样的启示：当父母为孩子营造成长的环境时，要注意发掘孩子身上存在的特质，使孩子的这种特质能够在最佳环境中得到发展。

保护好孩子的自尊心

自尊心是人格里一个很重要的方面，可以说，一个人的自尊直接决定他的未来。历史上那些成功人物虽然都有不同的个性，不过分析其共同点，会发现他们的自尊意识都很强。因此，孩子的自尊心必须得到最周到的保护。

但是，父母有时会在无意间伤害了孩子脆弱的自尊心。有个孩子天生五音不全，他的歌声就像锯木头。有一次，班里举行唱歌比赛，他在家里练习。母亲很烦躁地说："你这是唱歌吗？简直就是在制造噪音！"虽然妈妈是无意说出来的，不过彻底让孩子放弃了唱歌，而且开始害怕上学。

还有一种情况，那就是父母总是觉得孩子什么都弄不成功，不管什么事都帮孩子做。常见的就是同学来找孩子玩，母亲擅自做主说："看书，不去。"从来不考虑孩子的意愿。

小孩子也有自己的面子，母亲的行为让孩子在同学面前彻底颜面扫地。孩子进入校园后，就开始有自己的生活圈，有自己圈子里的人。在自己的世界里，我们都是独立的，孩子也不例外，他们是自己的国王，可以不受父母的控制。 为了让自己有面子，孩子有时会故意不听话。 母亲在孩子的朋友面前对孩子颐指气使，无异于向孩子通告他还没有独立的信息。 如果同学们发现某人没有自主权，就会渐渐疏远他，不再接受他。 这对孩子未来的发展影响不好。 不过，父母一般都意识不到孩子的这种行为，这样会让父母和孩子直接产生隔阂。

古今中外公认的道德规范都要求孩子尊重父母。 但是，要知道尊重是互相的，在尊重面前人人平等。 父母是长辈，孩子是小辈，传统的观念更强调孩子是必须要尊重父母的，其实互相尊重是必需的。 孩子一旦到一定年龄，就开始想要独立了，特别是上了中学后，独立的概念会出现在孩子的心理上，对社会上的事也开始有了自己的判断标准。 对于孩子的想法，只要不触犯原则问题，父母就应该尊重。

父母会因为孩子在外面受了委屈而愤愤不平。 不过，在平淡的生活中，有时父母无意伤害了孩子的自尊，自己却没有发现。 小孩子在家里难免乱拿乱放，很多时候用过了，却忘记放回原处。 所以，有时父母急需那个东西，找不到就会询问孩子。 假如孩子真的拿了，父母一问就能立刻找回来，那固然很好；不过如果孩子没有拿，面对父母的一再追问和埋怨，孩子的心理就会被阴影所笼罩。

孩子都是充满好奇心的，认为大人的世界都是新鲜的。在爸爸不在的时候，孩子会偷偷拿他的钢笔做功课；当妈妈不在的时候，会偷偷穿妈妈的高跟鞋。 一旦发生这些事，父母的头脑里就会产生条件反射：只要有什么东西找不到了，那就一定是孩子拿走了。

如果孩子说没拿，家长反而会觉得是孩子在说谎话，在某种程度上说，这就是人格侮辱，会让孩子伤心欲绝。不过家长却注意不到这种情况，更不可能感到孩子的痛苦和伤心，甚至还以为自己是正确的。过了几天，自己无意间在另一个地方发现了要找的东西，才突然明白，是自己错了。

这样的情况，在很多家庭中都常常发生，但都被父母忽略了。这种无意的举动，不仅会伤害孩子幼小的心灵，更会让父母和孩子产生隔阂。因此，父母一定要学会尊重孩子的自尊心。

又如，孩子做题的时候稍一马虎，考试中就会出现低级的错误。妈妈看到孩子连如此简单的试题都答错了，会感到极度的失望。可能会说："你脑子里到底装的什么东西！这么简单的题都做错！"有时为了让孩子受到刺激，还故意辱骂说："真是白让你长这么大了！你还不如小学一年级的学生呢！"

当然，这些话是为了让孩子面壁思过，从而产生奋起直追的决心。不过，这种话对孩子却不会起到任何有利的效果，最多也只能是刺痛他一下，距离他幡然悔悟还很遥远，也不能使他认识到自己的不足。

每个孩子都希望得到父母的夸奖，希望父母觉得自己是有所作为的人。父母责骂"你真是笨死了"，其实是在说"你真不是学习的料"，这只会让孩子失去信心。按理说，当有人责骂孩子"你真的无药可救"时，作为父母应该第一时间站出来鼓励支持自己的孩子："妈妈相信你，只要你努力了就一定可以的。"而且事实也是如此，无论外人怎样贬低，只要父母永远承认并相信孩子的能力，对孩子不断进行支持和鼓励，孩子就不会沉沦下去，不要低估亲情的力量。

但是，假如父母最先否定孩子，孩子便会真的开始怀疑自己的能力，最后会变得没有信心，什么事都做不成。此外，讽刺话更不是随便说的。本来对父母依赖性很大的孩子，需要父母的催促才去做作业，还要家长喊着去做事。后来孩子因为某种原因改变了这种现状，开始主动学习，主动帮父母做家务。妈妈感觉很吃惊，无意识地说"哎哟，这是地球不转了吧"或"今天是什么日子，怎么变得这么勤快啊？"

妈妈本来想表达自己的开心，但是由于感到意外，说了这种不着边际的话，会伤害到孩子的自尊。有句俗语这样说："说者无心，听者有意。"碰到上述情况，父母应该看到孩子的长处，而孩子听到激励他们的话语，内心会形成良性的自我意识，慢慢地，自信心也会越来越强大。

让害羞的孩子变得大方得体

能在公共场合表情自然大方地展现自我的孩子，总会引来同学父母的羡慕。羡慕之余，父母还会从内心深处为自己孩子的内向而痛苦着急，为孩子未来的交往能力担忧。不过光着急是没用的，作为父母，必须真正行动起来努力改变这个事实，让自己孩子变得大方起来，让孩子变成一个外向开朗的孩子。

1. 口语表达能力的培养

父母可以通过给孩子讲故事的方法让孩子喜欢学习，在讲故事的过程中，如果孩子有问题，要对孩子喜欢问问题的习惯给予肯定和表扬；帮孩子养成记日记的好习惯，父母可以先启发孩子对当天或前一天的生活进行回顾，然后回忆自己感受最深的事情，自由发挥，将自己的快乐伤悲表现出来，也可以让孩子表述，然后父母记录，当孩子说的时候，父母纠正错误，适时引导，帮助孩子丰富词汇。这样，积累的词汇多了，孩子说话时语言自然就变得丰富而充满内涵。

2. 为孩子创造锻炼的机会

如果一个孩子内向，当然不愿意在众人面前展示自己。这时候，父母就要主动为孩子创造锻炼的机会。

有一年，将将和妈妈在外婆家过中秋节。一大家子人热闹地团聚一堂，气氛十分热烈。晚饭后，妈妈提议搞个"中秋家宴文艺演出"，得到了大家的支持。

"有谁愿意做主持人呢?"妈妈说。"我!"将将的表姐大喊着。将将抬头看了看，默默无语，很是期待却没有勇气站出来。

妈妈觉得应该为将将提供这个机会。她知道将将最崇拜少儿节目主持人董浩，于是故意说:"嗯，姐姐很像著名节目主持人鞠萍姐姐，那董浩叔叔由谁来充当呢?"

"我!"提到董浩，将将立刻精神了。

在姐弟俩的主持下，节目开始了。

"首先，弟弟要为我们讲一个故事，大家欢迎。"将将神采奕奕地说。

后来，《三只小猪》的故事在小弟弟稚嫩的嗓音中结束，大家都给予了热烈的掌声。

"接下来是姐姐的舞蹈表演，欢迎欣赏。"将将继续着他的主持。

"大家欢迎将将为大家唱歌。"在大家的鼓励下，将将由主持人又变成了演员。

孩子的外公拉二胡，舅舅唱《猪之歌》，孩子们也都跟着唱起来："猪，你的鼻子有两个孔……"欢声笑语充斥着每一个角落。从此，将将也变勇敢了，在众人面前说话也变得落落大方了。

3. 奖励孩子

喜欢看书的小诗，才五岁就能独自看儿童读物了。聪明伶俐的她得到了幼儿园老师的喜爱，老师总是称赞她学东西特别快。不过，小诗害羞，性格内向，不愿意在众人面前表现自己。例如老师让她上台领操，她摇头表示不肯，但这是很多小朋友求之不得的事儿。再比如她很擅长讲故事，妈妈让她给爷爷奶奶讲个故事听听，她也是拒绝，就算是讲，也是断断续续，扭扭捏捏。

事实表明，优缺点是每个孩子都具有的，父母不能总是把孩子的缺点挂在嘴边，这样无意中会让孩子的缺点强化。父母应当用很轻松的语气告诉孩子，如果他能够表现得大方得体，那么父母每次都会奖励他喜欢的东西，如果做不到，或者讲条件，那就要进行一些惩罚。等奖励次数多时，可以给他更大的奖励。直到他的行为变得落落大方后，就可以改变这种奖励行为了，改用口头表扬的方式。

4. 充分利用生活实践锻炼孩子

很多孩子在家都能侃侃而谈，不过到了外面，就变得懦弱、胆小，不敢表达自己的观点。父母每天应尽量抽空带孩子走向社会，走向群体，以便培养孩子的交往能力，让孩子在与小朋友玩耍的过程中消除懦弱胆小的心理。玩是人与生俱来的本能，玩的过程也是交往的过程，同时，玩得开心会让孩子慢慢变得喜欢跟别人说话。

父母要明确孩子具有的能力，给孩子布置适量的任务，让他们做自己力所能及的事儿。如特意创设机会，将向邻居或周围的人借东西、送物品这种事情让孩子去做。在与邻居、生人来来往往的过程中，孩子会得到与人交往的锻炼，有利于语言表达的练习，交往的态度会随之变得自然、得体。

当父母要去购物时，可以把孩子也带过去，让孩子自主选择要购买的东西。有位很聪明的妈妈，她特意装作找不到要买的东西，让儿子向营业员请教，因为想买的东西是孩子自己想买的，所以孩子很高兴去问。最初，孩子总是依赖妈妈，要妈妈教他怎么说。妈妈也总是不厌其烦地教他，而且还及时鼓励他。最后，孩子就会很大方自然地和营业员交流了。如果买的东西不多，妈妈还会把钱给孩子，把购买的任务交给儿子。这不仅让孩子的社交能力得到培养，又锻炼了他的独立生活能力，可谓一箭双雕。

父母和孩子的老师多沟通、多交流，有利于孩子在学校里表现得出色，方便老师掌握孩子的性格特点，以及点滴变化。学校老师的关心、帮助有利于孩子在课堂上踊跃发言和积极思考。

5. 积极给孩子创设做客的氛围

父母带孩子一起去做客，有利于孩子的成长。当还没去做客时，告诉孩子要到哪里去，对方的基本家庭情况等，让孩子心里有数，让孩子怕生的心理降到最低，同时让孩子产生想去做客的欲望。例如："今天我们要去的阿姨家，有很多好玩儿的玩具，还有一个漂亮的姐姐，姐姐和阿姨都知道宝宝很厉害，而且很有礼貌，都很喜欢宝宝。"用这种方法让孩子的自信心增长。

此外，为了让孩子体会小主人的自豪感，可以经常将客人请到家里来做客。这些客人，可从孩子比较熟悉到从没接触过慢慢变化，从而让孩子的交际圈逐渐扩大。当孩子接待客人时，要给孩子一个锻炼、提高的机会，父母不能急功近利，要让孩子自己慢慢摸索。例如，让孩子向客人打招呼，跟客人一起分享自己喜欢的东西，分享自己的得意成果，再鼓励孩子跟客人沟通交流，在客人面前展示自己的才艺等等。

同时，及时表扬、鼓励孩子是父母必做的功课。在孩子跟陌生人接触的过程中，对孩子的表现表示关注，并对孩子的每一次进步给予真挚的肯定和鼓励。如语言亲切的表扬："今天宝宝的表现好棒哦！能够主动跟叔叔阿姨打招呼，他们都夸你呢。爸爸妈妈也真替你感到高兴。"有时，也可以将贴纸、图书、食物及小玩具等作为奖励，让孩子感受到成长和进步。总之，父母只要给孩子机会，那么必会得到孩子给予我们的回报。用心浇灌，并持之以恒，孩子就一定会进步的。

第九章

摆正学习心态,培养广泛兴趣

明确学习动机，调动学习积极性

　　良好的学习动机就是有强烈的求知欲望、好奇心以及积极的学习态度。孩子热爱学习、主动学习是每个家长的期望，现实却往往事与愿违，很多孩子学习的时候没有动力。

　　学校来了一位新校长，他给初三的孩子下了一条新目标，中考上线率要达到 70%，这个标准不算低。学校模拟时，上线率只达到了 60%，教务主任找校长修改目标，校长说，我专门给初三的孩子开个会。会上，他讲了三句惊人的话。第一句，他说："从今天起，我决定，初三的孩子只准吃肉，不准吃青菜。"孩子听完，想："嘿，为什么一直让我们吃肉？那岂不是会长很胖？"孩子们意见都很大。第二句，他说："看那些吃肉的动物都是勇猛的，只要是吃草的动物都比较老实。"孩子们顿时恍然大悟：原来校长是要他们像老虎一样勇猛，而不要像牛羊一样平庸。然后，校长说了第三句话："你都考不上高中，怎么能做老虎呢？真正要当老虎的，就先考个好高中！"说完这些，校长就离开了。之后的考试结果出人意料，中考上线率达到75%。

要让孩子明确学习动机，这样，才能让孩子更积极地学习。

那么，如何形成积极的学习动机呢？

1. 树立崇高远大的目标，明确学习目的和意义

家长应给孩子订立一个高目标，让他们更努力地学习。这个目标不妨设得更高一点，让他们有一种不断追求、不停超越的感觉，以此来激发他们的潜能，强化学习动力。

2. 强化学习动机，培养独立进取的个性

独立进取与学习动机有很密切的联系，独立进取意味着孩子有很强的进取心，这样的人在学习中有很强的自我约束力，因此学习成绩会很好。

3. 注意调整学习动机的水平

有了学习动机，但是动机过强或者过弱都是不可取的。过强会造成放弃一切与学习无关的活动，每天不停地学习，其结果只能带来身体的损伤；而动机过弱，就会造成学习无计划、没目标等不良后果。

4. 计划好学习的每一步

制定长期完善的学习计划会使你有非常明确的目标，时刻

都知道自己处在一个什么位置，离目标有多远的距离，这可以大大减少学习的盲目性，使整个学习计划紧张有序。

5. 培养良好的集体氛围

身处一个良好集体氛围中，会在无意中对你产生积极的影响，你会受到集体中其他成员的带动，从而提高效率。因此，在一个相互竞争又相互理解和支持的集体氛围中，能够对学习动机产生积极的影响。

有两个妈妈是大学同学。寒假的时候，妈妈带儿子去同学家做客，正好同学家也有一个儿子。妈妈开始询问男孩上几年级。他回答："阿姨，我才上高一。""高中在哪个学校呢？""在南开中学。"那是一所很好的学校。"成绩如何呀？"男孩又回答："期末考试在班里排第一。"妈妈回头看看自己的儿子，他多希望自己孩子也是那么的优秀啊，可现实是孩子学习一般，在一所普通中学上初三。妈妈一直闷闷的，但始终没对孩子提学习的事，知道那会打击到孩子的自信心。

看到妈妈心里难过，男孩想："不行，我一定要学出个样来给妈妈争口气！"之后，他一直以阿姨家的儿子为榜样，三年后高考，竟然成了天津市的高考状元。

人的成长，有时候会很神奇，它可以达到任何你想达到的境界，只要你为之付出足够的努力。

相信自己能行，用坚定的信念完成学业

要让孩子具有独自探索知识的能力，就要让孩子自主地学习。能力是靠自信和乐观累积起来的，只有让孩子意识到自己有这样潜在的能力，相信自己一定能成功，他们才能在求知的旅程上大步前行。要让孩子在各种挫折和困难面前能够从容面对，就要培养他们积极乐观的心态，在人生的道路上奋斗到底。唯有不断激励、鼓舞自己，孩子才能在自主学习中获得成功！而父母在培养孩子自主学习的过程中，应该从小事做起，要懂得尊重孩子并且鼓励孩子克服自己的自卑心理，这样才能使他们在自己的学业上能有个惊人的成绩。

李丹是一个在乡镇学校上学的高中生。那年学校一共招了40个孩子，但等该上高二时，一个年级就只剩下了22个学生，老师没有动力教，学生没有心思学。到了高三，李丹觉得如果再这样下去，自己的大学梦就要泡汤了。于是，李丹骑车到了距离乡镇二十多千米外的县城重点中学，打听到学校最好的老师后，他给老师讲了自己的情况，恳请老师收留他并实现他的大学梦。

老师无奈地对他说："依照你的现有水平恐怕不能够跟上学校的进度。"但是，李丹是个固执的孩子，他说："老师，看在我大老远从乡镇骑车过来的份上您就把我留下吧！"老师看出他是个诚恳的孩子，对他说："要留下也可以，我有个条件，如果你在期中考试能够在班里考到前50名（当时班里一般都是60～70个孩子），我就要你；如果没有进前50名，你就回去吧，你看行不行？"

李丹点头说行。可是在期中考试时他只考了第53名。李丹沮丧地收拾行李走了，走到半路，觉得不管怎么样都应该和老师道个别，于是他便背着一箱子的书，不顾疲惫劳累又走了回来，他见到老师说："老师，我这次成绩并不理想，没有达到您所要求的目标，我是来跟您道别的，我就要回去了。老师，我明白了天生我就不是考大学的料，我还是踏踏实实务农吧。我今天过来看看您，感谢您这段时间对我的鼓励和帮助，我不会忘了您的。"

老师觉得对于基础差的他来说，能够考到53名，已经相当不容易了。就对他说："你怎么能这么没有自信呢？在一个月的努力里，你从刚开始的倒数第一考到第53名，已经很厉害了，你是个有潜力的孩子！你又怎么能说自己考不上大学呢？如果你继续这样冲刺的话，我相信你一定能够考上大学的，这就要看你有没有信心接受这份挑战，完成自己的梦想了。"

李丹很感动，他没想到老师会这样说，就问："老师，我还能继续留下来学习吗？"老师说："当然可以，你能不能对自己有点信心，给自己争口气？用你自己的实际行动证明你可以？"李丹没想到结局是这样的美好，于是他天天埋头苦学，学习劲头就像饥寒交迫的人看见了面包一样，他每天早起晚睡，完全沉浸在努力学习的乐趣中。

果然他不负众望，期末考试的时候在班里取得了第23名的好成绩。与此同时，班里的其他同学也感受到了李丹带来的竞争压力。在考了第23名之后，李丹又增强了自己的自信心，他不再满足于只考一所普通的大学，而是要努力考到一所好大学！李丹仍然努力学习着，一年过后，他取得了全年级第8名的好成绩。也就是这时，他下定决心要考进清华。

还有一个月就要高考了，在测验中他考到全班第5名。他对老师说："老师，如果高考能够推迟一个月，我一定能考全班第一名。但是已经没有时间了，我上不了清华了。"老师说："时间已经足够了，你短短的几个月时间成绩能从倒数第一变成前五，以你现在的这个水平，在高考之前继续努力，清华是肯定能考上的，这就要你对自己有信心！"最后，李丹以排名全校第三的好成绩如愿进入清华。

一个人究竟有多大的潜力？ 这就看你的信心有多大了。有了信心才能把自己的潜能激发出来，焕发自己奋斗的热情，那最后的成绩也就不可估量了。

往往在学习上不能坚持下去的孩子，绝大多数都是自信心不强的孩子，他们不能克服困难去实现自己的学习目标，没有毅力坚持下去，对自己能否完成学习任务产生怀疑，久而久之，也就很难对学习产生兴趣。家长做的最重要的事就是让孩子对自己有信心。那么，家长怎样做才能让孩子在学习上对自己产生信心呢？

1. 平时不要让孩子感受到压迫感，营造舒适的家庭氛围

2. 生活上要对孩子多些关心
尤其是在一些小事上，和孩子一起制订、分析学习的目标，鼓励他们勇敢向前迈进，在完成任务时也要给予孩子表扬。

3. 家长应该时刻表扬和鼓励孩子完成学习目标
父母对孩子的评价往往是孩子对自己最基本的认识。我们身边的家长总是对孩子的指责和批评多过表扬和鼓励，他们觉得这样孩子才会有所改善。但事实上，这会带来负面的影响，人不会由于责备而变好。孩子的自信心必须通过父母的不断表扬和鼓励才能建立。家长一定要多多地挖掘孩子优异的一面，并用愉快的心情赞扬孩子的优点，哪怕是一点小小的进步，作为家长的也应当及时鼓励。

4. 不要将其他的孩子和自己的孩子做比较
父母简单的比较会使孩子觉得自己不如别人，从而更加丧

失自信心。 家长的首要任务不是盲目攀比,而是帮助孩子找出并发展他的优点。

5. 对孩子的失败和挫折要给予充分的理解和帮助

很多家长总是习惯在孩子考试不尽如人意的时候劈头盖脸地训斥一顿,甚至会有阴阳怪气的冷嘲热讽,没有安慰或同情。 孩子们也需要家长的鼓励和支持,因为父母是他们生活中最重要的人,家长这时最需要做的有以下几点:

(1)当孩子面对挫折与失败时,父母要心平气和地帮助孩子找到失败的原因和解决的办法。

(2)对孩子要有理解和包容之心,失败和挫折是每个人都会经历的,要让孩子明白这个道理,这是在成 功之前必经的道路,作为父母,不要因为孩子的失败便对他漠不关心。

(3)一定要让孩子继续努力。 孩子对自己产生信心的前提是,父母首先要对自己有信心。 父母给予的信心和鼓励会使孩子具有克服困难、面对失败的勇气。

6. 对孩子的疑问,一定要做到耐心回答,让孩子认为家长是值得他们倾诉的对象

20 世纪初,一个叫玛瑞的小姑娘在英国的一个小村庄里出生了,她从小就在家教十分严格的环境下成长。父亲总是这样和她说:"做任何事都要走在别人前面,不能落在别人后面,要力争上游。即便是在公交车上,也要坐在最前排。挫伤自己信心的话坚决不能说。"

也许这个要求对于年幼的玛瑞太过苛刻，但是后来证明这个教育方法是十分正确的。正是由于从小受到这种严格教育，才使玛瑞拥有极大的信心和进取之心。无论是在学习还是在工作中，她总是拥有克服困难的决心和勇气，总是一往直前地做好每一件事，她从来没有忘记父亲的教导，并且事事希望能够取得第一，以自己饱满的热情保持着"永远坐在前排"的必胜信念。

玛瑞上大学时，规定需要五年来学完的拉丁文课程，她只用了一年的时间就学完了，而且成绩十分优异。玛瑞不只是在学习方面出类拔萃，在体育、音乐方面也是颇有造诣。当时校长评价她说："她总是能够很出色地完成每一件事，她简直就是学校自建立以来最厉害、最优秀的学生。"

也正因为如此，四十多年后，她成为英国保守党连续四届的领袖，是英国乃至整个欧洲政坛上的一颗耀眼的明星，并且在 1979 年成为英国第一位女首相，她在位执政长达十一年之久，"铁娘子"便是她在政坛的尊称。

"永远占据在有利位置"不仅代表一种积极乐观向上的人生态度，更是一种勇往直前和力争一流的精神。在世上，想坐在前排不一定都能够坐到前排，许多人之所以不能坐到前排，就是因为他们把这个信念当作一种理想，并没有付诸行动去完成它，使理想终究没能实现。

不管做什么事情，都是态度决定高度。撒切尔夫人的父亲使我们认识到父母的责任不仅仅是要养育孩子，更重要的是要教育他们"永远坐在前排。"

　　保持一颗自信的心，这样才能使你面对困难和失败时勇敢无畏。可能有的同学在学习上遭受过挫折，却并没有找到失败的原因，最后便对自己失去了信心。形成了一种心理暗示：我学习不好，即使再怎么努力也是徒劳。有人曾经这样说过，"成功是学习的动力"，因为每次成功后，信心便会随之增加。正是这种信念，使一些基础相对薄弱的同学，通过科学的方法，最终到达了胜利的彼岸。

学会交流，借鉴别人的学习经验

　　现在很多家庭都是独生子女，因此他们也都显得很自我，很难发现别人的优点。可是小孩子如果从小就不能看到别人优点的话，长大了可能会导致自以为是，无法和他人合作。如果用当下的话来说，就是不会合理运用身边的资源。市场经济环境下不能向别人学习，那么他就不能够站在未来的立场考虑事情，这样便很难获得成功。因此，我们从小就要让孩子善于发现别人的优点。我们需要知道的是，除了学习之外，借鉴别人的经验才能跑得更远。

　　一个聪明的小女孩，有点内向，不喜欢和别人多说话，学习碰到困难也不向别人请教，总是喜欢自己闷头学习。小学的时候她学习一点问题都没有，到了初中就显得特别吃力。妈妈便带着女儿四处寻求专家帮忙。专家便问她，有没有听过龟兔赛跑这个故事？小女孩回答知道。专家说，这个故事里面的兔子很容易骄傲自满，中途睡觉了，最后还是乌龟赢得了最后的比赛。她说是啊。专家说我现在跟你讲讲新的龟兔赛跑故事，一听说是个新版本，她顿时来了兴趣。于是专家开始给她讲：

在它们的首次比赛中，由于兔子掉以轻心，乌龟便赢得了比赛。兔子便想我这么快的速度，怎么能让乌龟跑赢呢？于是便要进行第二次的比赛，这回兔子当然不敢大意还睡觉，于是兔子便取得胜利。乌龟想第一次我赢得了比赛，这次怎么又输了呢？于是又向兔子发出第三次的挑战。这一次，虽然兔子没有睡觉，但是却依然是乌龟赢了。

她说那这怎么可能，怎么可能是乌龟取得了胜利呢？专家说因为乌龟改变了赛跑路线，把终点放在了一条河的对面！虽然兔子跑得很快，但是它却不会游泳，怎么也过不去。乌龟缓慢地爬到了河边，跳下去，直接到了对岸，所以当然是它赢了。

孩子听完这个故事，专家问她有没有什么感悟。她想了想说："乌龟和兔子各有优点和缺点。"专家说："你是个聪明的孩子，其实我们人也一样。"女孩听见专家夸奖她，显得特别高兴，于是和专家开心地交流起来。专家接着又说道："之后兔子又和乌龟协商说道，我们两个合作吧，在陆地上的时候你借助我的力量，在过河的时候我借助你的力量，这样我们俩便都可以很快到达对岸了。"小女孩听了之后说："我明白了。"这个故事以及这个故事的道理会让小女孩一生都受益。

在学习生活中，不要只看到同学的缺点，还要发现他们的优点，也要善于和同学沟通，重视同学之间的交流。我们总是会听到："听君一席话，胜读十年书。"所以学习中的孩子也是应该这样，当你一直弄不懂一个问题的时候，可以去请教自己的老师还有同学，没准儿他们的一个提示就会使你恍然大悟。然后你还能有更多的时间去学习更多知识，这样你的学习效率自然而然地就提高了。

当我们遇到不会的问题，一定要多向别人请教、学习，这样能更好地解决问题。有些同学不注意能力的培养，所以家长一定要注意以下几点：

1. 鼓励孩子多说话

如果你的孩子是一个内向的孩子，就应该让他多发言多说话。而家长所要做的就是耐心地听孩子说话，不要随意打断，也不要一副不耐烦的样子。语言的表达是需要长期的锻炼，在培养孩子表达能力的过程中，一次粗暴的批评，就有可能让孩子的心灵受到严重的伤害。

2. 家长多向孩子请教

平常生活中，家长也可以向孩子请教问题，例如，家里的这件物品应该摆放在哪里。通过这样耳濡目染，孩子会觉得向别人请教问题也不是什么丢脸的事情，也便会找别人帮忙了。

3. 要求孩子说话客气

在家庭生活中，也要让孩子懂礼貌。一定要让小孩子们知道一个人的言语是能反映出一个人的内在素养的，一定要懂得尊重别人，才能更好地交流。

4. 要求孩子尊重老师的劳动

老师辛苦、无私地教育孩子，假如非要说他们希望得到一些回报的话，那么便是希望学生能够在知识这座大山上勇攀高峰。所以，要教孩子尊敬老师，在路上看到老师要问好。上课的时候一定要学会认真听讲，不违反课堂纪律，按时高质量地完成老师的作业。有一些学生总是喜欢糊弄作业，字迹也是很潦草的，批改作业时让老师辛苦很多，老师当然会对你印象不好。尊敬老师以及老师的劳动成果，才能保证师生的和谐关系，也才能更好地促进学习。

5. 向同学请教

碰到难题时老师和家长不一定都在，其实向自己周边的同学请教问题也不失是一种好的学习方法。困难是每个人都可能会遇到的，遇到了困难之后一定要向同学或者老师说明，同学一般都会热心帮助的。小孩子们都希望在学校的时候能够拥有很多朋友，同学都喜欢和自己玩。要抓住孩子的这一特点并且告诉他们和别的小孩子请教问题也是可以交到朋友的。假设你拥有良好的态度，别人就自然而然地会喜欢你，希望和你成为朋友。这并不是什么丢脸的事情，反而可以在共同的学习中培养友谊。

6. 锻炼孩子的语言技巧

家长应该教给孩子，要怎样向其他同学请教。家长一定要和孩子在讨论问题的过程中来提高自己孩子的表达能力。根据孩子所提出的问题，父母可以当作孩子的被问对象，然后向孩子请教，示范怎样说话沟通能让问题更好地解决。

7. 要敢于承认并及时改正自己的错误

很多孩子都是明明知道自己错了，受到了批评之后，就算心里再内疚，嘴上也丝毫不让步，甚至跟老师的关系弄得很差。有些人在受到老师的批评之后就对老师怀恨在心，认为老师对自己存在主观偏见。这都是错误的想法。错了便是错了，一定要向老师主动承认错误，只要改正了便是好孩子。老师不会因为你一次不完成作业、偶尔违反纪律就把你当坏孩子看待，对你产生偏见。老师对每一个孩子都是一视同仁的。跟老师保持良好的关系既能促进你的学习，又能学做一个好孩子，这将会是你一生的财富。

刘昊同学，某市理科高考第一名，当他向别人传授自己的学习经验时，说到最重要的品质便是注重交流，善于向别人学习。他给人印象最深的一句话便是："善于学习的人，其实不仅仅是要从书本上获得知识，更要学会懂得欣赏他人的优点并且学习他人的长处。"他说："一个人只有有限的智慧，大家一定要多多交流、拓展思路。例如在做数学题的时候，每个同学都有自己的解题方法，当大家得到了不同的答案并且展开讨论的时候，必然会学习到自己以前没想到的方法。高中三年我一直都住在学校，所以和老师还有同学们有着深入的交流，他们教会了我很多东西，并且对我一直都很有帮助。因为我的成绩比较好，经常会有同学来向我请教问题，面对这些问题，我总是尽我所能地回答，我并不认为这是在浪费时间，在这个过程里，我顺便可以整理自己的思路，而且常常还有意外的收获。"

从上边我们可以知道，孩子一定要学会跟别人交流合作，也就是要懂得如何整合资源，我们一定要从小就培养孩子的这个意识。 借势而上，多少人都是因此成功的。

挑选一种适合孩子的乐器

音乐对孩子起着十分重要的作用，家长也都期望孩子能够学习一些与音乐有关的技能作为特长，特别是乐器方面。但是，面对种类繁多的乐器，该为孩子选择什么类型的乐器，什么乐器才更有利于孩子的发展，是很多父母所面临的难题。

现在，学习乐器的孩子很多，其中有的孩子只有七八岁，甚至有的孩子只有三四岁，因此他们肯定是不知道最适合他们的乐器是什么的，这时父母的引导必不可少。但是，有的家长在这方面也十分缺乏经验，很多家长都不知从哪开始下手。以下是各位父母所要注意的问题。

1. 乐器的品种及类型

乐器可以分为民乐和西洋乐。西洋乐范畴内的弦乐有大提琴、中提琴、小提琴。西洋乐中的管乐器，包括短笛、长笛等铜管乐器，还有长号、圆号、小号等。弹拨类包括吉他和竖琴，打击乐有架子鼓，还有大家最熟悉的键盘类钢琴、手风琴等。 民乐也分为四大类，打击乐、弹拨乐、管乐和弦乐。 弹拨类的乐器包括古筝、扬琴、琵琶等，打击类型的乐器有叉、鼓、钹、铙等，管乐中包括笛子等乐器。

2. 选择乐器的方法

首要条件就是孩子一定要感兴趣。 如果家长不是很懂乐器，也不知道孩子喜欢什么类型的乐器，最简便的方法是带孩子去艺术展厅看一下，让孩子自己了解一下各类乐器，亲身摸一摸、听一听，这是了解孩子喜欢什么类型乐器的最好方法。 另外，还可以通过看报纸、杂志、电视来加强孩子对音乐的认知，这样为孩子挑选乐器就方便多了。

另外，不一样的乐器对孩子的要求也不一样，例如，学钢琴需要手指灵活，管乐需要嘴的变化灵活。

3. 学习乐器的最佳年龄

孩子学习乐器，有利于开发智力，既然这样，到底什么时间学习音乐是最好的呢？ 从理论上来讲，学习乐器是早些好。 有些知识孩子学得好、学得快，但大人却远不及小孩子。 但也不能说明学乐器越早越好。 太早学习乐器的孩子也会面临很多问题，一个原因是孩子年龄小，交流的能力比较差，可能理解不了老师的意思；另外一个问题就是孩子还不够成熟，家长很难掌握孩子真正的兴趣是什么。

总之，学习乐器的最佳年龄是上小学以后，但是家长应该具体问题具体分析，不能一概而论。

4. 学习乐器需要注意的问题

第一，一定要以孩子的兴趣为准，父母一定不能违背这个规律，不要把自己的兴趣强加给孩子。

第二，家长也应适时地对孩子的学习和练习进行督促。很多家长会碰到学习乐器不能坚持到底的孩子。在买完乐器不久，孩子会有些新鲜感，但当孩子练习几次后就对乐器没什么兴趣了。面对这种情形，家长应该怎么做呢？解决这种问题最好的方法是给孩子规定练习的时间，制定练习的任务，让孩子在规定的时间内完成任务。

第三，父母要科学合理安排孩子的练习时间。针对那些初次学习乐器的孩子来说，一次练习可以达到 20 分钟左右。另外，孩子练习的时候，家长最好坐在旁边监督，而且要耐心指导，这样才能达到最好效果。

5. 键盘乐器总是被优先选择的原因

大多数人认为，依据孩子的生理特征和认知特点，孩子首先应该选择键盘乐器，例如电子琴、钢琴等。理由主要有以下几点：

键盘乐器音准而且稳定，可以帮助孩子慢慢地纠正音准，而弦乐器音准则很难掌控，它需要演奏正确的弦调、手也要按在正确的位置上，有时这对于一个孩子来说是件很困难的事情。

不过，无论为孩子选择怎样的乐器类型，刚开始的时候都需要注意视唱练耳，因为音乐学习不仅是为了表演，也要学会欣赏。

上述是给家长的一些参考，当然，假如你并没有决定培养音乐人才的话，那么更应该适时地让孩子懂得，学习乐器并不是想让他将来做一个音乐家，而是希望他生活在充满音乐的世界中。

培养孩子的绘画欣赏能力

　　孩子欣赏绘画的能力的高低对孩子绘画水平有着很大的影响。 有的孩子四岁的时候就能看懂一幅画的主要形象和简单情节，甚至能明白画中各元素的联系与背景的用意，并且能用自己的语言表达出来。

　　给孩子欣赏的画应该是适合孩子年龄段的，例如可以是以小动物为主人公或是以童话故事为主配合现实生活的一些图画。 细致和逼真的画是孩子的最爱。 此外，在选择给孩子欣赏的图画时，应该选择一些色彩明亮的、柔和的、要以暖色调颜色为主的图画。 也不应该只关注一种画的形式，油画、水墨画、简笔画等都应该让孩子接触，并学会欣赏、品味它们。

　　当孩子开始注意到那些鲜亮的颜色的时候，他们已经学会花费时间关注某件物象，开始讲究自己的衣着时，就表明他们已经有了一定的欣赏能力。 对于孩子的家长而言，怎样才能让孩子画出自己喜欢的画作呢？

1. 尽量使用彩色笔绘画

最好绘画的时候用鲜明的色彩，图画要尽量大一些。 但是色彩也不适宜过多，最多三种，否则视觉会不容易集中到一幅画作的本身含义中来。

2. 画的构图要简单，背景要趋于简单明了

可以画一些孩子日常接触比较多的物体。 例如日常见到的书本、可爱的小台灯、红红的苹果、小花衣服等。 每幅画最好只画两件或者更少的物体，这样才利于孩子对整幅画的充分观察。

3. 可以让孩子一边看着作画一边欣赏

父母画一部分，然后让孩子补充另一部分。 例如父母可以先画一个物体，然后和孩子一起商量接下来要画什么。 这样，有参与性、创造性的欣赏，不但能激发孩子的兴趣，而且还能锻炼孩子的思维能力。

4. 让孩子理解自己的画

由于孩子的年龄比较小，再加上对世界的认知还不够，所以父母要对画作进行一定程度上的解说，父母最好能给一些手势上的描述，这样孩子就能更好地理解绘画的内容。 还应该让孩子参与画的创作过程。 例如我们要画一只小狗的时候，可以这么和孩子交流：你知道小花狗的叫声吗？ 让孩子一边学习绘画一边学小狗的叫声，从而调动他的情绪，让他对画作充满兴趣。

让孩子自己动手搞"发明"

在中国五千多年的历史长河中，出现过很多发明家，他们的发明不但让我们引以为傲，更重要的是推进了中华民族的繁荣发展。这些伟大的发明家之所以有这样的成就，主要是有良好的兴趣对他们引导。所以，如果孩子喜欢拆装东西，父母切不可制止，而是应该培养他们良好的兴趣。说不定，这就是他们发明家生涯的开端。然而，中国的很多父母都觉得，孩子搞一些小发明小创造的活动十分影响学习和生活。其实，这是父母认识上的误区。

误区一：搞小发明影响孩子正常的学习。这是大多数家长拒绝孩子搞发明的理由，他们认为发明创造会浪费孩子的时间，到最后竹篮打水一场空。下面这个故事，可以让大家进行参考：

有两个即将进入高三的学生，他们有机会去北京参加发明比赛。但他们的父母担心会影响学习，所以并不支持，经过一系列的讨论之后才同意他们去。在创新决赛期间，他们认识了很多有同样爱好的同龄人中的佼佼者，他们互相学习，获得了许多新的知识。七天北京之行后，孩子们的精神头明显比以前好了，这对高三学生是有益的。

这个故事告诉我们，发明创造其实不仅不会耽误学习，而且利用好了反而会促进学习成绩的提高。

误区二：发明创造没有什么用，是一种不务正业的表现。孩子为了自己的研究，把小昆虫养在家里，然后收集一些破铜烂铁，但妈妈喜欢干净，把孩子所有的东西全扔了，并警告孩子："再这样就揍你。"传统的家长认为孩子只有读书写字才是学习，动手制作只是贪玩。但家长有所不知的是，这样强制孩子学习会让孩子的创新萌芽烂在学习的花盆中，也许就因为这样，孩子失去了一次创新的机会，也埋没了一个可能创新的"小天才"。

误区三：孩子的发明作业，家长代劳完成。另一个极端上的父母会全程代劳孩子的创作。这样的做法只会让孩子对父母产生依赖，甚至会阻断孩子的创新思维。父母应该让拥有创新思维的孩子自由地发展，并且让孩子亲手做出来，这样才能达到让孩子在创新中发展的目的，而且孩子也能感受到制作过程中的乐趣。

以上，讲的是父母在培养孩子进行发明创造的时候需要注意的几个点，下面是关于培养孩子动手操作、喜爱创造的方法。

（1）平日和孩子相处的过程中，对于孩子的创造和发明要多给予鼓励，让孩子不能只是有思维，还要有行动。可以让孩子模仿操作，让孩子增强动手能力。另外，就是一些家用设备的使用和在日常生活中的应用等。

（2）进行旧物品改装新物品的实验。这项活动的创造性是非常强的，比如修理闹钟，缝补布娃娃，巧妙利用瓶盖、废弃的瓶子、牙刷、布料来变废为宝。家长要细心、适时地调整自己在孩子整个制作中的角色，如成为帮手或者是建议者。

（3）有一定条件的家庭可以组织孩子进行一些综合性的实践活动。如果孩子对科学实验感兴趣，可以自己建造一个微型实验室，做很多物理和化学上的趣味实验。让孩子自己去发现那些写在课本里的原理，这样可以培养孩子对科学的热爱，激发他的求知欲，同时孩子的动手创造能力、发散思考能力也能得到提高。还要大大鼓励孩子多参加学校里举办的课余科研实践小队等一些能够让孩子动手的活动。

只有让孩子自己动手进行操作，才能集中孩子的注意力，让孩子对制作东西产生浓厚的兴趣。所以，父母们尽量让自己的孩子亲自动手，不要错过了孩子成为科学家的机会，同时也会让他们以后的生活变得多姿多彩。

父 / 母 / 家 / 教 / 艺 / 术 / 全 / 集

好好说话：

把话说到孩子心里去

扫码收听全套图书

扫码点目录听本书

杨颖　编著

成都地图出版社

图书在版编目(CIP)数据

好好说话:把话说到孩子心里去／杨颖编著. -- 成都:成都
地图出版社有限公司,2018.12(2021.2重印)
(父母家教艺术全集;3)
ISBN 978-7-5557-1110-0

Ⅰ.①好… Ⅱ.①杨… Ⅲ.①家庭教育
Ⅳ.①G78

中国版本图书馆 CIP 数据核字(2018)第 287539 号

好好说话:把话说到孩子心里去
HAOHAOSHUOHUA BAHUASHUODAO HAIZI XINLIQU

编　　著:杨　颖
责任编辑:游世龙
封面设计:松　雪
出版发行:成都地图出版社有限公司
地　　址:成都市龙泉驿区建设路 2 号
邮政编码:610100
电　　话:028 - 84884648　028 - 84884826(营销部)
传　　真:028 - 84884820
印　　刷:永清县晔盛亚胶印有限公司
开　　本:880mm×1270mm　1/32
印　　张:6
字　　数:160 千字
版　　次:2018 年 12 月第 1 版
印　　次:2021 年 2 月第 11 次印刷
定　　价:150.00 元(全五册)
书　　号:ISBN 978-7-5557-1110-0

前　言

　　没有不听话的孩子，只有不会说和听的父母。 要解决教育好子女的问题，得先解决父母方面的问题——也许后者才是更重要的环节。 英国著名的哲学家和教育思想家约翰·洛克早在 300 年前就提出：要尊重孩子，要精心爱护和培养少年孩子的荣誉感和自尊心。 他断言："奴隶式的管教，其所养成的也是奴隶式的脾气。"洛克认为，孩子一旦懂得尊重和羞辱的意义之后，尊重与羞辱对于他的心理便是最有力量的一种刺激。

　　孩子是上天给我们的恩赐。 我们有机会和荣幸成为照料他们的园丁——浇水、除草、施肥、欣赏，满怀感激之情将幼苗培育为茁壮的植物。 对于孩子来说，父母对他进行理智的、没有强迫的教育，他是很容易接受的，也会认真去改正自己的过失。 掌控情绪，才能掌握未来。 在教育孩子的问题上，也是一样的道理。

　　不会说话是个大问题；没意识到自己不会说话，是更大的问题。 《好好说话：把话说到孩子心里去 》就是利用真实的家庭教育案例，分析总结，有理论有方法，让家长掌握教育孩子的精髓，学会控制自己的情绪，认真坦诚地和孩子沟通，读懂孩子的心理，做孩子的知心朋友，让孩子自觉做出改变，一旦把这些方法付诸行动，就能轻松地让孩子健康、快乐地成长。

　　我们和你一样，我们和大家一样，一直都在好好说话的路上不断学习、总结。让我们一方面勇敢把握抚育我们子女的机会，同时保持开放的心态，赋予其成长的自由——做最爱他们的管家，让他们发展出攀登道德最高峰，自信而成功地穿越生活中最令人生畏的急流的能力。

2018 年 10 月

目　录
CONTENTS

扫码点目录听本书

第一章

关注内心，才能让孩子真正接受你

归属感是孩子最早的安全感 / 002

爱孩子，不妨直接告诉孩子 / 005

再忙也要留下和孩子对话的时间 / 008

理解孩子，小孩也会"心累" / 011

开心的父母才有快乐的孩子 / 014

第二章

读懂孩子，才能教出好孩子

读懂孩子的心，走进他的小世界 / 018

了解孩子的需求，理解孩子的需求 / 020

读懂孩子审视世界的方式 / 022

找出孩子产生逆反心理的深层原因 / 025

要明白孩子的长处和短处 / 028

第三章

好好说话，让孩子充分理解你

低声说与大嗓门，哪个更有效 / 032

南风效应：温暖的沟通法最得孩子心 / 035

教育不粗暴，说服有技巧 / 038

超限效应：说教切忌唠唠叨叨 / 042

一个拥抱胜过十次说教 / 045

别把自己的想法强加给孩子 / 048

第四章

学会夸奖,赏识是对孩子最大的爱

每天夸孩子一句 / 052

赏识并不是简单的赞扬 / 055

发现孩子身上的闪光点 / 057

夸奖一定要发自内心 / 061

懂得在别人面前夸奖孩子 / 064

第五章

刚柔并济,赏识与批评一个都不能少

多一点赏识,让孩子更看重自己 / 068

赞美孩子,从一言一行开始 / 072

孩子有尊严,尽量私下批评他 / 075

让孩子尝尝"自作自受"的后果 / 078

第六章

用心倾听,让孩子说出心里话

坚持让孩子把话说完 / 082
别让孩子成为"沉默者" / 086
妈妈要做孩子最忠实的听众 / 089
妈妈要表达出倾听的兴趣 / 092
让孩子学会表达爱 / 097

第七章

这样说话,孩子才会听

真诚地和孩子交流 / 100

蹲下来和孩子说话／103

平心静气地和孩子说话／106

针对孩子的个性选择交流方式／112

用讲故事的方式与孩子交流／117

第八章

批评的技巧，正确对待孩子的错误

允许孩子犯错误／122

不要给孩子贴上"负面标签"／126

学会把对抗变为对话／131

先订好规矩，然后再惩罚／135

掌握好批评的时机／138

第九章

好好说话莫暴躁，冷静应对冲突

利用自己的权威解决与孩子的冲突／144

孩子当众发难的处理方法 / 147

要学会不用责骂来引导孩子 / 149

寻找疼爱与规训之间的平衡 / 154

第十章
好好说话,让孩子养成好习惯,做事有能力

怎样对孩子进行诚信教育 / 158

让孩子成为真正的动手操作者 / 163

培养孩子持之以恒的习惯 / 168

培养孩子与人合作的能力 / 174

让孩子学会赞美别人 / 177

培养孩子待人接物的能力 / 179

第一章

关注内心,才能让孩子真正接受你

扫码收听全套图书

扫码点目录听本书

归属感是孩子最早的安全感

　　建筑师要想修建一所结实的房屋，需要有又稳又深的地基。人的生命要想健康长久地成长，也需要有稳固的地基。小孩出生后，地基便开始"建筑"，在这里，生命的地基便是人的"安全感"。

　　安全感是一种人在社会生活中感到安心不害怕的感觉，当环境中可能出现对身体或者心理有危险甚至潜在危险的情况时，安全感能够使人预感到出现的环境变动，人在其中主要表现为确定感和可控感。

　　安全感是生命的地基，即心理健康的基础，孩子在满足了安全感的基础上才能带着稳定的心理去探索未知的广阔世界，追求更高一层的需要，带着自信心去和小伙伴打交道，融入学校生活里，在小伙伴和学校里体会到自己的价值。相反，如果孩子有过度的不安全感，将会引发孩子的心理问题和疾病，导致精神障碍，甚至神经症。

　　当孩子从妈妈身体中分离出的那一刻起，脱离了妈妈身体的庇佑，孩子面对陌生的环境十分恐惧和不安。 为了减少恐惧，孩子会在妈妈那寻找心理上的安全感和归属感。 而这安全感和归属感会成为影响孩子身心健康的基础。 变动可以引起孩子极大的无归属感和无安全感。

2009年，深圳市妇儿工委办联合市妇儿心理咨询中心对全市1500个8~17岁的流动儿童心理情况进行了抽样调查。调查结果显示，深圳市近六成流动儿童感到自卑、敏感、情绪不稳定，他们与人交往合作能力较差。 其中，自卑是这些流动儿童心理问题的集中表现，近30%的流动儿童感受压抑、被歧视，认为城里人看不起他们。 这些孩子大多性格内向，行为拘谨，自卑心理较重，自我保护、封闭意识过强，存在相对孤僻性，以至于不敢与人交往，不愿与人交往。 占一半以上的流动儿童通常是与自己的老乡一起玩耍，因为熟悉和有伙伴，这些小孩更喜欢老家，而不是现在生活的地方。

流动儿童的出现是由于我国经济的快速发展，越来越多的农村剩余劳动力及其孩子流入城市里引发的现象。 这些孩子出现的自卑、敏感、情绪不稳定等各种心理问题，都是由于流动问题导致他们没有家的归属感。 孩子在幼年时期缺乏家的归属感在流动儿童中最为典型。 妈妈们可以从这些流动儿童中看到归属感对小孩的人格发展的影响是多么重要。

所谓归属感，是指孩子觉得自己属于爸爸妈妈组建的家庭中的一员，属于学校班集体里的一员，属于伙伴们中的一员。在这一个个集体中，自己被集体中的其他成员接受、认可，在集体中是有价值的，必须存在的，不是可有可无的。 当孩子觉得自己被加入的群体接受时，会感到一种安全感和踏实感。

据有关研究发现，归属和爱的满足与生活满意度有很高的相关度。流动儿童因为生活的颠沛流离，有因生活条件不足导致的缺陷而得不到归属和爱的满足。美国著名心理学家马斯洛1943年提出"需要层次理论"，他认为，"归属和爱的需要"是人的重要心理需要，只有满足了这一需要，人们才有可能"自我实现"。

研究人员给31名严重抑郁症患者和379个社区学院的学生寄出问卷，问卷内容主要集中在心理上的归属感、个人的社会关系网和社会活动范围、冲突感、寂寞感等问题上。调查发现，归属感是判断一个人是否可能经历抑郁症的最好预测剂。归属感低是一个人陷入抑郁的重要指标。

早在1998年夏天，美国心理学专家就断言：随着中国商业化进程的不断推进，心理疾病对自身生存和健康的威胁，将远远大于一直困扰中国人的生理疾病。上述表现概括起来就是思想上无所寄托，生活上丧失信心，对亲友无牵挂感。说到底就是归属感不强。

在孩子的安全感形成过程中，归属感是孩子最早的安全感。归属感和安全感从来都是相伴左右，有着密切的关系的。妈妈们在孩子小的时候，给了孩子充足的归属感，孩子能够体会到父母的爱和家的温暖。孩子会对世界感觉到安全，认为这个世界是安全的、可靠的、善良的，并在此过程中建立对世界和对自己的基本信任。因此，妈妈要给予孩子充分的归属感，让孩子感受到安全，并在安全的环境下健康成长起来。

爱孩子，不妨直接告诉孩子

　　孩子在成长过程中需要糖、蛋白质、脂肪和维生素等各种营养物质，父母为了孩子的健康成长也尽最大努力为孩子补充各种营养素。然而孩子们不光需要物质上的营养品，还需要另外一种特殊的营养物质——对孩子爱的表达。

　　科学研究显示，如果婴儿能够得到妈妈更多的拥抱和抚摸，那么孩子长大后就会遇事不惊、沉着冷静，并善于调节自己。妈妈的关爱为何与孩子今后的个人素质产生了神奇的关系呢？这其中的奥妙便是拥抱和抚摸会使孩子大脑中的激素水平明显不同，抚摸会使体内的"压力激素"水平降低。这就是触摸与爱抚的神奇作用，专家解释说，触摸能刺激孩子体内分泌更多的激素。此外，触摸还能诱发分泌另外一些激素，这些激素可以促进营养成分的吸收，使孩子保持良好的身体状态。

　　有报道说，有位年轻夫妇单位距家远，每天早出晚归，每当他们回到家中时，孩子已经睡着了。为此他们感到很内疚，双休日给孩子买来爱吃的食品和玩具，可是孩子又砸又摔。爸爸看到儿子如此"无理取闹"，气急了就狠狠地打他的屁股。可这时孩子却静静地趴在爸爸的腿上任其打，并有一种奇特的满足感。这种情况以后又反复发生，令家长无法理解。殊不知，这正是孩子长期得不到亲人的爱抚与触摸，感情营养失调而产生的变异现象。这种"无理取闹"，实际上是一种无意识地企求父母"皮肤触摸"的反常行为。

心理学家研究认为，人类和其他所有热血动物一样具有一种天生的特殊需求，即互相接触和抚摸。这是一种无声的爱的语言，是必不可少的良性刺激，是儿童发育的心理营养素。这是一种情感上的需求，而这种需求是无法从饮食中得到满足的。孩子们这种天然的感情需要，若能从感觉上给予适当的满足，他们与父母的感情就会更加深厚，心理就会产生良好的刺激，大脑的兴奋与抑制也会变得协调，因而能更好地促进大脑的发育和智力的提高。妈妈如果爱孩子，不妨直接用语言和行为告诉他。

如果经常对孩子说"我爱你""真高兴，你是我的宝贝"等体现对孩子的爱的话语，以及经常拥抱、抚摸和亲吻孩子，会慢慢地给孩子以自信。孩子们长大后注定要在充满压力的环境中生存，而自幼就得到亲子行为温暖的人更能应对社会环境的压力，并避免那些与压力有关的疾病。

因此，为了您的孩子身体、智力的健康成长，一定不要忽视抚摸的作用。家长应积极为孩子创造条件，让他们通过正常、合理的方式来满足这种心理需求。具体说来，应从以下几个方面入手：

首先，建立一个温馨、和睦的家庭。 在温馨亲切的家庭和亲密无间的氛围中成长起来的孩子，大多数性格开朗活泼，心理素质好。

其次，尽量自己哺乳。 母乳不仅营养丰富，还可以增加母婴之间的皮肤接触，增进母子之间的感情。 宝宝在母亲的温暖的怀抱中，安静地"享受"母亲甘甜的乳汁，对促进身心健康、解除"皮肤饥饿"大有裨益。

再次，掌握"皮肤饥饿"的周期性。 人的某种需求是有周期性的，孩子的"皮肤饥饿"同样也有周期性。 对于婴幼儿，每天至少应由父母搂抱一次，每次临睡前再做一次背部或颈部的按摩。 对于大一点的孩子，则要全身地搂抱，抚摸背部、颈部或按摩手臂。

最后，想方设法弥补不足。 工作极其繁忙的父母，如果没有时间与孩子接触，可托付给爷爷、奶奶，或外公、外婆照料，但要嘱咐他们每日搂抱、抚摸孩子，时间不少于两个小时。 外出散步、游玩时，不要总是推着童车，也要适当给予孩子搂抱或抚摸。

再忙也要留下和孩子对话的时间

一个初中一年的级男生曾经对老师说:"我很害怕放假。"老师很奇怪,就问他究竟是怎么回事。他说:"放假在家里,爸爸妈妈都上班了,只有我一个人在家,我特别害怕,也很孤独,根本没有人跟我说说话。爸爸妈妈一点也不了解我,他们只会问:'作业写完了吗?''这一天你都干什么了?'他们从来不问我在想什么,也不和我聊天。我想说的话只能晚上说给星星和月亮听。我不喜欢放假,我喜欢上学,因为学校里有同学,和同学在一起我感到很开心。"

一项"家庭教育大调查"显示,60%的妈妈每天与孩子相处的时间有4个小时左右,亲子共处时,最常从事的活动是:35%的妈妈看电视,25%的妈妈在辅导孩子学习,剩下的则是其他活动。而妈妈每天和孩子说话的时间,则基本上在半小时以内,而且说话的内容多是"教育性"的。

许多妈妈觉得给孩子吃好的、穿好的，关心他的学习，孩子就会感到很幸福。其实科学研究证明，最有威信的妈妈反而是那些每天能安排一些时间和孩子说话的妈妈。要让孩子感到幸福，绝不仅仅是提供物质上的满足，更重要的是与孩子在精神上有很好的沟通。而每天抽出一定的时间陪陪孩子，就是与孩子进行精神交流的最好渠道。

但是在现在的社会中，上班族妈妈越来越多，他们常常是在跟时间赛跑。有时回到家里，孩子已经睡了。然而，聪明的妈妈总是能够挤出时间陪孩子聊聊天，分享他的心情。

下面这个职场妈妈就想出了一个聪明的办法：

我把抽出时间与儿子交流作为每天的工作内容之一。我下班晚，于是就要求自己每天中午必须抽出半小时与儿子"煲电话粥"。开始的时候，我主动打电话给儿子，问他学习有什么困难？老师对他有什么要求？需要妈妈给什么帮助？开始，儿子不太喜欢说这些，但是经不住我的启发和开导，慢慢地他就把学校的困难，与同学的交往，甚至有哪个同学欺负他等等，都讲给我听。

听完他的问题，我会帮他分析原因，引导他正确处理，使他感到每次与妈妈"煲电话粥"都很愉快。渐渐地，每天中午，我不打电话给他，他就会打电话给我，向我汇报学习上的困难，讲述生活中的趣事。他还调皮地称中午时间是"妈妈时间"。

其实，即使真正陪伴孩子的时间很短，但是只要注重质量，仍然能让孩子感受到你对他的爱，建立良好的亲子关系。当孩子感到妈妈的爱与关怀的时候，他的情绪就会变得稳定，自信心就会持续增长。

注重与孩子的情感交流，是妈妈与孩子成为知心朋友的前提。 与孩子交流的时间最好选在吃饭时和睡觉前，因为这是孩子情绪最为平稳的时候。 职场妈妈在工作时，可以暂时把孩子交给保姆、老人或者学校，但是谁也取代不了妈妈在孩子心目中的地位，你一定要挤出时间陪孩子，因为孩子需要和妈妈"单独在一起说话"的时间，他需要从与你的对话中感知你对他的爱，从而获得安全感和幸福感。 同时，他也需要你来与他一起分享喜悦，分担痛苦。 如果缺少妈妈的陪伴与沟通，孩子就容易"情感饥饿"。 "情感饥饿"的孩子可能会特别任性，偶尔还会做出一些古怪的行为，以引起妈妈对他的注意，同时也可能极端自闭，郁郁寡欢。 当孩子出现这些情况以后，妈妈才发现自己的失职并且后悔不已，很可能已经来不及了。 因为要修补受到伤害后的亲子关系，解决孩子的"情感饥渴"问题，或许要花很长很长的时间，也许永远也不能实现了。

理解孩子，小孩也会"心累"

小迪由于刚刚上了初中，对初中的学习和生活不太适应，所以每天疲于应对各科作业，对那些课堂小测验更是应接不暇，后来干脆连碰都懒得碰书本，总是用尽各种方法逃避上学，迟到早退，赖床，无所不用其极，最后索性不再去上课。

小迪的父母很是着急，怎么劝说都没用。问她原因，她也只是说看不清黑板上老师的板书或者身体不舒服等。面对父母的责备，小迪的情绪也反反复复，今天说一定会努力，争取考上重点高中，明天又说不考了。

小迪的情况其实就是学习上的疲劳。学习上的疲劳分为两种，一种是生理性疲劳，这种疲劳用短暂的休息就能得到消除；另一种是心灵上的疲劳，这种疲劳单靠休息是不行的，小迪这种正是由于功课和考试的紧张所导致的心理上的疲劳。当孩子遇到类似于这种情况时，妈妈就需要严加注意了。

一般情况下，心理疲劳表现为无精打采，对曾经爱好的事物也提不起兴趣。 举例来说，体育场上的运动员比赛，胜利的一方会因胜利的喜悦而冲刷掉疲劳显得生机勃勃，失败的一方则通常会表现的懊丧不已，甚至会短暂地失去信心。 即使提起精神应对下一场比赛，也会失去热情，丧失斗志。

别以为孩子年纪小，就不会感到疲劳。 孩子同样会出现心理疲劳的现象，具体到行为上，就会表现为不想上课、不愿做作业、注意力无法集中、对父母过问学习上的事表现得极其不耐烦、上课打瞌睡、下课也不够活跃等等。 这种心理上的疲劳一般都不是突然发生的，而是长时间的压力过大导致精神紧张所造成的。 长期在这种紧绷状态下，孩子就会因为精神后劲供应不足而产生心理疲倦，学习精神也随之衰竭。 这就像心脏血液的供给，一段时间内处于高速供应状态，一旦出现纰漏，那么就很容易出现心脏衰竭的情况。

科学家研究表明，如果只讨论脑的话，大脑即使在工作 8 到 12 个小时之后，也完全感受不到疲倦。 那么，孩子的这种疲倦感又是从何而来呢？

如果让一个成年人连续不断地做一件事情时，他也会感到厌倦，孩子就更是如此。 厌倦的情绪会令人提不起精神，做事无力也无热情，进而形成心理上的疲劳。 如果妈妈发现孩子已经有心理疲劳的迹象，那么就应帮助孩子放松，多和孩子唱唱歌、听听音乐、做做游戏等，多让孩子感受生活的乐趣，同时放松身体。 有的时候，身体疲劳的减轻也有助于心理疲劳的缓解。

对孩子过高的期望也会给予他沉重的压力，进而造成心理疲劳。 如果孩子达不到家人的期望值，就有可能会对自己的能力产生怀疑，甚至还会自暴自弃，这无论是对孩子当前的学习还是今后的生活都会造成极其恶劣的影响。身为孩子的妈妈，更要经常对孩子表达鼓励之情，巩固孩子的自信心，即使他取得了一丁点儿的进步，也要及时进行鼓励。成功是一步一步走出来的，即使孩子一时失败了，也要相信他，不要让他过于自责，因为一定的自我反省可以让人得到发展，但如果过于自我苛责的话，非但不会发展，反而会让孩子消极。

股神巴菲特曾经这样总结他的商业经，"我和你没有什么差别。如果你一定要找一个差别，那可能就是我每天有机会做我最爱的工作。如果你要我给你忠告，这就是我能给你的最好忠告了。"比尔·盖茨和巴菲特总结的也是差不多，"每天清晨当我醒来的时候，都会为技术进步给人类生活带来的发展和改进而激动不已！"可见，保持积极的心态，对所做的事情充满喜爱之情，是避免心理疲劳的最有效办法。

因此，妈妈就要在平日的生活中多挖掘孩子的兴趣，让孩子对所做的事物充满喜爱之情，让他摆脱疲倦的状态重新燃放出活力，这是最重要的。对于学习来说，不以分数为衡量孩子价值的区别，不做横向比较，多做纵向比较，和孩子一起理好近期和远期的奋斗目标，这是妈妈最应该做的事。

总而言之，当你的孩子对事物感到厌倦时，不如就让他停下来歇一歇，告诉他"妈妈理解你""你做到现在已经很棒了，对自己的要求要符合你自己的实际情况，不要过分苛责自己""只要你尽了力，无论什么结果，对于妈妈来说都是最好的"让孩子感受到来自妈妈的关心、理解和关爱，这是解除他心理疲劳的最有效的办法。

开心的父母才有快乐的孩子

对每个妈妈来说，让孩子生活得幸福快乐，让孩子时刻感受到自己被爱和快乐所包围，是宁愿倾自己所有也愿意为孩子实现的。从某些方面来讲，孩子的幸福就是为人父母的幸福，当你忙碌一天回家，看到孩子那张洋溢着快乐阳光的脸时，便会觉得再辛苦也值得。

如何才能让孩子体会到幸福快乐呢？妈妈永远都是孩子的典范，一个懂得营造家庭轻松气氛，让家里充满温馨，懂得如何让生活轻松而快乐的妈妈，对于孩子的成长中所起的作用是老师或者孩子周围任何其他人都替代不了的。美国作家杜利奥曾说过，只有开心的父母，才有快乐的孩子。

金金是一名小学生，学习成绩优秀，还弹得一手好钢琴，同学们都很羡慕他有一个作曲家爸爸。可是金金却一直闷闷不乐的。有一次，金金去同学家里玩，这个同学家里条件没有自己家里好，但是家庭很温馨。回家的时候，金金拉着同学妈妈的手说："阿姨，我真想住在你们家！"原来金金的爸爸总是忙于自己的工作，由于工作的特殊，爸爸的眉头总是拧得紧紧的，每当缺乏灵感他更是会大发雷霆。这种情况下，金金的妈妈总是一声不吭地躲进房间抹眼泪。

对于孩子来说，家庭是可以避风的港湾，即使受到再多伤害，只要一回到家，就能重获安全了。在一个幸福快乐的家庭里成长起来的孩子，比那些在不幸家庭里的孩子要幸福得多，因为他们从小被快乐的氛围所熏陶，自然就会有乐观的性格，遇到事情能以乐观的心态看待并积极地想办法去解决，而不是消极的逃避或者听之任之。

孩子的情绪很容易受到大人的影响。做一个快乐的妈妈，比做一个为了孩子而放弃了自己的快乐的妈妈，为孩子带来的幸福要更加的长久。有些父母省吃俭用一生，为孩子牺牲太多，每天很少有余力去开拓自己的兴趣，这也相当于放弃了自己的一部分快乐。每个人都有自己的精神世界，放弃了自己兴趣和快乐的父母无形中就会将自己放弃的东西寄托在孩子身上，这样一来免不了会为孩子带来压力。试想，一个背负了巨大压力且生活在没有欢声笑语的家庭里的孩子，又怎么能感受到快乐呢？

小林在和朋友的一次聊天中，回忆起了年幼时爸爸妈妈为了节省从未吃过一顿好的，从未穿过一件好衣服，感慨不已。于是，他下定决心："一定要舍得为自己花钱，平时多出去玩玩，和朋友到处逛逛，要让自己开心，不要想着为孩子省钱而放弃了自己的快乐。即使你已为人父母，也有享受自己生活的快乐的权力。"

小林的一位朋友对此也深感认同。她的妈妈是一位永远懂得如何追求自己的生活目标的人，"每次想到她，我就可以全身都充满活力去追求自己的目标，战胜困难。"

只有自己先感到快乐，才能带给别人快乐。只有家长自己心灵得到充实以后，才会由内而发出乐观积极的心态，并将这种乐观积极的心态传递给孩子。拥有物质上的一切并不代表快乐，真正的快乐是极易感染到他人，让他人从心里感到温暖和快乐的。营造和谐快乐的家氛围，将自己的快乐传递给孩子，就能让孩子更快乐。

要营造快乐的家庭气氛，妈妈不妨偶尔制造一些意外的惊喜。比如，圣诞节的时候给自己戴一顶圣诞帽，然后在孩子的鼻子上放一只红红的麋鹿鼻子，让他觉得很滑稽也很快乐。再比如，休息日带着孩子出门踏青，多接触大自然，给孩子一个可以接触新鲜事物的机会，培养他开朗豁达的心境。

有这样一个说法，"一个人一天需要4次拥抱才能存活，8次拥抱才能维持，16次拥抱才能成长。"当你心情愉悦的时候，就不要吝啬表达你的快乐心情，不妨笑出声来。有的家长为了保持威严，经常在孩子面前摆出一副严肃的形象，殊不知那只会让孩子不再敢与你接近，而笑声则能让你与孩子的距离更加贴近。妈妈们，不妨多笑一笑，在有益自己身心的同时，也能让孩子得到快乐。

第二章

读懂孩子,才能教出好孩子

读懂孩子的心，走进他的小世界

很多父母都应该对此深有体会，孩子在很小的时候都很听话，不过却越长大越不听话。他们总是要跟大人背道而驰；总是和大人的思想相违背；他们不经常和父母交流，一旦父母开始说话就觉得唠叨；只愿意和同学进行沟通，不想跟家长说话……很多父母都为此很心烦。这都是不理解孩子的表现！其实，理解孩子是每个做父母的都应该做到的。很多亲子关系的障碍都来自于父母不懂孩子的世界，并不知道孩子心中的想法。

很多家长觉得对孩子已经够用心了，不过孩子对他们却还有抵触心理，不想让别人走进自己的生活。这到底是什么原因？

孩子总是需要父母的教育。要想教育出好孩子，不但要保证孩子有健康的身体，保证孩子学习成绩的进步，还要给孩子一个完整、健康的心灵。但是想真正懂得孩子的内心并不是一件容易的事情。许多家长说自己的孩子不知道自己有多苦，自己把所有的都给了孩子却没得到回报，那只是因为他们很少去想孩子的想法，总是以自己的眼光来看待孩子。时间长了，便会让孩子和家长之间的感情越来越远，当父母发现孩子跟自己的关系越来越陌生时，就会很难将这层堡垒打破。

1. 重视和孩子的眼神交流

从一个人的眼睛里便可读出一个人的心思，时不时和孩子进行沟通和交流是十分重要的。如果当父母和孩子说话的时候不看孩子的眼睛，孩子本能的反应便是没有人重视我，也不会跟父母说自己的心事了。要是家长总是喜欢微笑对待孩子，孩子自然也会跟家长好好交流。

2. 要和孩子说好自己的心里话

家长应该时常和孩子说出自己的真正思想。即使是家庭生活的一些小问题，也可以向孩子征求意见。就算是孩子们不能做什么，也可以培养家长和孩子之间的良好关系。在这个过程中，孩子依旧可以感觉到自己存在的价值，所以便也会跟父母讲自己的心事了。

3. 发掘孩子的爱好才能了解"心"

孩子的真实想法体现在兴趣上。如果爸爸在周末时能和儿子一起去打篮球，母女一起坐下商量衣服的事情，他们就已经开始走进孩子的世界了……孩子会把家长当作是自己的朋友，因而也不会觉得他们和自己的想法不合拍了。

了解孩子的需求，理解孩子的需求

很多家长认为教育孩子很困难，家长投入很多却得不到自己想要的回报，这是因为孩子没有按照之前的路线前行。导致这种情况的原因在于，父母并不了解自己孩子的真实想法，他们并不真正了解孩子的需要。家长要真正认识自己的教育对象，然后找准目标，这样才可以得到成功。假如父母忽视孩子的需求，只是向一个地方扔大把的钱，就不会取得自己想要的结果。

现在大多数家长都只是注重孩子的物质需要，但是没有注重他们精神上的追求，这是非常不好的。通常，孩子的精神食粮有这些类型：安全感、相互交流、信任、创造力、探索、身体成长和独立，以及获得成功的需要，另外，还有一些潜在需求（民主的权益和自己隐私的保护等）。家长首先要了解孩子的精神需求，才能教育孩子。

1. 分清"正当需求"和"不正当需求"

要不要满足孩子的要求呢？父母要明白这是孩子的正当

要求，还是不正当的要求？ 假如是正当需求，那么就让孩子满足；假如是不正常需求，那就要坚决拒绝。 不过，当孩子有所需求时，不要仅限于满足物质的欲望。

2. 尊重孩子的成长规律，要更深入地了解孩子的想法

在现在很多的家庭里，孩子都是家庭的宝贝，父母几乎投入了所有的精力到孩子身上。 虽然父母为孩子付出这么多，不过他们却不真正了解孩子的内心世界。 就像很多时候在为孩子做房间时的固定造型和颜色，女孩子房间一般用粉色的，男孩则用蓝色的。 可是孩子的反应和大人的反应是完全不同的。 父母这样做只是出于自己的想象，只是自己的一厢情愿。 所以，当家长教育孩子的时候，就要走入孩子的内心世界，按照孩子的成长轨迹，满足孩子的心理需求。

3. 要经过孩子的同意再去给孩子做准备

现在大多数家长都喜欢为孩子设计未来，不会想到孩子的想法，其实这是错误的做法。 比如，许多父母都为孩子报了很多特长班，害怕孩子在起跑线上就输了，不过如果孩子不认真去学习、去认知将会是一个很严重的问题。 其实大部分家长让孩子上辅导班都只是自己决定的，根本就不管孩子心中是怎么想的，也许相对于去上舞蹈班他可能更喜欢英语。 所以，家长要和孩子进行商量之后，才能做出决定。 只有孩子喜欢的事情孩子才能认真坚持去做，这样才能得到最后的成功。

读懂孩子审视世界的方式

日常生活中，家长总是不能理解孩子的思维方式。 这是为什么呢？ 因为家长跟孩子总是用不同的眼光看待事物。 每个孩子的脑海中都有自己梦想的世界，他们跟大人兴趣不同，他们不会去感受别人设定的那些事情。 这就意味着，虽然孩子年龄还小，不过他们已经会用自己的眼光来审视并分析身边的所有事情，这是家长一定要牢记的，家长们一定要尽量地去理解孩子看待世界的方式。 家长要是没有注意到这样的情况，就会经常跟孩子出现矛盾，引起不和。

如果家长不知道自己孩子的真实想法，觉得孩子都是错误的观点，孩子也一定为此觉得很反感。 当家长对孩子进行教育时，一定要按照一定的方式去领悟孩子世界的真谛，即使觉得孩子有错误，也要采取让孩子能够接受的方式。

因为不同的家庭教育环境，孩子做事和大人有着本质的不同。 家长应努力理解孩子的思想，在那些完全没有机会遇到的问题上不能一棒子打死。 即使孩子有些错误思想，只要能够相互理解，孩子也就更能接受父母的思想了。 如果家长总是坚持己见，孩子就可能觉得家长太专制了。 那么，家长应该怎么去看待孩子的世界呢?

1. 不要忽略和孩子的年龄差距

为什么家长理解不了孩子对世界的看法呢? 原因之一就是父母总是喜欢忘记自己和孩子年龄的不同。 很多家长都不明白孩子为什么要追星，却忘了自己年轻时的疯狂。 所以，家长不应该总想着让孩子按照自己的想法来思考。 要是觉得孩子的想法太单纯，家长要设身处地去想象，会不会有一种更好的手段。 假如能以这种角度来考虑，可能会有更深的理解。

2. 别忽略了时代的变迁

时代不断发展变化的结果就是每个人所生活的地方和见过的事情不一样，也正因为这样，造成了家长和孩子间看待世界的方式上存在着差异。 在以前长辈年轻的时候，他们也会崇拜很多人，有很多偶像，但是如今的孩子心中的偶像一般都是歌星、影星等。 当然这是由很多原因形成的。 要是家长有足够的时间去了解，那么对于孩子跟家长分析事情的手段不同这件事，家长也就能够以平常心看待了。

3. 走进孩子的世界

每个孩子都有自己的小天地，在思想上、行动上、心理上等方面，孩子与孩子之间都不同。 要是家长能理解孩子特有的感觉，能真正理解孩子的内心，这便会让孩子更好地认识这个世界。 家长可以通过读孩子喜欢的书、听孩子喜欢的歌曲来改善思维，这样的话，家长便可以做出和孩子之前相仿的那些决策。

找出孩子产生逆反心理的深层原因

很多父母应该对此都深有体会，开始很听话的孩子最后会不服从管教，家长说什么都不听，做什么事都按自己的性子。很多父母都伤心地发现，自己的孩子在对自己用手段。其实这些都是正常的。相关心理学研究发现，孩子成长时候的想法一开始成形，如果父母再强加给孩子思想就会遭到抵抗。面对孩子的这种抵触心理，要是家长心中并不了解自己的想法和变化，不知道孩子为什么会这样，而只是强制对孩子进行管教，这样便会让孩子的抵触情绪更加激烈。

一般来说，家长最担心的便是孩子青春期的逆反。这类孩子一般都比较敏感，而且浮躁，不听家长的话。他们做事有自己的打算和想法；假如家长一直跟他们重复一件事情他们就会显得特反感；他们觉得家长的话根本不可信，别人的说法只会让他们不屑一顾；如果决定要做什么事，无论别人怎么说都不会改变自己的想法；越是阻止便越要去做。跟燕燕妈妈一样，很多家长都对这些觉得无可奈何，不能管教又不知道该怎么做，十分为难。如果家长不能正确引导他们的行为，就会对孩子之后的发展有不好的影响。

当孩子逐渐有了自己的思想，他们有自己的理念和想法在里面，因此不管做什么决定，都不想让父母全权安排。孩子倔强只是因为自己在不断地成长，大部分是因为家长不真正的了解他们，没有很好地掌控好如何和孩子交流。那么，为什么孩子会产生抵触心理呢？父母要怎么做才会得到信任化解矛盾，而不是让孩子的反抗心理愈演愈烈呢？

1. 不要和孩子"硬碰硬"

为什么孩子会产生逆反心理呢？其实主要是因为他们害怕外在事物而让自己孤立起来，觉得父母没有给他们足够的尊重，他们便用这样的行为方式，来保证自己跟外界平等。父母要做的便是把自己和孩子的位置相互交换，让孩子感觉到你对他的尊重，然后采用正确的方式给予疏导。如果一对一地硬来，只会让问题更加严重。

2. 别对孩子说太多的"不"

很多家长经常说"不行"。我们经常会听到家长会用一些否定性的词语来命令孩子做事。这些否定性的词语就好像很多的模块来囚禁孩子的思想情感。孩子是有自己的意识的，他们不想让自己被家长摆布，每个孩子都想自己被喜欢。这种否定性的话语只会让孩子更加反感，这会让他们不接受任何人的命令。所以，家长应该知道，孩子已经有了独立自主意识，父母要给孩子足够的成长空间，如果他们犯了错，要宽容的对待他们，并且要跟他们分享成功的乐趣，不要让他们过分受限制。

3. 要注意新闻的影响和反应

电视或者广播的一些负面宣传也会给孩子造成不良的后果。现在很多电影、电视剧作品都极力美化叛逆者的个人行为，孩子很容易沉迷其中难以自拔，尤其是动画片里的"英雄"行为。因此，父母可以和孩子一起去观看这样的电影，然后让他们知道这些英雄只是存在于虚拟世界里的，在真实的社会里他们也会没有出路。

要明白孩子的长处和短处

孩子在社会关系中生存，一定有好的地方和坏的地方，有优势也有劣势，家长要经常赞美孩子鼓励孩子，教孩子学会取长补短优劣互补，获得较大的进步。 但是长期以来，我们教育的理念就是，先找出孩子的不足，然后不断地告诫，让他改正自己的不足。 父母总觉得自己没有做错，然后孩子就会有进步了，也就提高了能力。 可是事实上并非如此。 这样的情况下，孩子会觉得自己没什么用，压抑和自卑的情绪非常不利于他的身心健康。

很多家长都认为自己的孩子满身是缺点，就像不喜欢学习之类，而且成绩都不及格，上课迟到乱说话，自觉性差，总是不喜欢听老师讲话之类。 但是作为家长，要是不断数落孩子的缺点，这样会让孩子看不起自己。 同时，这些缺点在孩子的认知中扎了根，久而久之，孩子会觉得自己没有改变的可能，也懒得去改正了。 其实家长应该这样做——去观察孩子的优点，在指出孩子弱项的同时也要表扬孩子的长处，这样才不会让孩子觉得自己一无是处，这样才能让孩子健康发展。

"金无足赤，人无完人。"父母的眼光总是看着孩子的缺点，就会心生不耐烦，对孩子的批评教育缺乏耐心与信心，这会导致孩子往不利的方向发展。但如果父母在找到孩子毛病的同时，也能发现孩子身上的优点，发现他的每一点进步，并给孩子一定的赞赏和支持，孩子就会慢慢改掉坏习惯，逐渐了解家长的良苦用心，努力克服缺点。

1. 要用完整的眼光去看待自己的孩子，发现孩子身上的闪光点

有的父母只想看到孩子的成就，其实孩子的内在性格、孩子的待人接物的方法、孩子的喜好和优点都应该是孩子好坏的见证，即便是单看孩子的学习，也不应仅看孩子的成绩，还要看孩子平时学习的用功程度、孩子优势的学科。家长考虑全面了，孩子的优点也就能被发掘出来了。

2. 正面强化，要让孩子有所作为

当孩子发扬自己优点的时候，最想听到的便是父母的赞赏。所以在面对孩子的优点时，家长应该明白，这是孩子的优点，这会给孩子自信，需要尽可能地发扬。家长需要及时对孩子进行鼓励与肯定，这能让孩子感觉得到自己的想法，让孩子明白到自身的价值，强化他的优点。

3. 别把孩子的优点当缺点

一些孩子总是显得特别淘气，父母总认为这是孩子不服从

管教，有的孩子很喜欢读小说，但是家长认为这是不愿意学习的表现，只知道看没有用的书……其实，孩子拥有一颗单纯的心灵，孩子对知识有着很大的渴求，假如家长不用心去了解，就不能发现孩子的优点。

4. 不向孩子的缺点妥协

孩子的毛病是一定要让他改正的，比如说懒散、不讲礼貌、打架斗殴等。如果父母对孩子的这些缺点无视，不仅对孩子的成长有坏处，更是家庭教育中最大的失败。同时，父母在协助孩子改正缺点的过程中，也要有自己的手段，要依照一定的规则，慢慢让孩子改掉自己的坏习惯。

第三章

好好说话,让孩子充分理解你

低声说与大嗓门，哪个更有效

现实生活中，我们总是可以见到这样的场景：面对放声大哭的孩子，母亲越是歇斯底里地高声斥责，孩子哭闹的声音反而越大。实际上，孩子的大嗓门是被母亲的高分贝吊上去的。这种母与子之间的交战，只有等双方中某一方的筋疲力尽才能结束。

美国的凯尼让大学语言研究班曾经与美国海军合作，研究在军事行动中一项指令的下达应该以多大的声音发出最合适。实验者们通过电话、舰船上的传声管，向接收者发送各种分贝的声音，结果表明：发送者的声音越高，接收者回答的声音越高；发送者的声音越低，接收者回答的声音越低。

这个规律告诉我们，当交谈双方的情绪处于紧张和敌对时，一方的低声也有助于降低对方的音量，从而缓解双方的对立状态。这就是心理学中的"低声效应"。这种效应给家庭教育的其实就是：有理不在声高。父母在批评孩子的时候，使用较低的声音要比使用较高的声音效果更好，而且越是批评、呵斥的话题，就越应该用低于平日的声调来讲。

　　妈妈有一天带着 3 岁的铭铭到邻居家做客。铭铭刚开始还很安静，但是过了一会儿，就开始在别人家床上蹦蹦跳跳，张牙舞爪。看到这种情况，铭铭的妈妈没有发怒，而是走到铭铭跟前，用轻得几乎让人听不见的声音在铭铭的耳边说："你觉得不经允许就随便在人家床上乱蹦乱跳，是一件好事吗？"

　　妈妈的声音十分轻柔，脸上挂着和蔼的微笑，但铭铭却像听到了严厉的批评一样，马上停止了乱蹦。

其实这个事例就体现了"低声效应"的作用。在家庭教育中，降低声调、压低声音的讲话方法有很多好处。

首先，从物理学的意义上来讲，一方用低声讲话，对方就必须要集中精力才能听清。在这种情况下，即使他并没打算认真听这些话，但是由于条件反射的听觉动作，还是会不自觉地捕捉你谈话的内容，并进行理解。

其次，洪亮的声音一般是用来面向公众的，比如用于演讲、舞台剧等；而小声说话则突出强调了这是两个人之间的谈话，不涉及其他人，是针对个人私下里讲的话，所以很容易形成一种"促膝长谈"的良好气氛。这对于正在挨批评的孩子来说，是一种不会引起紧张感的气氛。

此外，低声讲话给人的感觉是"理性"的表述，而不是感情的宣泄。低声讲话可以让听话的人感到你是理智的，从而让自己的话更有说服力，同时也促使听话的人保持理智。如果孩子在你的面前大声哭闹，那么你必须首先保证自己的情绪不被孩子的情绪感染，然后才能理智、冷静地分析孩子哭闹的原因，进而把孩子从波动的情绪中引导到理智的状态中来。

用不同于平日说话的低声来跟孩子交谈，其实也是在暗示孩子：现在爸爸妈妈的态度是异乎寻常的郑重，你一定要认真听才可以。

总之，低平的声音、沉稳的语调，能够促使对方认真倾听你的谈话，至少可以防止父母在教育子女时与孩子竞相拔高声音，使矛盾升级。 低声说话可以使双方都处于冷静自制的状态中，可以为进一步说服孩子创造条件。 相反，面红耳赤、声嘶力竭地数落孩子只会起到适得其反的效果。

南风效应：温暖的沟通法最得孩子心

　　法国作家拉封丹写过一则寓言，北风和南风相约比武，看谁能把路上行人的衣服脱掉。于是北风便大施淫威，猛掀路上行人的衣服，行人为了抵御北风的侵袭，把大衣裹得紧紧的。而南风则不同，它轻轻地吹，风和日丽，行人只觉得春暖，始而解开纽扣，继而脱掉大衣。北风和南风都是要使行人脱掉大衣，但由于态度和方法不同，结果大相径庭。

　　这则寓言反映出这样一个哲理：即使出于同样的目的，采用的方法不同，最后导致的结果也会不同。心理学将这一哲理称为"南风效应"。

　　南风效应告诉了我们一个道理：温暖胜于严寒。这也就是说，妈妈在教育孩子时，要特别讲究教育方法，如果你总是对孩子横加指责甚至体罚，就会令你的孩子把"大衣裹得更紧"；而如果你采用和风细雨"南风"式的教育方法，那么你会轻而易举地让孩子"脱掉大衣"，达到你的教育目的，收到更好的教育效果。

　　有个初三的女学生深深地爱上了她的同学而不能自拔，于是给他写了一封热烈的情书，没想到却被老师知道了。老师把这件事连同那封情书交给了女孩的妈妈，女孩既感到无地自容，又感到恐惧万分。

　　她硬着头皮回到了家里，可没想到妈妈并没有什么异样。女孩心里忐忑极了，她一晚上都在偷偷观察着妈妈，可最终也没发现妈妈有什么不寻常的变化。等到临睡之前，她的心终于稍微放松下来了，她随手翻起了放在桌子上的小说，却发现那封情书就夹在里面，另外还有一张妈妈的字条："今天老师把这个交给了我，现在妈妈把它还给你。妈妈相信你可以自己处理好这件事情，相信你能权衡好感情和学业孰轻孰重。晚安，宝贝！"

　　俄罗斯思想家别林斯基说过："幼儿的心灵最容易受到各种印象的影响，甚至最轻微印象的影响……常常受到强烈的惩罚而变得粗暴的人，会残忍起来，冷酷起来，不知羞耻，于是连任何惩罚对于他都很快变得无效了。"的确，长期生活在北风式教育方式下，孩子可能会走向两个极端，要么对许多事情失去兴趣，给自己和他人造成伤害；要么不敢寻找独立，成为父母和老师眼中的"好孩子"。这样的孩子走上社会后，要么缺乏解决问题的能力，不敢承担人生的责任；要么缺乏自信，一生唯唯诺诺，活不出自己。

孩子都有本能的自我保护意识，他一旦发现妈妈想要教育他，就会扣上心灵全部的纽扣，把整个心都封闭起来，进行紧张的心理防范。如果妈妈能从孩子的心理出发，消除被教育者——孩子的对立情绪，创造心理相容的条件，就能顺利开启孩子的心理围城，脱去他紧护心灵的外衣，敞开心扉。

因此，妈妈要时刻谨记：家庭教育中采用棍棒、恐吓之类"北风"式教育方法是不可取的。实行温情教育，多点表扬，培养孩子自觉向上的能力，才能达到事半功倍的效果。

教育不粗暴，说服有技巧

如果家长总是对孩子指指点点，就会给孩子造成咄咄逼人的感觉，令他难以接受，甚至因此引发对立情绪。相反，如果家长掌握说服孩子的方法与技巧，就能让孩子心悦诚服地接受家长的观点，收到事半功倍的教育效果。

有这样一个小故事：

齐景公生性好玩，常常爬到树上去捉鸟。晏子想说服齐景公改掉这个习惯。有一天，齐景公掏了鸟窝，一看是小鸟，就又放回鸟窝里。晏子问："国君，您怎么累得满头大汗？"齐景公说："我在掏小鸟，可是掏到的这只太小、太弱，我又把它放回巢里去了。"晏子称赞说："了不起啊，您具有圣人的品质！"齐景公问："这怎么说明我具有圣人的品质呢？"晏子说："国君，您把小鸟放回巢里，表明您深知长幼的道理，有可贵的同情心。您对禽类都这样仁爱，何况对百姓呢？"齐景公听了这些话十分高兴，以后再也不掏鸟玩了，而且更多地去关心百姓的疾苦。晏子顺利地达到了说服的目的。

晏子的赞美最终说服了固执顽皮的齐景公。由此可见，赞美对人有一种无穷的力量。

心理学研究告诉我们：每个人的内心都有自己渴望的"评价"，希望别人能了解，并给予赞美。所以，家长在说服孩子时，不妨用"放大镜"观察孩子言行中的闪光点，给孩子一个超过事实的美名，让孩子得到心理上的满足，找回自信，进而在较为愉快的情绪中接受家长的劝说，学会自律。

如果你希望孩子按你的想法行事而孩子却并不愿意这样做，那么你就要想办法去说服你的孩子，而不是用简单粗暴的方式命令他。但是，说服也需要技巧，也就是说，要根据不同的问题选择适宜的说辞。如果不管是什么情况，都用同一种方法去说服，就很难顺利达到目标。因此，要想说服孩子，就必须巧妙妥善地运用各种表达方法。

欢欢放学回家，进门就嚷着要吃红烧肉，恰巧欢欢妈不在家。欢欢看见爸爸，就嚷着对爸爸说："爸爸，我快饿死了，你做了什么好吃的？"

欢欢爸想到儿子从来不愿意自己出去买东西，就准备借机锻炼一下他，于是说道："妈妈今天不回来，要吃饭就得我们自己做。我看干脆晚饭不吃了吧，煮饭麻烦，法律也没有规定一天吃三顿呀。"

"可是我肚子饿得不行了。"

"你想吃什么?"

"我想吃红烧肉。"

"那你去买吧。"

"拿钱来。"

　　欢欢的爸爸首先提议"不吃晚饭",让欢欢感到"绝望",再提出"去买肉"这个劝说目标,于是欢欢就非常痛快地答应了,从而顺利地解决了问题,达到了自己想要锻炼孩子的目的。

　　心理学中有一个"欧弗斯托原则",指说服一个人的时候,利用巧妙的说辞,让对方不得不接受你的提议。可见,欢欢的爸爸在说服欢欢独自上街买东西时,就运用到了这个技巧。

　　想要说服孩子,家长就不要总是急于发表你的看法。如果你的孩子喜欢犟嘴,那么在说服他的时候,不妨先听孩子把他想说的话说完,然后你再发表你自己的看法。同时,还要多反省一下你自己的行为,因为孩子有的时候跟父母对着干,是对过分控制他们的家长或过度保护他们的家长所做的最直接的反抗。所以,当孩子反抗时,你要反省一下,自己是否说得过多? 是不是老在下命令? 是不是动不动就唠叨和责备孩子?

　　再有,任何时候只要有可能,就多给孩子一些选择。多问孩子一些类似选择性的问题,比如"你觉得……""这个怎么样",切勿用"你应该……""你为什么不能……"这样的话。

最后，要想让孩子不加抵抗地改变主意，你就要学会晓之以理、动之以情，这是任何消极对立的观点都难以招架的。打动孩子的感情要比简单生硬的命令和责难强十倍，所以，家长对孩子说出的每一句话，都要有诚意，都必须是发自内心的，是真心实意地渴望与孩子交流的，并渴望得到孩子的认同与理解。

超限效应：说教切忌唠唠叨叨

　　小博从小身体就很弱，所以妈妈总是非常担心他的健康。每天早晨一起床，妈妈就开始了唠唠叨叨："小博，多吃点儿饭，这样身体才能好！""小博，今天天气冷，多穿点衣服别感冒了！""小博，外面刮风了，别忘了戴上帽子！""小博……"终于有一天，小博生气地对妈妈说："天天就是这些话，烦不烦啊！"说完背起书包夺门而出。妈妈则是眼泪汪汪，觉得十分委屈：我这不都是为了孩子好吗？孩子怎么能这么说我？

实际上父母过多的叮咛，并不能起到预期的效果，反而会因为过于"唠叨"使孩子感到不耐烦而听不进去，或者听得太多感到麻木，这都是因为产生了"超限效应"。

心理学上，机体在接受某种刺激过多的时候，会出现自然而然的逃避倾向。这是人类出于本能的一种自我保护性的心理反应。由于人的这个特征，在受到外界刺激过多、过强或者作用时间过久时，会使人的心理极不耐烦甚至产生逆反情绪。 这种心理现象就叫作"超限效应"。 "超限效应"提醒家长们：人的心理对任何刺激通常都会有一个承受的极限，如果超过了这个极限，就会向相反的方向转化，也就是我们常说的"物极必反"。

当父母批评孩子的时候，应该记住：孩子犯了一次错，只能批评一次。 如果需要再次批评的时候，要注意换个角度，用不同的话语去提醒孩子，这样才不会让孩子觉得因为同样的错误被父母"穷追不舍"，也不会因此对父母的说教感到厌烦。 如果对于一个错误，父母一次、两次、三次，甚至四次、五次地做出同样的批评，就会使孩子原本感到有些内疚不安的心情转变为不耐烦，最后发展到反感至极，甚至出现"我偏要这样做"的逆反心理。

为了避免批评时的"超限效应"，父母在教育孩子的时候要注意：要订立规则。 如果孩子违反规则一次、两次，可以批评，但如果在此基础上仍旧违反，就要根据规则采取一些惩罚性的措施，不能只说不做，否则也会降低父母在孩子心中的威信。

有些父母可能认为，对孩子批评多了不好，那多表扬肯定没错了吧？ 其实表扬也同样存在着"超限效应"。 表扬太多，会让孩子觉得父母是在哄自己，名义上是表扬，实际上是在提醒他这些方面做得不够好，要多注意。 于是孩子一听到类似的表扬，就会感到不舒服。

还有些父母喜欢对孩子进行过多的大而空的说教。 孩子即使认为父母的话在理，也会由于在短时间内遭受集中"轰炸"而感到难以承受。这也是许多青少年爱和父母犟嘴的原因。

从上边的内容可以看出，无论是批评还是表扬，甚至只是平时的教育，父母都应该掌握好"度"。任何事情如果过度，就会产生"超限效应"；如果不及，又达不到既定目的。所以只有掌握好火候分寸，做到恰到好处，才能得到理想的教育效果。

一个拥抱胜过十次说教

在人际交往中，身体语言往往能比口头语言传递更多的信息。所以父母在和孩子的交往中，不仅要留意自己的语言所传达的信息，还要学会利用身体语言。

当孩子跌倒的时候，我们常常可以看到一些家长嘴里说着："宝宝快起来，不疼不疼！"可是脸上却带着惊慌失措的表情，手也不由自主地伸向孩子。孩子看到妈妈这时候的表情，就会大哭起来。

其实孩子年龄虽小，但是第六感是相当敏锐的，他们能从父母微妙的表情和动作中判断出父母的态度。如果在孩子跌倒的时候，以坚定的目光看着孩子，并对孩子说："自己起来吧！"孩子就会知道父母不会帮助自己，然后就会自己站起来。

曾经有这样一个实验：

让妈妈面无表情地看着正在笑的六个月大的孩子，结果，不一会儿，孩子就不再笑了。当妈妈离开后，再次回到孩子身边时，他根本就不看妈妈。 这个实验证明，面无表情或郁郁寡欢的妈妈很容易刺伤孩子的心。 孩子虽小，但他却能清晰地从妈妈的表情、动作上感觉到妈妈的态度。

也许父母不知道，孩子对于表情的敏感程度，远远超出了家长的想象。 据研究，在孩子语言能力没有成熟前，父母与他交流时，这种非语言的表达方式能占到97%的比重。 大一点的孩子就更不用说了，他们更善于观察父母语言之外的其他东西。 因此父母在与孩子的交往中，一定要留意自己的身体语言所传达的信息。

当孩子想妈妈了或者被别的小朋友欺负了，可以把孩子搂在怀里，脸贴着脸，缓缓地拍着他的背部，嘴里轻轻地说些安慰话，这样孩子那颗惊恐失措的心会渐渐趋于平静。 当孩子说着不着边际的话时，家长最好也要面带微笑地等他说完再发表见解，可以伴些手势和面部表情，这会使孩子觉得自己像大人一样被尊重。 当和孩子玩游戏时，调皮的孩子故意耍赖，妈妈要么刮刮他们的鼻子，要么摸摸他们的头，再不然就亲亲他们……这时候孩子们就会围着妈妈又蹦又跳，显得特别开心。

总之，除了正常的语言交流外，家长适时地给予孩子的一个拥抱或者一个吻，都可以很好地激发孩子的积极性，让他们体会到父母的可亲可敬。 而对于那些调皮捣蛋的孩子来说，父母一个严厉的眼神，也许比责骂更有效果。

此外，在父母和孩子的交往过程中，还要学会读懂孩子的身体语言，以此来"透视"孩子的内心世界。 当一个小孩撒了谎的时候，他很可能会在说完之后立刻用一只手或双手捂住嘴巴；如果不想听父母唠叨，他们会用手捂住耳朵；如果看到可怕的东西，他们会遮住自己的眼睛。 当孩子逐渐长大以后，这些身体语言依然存在，只是会变得更加敏捷让别人不易察觉。

一个妈妈在与孩子谈话时，十分注意孩子的眼神。 她这样总结自己的孩子："孩子眼神定向专注，表示注意力集中；眼珠发亮，表示思维活跃；眼珠放光，表示懂了；眼珠不亮，表示在思考，但还不明白；眼珠亮点闪烁，表示思想上处于矛盾斗争中；眼睛湿润，表示激动。"

不同孩子的身体语言不一定相同，但是只要父母认真观察，就不难掌握孩子的身体语言特点。

而在教育孩子的过程中，父母也要适当地运用肢体语言，这样可以强化口头语言的使用效果。 特别是对年龄偏小的孩子来说，父母的肢体语言可以使他们柔弱的心灵得到莫大的安慰，一个鼓励的眼神、一个温暖的拥抱，都会使他们觉得温馨，具有安全感。

了解孩子的肢体语言，就可以在孩子需要帮助的时候像春风一样温暖孩子的心；学会用肢体语言表达自己的情感则会让孩子收获更多的关爱和欢乐。 请父母们时刻把这样一句话放在心头：任何时候，孩子都更愿意相信父母的表情，而不是父母的话。 所以，不要吝啬自己的肢体语言，让它们带给孩子一份特别的鼓励和关爱吧！

别把自己的想法强加给孩子

小伟从幼儿园回家后就一直在看动画片。外婆烧好了饭菜，叫道："小伟，吃饭啦!"小伟没有回答。过了一会儿，外婆又叫道："小伟，快来呀，要不饭菜都要凉了。"小伟头也不回地说："我不要吃饭，我要看动画片。"

听到小伟的回答，外婆对坐在一旁的外公使了个眼色，于是外公趁小伟不注意，悄悄把电视频道给换了。小伟立刻大哭大叫起来，外婆好说歹说小伟都听不进去。最后外公狠狠打了小伟屁股两下，才把小伟拉到了饭桌旁。但小伟是一边哭着一边吃饭的，看到这种情况家里的其他人这顿饭也都吃得没滋没味……

相信很多家庭中都遇到过类似的情况。有的时候大人们为了减少"麻烦"，干脆就把饭菜端到电视机前，让孩子一边看一边吃。其实这些做法对孩子的身心健康都会产生不利影响。

人与人各不相同，如果以自己的心思去揣度别人的心思，就很容易产生错误的判断。作为父母，要时时刻刻设身处地地为孩子着想，尽力去理解孩子的感受，同时也要教会孩子学会设身处地地理解别人。

比如上边的例子中，大人不爱看动画片，但是小孩爱看；大人喜欢按时吃饭，但孩子并不在乎。父母应该尊重孩子的喜好，或者采取适合的策略去影响孩子。比如，可以给孩子两个选择，要么"看完动画片，马上来吃饭"，要么"再看两分钟就来吃饭，然后吃饭后还可以再看一个动画片"。让孩子自己做出选择和决定，这样执行起来就会比较容易。

家长们必须承认，孩子正在逐渐成长为一个独立的个体，他们有自己的个性、兴趣、需求以及情感表达方式。父母应该学会站在孩子的立场上去理解孩子的感受，满足孩子的需要。父母在做出判断前，首先应该先让孩子表明自己的想法，然后再与孩子商讨得出合理的解决办法，同时根据孩子的特点、条件，给予合适的指导。在和孩子发生冲突的时候，父母一定要注意不要搞"一言堂"和专制主义，不能只允许自己发布命令，不允许孩子表达意见。比如父母认为学一门乐器很重要，因此就不管孩子是不是喜欢，就逼着孩子去学习。

不考虑别人的感受和看法，一切只从自己的意志出发，这就是心理学上的"投射效应"，也就说把自己的想法不分情况的投射到别人身上，强迫别人接受自己的意见。这在家庭教育中是应该避免的。"投射效应"提醒我们，父母和孩子对很多事情的看法和感受可能是截然不同的。父母不应该把自己的主观意志强加给孩子。 在有些非原则性的问题上，父母其实完全没有必要强求孩子，在这些事情上，父母应该尽量尊重孩子自己的意愿。

为了避免"投射效应"，父母应该学会换位思考，试着把自己放到孩子的位置上去观察问题。 当发现孩子在自己的抽屉上加了锁的时候，可以参照孩子那个年龄阶段的心理特点去理解，更简单的方法就是回忆自己在同样年龄的时候的心理特点，这样就很容易理解孩子的心理，进而理解孩子的行为。

除了自己要避免对孩子的"投射效应"，也要注意引导孩子别把自己的意愿强加给别的小朋友，要教孩子站在别人的角度去理解他人的感受。 比如当孩子打了其他小朋友的时候，首先要问清楚打人的原因，防止自己误解孩子。 当明确了原因，这时就可以引导孩子站在别人的角度思考问题。 可以问他："要是因为这个原因别人打了你，你会不会不开心呢？你现在打了别的小朋友，他也很难过，你最好去跟他道个歉。"

有时候为了教会任性的孩子理解别人的感受，父母还可以采用"角色转换"的方法。 比如，让任性的孩子去照顾比自己还小、还任性的孩子，从而让孩子体会到自己的"任性"给别人带来的麻烦，相信有了这些体会之后，孩子就很容易改变这个坏习惯了。

第四章

学会夸奖，赏识是对孩子最大的爱

每天夸孩子一句

在幼儿园图书馆，一位老师微笑着向孩子们走过来，他的背后是整架整架的图书。

"孩子们，我来给你们讲个故事好不好？"

"好！"孩子们答道。

于是老师从书架上抽下一本书，讲了一个很浅显的童话。

"孩子们，"老师讲完故事后说，"这个故事就写在这本书中，这本书是一位作家写的，你们长大了也一样能写这样的书。"

老师停顿了一下，接着问："哪一位小朋友也能来给大家讲一个故事？"

一位小朋友立即站起来："我有一个爸爸，还有一个妈妈，还有我……"幼稚的声音在房间中回荡。

这时老师用一张非常好的纸，很认真、很工整地把这个语无伦次的故事记录下来。

"下面，"老师说，"哪位小朋友来给这个故事配个插图呢？"

又一位小朋友站了起来，画一个"爸爸"，画一个"妈妈"，再画一个"我"。当然画得很不像样子，但老师同样认真地接过来，附在前述的那一页纸的后面，然后取出一张精美的封皮纸，把它们装订在一起。封面上写上作者的姓名、插图者的姓名，"出版"的年月日。

老师把这本"书"高高地举起来说："孩子们，瞧，这是他俩合作写的第一本书。其实，写书并不难，你们还小，所以只能写这种小书，但是，等你们长大了，就能写大书，就能成为伟大的人物。"

这就是美国幼儿园的人生第一课，对我们的父母是否有所启发呢？

一项研究表明，经常受到父母、老师夸奖和很少受到父母、老师夸奖的孩子相比，前者成才率比后者高五倍！许多父母都知道：如果今天夸孩子的手干净，第二天他的手会更干净；如果今天夸他的字比昨天写得好了，明天他的字准会写得更工整；如果今天夸他讲礼貌了，明天他会更注重礼貌……孩子毕竟是孩子，在受到父母的夸奖时，他不仅心情愉悦，而且懂得了什么是对的，什么是错的，什么是父母提倡的，什么是父母反对的。这样，比父母直接对他说应该做什么、不应该做什么，效果要好得多。

做父母的哪有不望子成龙的？"棍棒底下出秀才"那种传统的教育方式早应随着时间的推移而被抛弃了，父母要像朋友一样与孩子互相尊重。记得有位名人说过：聪明的孩子是在爱、表扬与鼓励中长大的。叶圣陶说：教育的重点是"育"。孩子如幼苗，如花朵，在成长的过程中需要阳光的照耀、雨露的滋润，而不是风霜的侵袭。父母多给孩子一些赞美吧！因为那就是孩子的阳光和雨露。

有些父母认为，自己的孩子表现不佳，没什么好赞美的。假如这样想，就大错特错了。孩子在成长，每天都会有变化。父母一定要善于发现孩子身上那些积极的变化，比如孩子对知识的渴求，孩子的善良和单纯，凡是正面的表现都要及时发现，并给予鼓励。

孩子的良好习惯的养成，也是以一点一滴微小的进步累积起来的。父母应该用放大镜去发掘孩子的优点，譬如孩子某天做作业时不用大人提醒，这就是进步，如果父母写一张纸条：孩子，爸爸妈妈今天看到你长大了，能自觉完成作业，不再让我们操心了，爸爸妈妈好开心！如果每天都能这样做就更棒了！孩子，爸爸妈妈相信你一定能做到的！然后把它放在孩子的枕头边，让他一觉醒来后看到，这样孩子当天肯定有一个好心情，而且会做得更好。

还有很多的生活细节，如洗脸、刷牙、穿衣服等，只要父母给予鼓励，孩子的进步就会更快。

早点行动起来吧，父母每天付出几分钟时间的夸奖，换来的将是让人宽慰的一天、一个月、一年……

赏识并不是简单的赞扬

情景一：六岁的兰兰告诉妈妈今天她的画得到了老师的表扬。

妈妈回答："我早就知道你是最棒的。"

情景二：红红从幼儿园回来闷闷不乐，因为小朋友嘲笑她有个大蒜头鼻子。

妈妈回答："你的鼻子挺漂亮啊，妈妈就喜欢你这个样子。"

第一个例子中的妈妈如果总是用"最漂亮的"、"最可爱的"、"最能干的"这样的语言鼓励孩子，会在不知不觉中给孩子太多的压力，令孩子对自己的期望过高。一旦孩子渐渐发觉并非如此，反过来有可能导致自我怀疑，并随之产生自卑、嫉妒等负面情绪。

因此，不要不切实际地表扬孩子。"今天你真漂亮"比"你是最漂亮的"要好得多。"这个故事真有趣"比"你讲故事是全班最棒的"更合理。

第二个例子中的妈妈当然知道自己不过是在宽慰孩子，可是难道孩子就不知道吗？这种宽慰并不能真正解决孩子的问题。孩子甚至可能会因为你不理解她的伤心而一个人把不快压在心底，不再对你说什么，在今后的社交中出现心理障碍。

正确的做法应该是，先问问她是不是在和谁做比较，然后告诉她每个人的相貌都有自己的特点，这是无法比较的。多说几次，孩子就会习惯于接受现实。当然，对于能够改变的现实，父母也可以给孩子提出积极的建议，比如说孩子认为自己不够高大，父母就可以鼓励他多吃饭、多参加运动。无论怎样，父母首先要表现出理解孩子的不快，千万不要一上来就乱安慰。

"赏识"不能简单地等同于"赞扬"或"奖励"，如果说后两者更多地针对孩子已完成的良好行为、已取得的优秀成绩，目的是给予孩子肯定的评价，那么，赏识的应该是针对孩子做事的过程、努力的过程，目的是让孩子有信心坚持下去。

不要认为赏识一定就是要夸奖孩子，针对孩子的实际情况为孩子设定一个"够得着"的小目标，这本身就是一种有效的赏识，而且这种情况下的赏识不会产生"副作用"。

让孩子养成一个习惯，在晚上睡觉前问自己一个问题，比如：今天，我为我的目标做了些什么？不要求孩子记日记，但鼓励孩子在"目标日历"上写点或画点什么。比如画上一张笑脸……

发现孩子身上的闪光点

　　小峰不喜欢学习，但他热爱劳动，生活自理能力强，对别人也很关心……有不少突出的优点。小峰的妈妈却看不到小峰身上存在的这些优点。在她的眼中，小峰的成绩不好，就一切都不好。小峰因为成绩差，经常受到妈妈的批评和无端指责。

　　有一次，小峰正在收拾自己的房间，并且找出了脏衣服准备去洗，他的妈妈走进来，一把夺过小峰手中的脏衣服说道："谁让你整理房间了？谁让你洗衣服了？不想学习就拿这些事当幌子，没有一点出息！告诉你，成绩不好其他方面再好也没有用，赶快去学习。"小峰在妈妈一番无端的数落下，不高兴地坐在书桌前，心却并没有放在学习上。他想不通妈妈为什么只看重自己的学习，只盯住自己的短处，并且因此把自己所有的优点都抹杀了。

　　后来，在妈妈这样的指责下，小峰的成绩不仅没有提高，反而下降了不少，同时，小峰的那些优点也慢慢地变没了。

小峰的故事告诉我们：任何一个孩子，不管他的天资再差，缺点再多，只要他有那么一点点的优点，就是可教之才。作为父母，要善于发现并放大孩子的优点，让孩子在自信中成长。有时，即便孩子犯了错误，父母难免会责备孩子，但是责备的方法有很多种，如果方法不当，可能会影响孩子的一生。而如果父母善于找到孩子错误中隐藏的优点，然后赏识孩子，不仅可以让孩子充分认识错误，而且还会使孩子继续保持这个优点，从而养成良好的对待错误的习惯。

每个父母都望子成龙，都希望孩子出类拔萃，希望孩子身上的缺点越少越好，希望孩子能早点改正缺点。但是，孩子都希望得到父母的赏识，不愿意听到父母的批评。受到赏识的孩子会更加自信、积极，以后会做得更好；受到批评的孩子会产生自卑的心理，还会产生与父母对立的情绪，产生破罐子破摔的想法，像上例中的小峰一样，优点消失了，缺点更严重，最后与父母的愿望大相径庭。

其实，孩子将来的成功，依赖于很多的因素，不只是成绩一个方面。还与孩子各方面的能力、素质、品质等有关。孩子的优点，只要父母细心观察，就会随时有所发现，哪怕是在孩子的缺点中，都能找到优点的藏身之处。

父母要善于发现孩子的优点，并且把这些优点放大去看。不管是从孩子缺点中提取的优点，还是孩子很小的进步，都要及时提出来进行表扬，以此增加孩子的兴趣与自信。父母应鼓励孩子把优点发扬下去，引导孩子把缺点变成优点，激励孩子挖掘出自身的潜力，帮助孩子打下走向成功的基础。

每个孩子都需要父母的赏识，缺点很多的孩子更是如此。父母要有善于发现孩子优点的眼光，并且放大孩子的优点进行表扬和激励，最终会使平凡的孩子变得优秀，优秀的孩子更加杰出。而不要像上例中小峰的妈妈那样，只是抓住孩子的缺点不放，把孩子的优点也当缺点去批评，这样将会毁了孩子的一生。

那么，父母应怎样发现并放大孩子的优点呢？

1. 不要老盯着孩子的缺点

对于孩子来说，父母的话具有很大的权威。所以，父母不仅不要整天把孩子的毛病、缺点挂在嘴上，不停地数落，更不要对孩子说结论性的话，比如"笨蛋""你真没救了"等。千百年来，我们的教育观念，就是先找孩子的缺点，然后不断地提醒、警告，让他改掉缺点。总认为改正了缺点，孩子就进步了，就提高了，没缺点了就完美了，完美了就杰出了。这个理论是不对的、不可取的。

2. 用发展的眼光看待孩子

不要把孩子看得太局限了。只要细心观察孩子，就会发现孩子有进步的地方。可能是对问题的认识提高，分析问题的能力增强，可能是某方面科学文化知识增加，可能是一次作业进步或者一次考试进步，可能是在劳动或公益活动方面表现较好，可能文艺、体育取得好成绩，可能有什么小发明、小制作，等等。 关键的是要拿孩子的今天比昨天、比前天，而不是跟别的孩子比，哪怕发现一点微小的进步，也应及时肯定。不应总是横着比或高标准要求而觉得看着不起眼儿，认为不值得一提，就把点滴进步漠视、忽略过去。 应该想到"星星之火，可以燎原"，优点是一步步发展的。

3. 适当夸大孩子的进步

孩子即使没有进步，父母也应该寻找机会进行鼓励。 如果孩子确实有了进步，父母就应该及时夸奖他们"进步挺大"。 这样一般都可以调动孩子心中的积极因素，促使孩子期望自己取得更大的进步，就有可能取得"事半功倍"的奇效。

夸奖一定要发自内心

从女儿第一次自己拿筷子吃饭、第一次自己穿衣服、第一次会背诵儿歌……到现在，我已经记不清楚对女儿说过多少回"你真棒"、"太聪明了"、"多乖"等类似的表扬话。当时看来，我的这些表扬挺管用。不论在学校、家里还是外出，女儿在人们眼里都是一个"乖乖女"。

不过，我最近却为女儿太乖发起了愁：她从不主动和别人说话，一见到生人就惶惶不安，也不像其他孩子对自己没尝试过的事充满好奇。一向活泼好动的女儿不知从何时起不见了。

最后，我只好去咨询心理专家。专家给了我答案：问题就出在我对女儿的表扬上，表扬绝不是简单地给孩子贴上"聪明"、"乖巧"等标签，类似我的"贴标签"式的表扬太模糊了，孩子并不能真正理解让她赢得表扬的行为是什么，以至于以后，她可能为了成为家人眼里的"乖宝宝"或继续获得表扬而一味地听从大人，不敢发表个人看法，更不敢尝试自己没有把握的新领域。

表扬是一种神奇的教育方法，但如果父母不分场合、不分情况一味地表扬孩子，孩子往往就会被夸得一头雾水、不知所措。有时甚至还会因此引起反感，以致认为父母太"虚伪"。

所以，父母表扬孩子一定要发自内心，要真诚而具体。只有这样，表扬才会起到事半功倍的效果，若不然，表扬只会事倍功半。

父母发自内心的表扬，可以拉近孩子与父母心灵之间的距离，使彼此成为真正的朋友。这不仅吸引着孩子向父母真心靠拢，还会使他们更自然地倾听父母的教诲、接受父母的人生经验，在此过程中，父母时刻都在发挥着潜移默化的作用，以自己的积极乐观影响着孩子的生活与成长。

父母发自内心的表扬，可以营造宽松、和谐、民主的气氛。无数事实证明，只有在这样的家庭气氛中，才会培育出自信、自律、坦诚、大度、勇于承担责任和人格健全的新一代。这对孩子适应社会生活、保持心理平衡和维护心理健康具有十分重要的意义。

父母表扬孩子要真诚，应做到以下几点：

1. 让孩子根据自己的判断选择良好的行为

父母要做的，是帮助和支持孩子的选择，而不是替他选择，实际上也就是承认孩子的独立性，鼓励他探索的信心，当孩子有这种自豪的体验时，其实是对他最好的表扬。反之，孩子以后做事就有可能战战兢兢，甚至成为循规蹈矩的"小机器人"。

2. 不要对孩子抱有不切实际的期望

面对当今日益激烈的社会竞争，许多父母都想让自己的孩子无所不能、无所不精，各方面都胜人一筹。这种过高的期望会导致父母总带着有色的眼镜看待孩子。如此这般，父母就不能对孩子有正确全面的认识，对孩子的赞赏自然就会有失公正，或根本就是敷衍。

3. 表扬要事出有因

表扬不能泛滥，要具体。只有实实在在的表扬，才最能感动人。很多父母在表扬孩子的过程中，往往会用"你真棒"一句带过，并不对孩子的具体行为做出表扬。其实，这就不是一种正确有效的赞美方式。特别对于一些年龄尚小的孩子来说，父母更应特别强调孩子令人满意的具体行为，表扬得越具体，孩子对哪些是好行为就越清楚。比如，两个小女孩在一起玩，一个不小心摔倒了，另一个赶紧跑过去把她扶起来，帮她拍净身上的土。这时，父母就应表扬得具体一些："你今天把小朋友扶起来，你做得真好，妈妈很高兴。以后和小朋友在一起玩耍，就要像这样互相关心、互相帮助。"这种具体的表扬方法既赞扬了孩子，又培养了孩子关心别人、助人为乐的良好行为。孩子以后再遇到相同的情况，也就更容易做出正确的选择。

懂得在别人面前夸奖孩子

　　李晓晨今年 7 岁，是一个活泼可爱的小男孩，他的父母都是农民。有一次，妈妈带着他去城里的大姨家做客。大姨家的女儿比李晓晨小两岁，看见李晓晨母子后，就走上前甜甜地叫姨妈和哥哥。李晓晨因为来到陌生的城市环境，一时难以适应，看见姨妈与表妹时也不敢上前打招呼，躲在了妈妈后面不吭声。

　　李晓晨的妈妈看到这情景，就夸李晓晨的表妹有礼貌，批评李晓晨虽然比表妹大，却没有表妹懂事。妈妈对表妹表扬、对自己的批评刺激了躲在后面的李晓晨，他站出来对着妈妈嚷道："我怎么不懂事了？你就知道夸别人。别人再好也不是你的孩子。"这话使李晓晨的妈妈大吃一惊，她没有想到儿子竟然说出这样的话，让自己下不了台。

　　她自嘲地对姐姐说："你看这孩子，这么小，不懂事还不准别人说，真是没见过世面的乡下孩子，与城里的孩子没法比。"李晓晨听着妈妈的话，气呼呼地表示不服气。这件事情过去之后，原本活泼可爱的李晓晨变得沉默寡言了。

每个孩子都有自尊心，尤其是在别人面前，自尊心表现得更加敏感。所以，父母要多在别人面前对孩子进行表扬，而不要当着别人的面对孩子进行批评。像上例中李晓晨妈妈的做法，会严重伤害孩子的自尊心，给孩子不良的心理暗示，使孩子以后真的朝着父母批评的方向发展。

有的父母夸赞别人的孩子，贬低自己的孩子，是出于恭维、客套，而不是因为自己的孩子真的比别的孩子差。但孩子却不知情，认为父母喜欢别的孩子而讨厌自己，以为自己真的不如别人，这些都会在孩子幼小的心里留下不可磨灭的创伤，阻碍孩子健康地成长。有些父母夸奖别人的孩子，批评自己的孩子，可能是认为自己的孩子某个方面真的不如别人，有种恨铁不成钢的感觉。但孩子都有自尊心，父母这样做会伤了孩子，对孩子不仅起不到激励的作用，相反还会使孩子越来越叛逆。

因此，父母要在他人面前多赞扬孩子。如果孩子听到父母当着别人的面表扬自己，自尊心不但得到了满足，而且会增加自信，朝着好的方面更加努力。如果父母当着别人的面夸赞孩子好的方面，会使别人对孩子留下好的印象，由此会对孩子投射出赏识的眼光，也间接地鼓励了孩子。父母夸赞孩子还有一定的技巧，如孩子不在场却能知道父母在别人面前夸赞了自己，这样孩子会更加高兴，知道父母是从内心赏识自己，从而能激励孩子产生无穷的力量，快速地朝着父母所希望的目标前进。

父母当着他人的面夸奖孩子也应有度。不论什么时候，见了任何人都对孩子进行赞扬，这样做反而对孩子的成长不利，也会引起他人的反感。所以，父母当着别人的面赞扬孩子要适度，要恰当，同时要实事求是，不可夸大其词。但更不能像个案中李晓晨的妈妈那样，当着别人的面贬低自己的孩子，这些都不利于孩子的成长。

在别人面前夸奖自己的孩子时，有以下几点需要注意：

一是夸奖孩子的态度必须是认真和真诚的。不能因为炫耀自己或者敷衍别人而故意吹嘘，夸大孩子的优点。

二是必须有根有据。要根据孩子的平时表现来夸奖孩子，不能为了夸奖而夸奖，凭空捏造事实，让孩子感觉你在作假。

三是要适可而止。不要说起来没完，让孩子感觉不自在。要知道，表扬的话并不是越多越好，有时候说得多了反而无益。

孩子比成人更爱面子。他们对于赞扬是极其敏感的，他们在比我们想象的更早的幼年时期就具有这一敏感度。他们觉得，自己能被别人看得起，尤其是被父母看得起并当众夸奖，是一种莫大的快乐。所以，当跟别人说起自己的孩子时，不管孩子是否在场，都要怀着赏识和尊重的心态去谈论他们："我的孩子很棒，我很喜欢他！"

第五章

刚柔并济,赏识与批评一个都不能少

多一点赏识，让孩子更看重自己

父母认为孩子"好"还是"不好"，对孩子一生的影响的确很大。作为父母如果敢于肯定自己的孩子，对孩子发出"你一定能行"的正向信息，那就会使孩子对自己越来越有信心。相反，如果父母总是对孩子心存过度的担心和保护，对孩子发出的是"你不行"的负向信息，那么时间长了，孩子会真的认为自己不够好。孩子能否有足够的自信心，实际上很大程度取决于父母和老师的态度。

心理学上有一个名词叫作"马太效应"，它来自于《圣经·马太福音》中的一则寓言。《圣经·新约》中的马太福音部分有这样两句话："凡有的，还要加给他叫他多余；没有的，连他所有的也要夺过来。"这句话通俗的意思就是说，好的往往更好，坏的往往更坏；多的往往越多，少的往往越少。1973 年，美国科学史研究者莫顿曾经概括过这样一种社会现象：越是有声望的科学家越是能够获得更多的奖项，而越是不出名的科学家得到的奖项就越少。莫顿将这种社会现象命名为"马太效应"。

强者越强，弱者越弱，这种效应在学校教育和家庭教育中普遍存在，如果稍微不注意的话，就很容易导致"优生更优秀，差生更差劲"的现象。在日常生活当中也经常会出现这样的现象，家长总是夸耀那些听话学习好的孩子，而对那些不听话学习差的孩子持有批评的态度，时间长了之后，这两种孩子的发展就拉开了差距。

当然，任何事情也都是过犹不及，假如有一个品学兼优的学生，无论是学校领导、班主任还是家长都很喜欢他，这些看似能够使他更"优秀"的因素，却不能给他带来快乐。有些孩子，老师越是夸奖，家长越是宠爱，他就会越发的骄傲自大，目空一切。这样的孩子极有可能会遭到别人的嫉妒、疏远、仇视、孤立。这也并不利于那些好孩子的心理健康，他们很有可能会在学习和生活中形成一种不健康的认知体系和心理模式。

兰心今年上小学五年级了，她长得非常漂亮，学习成绩也不错，成绩在全班总是名列前茅，不仅如此，兰心还能歌善舞，综合素质的发展比较全面，在学校中是个受欢迎的孩子。学校领导很重视她，班主任老师更是将她视为班级中的骨干，在家中，兰心是爸爸妈妈的掌上明珠，在家里说一不二。

但是兰心并没有像家长老师所期望的那样越来越优秀，反而变得自负起来，和同学之间的矛盾也越来越大。在这个学期开学之初，学校重新成立了班委会，班主任很想听听她的意见，她挨个说了同学的缺点，甚至刻薄地表示，全班除了她自己，没有一个人有资格当班干部。她的这种态度，引起了同学们的不满，最终在班干部竞选时，她差了十几票落选，当时就哭了，回家之后任凭父母怎么劝说她都不肯吃饭，就因为这点小事都闷了很长时间。

表扬孩子是必要的，只不过赏识也应该要有度，不能过分地赏识。

马斯洛说人有满足自我的需要，然而赏识就是满足自我的最大途径了。一个没有经历过任何赏识的孩子，心理就是不健全的，这样的孩子很容易自卑怯懦，长大之后也很少有勇气去面对自己想要做的事情，成功的概率自然也会很低。

当然，赏识孩子并不是一件容易的事情，赏识得不够、赏识得过多，都会对孩子内心产生不良的影响。对孩子的赏识是一种教育的艺术，作为父母要根据自己孩子的特点及心理，遵循一定的赏识原则才能够让孩子在赏识教育中受益。

首先，赞赏要及时。如果孩子做了一件好事，或者取得了小小的成功，父母要及时给予肯定，及时的赏识可以强化他的记忆和感受。

其次，要根据具体的事物进行赏识和表扬。一些不符合孩子内心的空表扬，对孩子来说并没有什么效果，所以表扬一定要很具体，让孩子知道自己为什么要受到表扬。比如孩子帮助老人拿东西，妈妈夸奖说"宝宝今天真乖"，孩子可能不会有什么感觉。如果妈妈说"宝宝今天帮助老奶奶拿了东西，做得真好"，孩子就会觉得自己得到了肯定，也会很高兴。

最后，要发自内心的表扬孩子。如果爸爸妈妈对孩子的表扬并不是发自内心的，那么这样的表扬就是虚伪的，孩子也不会觉得这些表扬有什么意义。赏识是一种交流，如果用假惺惺的话来哄孩子，那孩子也不会相信的。所以在赞赏孩子的时候一定要发自真心，让孩子感受到你的真诚。

赞美孩子，从一言一行开始

情商是近些年来心理学家们提出的与智商相对应的概念，它主要指的就是人在情绪、情感、意志等方面的品质。一个情商高的人能够很客观很全面的认识自我，并且能够成为自己的主宰。认识自我，也就是通常所说的"自知"。能够自知的人就能够很正确地认识自己，并且能够客观地评价自己，不会被别人的评价所左右。

心理学家们根据研究表明，6岁以前的儿童正处于构建自我的重要阶段，这个阶段的儿童，需要通过外界对他的评价来认知自己。所以这些孩子对外界的评价很敏感，如果他从小收到的信息是客观中肯、包容接纳的，那么这个孩子就能够很正确地认识和评价自己。

对孩子不能不夸，也不能盲目地夸，家长鼓励孩子的目的就在于要让孩子能够正确地认识自己，接纳自己。孩子的自信是建立在成就感的基础之上，而并不是建立在空洞的表扬之上。所以家长不需要过度地表扬孩子，否则会让孩子依赖于表扬，产生自大或者自卑的心理情绪。表扬不仅要适度，更要合情合理。

有一位教育专家曾经讲过这样一个案例：

有一个 8 岁孩子的妈妈问："孩子每做一件事情都要得到我的表扬，如果我没有表扬他，他就会大发雷霆。这是为什么呀？"

我问她："是不是表扬太多的缘故？"她说："是的，以前我批评得多，后来我发现这样不好，为了让他建立自信，给他的表扬就比较多了。现在他时刻关注我的情绪，如果我高兴，他就开心；如果我的情绪不太好，他就会暴躁。"

我跟这位妈妈说："这说明孩子不能正确认识和评价自己，他的情绪都建立在你的情绪基础上。他的内心不自信，所以他需要获得别人的表扬来证实自己。你以前批评多，后来表扬多，两者都不对，走了两个极端。"

那位妈妈问："那我该怎么办呢？"我说："你要减少对孩子的评价，更不要对孩子进行主观的评价。外界的评价尤其是不客观的评价过多，孩子将会失去自我评价的能力。你的孩子就在逐渐失去自我评价的能力，所以他必须要你表扬他，才能证实自己。"

那是不是就不能夸孩子了呢？当然也不是，夸孩子是给孩子积极的回应，孩子需要父母的认可、肯定和鼓励，并且通过父母给他的积极回应来认识自己，这个"积极回应"要怎么去回应呢？

怎样夸奖孩子的效果才是最好的呢？

首先，不能将"夸奖"当成孩子前进的动力。这就要求家长观察孩子做事情的动力，是为了获得夸奖，还是从内心当中自发自愿的呢？另外，夸奖孩子一定要在事后，而不要在事前，很多家长都喜欢用夸奖的方式去引诱孩子做某些他不愿意做的事情，比如说孩子不太愿意画画，妈妈说："妈妈觉得你的画画得很好，来给妈妈画一张吧。"父母这样的方式影响了孩子的精神自由，孩子能够感觉到，成人试图在左右他。

而孩子事前需要的是鼓励，而不是夸奖。明明刚开始学习滑轮的时候，掌握不了平衡，摔倒过很多次，有一次他气坏了，哭着说："我不要这双滑轮鞋子了，我怎么老是摔倒呢。"妈妈很平和地对他说："学习滑轮是一件比较困难的事情，很难掌握平衡。但是我相信，如果你练习了很多次之后，总有一天是可以学会的。"在妈妈的勇敢鼓励之下，明明不断地跌倒，然后又不断地爬起来，不到一个星期之后就学会了。

其次，要让孩子感受到，无论是夸奖还是赞美，是真心的赞赏而不是虚假的敷衍，这一点很重要。夸奖，应该是真实的，客观的，既不能夸大也不能缩小。比如说明明在滑轮的时候摔倒了，如果家长还鼓励他说"你滑得挺好的"，这样名不副实的夸奖只会让孩子觉得大人的话是虚假的，不值得信赖的。

最后，夸奖必须是具体的，要用平实的语言来描述孩子做得好的事情，不要用"你真棒""你真聪明"这样泛泛的语言来夸奖孩子。当孩子能够独立地做好一件事情之后，他的成就感足可以让他获得最大的满足，他的内心充满着喜悦与自信，这是对他最大的肯定与表扬了。

孩子有尊严，尽量私下批评他

伟大的教育家洛克说："父母越不宣扬子女的过错，子女对自己的名誉就越看重，因而会更小心地维护别人对自己的好评。如果父母当众宣布他们的过失，使他们无地自容，他们就会越觉得自己的名誉已受到打击，维护自己名誉的心思也就越淡薄。"

每个孩子都是活生生的生命个体，他们不仅仅满足于被爱，被保护，他们更渴求得到尊重和理解。但是，总有些家长喜欢当众给孩子"揭短"，越是人多的时候，就越是要批评他。

妈妈和客人正在客厅聊天，倩倩拿着试卷走上前来。"又考那么低！看看这分数！还好意思拿到我面前，真丢人！"妈妈抖着哗哗作响的试卷，像在寻求客人的同情。客人略显尴尬。

看着倩倩没有动静，妈妈更加生气："我说错了吗？

她一直都这样，我看是改不了了！我也不报什么希望了！"妈妈气愤失望的表情让倩倩无地自容。"孩子小，一两次考得不好是正常的情况，别这么说孩子。"面对客人的担忧，妈妈仍然"不解恨"地说："小孩子不说她就不懂，非得我来骂她两句！"。

有的妈妈总是喜欢在众人面前批评自己的孩子，因为这可以让其他人在"无意中"看到自己做妈妈的"权威"，从而令自己"有面子"。但是，这种当众揭孩子的短的做法，虽然成全了妈妈的这种自私心理，却极大地损伤了孩子的尊严，让孩子觉得无地自容，脸上无光而羞于见人，无形中不良刺激强化了孩子的弱点。

其实，孩子的面子比大人的面子更重要，而且孩子越大，自尊心就越强。而且，孩子每一个行为都是有原因的，也许这些原因在成人看来是微不足道的，但在孩子的眼里那是很严重的事情，不了解原因当众批评孩子，非但不能解决问题，反而会使问题变得更糟，令孩子产生逆反抵触情绪，继而与家长产生深深的隔阂。

　　一个教育专家在和家长谈论对孩子的教育问题。

　　妈妈带着孩子来找这位教育专家，见到之后，跟孩子讲："问叔叔好。"

　　孩子很懂礼貌地和这位专家问好。

　　妈妈接着开门见山地当着孩子的面问这位教育专家："您说，我的这个孩子怎么老是比别人反应慢呢？"

教育专家示意家长不要当着孩子问这样的问题，故意把话题岔开了，但是家长并没有意识到。

等到把孩子支走之后，教育专家对这位妈妈说："大姐，我跟你说实话啊，不要在孩子面前评论他。这样还能指望他变聪明吗？"

其实，有的妈妈也明白孩子的自尊心非常敏感，不能伤害。但是有时候看到孩子还是老样子，就忍不住怒火攻心，恶语相向了。怎样避免这种情况呢？很简单，当你觉得自己在气头上的时候，就忍住怒气，离开孩子。当你有意识地躲避孩子，就会少说很多令他伤心的话。这也是一个无可奈何的解决方法。

在家庭教育中，教育者的心态和教育的出发点直接影响着教育结果。因此，不要因为他是你的孩子，就蛮横地在众人面前使他的缺点一览无余，或是因为无法掩饰你愤怒的情绪，无辜地伤害孩子。孩子的自尊心有时是透明的玻璃物，碎了就很难黏合起来，伤害是永远的。爱孩子，就要真正地为他着想，停下嘴中的不满，尤其在众人面前。即使孩子在众人面前犯了错误，妈妈也要先维护住孩子的"面子"，等到没有人的时候，在私下里心平气和地指出孩子错误的行为。这既保全了孩子的自尊，也会让孩子更容易认识到自己的错误，接受妈妈的批评。

让孩子尝尝"自作自受"的后果

18 世纪法国教育家卢梭认为:"儿童所受到的惩罚,只应是他的过失所招来的自然后果。"这就是卢梭的自然惩罚法则,是世界教育史上的一个里程碑。

所谓自然惩罚法则,就是让孩子学会为自己的行为负责,让他尝一尝"自作自受"的滋味,强化痛苦体验,从而吸取教训,改正错误。例如,孩子不爱惜家里的东西,总是会弄坏一些东西,一次他把吃饭坐的椅子弄坏了,那么家长就不妨毫不留情地让他连续几天站着吃饭。简而言之,自然惩罚法则的关键就是让孩子感到受惩罚是自作自受,是应该受惩罚的。

　　一个孩子很任性,动不动就摔东西来表示自己的"抗议"。一天,因为妈妈没给他买他想吃的东西,他就把一件新玩具摔坏了,把一本书撕烂了。妈妈更是"强硬",马上宣布一个月之内不再给他买新玩具和书,一个月后若他还没有改正的行为则继续延长惩罚时间。

英国教育家斯宾塞曾断言："真有教育意义和真正有益健康的后果，并不是家长们自封为'自然'代理人所给予的，而是'自然'本身所给予的。"自然惩罚实际上是自然后果带给孩子的惩罚，这种教育方法可以很好地避免孩子任性和依赖。

让孩子接受自然惩罚有三点好处：

首先，它是完全公正的。几乎每个孩子在受到自然惩罚时，都不会感到委屈，因为那是他自己造成的；如果受到人为惩罚，孩子们多少会有委屈感，因为人为惩罚常常会被放大。一个不爱护衣服的孩子把衣服弄脏，按自然惩罚的原则，只是让他接受洗衣服的苦头，而孩子则会把这里的原因归结为自己的不小心。相反，如果大人去责骂、体罚孩子，孩子则会觉得不公。

其次，它可以使孩子和父母避免冲突、减少愤怒。但凡认为惩罚、责骂孩子，父母和孩子往往都会生气、愤怒。但是在自然惩罚下，亲子关系因为比较亲切、理性而会联系得更紧密，亲子关系不会受到任何影响。

再次，它可以明确孩子的是非观念，强化孩子的责任心。责任心是一个人在社会中发展必不可少的品质，是孩子健康成长的基石。从小就有责任心的孩子，长大了才能对自己所做的任何事情负责任，才会成为一个站得正、行得端的堂堂正正的人。

不过，让孩子接受自然惩罚，妈妈必须明确的一件事——惩罚不是体罚。这也就是说，当孩子做出过失行为并造成自然后果时，你需要分析这种自然后果是否会伤害孩子的身体健康。如果这种后果已经对孩子的身体健康造成伤害，那么就会失去教育作用。

当孩子做出一种行为时，妈妈可以帮助孩子分析这种行为可能产生的后果并告诉他。如果孩子坚持做出这种行为并产生不良后果时，妈妈不必给孩子讲道理，让孩子顺其自然地接受后果，自己去处理他造成的烂摊子。但是，在孩子处理自己的烂摊子时，妈妈在一旁冷眼旁观即可，而不能添油加醋地嘲讽，否则就不利于孩子正视自己的行为，甚至还会变本加厉地重复错误的行为。

再有，每个孩子都有不同的个性特征，在实施自然惩罚时，妈妈还是应该有所区别。比如有的孩子对自然惩罚满不在乎，抱一种无所谓的态度：玩具坏了不给买，我不玩；衣服撕破了不给换，我就穿破的。如果是这类孩子，那么自然惩罚对他是产生不了刺激作用的，所以妈妈也没有必要采用这种教育方法，而应当换另外一种行之有效的办法。

第六章

用心倾听，让孩子说出心里话

坚持让孩子把话说完

情景一：阳阳出生在一个普通的知识分子家庭，从小爱撒娇，对周围的事物特别敏感，自尊心很强，一旦被人奚落，马上就会哭鼻子。在学校一挨老师的批评，就难过得受不了。阳阳上小学二年级时，一天放学回来，往沙发上一靠，撅着小嘴，看起了电视。妈妈问："阳阳，你看电视，作业做了没有？"阳阳大声嚷道："我不想做。"一副很生气的样子。妈妈心想：这是什么态度？怎能这样对妈妈说话，我是关心你……妈妈刚想发火，马上又想到了倾听的重要，收起了以往的责骂，和蔼地对儿子说："你现在不想做作业，能跟我说是为什么吗？"

阳阳抬起头看着妈妈说："我们的数学老师真狠，昨天的练习给我打60分，今天在班上还批评了我。"

妈妈本想说："怎么得了60分，你的数学一向都不错啊！到底是怎么回事呢？"但是妈妈忍住了，说："他真的给你60分吗？"

"是啊！他说我的作业太马虎、太乱，他看得头痛。其实我的答案都是正确的。"阳阳一面说，一面又把目光移向电视画面。"数学老师实在有点懒。"阳阳接着说。妈妈想要训斥孩子，但还是忍住了。她说："这次你如果把作业写得工整一点，老师可能还会在班上表扬你呢！"阳阳说："嗯，贝贝这次就被表扬了，我以后还是要将作业写得工整一点才对，我也会被表扬呢！"

情景二：艾云今年上初一了，在小学各方面都很出色的她，上了初中后觉得自己只不过是很普通的学生。她的学习成绩一般，各项能力也不突出，在班委的竞选中还落选了。为此，她心里很痛苦。

回到家后，艾云想和妈妈说说自己的苦闷，可是妈妈却说自己很忙，没时间听她说。吃过饭，女儿还是想和妈妈谈一谈，这一次，妈妈坐了下来听女儿诉说。

可是刚听了几句话，她就立即打断女儿，开始火冒三丈，还质问女儿成绩怎么会下降，根本就不给女儿说完话的机会。

由此可以看出，亲子沟通不仅要倾听，而且还要有耐心地倾听，阳阳的妈妈让孩子在从头说到尾的过程中宣泄了自己的情绪，还在自己正确的引导下认识到了错误。

孩子心理上对父母还有很强的依赖感，他们希望父母能够倾听自己的心声，分担自己的喜怒哀乐，然后从父母那里得到情感上的安慰。但有的父母可能因为工作忙或是自己也有烦心事，会像艾云的妈妈一样，没有耐心听孩子把话说完，常常会在孩子倾诉的时候随意打断孩子。

时间一长，孩子就会对父母的态度失望，从而封闭自己的内心世界，不和父母沟通，孩子的消极情绪得不到合理的宣泄，积累到一定程度就会变成一种对抗情绪，既不利于孩子的心理健康，又不利于构建融洽的亲子关系。

父母与孩子沟通时，不仅要倾听，还要耐心地倾听。等孩子把话说完，你就会更清楚孩子的心态。因此，父母必须做到下面几点：

1. 长期坚持倾听

倾听孩子说话是一个很长的过程。从孩子降临的第一声啼哭开始，一直到他们长大成人后都要倾听孩子的话。

2. 坚持让孩子把话说完

倾听时，孩子有些话难免会使父母生气，父母一定要克制住自己，坚持让孩子把话说完。

3. 耐心地对待孩子的话题

当一个孩子在父母面前反复说同一个话题时，父母不要因为孩子在重复而显出不耐烦，应该进一步地倾听，很有可能是孩子的某个基本需求没有得到满足，他正在反复强调。

4. 不要打断孩子的谈话

孩子正在绘声绘色地与你交谈时，即使是电话铃响了，你也要坚持听完他的话。否则，事后再问他时，效果就不一样了。

5. 控制自己说话的音量

在倾听的过程当中，孩子就一个问题三番五次地坚持自己的观点，难免会引起父母情绪的改变。这时你要尽量控制自己说话的音量，心平气和地继续倾听和引导。

别让孩子成为"沉默者"

　　某重点中学一名品学兼优的中学生赵阳，有着自己不为他人了解的烦恼。他痛苦地说：

　　"我现在在家里扮演着一个'沉默者'的角色。因为我如果不同意爸妈的意见，开口争辩，他们就会说'你才多大？我吃过的盐比你吃过的米还多'，或者是'我们是过来人，难道还不如你明白'之类的话。既然他们认为只有'过来人'说的话才正确，我想我也就没有任何发表不同意见的资格了。慢慢地，我不再想和家长交流，有什么都憋在心里，感觉越来越压抑了。"

　　赵阳同学的情况在家庭生活中很常见，但幸好的是赵阳的自控能力还算不错，没有让在家受的委屈延伸到学习生活的方方面面，还保持着他的品学兼优。 其他孩子就不见得能做得这么好了。 赵阳选择了沉默，他的父母再也不会从他嘴里听到反对的意见了，但，这是教育的胜利还是教育的悲剧？

在这个世界上，只要是人就有发表自己意见的权利，利用家长的优势剥夺孩子权利的人，绝不是一个合格的家长。

因为学历及自身修养的关系，很多父母并不具备客观科学地分析问题与看待人生的能力，他们的一些见解几乎都源自于个人生活的积累，往往更适用于自己生活的小圈子，盲目性很大，自以为是的成分也很多。也就是说，这些见解根本就不具备权威性和指导性。在我们很多家长从没有进行过教育方面的专门训练的同时，他们不愿意也很少想到去寻找教育所需要的专门知识，却又都认为自己是这方面的权威，这是一个可怕的现实。

孩子的阅历少，对很多事物的见解当然不如父母看问题的全面性，但这并不等于说孩子就没有发言权。你不让他说话，那你怎么会知道他的意见中有哪些是可取的、哪些是不可取的呢？从而，你又怎么能针对他发表的意见中的不足之处加以引导或启发呢？

换句话说，即便孩子发表的意见是错的，家长也应该和风细雨地与孩子共同探讨，而不是蛮横地断然否决，因为训斥人往往会带来一连串恶果。

人在受到训斥后都会对批评者产生一种憎恨和冷淡的抵触情绪。如果一味训斥孩子，事后不闻不问，或再指责他几句："你这孩子怎么听不得一点批评的话？"尤其是对孩子使用一些带有人格侮辱色彩的语言，如："给我滚！""再也不想见你了！"等等。这如同火上浇油，孩子的抵触情绪会逐渐加重，更不可能去亲近父母。所以，我们应注意以下几点：

1. 孩子最需要的是尊重

在一个一切都是大人说了算的家庭里，孩子的地位无疑是最卑微的。孩子既然觉得没受到父母的尊重，当然不会采取合作的态度。

2. 创造开明的家庭民主气氛

家长要创造开明的家庭民主气氛，与孩子直接讨论问题，让孩子尽可能多地发表意见，重视孩子的每一个提问。

3. 引导孩子说说自己

孩子不愿意和父母交流，甚至不愿意和父母在一起，很大原因是父母对他的任何事情都要干预，如果无意中说出了让父母不满的话，肯定会招致严厉的批评和干预，在这种情形下，谁都会采取不说话的方式，这样对于自己是最安全的。所以父母应该让孩子说说自己，即使孩子说出的事情父母也许难以接受，父母也要耐心倾听，如果发表意见最好也是说正面意见，让交流有一个良好的开端。

妈妈要做孩子最忠实的听众

有一位女士，为了能让自己专心地工作，她把自己3岁的儿子送进幼儿园全托班，每周只接一次。有一次，孩子从幼儿园回来，对她说："妈妈，我知道你很忙，没时间在家陪我，可你能不能把我转到每天都能回家的幼儿园?"这位女士没能满足孩子的请求，她和丈夫常常出差，没有时间照顾自己的孩子。每次孩子回家，总是兴致勃勃地给妈妈讲幼儿园里的事，不管妈妈爱听不爱听。儿子需要的是一个忠实的听众，而妈妈是最合适的人选。遗憾的是，开始这位女士没有意识到孩子的这个需求，总觉得听孩子说话，浪费了自己写稿子或思考的时间。所以，每次孩子和她讲话，她总是做出很忙的样子，眼睛左顾右盼，手里还不停地翻动着书报。没想到，这位母亲的"忙碌"给孩子的语言表达带来了障碍。由于孩子是一个思维能力很强的孩子，为了在有限的时间里把话说完，他就讲得很快，慢慢地变得讲起话来结结巴巴的。这引起了这位女士的注意，她开始注意改变自己，尽量抽出空来，倾听孩子的讲话。渐渐地，儿子竟成了这位女士学习儿童语言的老师。是孩子把她领入了奇妙的儿童世界，使这位女士后来对儿童教育工作达到入迷的程度，也使她学会了怎样用心去读懂孩子。

从上面的故事可以看出，聪明的父母在孩子面前不是做一个高明的演说家，而是做一个忠实的倾听者。

如果你发现自己的孩子不爱说话或说话紧张，甚至听你讲话时漫不经心，你就应该意识到，你陷入了"不会做孩子听众"的误区。作为孩子的第一任老师，父母必须马上改变自己，否则父母会后悔终身。

当你成为一位非常好的听众时，便是你成为高明的说话者之时，你也就具备了成为孩子们喜欢的好朋友的条件。你的倾听会使未成年的孩子从小学会以平等与尊重的心态与人建立联系，会使孩子觉得自己很重要，利于孩子学会独立思考。当你的孩子长大成人，像山一样站在你的面前，你需要仰视他时，他仍然会习惯地俯下身来，像小时候你对他那样听你说话，跟你谈心。那时，年迈的你会从内心里感到做父母的宽慰和满足。

也许你会发现，不论孩子的话题多么简单，如果你想要表现出倾听的姿态，那么孩子也会自然而然地愿意把心里话都出来。如果你总是沉着脸，一言不发，一副漫不经心的样子，就会令孩子十分失望。慢慢地，他也会养成对什么事都不关心的毛病。那些在课堂上发呆、不爱发言的孩子，幼年时可能就缺少好的听众。 孩子从小没有感受过自己语言的魅力，必定会对自己的语言表达能力失去应有的信心。

父母是孩子最好的老师。 而语言又是早期教育最重要的环节。 如果您想让孩子成为最了不起的孩子，那么，就从倾听孩子说话开始吧！

妈妈要表达出倾听的兴趣

情景一：盈盈是个优秀的孩子，她有一个幸福的家庭。爸爸是个医生，每天工作繁忙，照顾女儿的责任主要落在妈妈身上。妈妈是个细心的人，每天盈盈放学回家，吃完饭，写完作业，母女俩都会有雷打不动的一小时谈话时间。

在这一个小时的时间里，盈盈告诉妈妈学校里的各种事情，如老师的脾气个性、同学的趣事、学校的活动、学习上的喜悦和烦恼，还有自己心里的各种情绪体验等，在这个过程中，妈妈对盈盈的话总是表现出极大的兴趣，与盈盈一起感受与经历。

若是盈盈有什么问题想得到解决的办法，妈妈也不会马上说应该怎么办，而是与盈盈一起讨论、商量，引导盈盈自己想出办法。这每天宝贵的一小时，从盈盈上幼儿园到中学，从未间断过，伴随着她度过了宝贵的成长阶段，也营造了和谐的亲子关系。

情景二：婷婷特别愿意与妈妈谈话。因为妈妈每次与婷婷说话时，都让她靠近自己坐下，握着她的手，以关切的眼神，前倾的姿势，微笑的表情，鼓励她完整地说出事情的经过，而绝不随意打断她的话题。在婷婷伤心落泪时，妈妈便递过手绢或纸巾，然后把婷婷轻轻搂在怀里，抚摸她的头发，或拍拍她的后背。这时，婷婷便感到无限温暖，所有的烦恼都消融了。

盈盈和婷婷的妈妈都是非常优秀的倾听者，她们的成功之处就在于对孩子的话表现出了极大的倾听兴趣，能够引导孩子向自己述说。

因此，倾听时，父母要认真注视着孩子的眼睛，仔细听孩子说话，同时关注孩子的表情，向孩子传递"我正在听"的信息。必要时，抚摸、拥抱等身体接触，更能让孩子体会到父母对自己深切的爱，从而使孩子更主动、更自信、更流利地表达自己的内心感受。

父母只有表现出倾听的兴趣，孩子才会有兴致说出心里的话。那么，当孩子开口说话时，父母应该怎样鼓励孩子继续说下去呢？

1. 做好倾听孩子说话的准备

加强和孩子的沟通，倾听孩子的心声是为人父母最重要的事情。所以，当孩子想要和父母沟通，并诉说一些事情时，父母应该将此事立刻提升为当前最重要的事情，不管是正在看喜爱的电视节目还是与别人聊天，也不管是在做家务还是工作。

当孩子要对父母诉说什么时，父母应该停下手中的事情，和孩子一起坐下来，全神贯注听孩子说话。这不仅是对孩子的尊重，也能为亲子沟通构建良好的情境。除此之外，父母不要制造沟通"墙壁"。如用手捂着嘴巴，两手抱着胳膊，或翻看着书。这些举动对孩子来说，都是一种障碍。因此，父母最好在亲子沟通中，用眼睛注视着孩子，微笑着静静听孩子倾诉，同时应该给予孩子无条件的积极关注和充足的沟通时间。

2. 父母可以通过眼睛来表达倾听的兴趣

在孩子说自己事情的时候，父母应该睁着眼睛非常好奇地、有兴致地看着他们，并且很自然地传递你的兴趣和愉悦。切忌东张西望，或者眼光游离不定地注视周围的事情。

3. 父母可以通过语言来表达倾听的兴趣

在倾听孩子谈话的过程中，父母可以用简单的诸如"太好了""真是这样吗""我跟你想的一样""你的想法太好了，继续说""我简直不敢相信"等话语来表示你的兴趣。

除此之外，父母对孩子所谈话题的兴趣还可以用参与谈话的方式传达，而且参与孩子的话题更有利于引导孩子。其实，父母也不能全停留在单纯地倾听孩子诉说了一些事情的经过和想法上，还应帮助孩子解决事情中的问题。

当然，这时父母仍不要用自己的嘴巴给孩子提出指导意见，最好的办法是让孩子自己进行分析和判断，而父母依然扮演一个倾听者的角色。

4. 父母可以用表情表达倾听的兴趣

在与孩子沟通的时候，当父母觉得不便用言语表达时，可以采用表情来反映自己的兴趣。比如，保持微笑，并常常做出吃惊的样子。孩子最爱吃惊，用大人的话是"大惊小怪"，他们希望看到大人对自己所说的事情表示出吃惊的表情。能把大人吓住，说明自己很有本事。

父母可以通过声调变化、身体姿态变化和面部肌肉运动这三种表情的整合活动来实现信息传递和达到成功的亲子互动。

父母采用言语表情传达兴趣时，可以采用多种具体的方式。比如，重述孩子刚才诉说过的话。如："你觉得小琴作为你的好朋友在同学面前说你的坏话，你无法理解，是吧？"父母可以揣测孩子诉说中的情绪与情感。如："妈妈看得出来，你谈到这些事情至今还很生气。"父母可以认同孩子的感受，如："看来你对自己的成绩很不满意。你觉得自己完全理解了课文，但因为粗心大意丢了不少分，这让你很自责。"父母可以启发孩子继续说下去，如："你就是因为这个事情生那么大的气啊？那么，你当时冲他们发火的时候，他们有什么反应啊？"

除此之外，言语表情还包括声音的语调、语速、节奏等。父母在和孩子沟通的时候应该克服以下毛病：语调过高、声音微弱、粗声粗气等。

另外，父母还可以用面部表情来传达自己的兴趣。在通过言语表情、身段变化和面部肌肉运动3种形式来传递信息和实现成功的亲子互动中，只有面部表情所携带的信息具有特异性，因此，父母的面部表情在亲子沟通过程中起到主导作用。

如果孩子谈一些非常奇特的事情，父母应该不断表现出惊奇的表情，让孩子感知到父母的兴趣；如果孩子谈一些伤心的事情时，父母也应该在内心体验到孩子的伤感，并用面部表情表露出来；如果孩子谈一些非常愉快的事情，父母应该开心地倾听孩子诉说，并用愉快的、眉开眼笑的表情传达自己的情绪信息。

让孩子学会表达爱

　　每个父母都爱自己的孩子，恨不得把所有的爱全部倾注在孩子身上，但父母在付出爱的同时，忘记了教会孩子如何表达自己的爱，而不是一味地只知道给予。爱是相互的，父母爱孩子就要把自己的爱以适当的方式传递给孩子。让孩子学会表达爱也是爱孩子的一种方式。

　　一位妈妈曾向教育专家倾诉孩子不知道体谅自己的辛苦：

　　　　儿子今年13岁了，从他小时候起，每天我都很辛苦地为他做事，从日常生活的饮食起居，到学习辅导、兴趣培养，都由我一手打理。可是孩子却很冷漠，对我所做的一切毫不领情，我有时抱怨他不知体谅我的辛苦，他反而不耐烦地说："是你自己愿意做的，又不是我让你做的。"我既生气又寒心，孩子怎么不知道感恩呢？

　　在现实生活中，有许多父母有类似的困惑：为什么我为孩子做了那么多，孩子却没有心存感激呢？ 究竟父母应该怎样做，才能让孩子学会感恩呢？ 父母仅仅爱孩子是不够的，在父母为孩子付出一切的时候，如果没有把爱以适当方式传递给孩子，孩子内心便无法真正感受到父母的爱。 孩子不感恩，有很多原因，妈妈可以试图让孩子学着爱人，给孩子表达爱的机会，让孩子渐渐明白父母是如何爱自己的。

为此，父母一方面要引导孩子表达爱，另一方面要对孩子的爱给予积极的回应，使孩子感到他们的爱是父母生活中的一种力量。 比如，孩子的爸爸过生日，妈妈可以与孩子一起为他精心准备礼物，做一顿丰盛的美食，孩子可以从中学习如何表达爱。 爸爸感动于母子两人的爱心，流露出激动与喜悦，会使孩子得到鼓励和信心。 英国教育家夏洛特·梅森认为每个孩子心中都有一口爱的源泉，它唯一的事情就是流淌，而在父母这方则要保持体贴、友好、感恩、孝顺、奉献这些渠道不封闭、不阻塞，而且永远向前流动。 让孩子感觉到他们每一次爱的流露所创造的喜悦，从小在家庭中培养感恩之心。 当孩子学会对父母心存感激之时，才会把这种情感扩大到他人与社会。

爸爸妈妈让孩子学会表达自己的爱，就要通过自己以身示范如何爱人。

第七章

这样说话，孩子才会听

真诚地和孩子交流

有一个小男孩，由于母亲不再给他零花钱了，没钱去打游戏，所以对母亲很有怨言。母亲说什么他都不听，事事与母亲对着干。这位母亲说："为了孩子学习、生活得愉快，我经受的艰辛都不让孩子知道，没想到他现在这样对待我。"后来，在外地做工的父亲回来了，他把自己的艰辛和经历都告诉了孩子。不久之后，妈妈发现孩子竟然变乖了许多，问孩子的爸爸是怎么回事。孩子的爸爸说："小孩子也和我们成人一样啊，很多问题，你只要去跟他沟通交流，他就会明白了。你以前太缺乏和孩子沟通了！"母亲听了恍然大悟，从此特别注意和孩子之间的交流，结果，孩子身上许多逆反的行为都渐渐减少了。

如果这位母亲以前就与孩子有真诚的沟通，让孩子了解自己工作的忙碌和生活的艰辛，那么，孩子就可能会理解母亲，改变对母亲的错误态度。

很多父母总是无奈地说，每次和孩子沟通的时候，说不了几句就会吵起来，沟通便很难继续。事实上，在真正开始交流之后，交流双方都应保持理性，并以一种真诚的态度来对待对方。对父母来说，在与孩子进行沟通的时候，要注意不要一遇到与自己观点不符的时候就以"过来人"自居，全盘否定孩子的思想，强制孩子按照自己的思路行事。

在家庭教育中，真诚的沟通非常重要。父母应当怎样与孩子沟通呢？

1. 要消除对孩子的主观偏见

父母因孩子过去的表现而形成的看法有时会影响对孩子的理解，甚至有误解和歪曲。父母应该注意的是：孩子是发展变化的，要排除主观偏见，耐心倾听孩子的心声。

2. 一定要认真听孩子讲话

在孩子讲话的时候，父母应表现出热情和兴趣，并表现出很愿意和孩子沟通。孩子讲话时，父母要做到不打断、不批评，努力从孩子的立场去理解他们说的内容，使他们感到被理解、重视和接纳。

3. 重视孩子的内心感受

父母要注意孩子内心的需求与感受，体会他们的心声，尤其是苦恼和心理矛盾，积极鼓励他们坦诚地表达自己的想法和感受。父母也需要在沟通中让孩子明白：不赞同他们的某些行为，并不是因为他们的感受不理解、不认同。父母对孩子的感受是否加以认真理解和评价，将会影响孩子今后的发展。

4. 交流时要实事求是

父母无论是批评、表扬或评价，还是谈论家庭和社会问题，都要切合实际，有理有节，不能跟着感觉走，随着性子说。比如，你批评孩子一件事情没有做好时不应这样说："笨蛋，我已经说过一千次了，为什么还不改？"这就是夸大其词，于事无补。要运用切合实际、合情合理的沟通方法，培养孩子的理智感、自信心，增强教育效果。

蹲下来和孩子说话

在一个圣诞节的晚上，一位年轻的妈妈带着 5 岁的女儿去参加圣诞晚会。

热闹的场面，丰盛的美食，还有圣诞老人的礼物……妈妈兴高采烈地和朋友们打着招呼，不断地领女儿到晚会的各个地方，她以为女儿也会很开心。但没想到的是，女儿几乎哭了起来，母亲开始还是有耐心地哄着，但多次之后，女儿干脆坐到地上，鞋子也甩掉了。

母亲气愤地一把把女儿从地上拖起来，训斥之后，蹲下来给孩子穿鞋子。在她蹲下来的一刹那，她惊呆了：她的眼前晃动着的全是大人的屁股和大腿，而不是自己刚才所看到的笑脸、美食和鲜花。她明白了女儿为什么会不高兴，她蹲下来的高度正是女儿的身高。

通过这个故事，我们想到了什么？要去了解、引导孩子，应该蹲下身子，拉近和孩子的距离。 一位从美国费城考察回来的专家，曾经这样深有感触地说过："美国的父母不像中国的父母偏向吼骂的教育方式，他们和孩子说话时，一定会蹲下来，让自己的眼睛和孩子的眼睛处在同一高度上，然后握住孩子的手，轻声地和孩子说话。他们认为，在蹲下与孩子目光平行的时候，无形中，孩子便会乖乖听话了。"

如果总是站着面对孩子，那么，父母与孩子的距离，就不仅是身高上的差距，同时更是一代人与一代人之间的距离，是一颗心与一颗心之间的距离。蹲下来与孩子交流，对孩子来说是一种极大的关心与理解，是孩子能够接受的一种爱护；蹲下来与孩子交流，孩子离我们的距离就会缩短；蹲下来与孩子交流，是父母关心孩子内心世界的体现；蹲下来与孩子交流，营造出来的是一种民主、和谐的气氛。

我们都知道，只有两端高度差不多，水才有可能在中间的管道里来回流动，如果一端高，一端低，水就只能往一个方向流了。孩子与父母的交流也是相同道理。蹲下来和孩子说话，父母与孩子才有可能平等地交流。

英国教育家斯宾塞曾说过："对孩子训话意味着你要求他绝对服从，让他像你一样思考问题。和孩子朋友式地交谈，意味着大家一起寻找方法解决问题，重新衡量自己的观点，搞清楚究竟谁的更符合实际。"父母总是希望自己的管教能起到立竿见影的作用，可以让孩子下次不再犯同样的错误，可孩子偏偏就是屡教不改，是孩子太顽固了还是父母自身的教育方式出问题了？

其实，只要父母善于与孩子沟通，孩子就会知道，父母是非常爱他的，也是很尊重他的。而通过沟通，孩子就会晓得，哪些行为是对的，哪些行为是不可取的。 同时，通过沟通，父母还可以更好地了解孩子的想法和行为动向。

当然，在变流的过程中，父母最好是蹲下身子，近距离接触，两眼直视孩子的眼睛。 听完后直接、果断、清楚地向孩子表达自己的意见或思想，如此他才能按照你的想法去做。而且，语气要坚定，但绝不严厉，父母的语气要透露出自己说到做到，并且一定要他照办的坚决。 这样，不但可以有效沟通，还可以消磨孩子抗拒或抱怨的情绪。

总之，蹲下来和孩子说话，是增强孩子独立意识的有效方式。 蹲下来说话，不仅仅是一种行为的表现，还是一种教育观的体现。 只有怀着崇高的责任心和热切的期望才能蹲下来；只有把孩子看作是平等的个体才能蹲下来。 只有蹲下来，父母才能平视孩子，才能获得和孩子真正交流的机会，才能真正明白孩子心中所想，以及他们行为的真正动机。

平心静气地和孩子说话

情景一：李芬的女儿今年读初一，在上小学的时候，女儿基本不用父母操心，成绩一直处于中上等水平，虽然不是很拔尖，但也算不错了。李芬感觉很欣慰，与女儿的关系也十分融洽。

女儿升入初中后，李芬担心她成绩跟不上，开始对她严加管教。不让她玩，还经常训斥她。李芬还不顾女儿的反对，给她请了英语家教，每周末都给她辅导英语课。女儿很生气，故意不好好学习，结果不但英语成绩很差，就连其他科目的成绩也开始下降。

不仅如此，女儿的逆反心理也越来越严重，李芬说东，她偏往西，母女俩总是话不投机半句多，说不了两句就会吵起来，李芬和丈夫因为孩子的教育问题也经常拌嘴。

那一段时间，李芬非常痛苦，不知道该怎么办，对孩子说话也越来越尖刻。

有一次，李芬当着女儿的面说："人家怎么能养出那么好的孩子，每次考试都考那么好，我怎么养了个这么笨的孩子？"

　　女儿大脑反应特别快，立即回了李芬一句说："我怎么遇见了这么笨的妈妈，人家妈妈都是当厂长的，你是干啥的？"李芬听了，嘴张了张，什么也说不出来。

　　后来，李芬仔细反思，孩子的问题到底出在哪里呢？最后，她找到了原因，是自己对孩子的态度出了问题，自己对女儿越来越恶劣、刻薄。

　　当即，李芬决定改变自己的态度，对女儿变得温和起来。无论女儿怎么与自己作对，她都用温和的态度对待。

　　两个月过去了，奇迹出现了，女儿不再和她作对，有什么事情还会主动请教她，也知道关心人了，而且成绩也在逐渐提高。

　　情景二：崔涵是个7岁的孩子。一天，他正在玩积木，聚精会神地垒宝塔。妈妈见了，却叫他去学习。崔涵玩积木很专心，没有听见妈妈的话。

　　妈妈生气了，几步走到崔涵面前，伸手推倒崔涵费了很大精力才垒起的宝塔，大声呵斥道："我让你写作业，你没听见啊？"

　　崔涵被妈妈的举动吓了一跳，看到宝塔顷刻间倒塌，他十分伤心，狠狠地瞪了妈妈一眼，打开门跑了出去。

　　妈妈赶紧追出来问："你去哪里？"崔涵哭着说："你是个坏妈妈，我不要你了。"

不少父母都像上面的两位妈妈一样，抱有这样的教育态度：孩子是我的，所以我有权利让他听我的，即使严厉训斥他也没有什么错。这是错误的教子理念，父母的权威和尊严不是靠训斥孩子树立起来的。

一味地训斥孩子，可能孩子表面上服从父母的教育，但内心却很不赞同父母的教养方式，不仅会使父母在孩子心目中的形象大打折扣，甚至会让孩子产生严重的逆反心理。

父母觉得只有在孩子面前保持自己的尊严，只有严令孩子，才能"镇住"孩子，孩子也才会听话。其实这是错误的，父母采用这样的方式只会疏远和孩子之间的关系。面对严肃的父母，孩子也不会敞开心扉和父母进行沟通，家庭教育当然也就不会取得理想的效果了。

因此，在教育孩子时，父母要平心静气地说话，尽量避免使用训斥、讽刺的语气，这样既不会损害孩子的自尊心，又不会破坏父母和孩子之间的关系。

父母要学会尊重孩子，站在和孩子平等的地位上与孩子进行朋友似的谈话，即使孩子和自己的想法不一致，也不能一味地严令呵斥，将自己的意识强塞到孩子的头脑中，更不能按照自己的理想去塑造孩子的性格、品质。

1. 不做专制的父母

很多父母在教育孩子时，喜欢用训导的语气，要求孩子做什么事时，更喜欢用命令的语气，他们只关注自己的权威地位，而不考虑孩子的内心感受。专制的父母希望孩子绝对服从自己，可这样父母和孩子之间就称不上沟通了，而是简单的统治和被统治的关系了。

刘婷是初二的学生，性格很内向。其实刘婷幼时是一个活泼开朗的孩子，只是在父母的专制教育下，她的开朗逐渐被内向、懦弱所取代了。

妈妈喜欢安排女儿如何做事，并且口气常常很强硬，刘婷一开口反抗，妈妈就开始居高临下地教育她，有一堆的唠叨等着女儿。久而久之，刘婷也习惯了妈妈对她的专制式管理，变得畏畏缩缩。

孩子的心灵是脆弱而敏感的，父母用训斥的语气、以居高临下的姿态和孩子说话，只会挫伤孩子的自尊心。父母在教育孩子时，要平心静气、和言细语地交流。孩子做错事情的时候，父母要耐心地帮助孩子分析做错的原因，引导孩子走上正确的道路。专制教育之下的孩子，表面上会听从父母的命令，实质上会产生逆反心理，或者和父母对着干，或是形成懦弱的性格。

2. 尊重孩子

青春期的孩子独立意识增强，渴望摆脱对父母的依赖，他们对世界的看法会和父母不一致，一旦不符合父母的想法，父母就会对孩子耳提面命。孩子的社会经验少，肯定会犯这样或那样的错误。父母若不能站在孩子的角度体谅和理解他们，而是一味地训斥孩子，就会对孩子的身心造成极大的伤害。

孩子都希望得到父母的尊重，都想自己的努力得到父母的认可。所以，父母要把孩子当成朋友来看待，尊重孩子的人格和所取得的进步，做好孩子的人生导师。

3. 把孩子当作朋友

父母在对孩子说话时要换种思维方式，把孩子当成自己的朋友来对待。父母很少会对周围的朋友采取训斥的态度，只有把孩子看成自己的朋友，才能保证良好的亲子关系，促进孩子的健康成长。

父母总是把自己置于比孩子高的位置上，习惯于对孩子发号施令，这样，孩子得不到尊重，就不乐意同父母做朋友。父母要尽量用商量的语气和孩子说话，和孩子做朋友，和孩子一起成长。

4. 用请求的语气让孩子帮忙

很多父母有这样的体会，自己想要得到孩子的帮忙时，孩子会表现得不听话或是故意做错。其实这和父母对孩子说话时的语气有很大的关系，父母命令式的语气激起了孩子逆反的情绪，所以孩子不会服从。

　　赵倩今年上初中二年级了。一个周末，妈妈的朋友要来家里做客，为此妈妈很早就起来打扫卫生、买菜。妈妈突然想起来还没有买酒，但是她自己忙得不可开交，就让正在看电视的倩倩帮她去买。

　　妈妈以命令的语气要求倩倩去买酒，可是倩倩好像没听见一样坐着不动。妈妈试着换了个语气和孩子说话，她亲切地蹲下来对女儿说："宝贝，你看妈妈太忙了，没法出去买酒，你给妈妈帮个忙，去买瓶酒，好吗？"赵倩看到妈妈的态度，高兴地出去买酒了。

孩子虽然年龄小，但他也有自己独立的人格，他们想得到父母的尊重，而不想父母把自己当成他们的私有品，随意地呼来唤去。父母尝试着用请求的语气和孩子说话，就会收到不一样的效果，沟通的障碍也自然会消除。

针对孩子的个性选择交流方式

　　媛媛是个性格内向的孩子，平时很少和同学交流，身边的朋友也很少。但是媛媛的妈妈却是一个性格开朗的人，平时大大咧咧的，和孩子说话时也不太注意，于是敏感的媛媛常常会误会妈妈的意思。

　　比如，妈妈偶尔会说起隔壁的小孩子会帮家里做家务活，媛媛将妈妈的话理解为她喜欢隔壁的那个孩子，而不喜欢她，为此非常伤心。有一天，媛媛给妈妈写了一封信，把自己的心里话对妈妈说了，信里写了她的困惑、不解以及对妈妈的不满。

　　妈妈看到女儿的信后，恍然大悟，认识到自己教子方式的不妥，决定从生活细节入手，根据孩子的性格教育孩子。

　　女儿内向，不善表达，妈妈就鼓励她多说话，尽量找她感兴趣的话题，在妈妈的带动下，女儿变得开朗了很多。

　　考虑到女儿的性格内向，妈妈还特意准备了一个本子，一家人可以将各自想说的话写到本子上。通过纸上的交流，媛媛和父母的感情越来越好了。

孩子之间存在很大的个性差异，每个孩子的个性都是不同的，教育的目的就是要开发每个孩子的差异性、独立性和创造性。父母要根据孩子的个性，选择不同的说话方式，只有这样，才会达到理想的教育效果。

父母是孩子最亲近的人，对孩子有更加深入的了解，因此，在对孩子进行说教时会更有优势，但前提是，父母在了解孩子的基础上，要选择孩子喜欢的或是容易接受的说话方式，让孩子能真正听进去父母的话，并将其付诸实践。

很多父母常常抱怨，自己根据教子书上所写的方式与孩子沟通，可是自己的孩子还是不听话。其原因是，这些父母生搬硬套某种教育模式，这是不对的。只有父母的说话方式符合孩子的心理需求和特点，才能更好地激活孩子的思维，发挥应有的教育功效。根据孩子的个性选择不同的说话方式，能够帮助父母有针对性地教育孩子，使得孩子发挥自己的优势，有效地改正自身的缺点。

父母要从孩子的实际情况、个别差异出发，有的放矢地进行教育，使孩子能够扬长避短、获得最佳的发展。孩子的个性不同，父母的说话方法也应有所不同。别人的教子秘诀对自己的孩子或许并不适用，父母要注意活学活用，对孩子进行个性化教育。

由于家庭状况和孩子的实际情况都存在差异，所以，父母要根据孩子和自己的个性特征，选择不同的说话方式，让温暖而有教育意义的话语伴随着孩子的成长。

1. 尊重孩子的个性

每个孩子都有自己独特的个性，父母与孩子说话时要尊重孩子的个性。

孙唯是小学四年级的学生，一直以来都很听妈妈的话，可是最近他不像以前那样听话了，这和妈妈的教育方式有很大的关系。

有一天，孙唯回家后，妈妈用强制性的口气和他说："我为你报了个奥数培训班，从明天开始，你就去参加培训。"妈妈的语气一点商量的余地都没有。孙唯是个很有主见的孩子，看到妈妈的态度强硬，也不好说什么，但是心里始终闷闷不乐。

妈妈发现儿子的情绪不对，耐心地与他沟通，了解了他的想法，最后主动取消了这个培训班。儿子得到了妈妈的尊重，决心以优异的成绩来回报妈妈。

父母要了解孩子，熟悉孩子的个性和爱好，选择适合孩子的说话方式。尊重孩子的个性，可以避免教育的盲目性，孩子会更清晰地认识到自己的特点，更好地发展自己的个性，这会使教育起到事半功倍的效果。

2. 和开朗的孩子共同探讨问题

对于性格外向的孩子，父母可以选择孩子感兴趣的话题，和孩子共同探讨，这样既可以激发孩子的学习兴趣，增加孩子的知识，又可以增进亲子关系的和谐度。

姜涛喜欢玩游戏，已经达到了痴迷的状态，父母为此很着急，害怕游戏耽误孩子的学习。怎么办呢？

姜涛性格很开朗，并且对生物很感兴趣，妈妈决定从这一点入手。

这天，妈妈从图书馆借来了一本关于生物的书，上面有姜涛很感兴趣的恐龙。姜涛看到后，滔滔不绝地向妈妈讲起了他所知道的有关恐龙的知识，这时妈妈恰当地向儿子提出了几个具有争议性的问题，姜涛忘了玩游戏，开始和妈妈查询起那几个问题的答案来，母子俩还时不时地进行热烈的讨论，气氛非常热烈，也很融洽。此后，妈妈不断用这种方式转移孩子的注意力，很快，姜涛对游戏就不那么痴迷了。

在与外向的孩子说话的过程中，父母可以适当幽默一些，要多让孩子说，自己则要耐心听。

3. 用鼓励性的话语对待内向的孩子

内向的孩子生性害羞、敏感，更需要得到来自父母的认可和肯定，所以，表扬和赞美是教育内向孩子最有效的方法之一。对于内向的孩子，父母要学会放大孩子的优点，从身边的小事入手，表扬和赞美孩子。

妞妞今年已经上小学一年级了，可是她不敢和同学交朋友，一和同学说话就脸红，头都不敢抬。妈妈就鼓励她说："孩子，妈妈知道你心里其实很想和小朋友们在一起玩，妈妈相信，只要你敞开心扉，就会有很多朋友的。"

妞妞听了妈妈简短的话，开始有了一点点自信，觉得自己能够做到这一点，便试着按妈妈所说的去做了。果然，不久，妞妞就有了两个好朋友。随着时间的推移，妞妞的朋友越来越多，性格也越来越开朗。

父母在和内向的孩子说话时，要用柔和的语气，使孩子的情感得到保护，但是父母也要把握好尺度，不要让孩子滋生骄傲的心理。

4. 根据孩子的承受能力选择说话方式

有的孩子心理承受能力强，父母选择何种说话方式，他都能接受；而有的孩子心理承受能力较弱，自尊心较强，对于这类孩子父母就要选择委婉的说话方式，以保护孩子的自尊心。

严青是个心理承受能力很弱的女孩，妈妈一句不经意的话，就会让她纠结很长时间，妈妈觉得这样下去，对孩子的成长是不利的。

于是，妈妈开始注意自己对女儿的说话方式，在女儿心情不好的时候，妈妈会采用委婉的语气说话，而在孩子心情好的时候，妈妈有时会说些语气较重的话，以此来锻炼孩子的心理承受能力。

只要父母根据孩子的个性，选择适合孩子的说话方式，孩子就会乐于听从父母的教育，教育也会达到更好的效果。

用讲故事的方式与孩子交流

伟伟是个属鼠的孩子，由于他连续两次在考试中得了满分，不免有点飘飘然起来，今天说小明是笨蛋，明天说小刚是弱智，只有自己才是天才。于是，妈妈便给他讲了下面的故事：

"有只小老鼠外出旅游，恰好遇见两个孩子在下斗兽棋，小老鼠就悄悄走过去看，结果发现了一个大秘密：尽管兽棋中的老鼠可以被猫吃掉，被狼吃掉，被虎吃掉，却可以战胜大象。于是，它由此认定，只有老鼠才是真正的百兽之王！这么一想，小老鼠就得意起来，从此以后，它既瞧不起猫，又看不起狗，甚至还拿狼开心。有天居然还大摇大摆地爬到老虎的背上去了，恰好老虎正在打瞌睡，懒得动，小老鼠于是更加得意忘形，它趁着黑夜钻进了大象的鼻子，大象觉得鼻子痒痒的，就打了个喷嚏。小老鼠立刻像出膛炮弹似的飞了出去，飞呀飞呀，飞了好半天，扑通一声掉到臭水坑里！孩子，'自'

'大'加一点就是'臭'。今年是鼠年，你这只小老鼠会不会也掉到臭水坑里呢？要想不会，就必须遵守一个前提，这就是永不骄傲！"

听了妈妈的故事，伟伟很快便改正了自己的缺点。

这位睿智的妈妈对孩子的缺点并未直接斥责，也未生硬地给孩子讲述大道理，而是以讲故事的方式巧妙比喻，让孩子自己去领会言外之意，可谓举一反三、触类旁通，收到了极好的说服效果。

在说服孩子的过程中，最令孩子反感的就是家长滔滔不绝地灌输一堆大道理，而故事对于孩子来说则是心中最爱，因此，家长不妨利用故事来妙喻说理，使孩子冷静深思、豁然顿悟，达到说服孩子的目的。

每一个孩子都喜欢听故事，而身为父母要明白一定要学会给孩子讲故事。对此，很多父母会不以为然，讲故事谁不会讲，其实要想真正地通过故事达到亲子沟通的目的，首先要做一个会讲故事的家长。

我们都知道，一般故事都有 5 个要素，何时、何地、何人、何事、何故，每一个故事都应该包括这 5 项内容，才算表达清楚。何时的表述要注意开门见山，警示性地引起孩子的注意；何地的表述要尽快地进入场景，这样才会突出你想表达的主题；何人的表述要有名有姓，有名有姓才显得真实，也方便孩子理清思路；何事的表述应注意具体化，描述细节化；何故的表述相对不太重要。

讲故事，最重要的是对事的讲解，换句话说也就是重现场景。 重现场景的一个技巧就是表达具体化，描述细节化，这样才能使孩子以一个感性的画面进入情节，引发思考。 当然，不同的孩子反应是不一致的，不一致在社会心理学中，就意味着心理互动的失败，心理互动失败，你就不能在讲话中达到最佳效果。

此外，父母给孩子讲故事时要遵守以下4个原则：

1. 发掘教育性

美国故事家认为，听故事能够打开那些直接教育无法触及的区域，无论是成人还是儿童，都可以从故事中找到解决自己问题的稳妥办法。 这表明，故事的内涵不仅反映生活，揭示世界，而且故事对人的塑造施加着积极影响，有教育性。 据此，给孩子讲故事，要充分发掘故事的教育性。 要照顾孩子的年龄特点因势利导。 孩子进入幼儿期，可多选择一些童话故事，因为童话以儿童幻想为特征，从不同角度向孩子展示奇异美妙的现实生活，告诉他们真善美与假恶丑。 孩子3岁以后，物我开始分化，他们开始对人的故事和有关自然、社会等方面的知识性故事感兴趣。 这类故事，重点应放在讲清"发生了什么"，以拓宽视野，深挖故事主题。

2. 加强针对性

孩子生理、心理发展不成熟，情绪波动大，给孩子讲故事应敏锐地捕捉孩子的兴奋点，以增强双边同步效应。 尤其针对孩子可塑性的特点，发现某些毛病和不足，可选有利于矫治的故事，通过故事形象来启发诱导，达到自我鼓励和克服不足。 创设情境讲故事的过程实际是一个还原生活的过程，孩子年龄小，社会生活经验贫乏，往往对故事的内涵领悟较困难。 因此给孩子讲故事，首先应创设一种故事氛围，达到借景生情。 具体做法可以通过"解题"作铺垫，告诉孩子这是一个什么样的故事，要注意哪些情节和人物，等等。 有这样一个开场，帮助孩子实现注意转移——集中到听故事上来，并意识到这个故事的新奇，做好"听"的心理准备。 另外，要力求不断渲染故事环境，促使孩子神往于故事之中。 情境渲染的途径很多，比如角色形象创设，讲故事者角色要到位，努力摆脱或掩蔽自己的成分，按故事角色形象的个性及特点来寓情于境。 言语情景创设不容忽视，言语是沟通讲者与听者情感的重要媒介。 讲故事要语言生动，清晰鲜明，儿童化，可使孩子移情于境，增强故事的感染力。

3. 运用悬念

悬念就像挂念，它是孩子听故事时特有的一种对故事发展和人物命运关切的心态反映。 有人说故事是人类灵感的桥梁，悬念就是灵感集成的火花。 悬念的引入，就是打破故事完整的格局，在关键处置疑，让孩子按故事的脉络去思考。故事悬念，通常有开篇悬念、情节悬念和结果悬念等，应视具体的故事内容和听故事对象择用或兼用。

第八章

批评的技巧，正确对待孩子的错误

允许孩子犯错误

在浙江杭州市的一个家庭中，父亲是一位高级科技人员，母亲也是知识分子，儿子正在市重点中学上高三，家庭条件很好，可偏偏发生了一件意想不到的事情。高考临近，大家都忙于备考，学习相当紧张，儿子却跑到外边偷了一块比较名贵的手表，当场被抓住送到派出所。父亲从国外访问刚刚到家，听到此事气愤异常。但是，父母终于以理智控制了自己的感情，在学校的支持和配合下，对事情进行调查了解，对孩子进行了说服教育，他们相信孩子能改正错误，鼓励孩子积极迎考，用行动来改正错误。

由于处置得当，孩子情绪正常，没有影响高考，结果以优异的成绩被录取在重点军事院校。这个孩子没有辜负父母的期望，跌倒后又爬起来。大学毕业时，因品德良好、成绩优异，被分配到我国驻外使馆工作。

在谈及往事时，他深深地内疚，真诚感谢学校和家

庭给他的帮助，决心要一辈子认认真真做事、老老实实
做人。

现代教育理论认为，教育的一个重要前提是宽容，父母应
该允许孩子犯错误。

每个人都难免犯错误，只要你做事，就有犯错误的可能。
大人尚且如此，何况孩子！孩子年龄小，辨别是非的能力尚
缺或不强，犯错误就更是难免的，从某种角度说，孩子的成长
是与犯错误分不开的。如此看来，要求孩子不犯错误是不现
实的，不可能的，剩下来的只是如何对待孩子犯错误的问题。

孩子犯了错误，特别是犯了性质严重、情节恶劣的错误，
父母的第一反应往往是怒火中烧，这时特别需要冷静，不要因
孩子的错误造成自己的错误，甚至酿出人生苦酒，造成家庭
悲剧。

但是允许孩子犯错误不等于纵容孩子犯错误。有些父母
对孩子的错误睁一只眼闭一只眼，对孩子的错误听之任之，一
味顺从，认为"树大自然直"，长大了就好了，不必多管，这
是放任姑息的态度。这种态度会使孩子养成恶习，使孩子在
错误的道路上越走越远，终生难改，是父母们所不可取的。

"孩子是伴随着错误成长的。"父母的责任就是一次次把
孩子从错误的边缘拉回来。上述例子中父母的处理方式就非
常得当。

家庭是人生的一个舞台，而家长应该是舞台上的一个演
员，教育究竟是什么？它不只是一个人的思想灌输给另一个
人，而且是一种心与心的交融，是人格魅力的感染和吸引。

在家庭舞台上，家长应不断变换着自己的角色，有时候是慈母，有时是严师，有时是他的兄长，更多时候是孩子的朋友。

不管孩子犯了哪种类型的错误，问题的关键都在于父母如何引导，将孩子犯错误过程中的不利的消极因素转化为有利的积极因素，从而防止他再犯同样的错误，也少犯其他的错误。

父母必须冷静理智、耐心细致地处理事情，分析犯错误的根源，指明改正错误的方向和方法，帮助孩子从错误中走出来。切忌简单粗暴地对待犯错误的孩子，那种闻错则怒、火冒三丈、不问情由、或骂或打或罚的态度是极不可取的！

给父母几点建议：

1. 对待孩子的错误，不能姑息纵容，也不能粗暴处置

用简单粗暴的方法不能取得有效的教育效果，常常会适得其反，甚至造成悲剧。

2. 教育犯错误的孩子要讲究艺术

家长既要严格管教，又要冷静理智，并且讲究教育的艺术，巧于疏导，帮助孩子从错误中走出来。

3. 对孩子的错误进行入情入理的分析

如果孩子犯了错误，应该对孩子先肯定，让孩子在和谐的气氛中主动认识到自己的错误，让温暖的春风吹去孩子心中的灰尘，让爱充满孩子的心田，在爱的氛围中使孩子受到教育、感化。

4. 低声调批评教育孩子

批评孩子切忌大喊大叫，有的家长喜欢用高声调，似乎不这样做就不足以产生威慑效果。其实，高声调的叫喊，只会引起孩子的反感，加剧亲子间的紧张关系，收不到好的教育效果。

不要给孩子贴上"负面标签"

小驰正在读小学六年级，他的成绩一直是老师和家人最头疼的问题。令老师迷惑的是，小驰并不笨，甚至很聪明，但是他却长期居于班里的最后一名，而且时常不及格。

原来，小驰以前的成绩也十分优秀。有一次，由于他没有认真审题，结果作文没及格。回到家后，妈妈对他大加指责："你怎么这么笨啊，居然还能审错题？我怎么生了你这么个笨蛋？你真是让我头疼死了，真是个笨猪。"从那以后，"笨孩子""笨蛋""笨儿子""笨猪"等名词就成了小驰的代名词了。

既然妈妈这么认定自己，小驰也就索性真的去当"笨孩子"了，他不再好好学习，成绩也一落千丈。

一位母亲带小女儿去游泳，女儿不敢把头埋进水里，她就当众斥责孩子说："你每个星期都这样，老给我和爸爸丢脸。

我真不相信你就是我的女儿！"这位母亲的话和上面故事中小驰的妈妈一样，都代表了一种糟糕透顶的教育方式。

据国外的调查资料显示，经常遭贬斥的孩子智力和心理发展比经常受体罚的孩子更为低下。为什么这样做反而会有害处呢？社会心理学上有个术语叫作"标签效应"，意思就是说，对人的看法就像给人贴一个标签一样，迫使此人以后做出与标签相符的行为。

我国的著名童话大王郑渊洁先生曾经说过："差生是差老师和差家长联手缔造的。"他用深刻、犀利的语言，警告当代的父母们：不要给孩子们乱贴负面标签，这种行为只会使好孩子变成真正的差孩子。

20世纪初，意大利教育家蒙台梭利在罗马建立了一所国立特殊儿童学校，招收了被人称为"白痴"和"弱智"的儿童，共22名。经过两年的努力，在政府的监督下，这些孩子都顺利地通过了公共学校同龄儿童的同等水平考试。这个铁一般的事实再一次告诉世人，没有教不好的孩子，只有不会教的父母与老师。

教育家周弘先生说："没有种不好的庄稼，只有不会种庄稼的农民。"农民如何对待庄稼，常常决定着庄稼的生死存亡；而父母如何对待孩子，也在一定程度上决定着孩子的未来。当父母将"笨孩子""差生""问题少年"等负面标签贴到孩子身上时，"聪明孩子""优生""阳光少年"就真的离孩子远去了。

当孩子被标上负面标签后，心理上会蒙受阴影，更为严重的是他可能放弃追求自己的前途。我国台湾作家三毛曾经在书中描述过一个自己的故事：她因为数学成绩太差而被老师当众用毛笔在脸上画了个大大的黑圈，寓意数学得零分。虽然三毛在写作上获得了极大的成功，但是在她短暂的一生之中，自闭的心理可见一斑，更为甚者，她以自杀的方式结束了自己的生命。

给孩子乱贴负面标签，会直接伤及孩子的自尊心与自信心。心理研究指出，这种做法对于13岁以后的孩子来说，比让他们面对失败更为痛苦。有些父母一听到孩子的学习成绩不好，便不分青红皂白地责骂孩子，给孩子贴上负面标签，说他们是笨蛋，没出息。事实上，孩子一时的成绩，与他将来的成就或者他是否会成为优秀人才，并没有直接的关系。

无论基于哪种原因，父母都不要轻易地给孩子贴上负面标签。对于孩子来说，这些负面标签可能会成为束缚他一生成长的界限与牢笼。当他面临重大的挑战时，这些负面标签便会一次又一次地出现在他的脑海里，使他不能以充分的自信迎接挑战，而最终与机会擦肩而过。父母们，从现在开始，请相信自己的孩子，给他积极的暗示与期望，让他健康、愉快地成长吧！

1. 多为孩子喝彩

"恨铁不成钢"的父母，常常给孩子贴上负面标签，可是，父母并不是真的希望孩子这样。因此，当父母想说"傻瓜"的时候，换成"其实你很优秀"，孩子就会真的越来越优秀。

小茹的成绩不好，即使她每天把自己关在书房里看书学习，她的成绩也没有丝毫起色。妈妈无奈地问："为什么你不努力一点，让自己的成绩更好一点呢？"小茹反驳道："反正你们都认为我是傻瓜，我再努力有什么用？"

　　后来，妈妈每次都有意识地控制自己，当她想骂女儿傻瓜时，就换成"孩子，加油"。她发现这样做，不仅让自己心情愉快，而且也让小茹重拾了自信。虽然她的成绩还不十分突出，但是已经有了很大的起色。

　　当孩子考试不理想或者做事情失败的时候，父母应该多给孩子一些喝彩与鼓励。已经习惯给孩子贴负面标签的父母，则应该有意识地提醒自己，将那些难听的词汇换成鼓励的话语，给孩子积极的影响，鼓起孩子起航的风帆。

　　2. 给孩子积极的心理暗示

　　美国心理学家罗森塔尔曾经做过一个心理实验，证明孩子的成绩与教育者的期待是成正比的。因此，如果父母给孩子积极的心理暗示与期待，那么孩子便会成为优秀的孩子。而如果父母乱给孩子贴负面标签，事情则会与父母的愿望背道而驰。

　　俊楠今年 11 岁，曾经是个令人头疼的孩子，学习成绩不好，喜欢惹是生非。但是自从妈妈改变自己的教养方式后，这一现象得到了很大的改观。

　　有一次，俊楠的作文成绩又不及格，妈妈没有像往常一样骂他笨，而是笑眯眯地对他说："没关系，妈妈觉得你下次一定会比这次好。"第二次，俊楠的作文成绩果然有了提高，妈妈还是说：妈妈相信你下次会更好。慢慢地，俊楠的作文成绩提了上来。

当孩子学习成绩不理想时，父母可以积极地暗示他："下次一定会比这次好！"当孩子不听话，四处惹是生非时，父母可以暗示他："真正强大的孩子是在智力上打败别人的人。"这样，孩子的道路就会越走越宽广。

3. 不要用自己的看法埋没孩子的天性

成人虽然有更多的知识与经验，但他们也往往带着偏见与不足。因此，父母不应该用成人的眼光来看孩子，或将孩子看扁。

齐玉喜欢画画，十分富有想象力。一天，她在画纸上画了一个人的身躯，并配上了一对洁白的翅膀，在她的四周还画了几朵飘浮的白云……齐玉的妈妈看到这幅画后，高兴地说："这是位美丽的天使啊！"

当孩子在绘画中任意地将物体进行组合，如将鱼画到天上，添上翅膀；将树栽到屋顶，结出糖果时，不要责怪孩子，因为这在成年人看来，也许有点荒诞，但却是孩子具有丰富想象力的表现。父母要看到图画后面的东西，才不会埋没孩子的天赋与灵性。

学会把对抗变为对话

江西省德兴市某某中学刚开学，第一天亮亮表现就不好，还在班上和同学打架。为此，老师给亮亮的妈妈打了电话。亮亮的妈妈气极了，回来就狠狠地揍了亮亮一顿。亮亮伤心不已，哭泣不止，本来因在学校打架被老师判断错误而批评的委屈更加一发不可收拾。

从那以后，亮亮天天和妈妈对着干。妈妈让亮亮放学后早点回家，亮亮偏要天不黑不回。妈妈让亮亮不要看电视，学习去，他就变着法儿地找本小说读。妈妈生气之下又打骂亮亮。事情就这样恶性循环下去。

亮亮的作为是一种典型的对着干的做法，似乎粗心的妈妈并没有找到问题的症结所在。

在传统观念中，妈妈对子女的教育往往容易走向两个极端：要么简单粗暴，要么过分溺爱。这两种方式都是不可取的，都会对孩子的健康成长产生极大的危害。

因为血缘关系的缘故，家长本该是孩子最亲近的人。可事实上不少孩子不信任家长，有话不愿对父母说，甚至闹到有家不回的地步。为什么会这样呢？除了青春期孩子独立意识开始增强、试图摆脱家长的约束和管教以外，不科学的家庭教育和传统的家长专制作风，甚至对孩子大打出手是主要原因。

请不要忘记，孩子们受到家长粗暴的待遇，特别是这种待遇来自一个平日里信赖的人的时候，他的痛苦心情会在心灵里留下一个长久的痕迹。在青春叛逆期的孩子就很容易把对父母的失望和被打骂的痛苦，转变为对抗的行为。试想，谁愿意生活在一个暴力家庭中？谁愿意和"暴君"进行对话？怎样进行对话？

一般来说，孩子最讨厌严厉粗暴、修养差、不够通情达理的家长。明白了这些道理，要成为一个受子女欢迎、亲近的家长，家长应该学会把对抗变成对话，这主要是：

1. 孩子做错事，父母要控制自己的情绪

很多时候，孩子做错事时，父母常常会非常生气和愤怒，情急之下就很容易采取打骂等体罚的方式对孩子进行教育。

这种教育方式的效果往往很差，比如，这会让孩子觉得：我做错了事，你也打我了，我们俩扯平了。而且孩子还会对体罚他的爸爸或妈妈产生怨恨的心理。孩子这种心态会使他对自己所做的错事没有内疚感、没有羞耻感，从而也难以去改正错误。

因此，在孩子做错事的时候，父母一定要先控制自己的情绪，以免在情急之下对孩子采取错误的教育方式。

2. 让孩子承担自己所犯错误带来的后果

父母要让孩子承担自己错误带来的后果。比如，孩子赖床，没有按时起床，眼看上学就要迟到了。此时，父母不要因此而打骂孩子，更不要急急忙忙地打车送孩子去上学，而是让他按照平常的程序去做，比如，让他自己乘坐公交车去上学，让他自己承担因迟到而被老师批评的后果。这样，孩子就会深刻地意识到自己的错误，也有更强烈的动力去改正自己的错误。

3. 批评孩子时，要注意一些语言表达的技巧

父母批评孩子时，应注意掌握一些技巧：

低声。父母应以低于平常说话的声音批评孩子，"低而有力"的声音，会引起孩子的注意，也容易使孩子注意倾听你说的话，这种低声的"冷处理"，往往比大声训斥的效果更好。

沉默。孩子一旦做错了事，总担心父母会责备他，如果正如他所想的，孩子反而会有一种"如释重负"的感觉，对待批评和自己所犯过错也就不以为然了。相反，如果父母保持沉默，孩子的心里反而会紧张，会感到"不自在"，进而反省自己的错误。

暗示。孩子犯有过失，如果父母能心平气和地启发孩子，不直接批评他的过失，孩子会很快明白父母的用意，愿意接受父母的批评和教育，而且这样做也保护了孩子的自尊心。

换个立场。当孩子惹了麻烦遭到父母的责备时，往往会把责任推到他人身上，以逃避父母的责骂。此时最有效的方

法是，当孩子强辩是别人的过错、跟自己没关系时，就回敬他一句"如果你是那个人，你会怎么解释"，这就会使孩子思考如果自己是别人，该说些什么，并发现自己也有过错，促使他反省自己把所有责任嫁祸他人的做法。

先订好规矩，然后再惩罚

　　余航的父母规定儿子写完作业晚上出去必须在 10 点之前回来，余航一直也遵守得很好。一个仲夏的夜晚，余航和几个同学在街心公园的草坪上，弹着吉他唱着歌，不知不觉地就到了 11 点，等余航知道时间时，已经过了爸爸妈妈规定的时间很久啦！这时，有的同学说："我们又没做坏事，回去晚怎么啦，没关系的。"有的同学说："既然定了规矩，就要遵守，还是赶紧回家吧！"余航也觉得应该遵守约定，可是又怕爸爸妈妈责备自己，就找了一个长凳子从后窗翻回了自己的房间。第二天早上，余航怀着忐忑不安的心情走到早餐桌旁，等待着暴风骤雨的来临，没想到，爸爸只是说了一句："你已经长大啦，要做一个守信的人，既然定了回家的时间，怎么能不遵守呢？再说，你这样做很危险，不光你可能会摔伤，而且如果别人发现有人在跳窗户，有可能会报警。"原来爸爸早已从余航的神情上，知道他已有悔意。余航的脸红红的，知道自己这次错啦，心中暗想，下次再也不这样做了。

　　说起来规则好像是在限制人，实际上规则有它的另一面，它在保护人。孩子的好多安全感都是来自规则的。人人都是这样，如果你到一个完全没有限制的环境里面，你会不知所措。实际上，我们教育孩子的目的不是为了惩罚孩子，而是为了孩子能够健康成长。

　　孩子还不够成熟，对很多问题的认识还不到位。孩子的成长需要成人的提示，需要成人的限制和成人设定的界限。这是孩子懂得规矩和建立安全感的需要。父母对孩子采取一定的措施，制定相应的规则，来规范孩子的行为是必要的。

　　孩子需要理解他们周围世界的规则。他们需要别人对他们的期待：他们和别人怎么相处。他们能够把一件事做到什么程度，如果他们做得过头了，会发生什么。随着他们一天天长大，他们需要用一些方法来衡量自己不断增长的技巧和能力。规则在他们"学习——发现"的过程中起着极为重要的作用。但是，如果父母的信号不明确的话，父母一心想教给孩子的东西就很容易不起作用，而孩子可能偶尔要越过栅栏，所以在孩子违规以后，有必要对其实施小的惩戒，当然惩戒措施也有必要和孩子协商。

　　像余航的父母这样就很好，先讲明规矩，再惩罚，能让孩子更清楚地意识到自己的错误，既明白自己错在哪，又知道以后要怎样改进。

　　在我们教育孩子时，关于这个规则我们更应该注意些什么呢？从某种意义上讲，我们可以把规则比喻为"红绿灯"。

我们知道，"红绿灯"是一个城市交通的指挥者，如果没有红绿灯的控制，整个城市将陷入一片混乱状态。人也是这样，从小对他的行为建立一套"红绿灯"系统，让孩子明白什么是该做的，什么是不该做的，从小在孩子心中树立这些原则和标准，绝不能随意突破。

在立规则时，应注意以下几点：

1. 给孩子立规则要信号明确

给孩子树立规则，一定要简单易懂，让孩子容易遵守。立规则的时候最好能把孩子不遵守规则的后果明确告诉他。

2. 立规则，要把道理讲清楚

立规则，要把道理讲清楚，而不是简单粗暴地命令孩子，更不要摆出强权嘴脸——"你听我的！我说了算！"不要以为孩子小，什么都不懂。你讲的道理也许他一时不能够完全领会，但是你平和的语气和尊重他的态度，却会让他信任你的判断，顺从你的要求。

3. 遵守规则要一以贯之

立下的规则，无论时间、地点、场合，都要遵守，比如：在家不许随地吐痰，在外边也不许。而不是今天这个样子，明天那个样子，在家一套，外边一套。这样只会让孩子糊涂，无所适从。

还有一点需要注意：所有的规则都不仅仅是立给孩子的，父母也要严格遵守、以身作则。

掌握好批评的时机

某校有一个四年级的孩子因上课调皮被老师打了一下，不过老师马上醒悟过来，当着全班同学的面道歉，还打电话给孩子母亲，告诉她事情经过。第二天是休息日，孩子跑出去玩了一天。这位母亲知道可能是孩子心里不好受，但又觉得老师道歉了，还能怎么办呢？又怕提起来孩子难过，就没有和孩子彻底沟通。后来，孩子虽然每天照样上学。可是渐渐地，孩子出去玩的时间越来越多，并且不愿上学。母亲这才觉得事态的严重，想和孩子谈一谈，谁知刚开了一个头，孩子就歇斯底里地哭叫道："别说了，别说了！"

对孩子进行批评要恰当，如果不恰当，后果是十分严重的。什么是教育的有利时机？这就是说当一件事发生后，就应立即教育，而不能拖延时间。上面事例中那孩子被老师打后心里不痛快跑出去玩了一天，母亲知道这一情况后，没有立即抓住这有利时机对孩子进行教育，而是"犹犹豫豫"过去了。后来发现问题严重了，再想进行教育，已经迟了，孩子已不愿接受教育了。孩子、老师、家长都在无心中错过了教育和被教育的好时机。

批评是一门艺术，采取简单的方法是不行的，这一点大家都一定有真切的感受。如果曾有让你认可的批评，那一定是掌握好了时机与技巧的批评。为什么不能这样来对待孩子的过失呢？巧妙的批评才能在伤害最小的情况下取得最大的效果。

孩子出现错误，是很正常的，我们指出错误，也是很正常的。可是往往我们有些家长孩子出现问题平时不说，最后秋后一起算账。孩子一旦有个问题，一边说着"可气死我了"，一边借机把"陈芝麻烂谷子"一起说出来，把孩子说得一文不值，狗屁不是。要知道，教育孩子不是要出气啊，否则你的气是出了，孩子却往往更难以管理了。所以，这就要求我们把批评当手段，不能当目的！孩子出现问题，就事论事，温和指出，因势利导，改掉就好。

批评是爱护的一种表现形式，是家长常用的一种方法。运用批评要沟通情感、提升自尊、树立信心、解决问题，从而达到家长和孩子双赢的目的。因此，批评时机的选择要正确。下述几种情况不宜批评孩子：

1. 未弄清事情的根由时

听到或看到孩子有失控行为，家长往往会非常气愤，觉得无论从丢自己的面子，还是违背社会公德讲，该孩子都应受到痛斥和处罚。于是马上对孩子劈头盖脸狠批一通,结果,孩子要么梗起脖子顶牛,要么流着眼泪抱屈,从此萎靡不振,甚至将记恨埋在心里。这样的批评,家长当时就解决了,可隐患也留下了。

2. 另有急事要处理时

当有急事要处理而孩子又有了问题时,家长往往心绪烦乱,希望快刀斩乱麻,简单罗列他的"罪状"后,再给个警告"你好好反省,等我回来再跟你算账",然后甩手走了。孩子羞愧恐惧,身心颓唐,与家长成见日深,仓促批评引发了家长与家长、家长与孩子的长期矛盾。因此,在自己有急事顾不过来时,千万不要草率批评孩子。

3. 没弄清楚孩子心态时

有了过错,孩子一般会产生四种类型的心态:第一种是满不在乎,认为反正父母不喜欢我,我说什么父母也不会相信,豁出去了。在这种心态下,他斜着眼望天,虽不申辩,但也根本听不进去。第二种是诚惶诚恐,反复自责,不知所措,感觉从此完了,父母肯定不喜欢我了。在这种心态下,家长的指责无疑是雪上加霜。第三种是胸有成竹,心里已竖起了好几块挡箭牌,找出好几条开脱理由,甚至约好了证人。这时的批评不但无力,而且会让孩子感觉可笑。他会以胜利者的姿态炫耀自己、贬低家长。第四种是含冤抱屈,主观上不愿做错事,而在特殊情况下犯了错,心中既懊恼又委屈。如果家长不问青红皂白数落一通,孩子有口难辩，又无力找出自身存在的不足，下次就难免有意做错事气家长，因此在不了解孩子心态时，运用批评会是无效甚至负效的。

4. 发现孩子重蹈覆辙时

以前曾犯过类似的错误，这次重犯，原因可能是积习难改，也可能是家长处理不当或没有从根本上解决。 如果家长不做自我反省，以为强调孩子不可救药，那么成见就会像火山一样压碎一颗未成熟而单纯的心灵，家长的形象也在他心里打了折扣。 孩子的病症在哪里？ 你的药方是否对症？ 哪一味有效药要继续对症？ 哪一味无效药必须更换？ 用药的剂量如何？ 用药的时机如何？ 怎样让孩子相信你这服药是良药？这些都是需要家长认真思考的问题。 孔子说："学而不思则罔。"书本上学到的理论必须经过脑力激荡才能运用于实践，在管理孩子的实践活动中必须多思多想，才能化难题为奇迹。

5. 未理清解决问题的思路时

家长在谈话前应考虑如何公正评价孩子的行为，通过什么途径来化解目前的矛盾，通过谈话希望达到什么目的，如果这一切你都没有想好，就不要去贸然批评，否则越批评越会使孩子反感。 要想尽快找到做好孩子思想功过的灵丹妙药，家长必须多学习教育理论，以与时俱进的态度掌握教育规律，掌握基本的适用于现代孩子的德育方法，以便在运用批评时运筹帷幄，稳操胜券。

6. 对面没有空座位时

绝大部分家长跟孩子谈话时都是一种居高临下的态势。不仅让孩子站着，多数情况还要两手下垂，双脚并拢，头颅低垂，表情做沉痛状，更甚者还会推几下，这种态势让孩子相信家长"都是为你好"，恐怕很难。要想孩子接受家长的教导，不如从根本上改变对孩子的态度，像朋友似的让孩子在对面坐下来，这样，不仅不会降低家长的身份，而且从一开始就拉近了情感距离，消除了孩子的抵触情绪。家长也会在无形中放缓语气，使语言具有平等性和可接受性，使家长和孩子的情感都得以提升。所以，家长在批评孩子前应该虚位以待。要从孩子一生受益的角度用好批评，必须策划好批评的时机和方略，前瞻到批评的效果，使家长和孩子在和谐的氛围中彼此相宜、共享快乐。

第九章

好好说话莫暴躁,冷静应对冲突

利用自己的权威解决与孩子的冲突

一旦使用结果法，教育孩子从结果中吸取教训，孩子还是执迷不悟时。父母就要利用一下自己的权威，采取一些非常态度。

刚上学不久的小金病了一个星期没去上学，现在病好了，他还是不想去学校。妈妈只好打车送他去上学，车停在学校门口，妈妈央求说："快点，小金，都快上课了，老师和同学们都在等你，做个好孩子。"小金却缩在车座上，不肯下去。妈妈没说什么，也没发脾气，只是自己先下了车，然后又把小金拉下了车。

有时，沉着冷静，很果断地去做，随着情况的发展，做出相应的行动，就不会发生权力之争，孩子也会受到教育，顺从父母。

小芹的爸爸是搞建筑的个体户，常年在外承包工程，家里只有妈妈和小芹两个人，从小母女俩都是同房而睡。现在小芹15岁了，再与妈妈同房很不方便。妈妈好几次叫她回自己的房间睡，但是她到了半夜又来敲妈妈的门，总这样下去，妈妈怕对小芹将来独立生活不利，却又没有办法能让孩子单独去睡。

要让孩子与妈妈一起睡立即改为独自睡，是比较困难的，但做妈妈的一定要有决心。最关键的是小芹的妈妈态度要坚决，为了孩子决不心软。这件事可分3步进行：第一步，做小芹的工作，说自己长大了，应该自己在一个房间睡觉；第二步，答应孩子与自己同睡一个晚上；第三步，下不为例，履行诺言，让小芹自己去睡。

第一步和第二步进行得都很顺利，只是第三步进行得却十分艰难。小芹妈妈说："开始两小时还很平静，到了夜里12点钟，小芹就来敲我的门，'妈妈，我害怕，我要回到你的房间睡。'我想送孩子回自己的房间睡，就在她身边待了好几个小时才离开。回来后我也睡不着，怕孩子醒来，见我不在身边又会害怕。果然，早晨5点，小芹又跑到我的房间猛敲门，两只手都吓得冰凉。我再次陪她返回她的房间，总算熬到了天亮。"

孩子去敲妈妈的门，这是预料之中的事。但做妈妈的千万不能太心软。她去敲你的门，你就叫她回自己的房间好了，你不理睬她，她就会回自己的房间。 只要坚持两三天就能达到目的。 要知道任何家长都不能陪孩子走完一生的路。让孩子单独睡，是孩子成长走向独立的必经之路。

　　第二天，小芹半夜还是敲妈妈的门哭着央求妈妈陪她睡。妈妈听到后，特别同情孩子，眼泪直流，但还是硬下心没给孩子开门，劝了她几句，叫她回自己房间睡了。妈妈听到她回房间的脚步声，悄悄起床守候在门外，听着她睡着了，才回到房间。

　　一周后，小芹已经习惯单独自己睡觉了。妈妈开玩笑地问小芹：“你怎么夜里不再敲妈妈的门了呢？”小芹说：“我看见妈妈态度很坚决，也知道这是妈妈为我好，忍一忍也就习惯了。”

小芹的妈妈这样做是对的。 父母心硬正是为了对孩子的成长负责。 我们有责任训练他们，使他们有勇气、有力量去面对生活。

孩子当众发难的处理方法

我们应该让孩子知道，在家中的一些不良行为，虽然由于父母的疼爱，勉强可以逃避责难。但是在公共场合，虽然妈妈会同情孩子，但绝不能保护他不受外界的谴责。

4岁的特特喜欢将桌子上的东西扔到地板上。有时玩得高兴时，突然间劈劈啪啪把桌上的东西一扫而光。妈妈多次训导，甚至惩罚，他还是时常发作一番。有几次他把好看的玻璃杯还有其他用具都扔到地下摔碎了，妈妈很生气地教训了他一顿。元旦节到了，妈妈带特特到科技馆去玩。馆里布置得很漂亮，其中一个厅里还布置了舞台，要义务表演元旦庆典活动。舞台的一张桌子上摆着做道具用的饼干。演出开始前，几个小孩在舞台上玩耍，特特也要上去玩。妈妈见他在底下转几圈也实在很无聊，就叮嘱他上去不要乱动，便由另外几个孩子将他举了上去。开始几分钟，他表现得还不错，随着另外几个孩子在上面蹦蹦跳跳，他也忘乎所以起来，走到桌子前一举手，把桌子上摆着的几个做道具用的饼干打到了地上。这时饰演老奶奶的演员急步走来，一边将饼干捡起，一边大声对特特说："你要干什么？下去！"妈妈从来没有这样大声训斥过特特，特特一下子愣在那里，他眼里充满了惊恐，妈妈过来伸手将他接了下去。妈妈虽然有些怪那位老奶奶对特特过于严厉，但一想这样可以给特特一个教训，或许比自己以往讲的道理更有用，就抱起特特，没有说任何安慰的话。特特看着妈妈，想知道妈妈是什么反应。"老奶奶为什么骂你？""我打掉了饼干。""对不对？""不对。"特特流着眼泪一副可怜兮兮的样子说。妈妈什么也没有说，只是用手绢给特特擦了一下眼泪。演出开始了，特特安静地坐在那里，没有再生任何麻烦。随后几天妈妈看到特特在行为上有明显改进。

特特因为自己的行为尝到了当众受训的滋味。如果妈妈婉言安慰，用同情来维护特特不受伤害，特特会认为妈妈是站在他的一边，妈妈同情他，会保护他不受外界的谴责，自己的这种行为不但在家里可以逃脱责难，在公共场合也一样可以通得过。这种错误的理解会进一步鼓励特特的行为。妈妈明智地让他独自承担了这一教训，没有指责老奶奶的粗暴，让现实后果教育了特特应该如何约束自己的行为，显然是很有效的。

要学会不用责骂来引导孩子

一些父母，经常借助发怒来发挥作用，而不是用行动来发挥作用。那会让你精疲力竭并且丝毫不奏效！试图用叫喊来控制孩子，就像仅靠按喇叭来驾驶汽车一样无效。

让我们来思考一个例子，在漫长、紧张、如旋风般的一天之后，这种情况有可能在成千上万个家庭中的任何一家发生。

因为非常疲劳，妈妈想早点休息，打算让她的孩子洗澡上床。但是8岁的利利却不想马上睡觉，利利坐在地板上，玩着他的玩具。妈妈看了看表说："利利，已经快9点了（夸张了30分钟），收拾起你的玩具去洗澡。"此时，利利和妈妈都知道并不是叫他立即去洗澡。她只是希望他开始想洗澡这件事儿。

大约10分钟以后，妈妈又说话了："利利，现在越来越晚了，你明天还要上学，我希望你把这些玩具收拾起来，赶快去洗澡！"她仍然没有打算让利利服从命令，并且利利也知道这一点。她的真实意思是:"我们的时间又少了一点,利利。"利利拖拖拉拉地四处走走并堆起一两个盒子以表示他听到了她的话。然后他坐下来再玩几分钟。

6分钟过去了,妈妈又发出了一个命令,这一次她声音中多了一些愤怒和威胁:"现在听着,小家伙,我告诉你赶快行动,我是认真的!"对于利利,这意味着他必须收拾起他的玩具,然后磨磨蹭蹭地走向洗澡间的门口。如果他的母亲很快地过来催促他,那么他必须火速地执行交给他的任务。如果妈妈在完成这固定程序的最后一步之前转移了注意力,或者如果电话响起,利利就可以自由地享用几分钟的暂缓了。

利利和他的妈妈都卷入了一场熟悉的独幕话剧。他们都明白规则及对方所扮演的角色。整个场景是事先安排好的、计算机般程式化的、照原稿演出的。实际上,它是夜复一夜重复上演的一幕话剧。每当妈妈想让利利做他不喜欢做的事件时,她都要经过那些假生气的分级步骤,以平静开始而以红着脸大叫和威胁结束,利利直到她达到爆发点之前都用不着行动。

妈妈是依靠空间的威胁来控制利利的,所以她必须一直保持半激怒状态。她与她的孩子之间的关系被损坏了,她永远也别指望能得到孩子的立即服从,因为她达到令人可信的愤怒程度至少需要5分钟。

用行动去获得期望的行为该有多好啊。当父母平静地要求孩子服从但孩子却置之不理时，妈妈或爸爸应该有一些办法让孩子要合作。 妈妈应该平静地告诉利利去洗澡。 如果他不立刻行动，就应该捏他的肩膀一下，使他有些轻微的痛苦。如果利利知道这个程序或其他一些不愉快的事会永不改变地发生在他身上，他就会在结果出现之前行动。

一些读者可能认为对孩子故意地、有预谋地使用轻微痛苦的办法，是做了一件残酷、没有爱的事。 对另外一些人来说，它看起来像纯粹野蛮的事。 假设要在喜欢对孩子发脾气、尖叫、爱威胁的母亲与一个对孩子不服从进行合理的、有节制的反应的妈妈之间做出选择，人们当然欣赏后者。 因为这避免了两代人之间的冲突，一个比较安静的家庭对孩子更适宜。

另一方面，当孩子发现在他听到的上百次的话语背后并没有威胁的时候，他就不再听这些话了。 他唯一会做出反应的就是那些已经到达情绪顶点的信息，这意味着要一遍遍地大喊大叫。 孩子被引到了对立的方向，使得妈妈的神经以及父母和孩子的关系变得紧张。 但是这些口头申斥最重要的缺陷就是它们的使用者最后不得不寻求体罚。 这样，父母就不是平静并理智地实施规劝，而是失去自控和沮丧，野蛮地痛打对抗的孩子。 已经发生的战争是没有理由的。 如果父母持一种很有把握的平静态度的话，事情完全可能以非常不同的方式结束。

妈妈轻柔地、几乎是高兴地说："利利，你知道在你不听我的话时会发生什么事吗？ 但是如果你坚持的话，我可以跟你一起玩游戏。 当计时器响起的时候，让我知道你的决定是什么。"

然后孩子就会做出那样的选择，并且他服从妈妈命令后的好处也就很清楚了。她不需要大喊大叫、她不需要威胁、她不需要变得心烦意乱，她拥有支配权。当然，如果必要，母亲要证明两三次她会使用疼痛或其他的惩罚方式。在以后的几个月中，利利偶尔会看一看她是否仍控制着局面。这个问题很容易处理。

肩膀上肌肉可以非常有效地导致轻微痛苦。在那些数不清的大人和孩子发生面对面冲突的场合之中，都可使用这个方法。

家庭之外的纪律与家庭之中的纪律并不是十分的不同。在两种环境之中控制孩子的原则是相同的——只是应用方式改变了。一位想用怒气来控制一群孩子的教师、教练或游戏领导者，一定会受到难以置信的挫败。孩子们会试探大人在采取行动之前能忍耐多久，他们会一直把他或她逼到那个极限。

千万不要低估一个孩子对破坏规则的意识程度。大多数孩子对否认大人权威的事进行了相当的分析，他们事先考虑行为并且权衡了可能发生的后果。如果赌注太大了，他们会采取更安全的方式。这个问题已经在成千上万的家庭中得到了证实，在那些家庭中一个小孩会把一个家长推到忍耐极限的边缘，而在另一个面前却像甜蜜的小天使。妈妈抱怨道："瑞瑞十分在乎他的爸爸，但是一点儿不理会我的话。"瑞瑞并不傻，他知道妈妈比爸爸更安全。

总而言之，父母必须认识到控制孩子的最成功的手段就是掌握那些对孩子来说很重要的东西。絮叨的讨论和空洞的威胁只能对孩子产生很少的作用或一点也产生不了。 "为什么你不改掉毛病做正确的事呢，杰杰！ 我该拿你怎么办呢，儿子，天啊，看起来我不得不总是对付你。 我真是不明白你为什么不按吩咐去做。 如果有一次，只有一次，你能做出符合你年龄的事该多好啊。"这种语言劝阻没完没了。

杰杰忍受着这种唠叨，日复一日，年复一年。 幸运的是他有一种机能可以让他听他想听的东西而将其他的东西统统淘汰。 正像生活在铁路旁边的人甚至听不到火车隆隆而过的声音，杰杰学会了忽略他周围毫无意义的声音。

寻找疼爱与规训之间的平衡

　　父母与孩子的全部关系，都可以在介于疼爱与规训之间精心维护的一种平衡之中找到。 疼爱与规训，这两个变量之间的相互作用是关键，与我们能成功培养孩子紧密相关。

　　人们很长时间以来就知道，一个不被喜爱、触摸和抚慰的婴儿常常死于一种奇怪的疾病，这种疾病最开始被称为"消瘦"。 他们会了无生机地在迎来第一个生日之前便死去。 这种感情需求的证据在公元 13 世纪就已被发现了，当时弗里德里克二世用 50 个婴儿做了个实验。 他想知道，如果婴儿永远没有机会听到口头语言，他们会说什么语言。 为了弄明白这个没有定论的研究主题，他指派养母们给孩子们洗澡，喂他们奶吃，但是禁止她们爱抚、轻拍和与她们照看的孩子说话。这个实验戏剧性地失败了，因为 50 个婴儿全部死了。 上百个更近一些的研究表明，生命的第一年中母亲和孩子的关系对婴儿的成活来说是至关重要的。

　　疼爱的缺乏对孩子的影响是可以预料的，但是过度的爱或

"超级的爱"也对孩子有危害，这一点却并没有得到充分的认识。 有些孩子被爱或以爱的名义出现的东西给毁了。 有些美国人在他们的舞台上非常过分地以孩子为转移，他们把自己所有的希望、梦想、期待和抱负都倾注到孩子身上。 这种哲学的自然顶点就是对下一代的过分保护。

一位紧张的母亲说她的孩子是她生活中唯一的快乐源泉，在长长的夏日里，她的大部分时间都坐在房间的窗户前，看她三个女儿玩耍。 她担心她们可能会受伤或需要她帮助，或者她们可能会骑自行车到街上去。 尽管她丈夫有强烈的怨言，她还是牺牲了她对家庭的其他责任。 她没有时间做饭或打扫房间，在窗前看管孩子的任务是她唯一的生活。 她被她深爱的孩子可能受到伤害的危险所带来的恐惧紧张折磨着。

童年时期的疾病或突然而来的危险，对于很爱孩子的父母来说总是难以忍受的，但是对于过分保护孩子的妈妈或爸爸来说，哪怕是最轻微的威胁也能产生难以承受的焦虑。 不幸的是，父母并不是唯一受罪的人，孩子经常也是这种焦虑的牺牲品。 他或她得不到允许去经历合理的危险——一种作为成长和发展的必要序幕的冒险。 同样，对孩子们的任何要求不能拒绝的家庭中，前面所描述的物质问题往往会发展到最严重的程度。 孩子情感长期不成熟，是父母过分保护的又一个常见的后果。

在控制孩子的极端家庭中父亲和母亲通常都遵循一种相似的模式，父亲是一个非常忙的人，他深深地陷在工作之中。 他从早到晚都不在家，而当他终于回来的时候，他带回家一个装满工作的公事包。 他可能经常出差。 当他偶尔在家并且不工作的时候，他总是精疲力竭地倒在电视机前看棒球比赛，他不想被打扰。 因此，他管理孩子的方式是严厉而冷漠无情的。 他时常发脾气，孩子们都知道要与他保持距离。

相反，妈妈则对孩子顺从得多。 她的家庭和她的孩子就是她快乐的源泉。 事实上，这已经取代了那些从她的婚姻中消失的浪漫火花，她为爸爸对孩子们缺少感情和温柔而担心，她觉得她应该通过向另一个方向倾斜来弥补他的严厉。 当他不让孩子们吃晚饭就叫他们上床睡觉时，她偷偷地塞给他们牛奶和饼干。 由于她是爸爸不在时唯一的权威，因此在家中居支配地位的旋律是不成章法的宽容。 她太需要这些孩子们了，以至于不愿冒险去控制他们。

这样，两个家长权威的象征是相互矛盾的，孩子被夹在他们中间。 孩子对任何一个家长都不尊敬，因为一个会破坏另一个的权威。 这种自我毁灭的权威形式经常会埋下一颗反叛的定时炸弹，它会在青春期引爆。 大家所知道的最不友善、最野蛮的孩子就是从这种极端相结合的家庭中产生的。

如果我们想培养出健康、负责任的孩子，就必须寻求疼爱和控制的"中间地带。"

当你被孩子的反叛挑衅时，要取得决定性的胜利。 当孩子问"谁说了算"时要告诉他答案。 当他咕哝着抱怨"谁爱我"时，让他投入你的臂膀之中，用感情将他包围。 尊敬孩子，不要伤害他的尊严，并希望从他那里得到相同的东西。这样，你就可以开始享受到有权威的父母地位所带来的令人陶醉的好处了。

第十章

好好说话,让孩子养成好习惯,做事有能力

怎样对孩子进行诚信教育

孩子是否诚实守信，在很大程度上取决于父母的教育。对于孩子经常出现的不诚信行为，父母应该多从孩子的认识发展上找原因，千万不要把孩子的这种行为看成是道德败坏进而打骂孩子。

本杰明·鲁迪亚德曾经说过："没有谁必须要成为富人或成为伟人，也没有谁必须要成为一个聪明的人，但是，每一个人必须要做一个诚实的人。"

诚信是人性一切优点的基础，这种品质比其他任何品质更能赢得尊重和尊敬，更能取信于人。诚信是立身之本，是一个人最宝贵的财产，它能让孩子保持正直、挺直脊梁、光明磊落地做人，还能给孩子以力量和耐力。

每个父母都希望自己的孩子具有诚信的习惯，不喜欢孩子撒谎。孩子是否诚实守信，在很大程度上也取决于父母的教育。对于孩子经常出现言行不一、不履行诺言的行为，父母应该多从孩子的认识发展上来找原因，不要把孩子的这种行为看成是道德败坏而打骂孩子。 如果父母从小就注意对孩子进行诚信教育，孩子是可以养成诚信的习惯的。

那么，应该怎样来培养孩子诚信的习惯呢?

1. 对孩子进行诚信品质的教育

诚信是人的立身之本，父母应该加强对孩子进行诚信品质的教育，从小就教育孩子守信用、负责任。 告诉孩子，一个言而无信的人，是没有人愿意与他合作的。

进行诚信品质教育父母需要借助实例，以故事的形式讲给孩子听，让孩子明白，诚信对一个人来说是非常重要的，不诚信会带来什么恶果，诚信会有什么收获。

在美国华盛顿州塔科马市，10 岁的汉森正在与小朋友在家门口的空地上玩棒球。一不小心，汉森将球掷到了邻居的汽车上，车窗玻璃被打坏了。

见闯了祸，其他小朋友都吓得逃回了家。汉森呆呆地站立了一会儿，决定亲自登门承认错误。刚搬来的邻居原谅了汉森，但还是将这件事告诉了汉森的父母。当晚，汉森向父亲表示，他愿意用替人送报纸储蓄起来的钱赔偿邻居的损失。

第二天，汉森在父亲的陪同下，又一次去敲邻居家的门，表示自己愿意赔偿。邻居听了汉森的话，笑着说："好吧，你如此诚信，又愿意承担责任，我不但不要你赔偿，还乐意将这辆汽车送给你作为奖赏，反正这辆汽车我也打算弃掉了。"

由于汉森年纪还小，不能开车，所以这辆汽车暂时由他父亲保管着。不过，汉森已经请人修理好了车窗，经常给车子洗尘打蜡，就像是宝贝一样。他经常倚在那辆1978年出厂的福特"野马"名车旁边说："我恨不得快快长大，好驾驶这辆汽车。我至今仍然不敢相信它是我的。"汉森还说："经过这个事件，我更懂得诚信是可贵的。我以后都会诚信待人。"

由此可见，诚信自有它的报偿。孩子付出了诚信，他自然会收获信赖。相反，如果孩子付出的是虚伪，那么总有一天他也会受到别人的欺骗。

当然，诚信品质的教育必须从小时候培养，坚持不懈。父母应该教导孩子从小就做一个诚信的人，要始终如一地要求孩子，教导孩子出现缺点和错误时要勇敢承认，接受批评，绝不隐瞒。针对社会上那种坑蒙拐骗的行为，父母要态度鲜明地进行批判，要让孩子坚信，这种弄虚作假的行为是必将受到惩罚的。只有这样，孩子长大以后才能成为一个光明磊落的人。

2. 满足孩子合理的需要

孩子不诚信的行为大部分是出于某种需要，如果孩子合理的精神需要、物质需要没有得到满足，他必然会寻求满足需要的办法，如果父母对这种合理需要过分抑制，孩子就会换种方式，以某种不诚信的行为来满足自己的需要。因此，父母应该认真分析孩子的需要，尽量满足其合理的部分。

要分析孩子的需要，父母应该认真倾听孩子的心里话，而不要以成人的想法推测孩子的心理。当孩子向父母讲述了他的需要以后，父母应该跟孩子一起分析哪些是合理的，哪些是不合理的；哪些是现在可以满足的，哪些是将来才能满足的。然后及时满足孩子合理的需要，对不必当时就满足的需要可以留到以后慢慢满足；对于不合理的需要，则要跟孩子讲明道理。如果父母不善于判断孩子的需要是否合理，可以请教老师或其他的父母，也可以阅读相关的书籍，避免盲目行动，给孩子"可乘之机"。

如果孩子出现了言行不一致的行为，父母一定要及时指出来，严肃地向孩子讲明道理，并督促孩子认真履行自己的承诺。同时，父母还可以讲讲信义在人际交往中的作用，让孩子懂得履行自己的诺言是多么重要。千万不要觉得孩子还小，或者觉得事情无关紧要就放纵他们的缺点，这样，孩子会不断强化不良的行为，从而形成不良的品格，进而影响他的人生。

3. 相信孩子

我们经常会看到这样的父母：他们要求孩子吃完饭在房间里学习半小时，结果却每隔五分钟进去看一下孩子是否在偷懒；他们要求孩子去买件东西，也总担心孩子把多余的钱买零食吃。

父母们的这些行为，往往导致孩子用撒谎来对抗，而父母们却认为自己的怀疑是有根据的，这就更加滋长了孩子的不诚信。

4. 父母要敢于承认错误

在现实生活中，许多父母都有可能不自觉地对孩子讲一些不诚实的话，或者讲过的话没有兑现。这时候，父母一定要放下架子，以平等的身份向孩子承认错误，以求赢得孩子的信任。

妈妈曾经给森森讲过一个撒谎后鼻子会变长的故事，森森对此深信不疑。

有一天，森森在学校里又听到了这个故事，于是回家跟妈妈说："妈妈，以后我不会撒谎的，撒谎的人鼻子会变长的。你们也不要撒谎啊，要不也会长出长鼻子的。"这时，妈妈觉得有必要给森森讲讲关于故事情节真实性的问题。

妈妈对森森说："孩子，其实这只是一个童话故事。在现实生活中，一个人说谎是不会长出长鼻子的，只会受到良心的谴责。"

森森有点迷惑了："那我们是不是就可以说谎了?"

"当然不是，"妈妈回答，"一个人应该说实话，他说了谎话就会失去朋友，这比长长鼻子还要可怕。"

年幼的森森这才真正明白，童话故事是虚构的，但它并不是不诚实的表现，而是以另一种方式劝人们要讲真话。

让孩子成为真正的动手操作者

教导孩子动手"操作"是一件很复杂的事。 如果没有适当的教导，孩子的操作便会乱七八糟，而这类杂乱无章的动手操作正是孩子的特征；如果父母能对其加以指导，使其动作具有明确的目的性，这样孩子便会静下心来，成为一个真正的动手操作者。

"孩子的智慧在手指上"，换句话说就是，要开发孩子的智力，最简单高效的方法就是让孩子多运动自己的双手。 特别是幼儿时期，孩子的大脑发育很快，双手动作灵活，这时多动手更能促进头部机能的发展，使大脑变得更聪颖。 世界上有许多奇思妙想，都是通过手变成现实的：劳动的手创造了世界，也造就了人类。

所以说，培养孩子从小动手操作的好习惯是非常重要的。

实践也证明，许多成功人士所取得的成果，也都是通过无数次动手操作才取得成功的。

诺贝尔，世界杰出的科学家、发明家和企业家，17岁时赴外国学习和参观，学习机械、化学等知识，回到瑞典后从事硝化甘油的研究工作。之后一直从事炸药的研究、制造、生产、销售工作，同时也涉及其他的科学领域。

在诺贝尔的一生中，他的父亲对他的影响最大。他的父亲是一个"发明狂"。在父亲的影响下，诺贝尔对炸药产生了浓厚的兴趣。

有一次父亲带诺贝尔去参观自己的火药工厂。诺贝尔接触到了许多使他感到新奇的事物。此后，诺贝尔就更加勤奋地阅读各种书籍，尤其是有关科学研究的基本原则，有关机械、物理、化学方面的书，好让自己快一点明白父亲所说的那些陌生的东西。他在父亲的书架上，找出化学读本，翻看制造火药的方法。当他发现火药就是用硝石、木炭和硫黄混合制成的时候，兴奋不已，并准备亲自尝试火药的威力。

备齐了原料，他便在药品库中找到装硝酸钾的瓶子，并把里面的白色粉末倒在小袋子中，拿回家后立刻关起房门开始做实验。经过一次次改进，他终于找出了一种最佳的混合比例，使火药的威力显著增强。在实验中他不断总结经验，还发现一个有关炸药的基本原理：把火药包扎得越紧，爆炸的强度就越大。

就这样，诺贝尔从游戏中、从不断的实践中完成了一个突破，为他以后从事炸药事业跨出了重要的第一步。这一步来自于他对自然的好奇，来自于他对书本的钻研，来自于他对危险的无畏，最重要的是来自于他反复的实践操作。可以说，是"手"为创造力提供了一套"有思想的工具"。

培养孩子善于操作的好习惯，是为了使孩子的身心头脑更协调，这也是家庭教育工作的关键和指南。著名教育家蒙台梭利指出：自由就是动作，动作是生活的基础，动作练习具有发展智力的作用；教导孩子动手"操作"是一件很复杂的事，如果没有适当的教导，他们的操作便会乱七八糟，而这类杂乱无章的动手操作正是孩子的特征；如果父母教他们动手操作，使其动作有明确的目的性，孩子便会静下心来成为一个真正的动手操作者。

手是伟大的，父母培养孩子从小动手操作的好习惯，相当于给孩子埋下了一颗"长青果"。至于如何培养孩子从小动手操作的好习惯，我们建议父母从以下几点入手：

1. 让兴趣引导孩子勤动手

孩子对身边的一切新鲜事物都有着很强的好奇心，这是由人的本性所决定的。孩子会认为帮助父母是一件很光荣的事，父母应趁此机会让孩子勤动手，并引导其成为一种习惯。

孩子常常会摆出"小大人"的样子，说"我自己来，我会"，"妈妈放手，我能"等言语。在这种情况下，父母应该放手，让孩子自己来。

在生活中，父母可以用一些废弃物品与孩子共同动手制作工艺品，比如用蛋壳制作人头像或用泡沫雕刻一些形状简单的东西。这样一方面能让孩子从小认识到双手的魅力，并让其懂得生活中有很多废弃物是可以利用开发、变废为宝的；更重要的是，"成就感"可以增强孩子动手的兴趣。

平时要多买一些手工制作图片或书籍，让孩子从中展开制作的想象力，并逐步培养自己动手制作的兴趣。多让孩子做一些动手的游戏，像折纸、剪纸、粘贴、组装玩具等，多为孩子提供动手的机会。

2. 鼓励动手，增强孩子的信心

称赞是鼓励孩子、增强孩子信心再合适不过的一种激励方式。

当孩子做出一些"小成绩"的时候，你不要忘记告诉孩子，他们是多么的优秀；当孩子帮你做了某一件"小事情"的时候，切不可忘记告诉孩子，你是多么感激他们对你的帮助。这种真诚的感谢会令孩子更积极、更认真、更负责地做一个自信、热爱劳动的好孩子。

不要让孩子失去动手的机会。有时父母会因为孩子动作太慢、太笨，而代替孩子去做。这样容易使孩子养成依赖心理，产生很大的惰性。不要强迫孩子做其不愿意做的事，或者其力所不能及的事，希望孩子做的，一定是孩子能够完成的，否则会挫伤孩子的信心与勇气。因为父母一个否定的眼神或一声消极的语气，都对孩子有极大的"摧毁力"；相反家长一个赞赏的表情或一句激励的话语，又有着使孩子充满自信并取得成功的力量。

3. 手脑结合开发孩子的智力

孩子的动手能力是对大脑发育最好的刺激。三岁前父母应该教孩子握笔、写字、做手工、拿筷子等，动手的同时就将新的刺激源源不断地输入大脑。 脑的使用度愈频繁，其成熟度就会愈高。

脑越用越灵，手越用越巧。 因此，父母应该安排孩子做一些必要的家务活。 例如，起床后自己叠被、扫地、擦桌子、饭后洗碗、刷锅、购买小件物品等。 这些应当要求孩子主动来做，这对孩子能力和责任心的培养作用都不可小视。

父母可以帮助孩子做一些简单的小实验，让孩子在动手的过程中开发智力，体验成功的快乐。 使孩子的思想及时地由被动操作向主动实践转换，从而养成手脑并用的好习惯。

培养孩子持之以恒的习惯

培养孩子具有恒心的方法有很多，如参加体育锻炼、读书自律等。 父母要根据自己孩子的意志特点，有针对性地培养训练，刚柔相济。 但根本之点在于启发孩子的自我需求，让其主动养成持之以恒的好习惯。

持之以恒是一个主观能动的心理过程。 具体来说就是，人在自觉地确定目标之后，能够根据目标来支配、调节自己的行动，坚持不懈，克服种种困难，最终实现目标。

其实，一个人要想生存就得不断积累经验，让自己无休止地自我创新。 而无论是经验还是无休止的创新，都需要持之以恒的毅力。 毅力不是瞬息而就，说有就能有的东西，它的形成需要一个过程。 它的形成应该在家里，而不仅仅是学校。 持之以恒的毅力对于孩子的意义是不言而喻的，但它恰恰又是孩子容易缺乏的。

"千里之行，始于足下；九层高台，起于垒土"凡事业上有所作为的攀登者，无不是从小事做起，锤炼自己的意志。

一个孩子，如果连自己的学习用品都丢三落四的，怎么能保证演算习题时不粗枝大叶呢？ 所以父母培养孩子的意志要持之以恒地从小事抓起，决不姑息迁就，要一抓到底。

曾有学生问大哲学家苏格拉底，怎样才能修学到他那样博大精深的学问？苏格拉底听了并未直接作答，只是说："今天我们只学一件最简单、也是最容易的事，每个人把胳膊尽量往后甩，再尽量往前甩，"苏格拉底示范了一遍，说， "从今天起，每天做300下，大家能做到吗?"

学生们都笑了，这么简单的事有什么做不到的？

过了一个月，苏格拉底问学生们："哪些同学坚持了?"有九成同学骄傲地举起了手。

一年过后，苏格拉底再一次问大家："请告诉我，最简单的甩手动作，还有哪几个同学坚持了?"这时，只有一人举起了手，这个学生就是后来成为古希腊另一位大哲学家的柏拉图。

人人都渴望成功，人人都想得到成功的秘诀。 然而，人们常常忽略这样一个道理：即使最简单、最容易的事，如果不能坚持下去，也绝对不可能打开成功之门。 成功并没有秘诀，但坚持是它的过程。

培养孩子的恒心应从小事做起，不断进行训练。 一个人的意志是否坚强，可以从他的意志行为中得到体现。 在成长的过程中，独生子女缺乏恒心与毅力的现象比较普遍，这在很大程度上会影响孩子的学业、交往、品德及心理健康。很多时候，成功与失败往往就取决于一个人能否坚持到最后一刻。

培养孩子持之以恒的习惯的方法有很多，在此择要介绍几种：

1. 用兴趣引导孩子持之以恒的决心

兴趣是孩子高效率把事情做好的前提。在现实生活中，并不是对必须去做的每件事，孩子都一定感兴趣，但是孩子对自己感兴趣的事，都有着明显的自觉性、持久性等高效率特点，而对于自己不感兴趣的事则往往需要父母的约束与督促。为了使孩子提高做事效率，父母应该引导孩子对事物产生兴趣。

很多上学的孩子比较喜欢的口头禅是"郁闷"或者"烦"。事实上，学习本身的确没有多少乐趣可言。然而父母并不这么认为，他们一厢情愿地认为学习是最有意义的事情，并且一味地强迫孩子对学习产生"兴趣"。孩子的学习兴趣是需要父母去加以引导的，而不能靠强迫的方法来获得。

孙欣沉溺在电脑游戏中不能自拔，虽然三番五次地向妈妈写保证书，但一点也不起作用。为了帮助孩子改掉坏习惯，妈妈采取了这样的措施：限制每天上网的时间和内容，并引导孙欣将上网与学习联系起来。结果孙欣通过上网来辅助学习，出现了一学就是半天，甚至忘记吃饭的现象，并由此对学习产生了兴趣。为达到一定的学习目标，孙欣还为自己制定了一个苛刻的学习计划表，并持之以恒，最终实现了这个目标。

2. 让强烈的欲望与责任感激发孩子的行动

无论做什么事，仅有明确的目标是不够的，还必须有实现目标的强烈欲望与社会责任感。例如登泰山是很多人的强烈欲望，从山麓的红门到山巅的玉皇顶有七千多级台阶，而且越上越陡，到十八盘，每盘两百级，几乎是直上直下，每登一级都要付出极大的努力。对于一般的游客来说，如果体力不支，中途而返也无可非议，因为没有社会责任和义务。但对于挑夫来说就不一样了，从中天门出发肩挑 120 斤砂石、水泥等重物，一天上下两个来回，支撑他们从事这种艰苦工作的力量是恒心，是所承担的社会和家庭责任。

许多孩子不能攀登成功的顶峰，并非没有目标，而是缺乏由强烈欲望和责任感所激发的意志行动。

3. 适度创设困难磨炼孩子的意志

逆境、困境能铸造一个人顽强不息的意志品质，中外历史上不乏这样的事例。现在大多数孩子养尊处优，稍遇逆境决心就动摇。在他们小时候，如果父母能人为地给他们适度创设困难，让他们接受强大心理承受能力的锻炼，那么有朝一日他们面对逆境和困难的考验时，就能经受住锤打。

1999 年，18 岁的成都女孩刘亦婷被美国哈佛大学、哥伦比亚大学等四所世界一流高等学府录取，还获得全额奖学金，成功的背后总蕴藏着艰辛。刘亦婷 10 岁上四年级时，父亲给她设计了一个奇特的"忍耐力训练"：捏冰一刻钟。刘亦婷捏的是冰箱里特意冻得结结实实的一大块冰，父亲手拿秒表，一声"开始！"刘亦婷就把冰放到手里。

第一分钟感觉还可以；第二分钟，就觉得刺骨的疼痛，她急忙拿起一个药瓶看上面的说明，转移注意力；到第三分钟，骨头疼得钻心，她就用大声读书的方法来克服；到了第四分钟，让她感到骨头都要被冰冻僵了，这时她使劲咬住嘴唇，让疼痛转移到嘴上，心里想着：忍住、忍住；第五分钟，她的手变青了，也不那么疼了；第六分钟，手只有一点痛了；第七分钟，手不痛了，只觉得冰冰的，有些麻木；第八分钟，她的手完全麻木了……当爸爸说："15分钟到了！"她高兴得欢呼起来。而她的手却变成了紫红色，摸什么都觉得很烫。爸爸急忙拧开自来水龙头给她冲手。此时此刻，作为父亲，为女儿有这么顽强的意志力而由衷地高兴。

手捏冰块自我折磨，这是对感受极限的挑战，是对毅力的考验。一些好奇的大学生都试过，可没有一个人能坚持一刻钟。由此可见，刘亦婷的成功绝非偶然。

艰苦的环境，特别是艰苦的生活环境和劳动，往往是对一个人意志最好的考验和锻炼，也最能培养人。

孟子说："天将降大任于斯人也，必先苦其心志，劳其筋骨，饿其体肤，空乏其身……"说的就是，恒心是在艰苦环境中自我锻炼出来的。所以父母给孩子创设一些困境，让孩子

的心理得到锻炼，这对于培养孩子的恒心和毅力都是很有
必要。

4. 鼓励孩子挑战自己的弱点

急躁、懒惰、缺乏毅力、什么事都干却都难干到底……这
些都是人性的弱点，也是实现人生目标、理想的巨大障碍。
一个人若能有勇气挑战自己的弱点，便能逾越障碍，获得
成功。

> 春秋时期，吴王夫差打败了越王勾践，并霸占了勾
> 践的妻妾。越王勾践忍辱负重，十年不食珍馐，不着锦
> 缎，每天睡石床、舔尝苦胆，在艰苦的环境里挑战自己
> 的弱点，以图他日能复国雪耻。后来，在勾践的不懈坚
> 持下，吴王夫差终于被打败。

诸如此类的例子很多。家长可针对孩子意志的薄弱点，
选取一两个突破口，鼓励孩子挑战自我。可以说，这是为孩
子铸造恒心的良方。培养孩子的恒心的方法还有很多，如：
参加体育锻炼、读书自律、在集体中接受监督、严守诺言，
等等。

培养孩子与人合作的能力

合作是每个现代人都应该具备的能力。 假如一个人不能与人合作，他就会失败。 合作不是普遍情况下的人际交往，而是有共同目的性的成为互助互利的双赢关系。 善于合作的人总是可以自由跟人交流，也喜欢边借鉴他人的意见边做事，从他人那里获得帮助。 不过，这种性格并不是天生的，是可以后天培养的。

1. 要让孩子懂得与人合作的必要性

在平时生活中，有很多一定要两个或多个人一起协作才可以完成的事情，一个人是不能完成的。 家长可以在这种机会来到时让孩子尝试一下独自不能完成的失败感，从而明白与人协作的必要性。

2. 让孩子体验合作的快乐

孩子可以从成功的合作中获取良好的体验及乐趣，进而促进孩子产生合作意识和合作行为。

3. 教育孩子与朋友沟通

要使孩子与同伴有足够的时间在一起，他们能共同交谈、分享、玩游戏或一起完成作业。父母要懂得，孩子们应该有他们独自的生活，假如孩子讨厌与别的孩子交往，父母应当有意识地鼓励孩子与他人接触。假如父母和老师过多地干涉孩子，甚至不许他们之间进行交流，那就会因小失大，因为孩子获得合作的能力与感情体验的最根本的条件就是交往，它能够让孩子丢掉孤僻的性格。

4. 使孩子和朋友共同承担任务

要想提高孩子的交际能力，可以分配一些任务让孩子与他的朋友一起努力完成。有时候，如果任务很复杂，需要进行分工，这就更锻炼了他们主动交往与协调能力。一旦把任务交给了他们，就要让他们独立去做，即便遇到挫折或者产生矛盾，也要只答不教，更不要什么事都替他们做。

5. 要鼓励孩子独自解决与同伴交往中的矛盾和问题

孩子必须提高自己的合作能力。孩子在交往中会不可避免地产生矛盾，假如不能使这些矛盾得以妥善解决，那么就永远无法学会合作。所以，当孩子与朋友不和时，应告诉他们不要逃避，并可以给他们一些建议。要培养孩子解决矛盾的能力，是迎着矛盾让孩子去主动沟通，而不是单方面处理，也不能回避或者拖延。有些孩子只喜欢和一类同伴沟通，而不屑交往其他朋友，这种过高要求的交往其实就是逃避的心态。家长更应有意识地引导、鼓励这类孩子，想办法让他们体验到在解决交往中的矛盾并在成功中获得满足感，从而在人际交往中更顺手。

6. 让孩子知道竞争与合作共存

现在的孩子一般都是独生子女，家里也没人跟他争，对他的意思家长一般也不会提出什么异议。 不过在学校，竞争者和反对者就都出现了。 这样的话，孩子不会把那些反对并与自己竞争的同学当成合作对象。 因此父母要及时教育孩子摆正竞争姿态。 为了实现自己的目标才进行竞争，这并不意味着跟其他同学作对。 父母要教育孩子，同学是学习上的竞争对手，但在生活上可以是合作伙伴，一定不能只把他人当成敌人，为了跟他人对立而不顾一切。 与此同时，家长要教会孩子跟人交往的技能，使孩子学会考虑集体的利益，在必要时刻要牺牲个人的利益。 假如孩子缺乏这种意识和精神，是不能获得大家认可的。 想让孩子和别人合作融洽，就必须具有和人合作的能力。

让孩子学会赞美别人

赞美有着巨大的能量，赞美是使我们乐观面对生活的重要因素，能让我们更加自信；赞美是人际关系的调和油；赞美能弥补自我不足，以积极向上的心态生活；即便只是简单的几句赞叹都会使人的心理得到满足。把一个真诚的赞美传递给别人，能让对方感觉到温暖。因此，在实际生活中，应该教导孩子去发掘、去寻找别人值得称赞的优点，然后真诚地告诉别人，这样不但能给别人带来快乐，给他的生活增亮，也会给自己营造一个良好的人际关系环境。

在人际交往时恰当地运用赞美，能使人与人的关系变得亲密，消除隔阂，增加双方的亲近感。因为它能给别人带来自尊心和荣誉感上的满足，这样也就减少了抵触感，使双方的认识更加深入。赞美可以鼓励他人，并使之不断进取，不过也能使人盲目自满。因此，一定要有技巧地赞美他人。有一句名言说得好："赞美之词具有两面性，它既能使人际关系得到进步，消除隔阂；也能给别人造成伤害，不利于人际关系的发展。"

应把赞美他人变为一种习惯，而且要从小培养这种习惯。那么，这种习惯应该怎么培养呢？

1. 一定要真诚地赞美别人

虚伪的胡乱夸赞绝不能与赞美相提并论，赞美他人时表情一定要认真诚恳。假如其他同学做事情失败了，你却赞美道：你干得很好，我想做还做不到这个地步呢。此时，别人听起来就是讽刺了。赞美不真诚往往会适得其反，不仅不能让别人感到高兴，反而可能让别人的心灵受到伤害。人只有能诚恳地、发自内心地赞美，才能让别人真正地喜欢你。

2. 对事不对人

对别人说奉承的话绝不是赞美。不能教孩子毫无依据地赞美别人，单纯说"你人真好"这样的赞美没有价值。要赞美的一定是事情本身，这样赞美别人时才能让别人喜欢你。

恰当地赞美别人是必要的，它能使人与人之间的距离变近，使别人对你充满友善，让别人信任你。日常生活中，只要这一点被孩子注意到了，常常适当地对别人进行赞美，会使孩子的生活得以改变，让孩子的生活充满爱，并深刻地感受爱的滋味。

培养孩子待人接物的能力

待人接物是一门高深的学问，主客之间的礼仪是其中很重要的内容。主客双方都应遵守规则，一旦一方未按规矩办事，另一方便会觉得对方不懂礼数，感觉受到了侮辱。主客矛盾出现，双方常常会不欢而散。因此，父母应该从小就培养孩子学会待客之道。

如何待客是反映孩子内心世界的一面镜子，父母应该给予重视，切莫以为这只是大人的事情。家里来了客人，孩子会做出各种表现。有的孩子见了陌生的客人，站在角落里，不声不响，默默地注视着客人的举动，即使客人跟他讲话，他也是笑而不答，或表现得相当紧张。有的甚至躲进厨房，不肯出来见客人，显得胆小、拘谨，对客人的态度冷漠。有的孩子则相反，看到家里来了客人，便拼命地表现自己，一会儿要喝水，一会儿要吃东西，一会儿翻抽屉，甚至为了一点儿小事大哭大闹，显得不懂礼貌，不能克制自己，以"人来疯"的方式引起别人对自己的关注，表示自己的存在。还有的孩子在家里来客人时，能主动打招呼，拿出糖果招待客人，表现得热情而有礼貌。

孩子在家中来客时的种种表现虽然和他们的个性心理有关，但也和父母平时对孩子的教育有关。来客时表现不佳的孩子，父母往往缺乏对他们在这方面的培养和训练，在接待客人时，忽视了孩子在家中的地位。那些在家中来客时表现较好的孩子，父母往往比较重视在这方面的培养，让孩子和父母一起接待客人，孩子逐渐地消除了对陌生人的紧张心理，学会了一些待人接物的方法，表现得落落大方。由此可见，让孩子共同参与接待客人的活动至少有以下几个好处：

1. 有利于培养孩子的主人翁感

孩子在参与接待客人的过程中，体会到自己和客人的地位不同，自然会产生一种自豪感和责任感，他会比平时小心十分，殷勤百倍。

2. 有利于培养孩子礼貌待人的好习惯

要接待好客人，让客人满意，孩子就必须在语言行为上都讲究礼貌，接待客人实质上是给孩子提供了礼貌待人的练习机会。

3. 能使孩子学到一些待人接物的方法

最初，孩子是不会接待客人的，这就需要父母的帮助和引导。怎样培养孩子接待客人的能力呢？

（1）让孩子做好心理准备。在客人尚未到来之前，父母应告诉孩子，什么时间，谁要来。假如客人是第一次上门，还要告诉孩子，客人与父母、与孩子的关系，该如何称呼，使孩子在心理上做好接待客人的准备。

（2）共同做准备工作。父母可以和孩子一起做接待客人的准备工作，如打扫房间，采购糖果，和孩子共同创造一个欢迎客人的气氛。

（3）指点孩子接待客人。父母除了自己热情招待客人以外，还要指点孩子接待客人，让孩子感到自己是家中的小主人。例如，客人来了，父母要指点孩子招呼每一个人，请客人坐，请客人吃糖果。还可以让孩子把自己的玩具拿出来给小客人玩，把自己的相册拿给大家看。

（4）学着与客人交谈。父母应鼓励孩子大方地回答客人的问题，提醒孩子别人在讲话时不随便插嘴。如果孩子在某一方面有特长，可以提议让孩子为客人展示，以制造一种轻松、愉快、热烈的气氛。

（5）根据孩子的特点提要求。在让孩子学习接待客人时，要注意根据孩子的特点对孩子提出要求，不要强求孩子做不愿意做的事。例如，对待胆小怕事的孩子，要求简单些，可以让孩子与客人见见面就行，以后再逐步引导，提高要求。对于"人来疯"的孩子，父母应先让他离开大家一会儿，等其冷静下来后，再让他和大家在一起。切忌在客人面前大声训斥和指责孩子，以免伤害孩子的自尊心。

（6）评价孩子在客人面前的表现。客人走后，要及时评价孩子的表现，肯定好的地方，指出不足的地方，并要求孩子今后改正，使孩子接待客人的能力逐步提高。例如，以前孩子会表现出"人来疯",可是今天很懂事,父母就应及时表扬他的进步,并要求以后客人来时他要和今天一样。 让孩子在陌生人面前表现出落落大方,对人有礼貌是每一位家长的共同愿望。 但在现实生活中,孩子有害羞而不愿意主动跟他人打招呼、进行交往的表现,只要不过分,也是很正常的。 作为家长要求他"有礼貌",但这种"礼貌"在孩子看来有时是难以理解的。 越是强求,他越反感。 培养孩子有礼貌,有效的手段不在于督促孩子"叫人",而在于平日里家长的态度是否做到尊重、平等、有礼,通过点滴的以身作则来影响孩子。

父 / 母 / 家 / 教 / 艺 / 术 / 全 / 集

好妈妈不娇不惯

养育完美女孩

扫码收听全套图书

扫码点目录听本书

杨颖　编著

成都地图出版社

图书在版编目(CIP)数据

好妈妈不娇不惯养育完美女孩／杨颖编著. -- 成都：成都地图出版社有限公司, 2018.12(2021.2 重印)
（父母家教艺术全集；4）
ISBN 978-7-5557-1110-0

Ⅰ. ①好… Ⅱ. ①杨… Ⅲ. ①家庭教育
Ⅳ. ①G78

中国版本图书馆 CIP 数据核字（2018）第 287540 号

好妈妈不娇不惯养育完美女孩
HAOMAMA BUJIAOBUGUAN YANGYU WANMEI NVHAI

编　著：杨　颖
责任编辑：游世龙
封面设计：松　雪
出版发行：成都地图出版社有限公司
地　　址：成都市龙泉驿区建设路 2 号
邮政编码：610100
电　　话：028 – 84884648　028 – 84884826（营销部）
传　　真：028 – 84884820
印　　刷：永清县晔盛亚胶印有限公司
开　　本：880mm × 1270mm　1/32
印　　张：6
字　　数：160 千字
版　　次：2018 年 12 月第 1 版
印　　次：2021 年 2 月第 11 次印刷
定　　价：150.00 元（全五册）
书　　号：ISBN 978-7-5557-1110-0

前　言

有人说：拥有女儿是上天对你的恩赐。 的确如此，与男孩相比，女孩更加省心，更加懂事，更讨人喜欢。 如果你也有这样一个美丽可人的女儿，你会如何养育她？ 含在嘴里怕化了，捧在手里怕摔了？ 相信每位父母都会有这样的问题。

女儿跟儿子不一样，女儿就像瓷娃娃，她比儿子精美、娇贵。 所以她需要父母更多的关爱，与此同时，父母要有一套科学而系统的教育理念来培养自己的女儿，走进女儿的世界，扮演好女儿的引导者和保护神。

家庭是女孩人生中的第一所学校，父母是其第一任老师，父母的言传身教对女孩的智力、性格、心态、习惯、能力、品德等的培育都有着重大影响，甚至可以决定女孩的一生。 女孩将来会成为什么样的人，成就怎样的事业，掌握多少财富，建立怎样的家庭，收获怎样的幸福，其父母往往起着决定性作用。 没有不完美的女孩，只有不会教育女孩的父母。 教育女孩的前提是要了解女孩，如果连她心里想什么都不知道，教育又从何谈起？ 想让女儿健康成长，父母就要成为女儿的朋友。 但是，"了解"两个字说起来容易，做起来却很难。

阅读本书，让你找到可以轻松进入女儿内心世界的方法。 父母对女儿的教育源于谆谆教导、影响和不断地努力，本书从细节入手，内容全面，从书中你可以找到胆小、叛逆、内向等青春期问题的解决办法，也可以获得关于尊重、换位思考、倾听、关注、非语言沟通等教育方法。

养育一个优秀女孩，是天下父母的心愿。 拥有一个出色的女儿，是天下父母的福气。 《好妈妈不娇不惯养育完美女孩》结合女孩的特点个性以及成长规律，从不同角度出发，为父母们提供了一套成功育女方案。 女儿的前途就掌握在你手中，为了女儿，请翻开此书，系统学习教育她的正确方式，将她培养成完美的女孩，成就女儿的一生！

2018 年 10 月

目 录
CONTENTS

扫码点目录听本书

第一章

好妈妈要知道女孩的性格特点

与男孩不一样——糖果、香料"做成"的女孩 / 002

"爸爸妈妈不要走"——女孩渴望父母的关注 / 006

"我该怎么办"——女孩主见少 / 010

"我害怕"——大多数女孩天生胆小 / 013

"嗯……那好吧"——容易委曲求全的小女孩 / 016

第二章

好妈妈要时常关注女孩的成长

荷尔蒙是女孩成长的魔法师 / 020

让女孩了解自己的身体 / 023

自我保护从身体开始 / 026

要她挺起胸来做美女 / 029

让她在月经期护理好自己 / 032

性教育须及时 / 034

第三章
青春期女孩的心理变化特征

青春期，嫉妒心理要不得 / 038

重复去做一件事——青春期强迫症 / 042

做什么都很难集中精力——青春期焦虑症 / 046

不能积极面对挫折——青春期挫折症 / 050

青春期歇斯底里病 / 054

第四章

青春期女孩如何与异性相处

哎呀，是情书／058

我该不该和他断绝这样的关系／064

要理智地对待早恋的问题／068

要学会不伤感情地拒绝对方／072

第五章

为女孩营造温暖的家庭

温馨的家庭与女孩的心灵成长／076

塑造良好的家风／078

让如水的女孩拥有水一样的性格／080

好女孩是夸出来的／082

第六章
怎样和你的女孩交流

多听听女儿的想法 / 086

记住你被女儿赞扬的时刻 / 089

女儿为什么不告诉你她在想什么 / 092

当女儿提出你无法解答的疑惑时 / 095

向女儿"索要"关爱 / 097

惩罚她，但不可以羞辱她 / 100

第七章
女孩一定要富养

女孩，再穷也要"富"着养 / 106

富养女孩的真正内涵 / 110

富养，重在培养女儿独立的人格／113

富养，培养有内涵的女孩／117

富养，让女孩拥有开阔的眼界／120

富养，不等于"娇生惯养"／123

第八章

培养多才多艺的完美小公主

爱丽丝仙境的想象——提升孩子的想象力／128

父母不要按自己的"思维定式"要求女儿／131

鼓励孩子讲故事／133

第九章

重视女孩的礼仪教育

别把独生女养成"独女"／138

在亲戚朋友家过夜／140

公共场所，细节体现优雅／144

带女儿去旅行／152

进餐礼仪很重要／160

第十章
告诉女孩要学会自我保护

告诉女儿，衣服盖住的地方不让别人碰／168

预防女儿为爱情犯傻／172

帮女儿建立是非观，提高她的判断力／176

教会女儿危急时如何自救／178

合理地拒绝对方／180

第一章

好妈妈要知道女孩的性格特点

扫码收听全套图书

扫码点目录听本书

与男孩不一样——糖果、香料"做成"的女孩

在西方，有这样一句谚语："用糖、香料和一切美好的事物组成的是一个小女孩，而剪刀、青蛙和小猫尾巴组成的则是个男孩。"如果你仔细观察一下，认真地了解女孩，就会觉得她们确实让人疼爱——偶然间的回眸一笑、羞涩的脸庞、婀娜多姿的身材……这些都是女孩世界中才有的现象。

女孩子是娇嫩的花朵，所以更多的关心与照料是她们成长所必需的，园丁的精心呵护固然重要，但不可与培育树木的方法混为一谈，因此家长要知道男孩与女孩的区别，要想培育出一位优秀的人才，就要依据女孩的性格因材施教。

让我们了解一下男女的差异，一位既有男孩又有女孩的妈妈说："还没生他们的时候，我觉得男孩和女孩是一样的，可生了大女儿后，我开始怀疑自己的想法。例如我们还没说过不带花的衣服不漂亮时，三岁的女儿就吵着要买带花的衣服，她觉得那样更可爱，她每次都要带有图案的衣服。不久，又有了小儿子，刚开始我觉得自己的育儿经验还可以，因

此我很自信地认为儿子会被我培育得更好，不过事实证明我错了。就算玩具模型不给他买、有打斗的节目不让他看、游戏没让他接触，可是儿子还是喜欢格斗类的游戏和玩具，甚至还爬到树上折树枝，当作武器和小朋友去玩……"

实际上，男孩和女孩天生就有区别！因为对性别起关键性作用的 X 染色体在妈妈怀孕的一刻就定性了，注定让女孩的一生与男孩有所区别。另外，男孩和女孩的大脑以及大脑中器官发育的差异，让他们在性格、行为特点、能力等各方面都有所不同。

教育家发现，因为男孩与女孩在生理和大脑方面有差异，家长在培育女孩期间要特别针对她们自身的性格特点采取相应措施，换句话说就是要用不同教育方法教育男孩和女孩。对于女孩的培育问题专家建议：

1. 给娇弱的女儿一个温馨的家庭空间

内向的美美从出生起就一直这样，因为她的父母总是在家中争吵，抱怨对方，可是为了让美美有一个家，他们无奈就只能将就着过，可美美却受了很大影响，不仅脆弱，遇事还非常敏感。下课铃响了，美美却不愿回家，因为回家就会遇到父母争吵，爸妈只知道吵架，不仅晚饭吃不上，家里的气氛也让她左右为难，根本无法安心学习。她的生活充满了不安，都不知道幸福与快乐的滋味了。这样痛苦与乏味的日子，让她觉得没有了生活的意义……

家庭氛围对女孩的影响是巨大的，甚至让她变得敏感与内向，对家庭的温暖失去信心，也不再渴望拥有了。假如女孩在小时候缺少关爱，家庭的温暖都没感受过，将来和人相处时也会缺少正常的心态。所以家长要有个完整美满的家，才能给花朵般娇嫩、糖果般甜美的女儿更多的保护与关爱。

2. 帮助女儿提高她的弱项

女孩的语言能力比男孩强，与男孩相比较差的是空间想象力与理科方面的知识，因此要想女儿各方面都得到发展，家长应该帮助女孩克服这些不足。

妍妍的好奇心特别重。一天，妈妈看到一个会说话的玩具熊，就买给了她。开心的妍妍就拿在手里不松手，还不停地按小熊会发声的肚子。不久，妈妈回家发现小熊被拆开了，一些小零件散落在旁，就假装生气地说："为什么要把小熊拆开？"

知道妈妈不高兴的妍妍低着头说："我想知道小熊为什么会说话。"妈妈听后温柔地说："小熊是被你拆成这样的，所以要把它再安装好，开线的地方要缝缝，要不妈妈就真的生气了哦。"

妍妍看见妈妈并没有发火，于是就努力地尝试着把小熊一点一点地还原，可是还有一些细微的地方没法正常工作，所以小熊不仅不会说话了而且也没有之前漂亮了。妈妈看过后，不但不生气，反而还告诉妍妍下次再这么做的时候，还要多留心一点，把零件拆下来的同时也要知道怎么再安上去。

　　之后，妍妍对家里其他的东西也进行了拆卸，有次把电视都拆开了。但是久而久之，妍妍的空间想象力、记忆力、判断力以及动手能力都得到了很大程度的提升。于是妍妍在她成人那年成功被重点大学的机械工程专业录取，在其他女孩看来无聊的学业，却是妍妍心中的理想，这是她快乐的童年的影响。

　　这才是一位聪明的妈妈！　女儿的好奇心得到了满足，也找到她的兴趣所在，提升了相对于男孩较弱的逻辑思维、空间想象等能力。　家长应该多参考这位妈妈的做法，既然女孩有弱于男孩的地方，我们就要帮助她们克服这些不足。

"爸爸妈妈不要走"——女孩渴望父母的关注

冉冉 5 岁了，一次妈妈刚把房间卫生打扫好，但是顽皮的冉冉却撕起了小纸片，这些碎屑飘得到处都是。妈妈一下子就生气了，说道："妈妈不喜欢坏孩子，你也太淘气了！"说完，刚还活蹦乱跳的冉冉就蔫了下来，然后慢慢走出了房间。

晚饭做好了，妈妈喊道："冉冉，把手洗干净，吃饭了。"然而半天了却没有见到人。于是妈妈走进冉冉的房间，却看到她哭花的小脸，就问发生什么事情了，于是冉冉忍不住又哭了，还说："原谅我好不好，我保证再也不顽皮了，你还会要我吗？"

前面说女孩很注重人际交往，这就表明了她们的心是很需要被疼爱和呵护的。 在女孩小的时候，她们总是依靠最亲近的父母，但是如果父母还摆出一副冷漠、严肃、批评的态度，她们的内心会很受伤害，以后还会愈发敏感、自卑、忧郁……因此家长们一定要注意保护你的小宝贝！ 她们太需要你们的关心了。

家长可以通过观察女孩的行为来了解她们的内心，像"过家家"一类氛围很和谐的游戏，相对男孩子来说女孩子更喜欢，并且她们希望家长也加入其中。 现实中女孩难免会碰到一些难题，于是在家长面前就会显露她们的无助，希望得到家长的关心。 她们天生的性格里就有这些，另一方面的原因在于她们想与家长进行感情沟通，渴望得到被疼爱、理解、呵护的感觉。

13岁的桐桐从小到大都很听话，父母去应酬时也会让她跟在身边。但到了初中时，桐桐觉得跟父母产生了距离，也不会无时无刻地跟在父母身边了，常常因为一些小事和父母争吵，学习也没什么进步。

因为桐桐从小学升到初中后，父母就开始关注她的学习。一天，桐桐的期中考试考砸了，妈妈就严厉批评她，还每天不停地说："分数这么低，以后就考不上好大学，找不到好工作，那你就毁了！"桐桐听后难受地说："毁就毁了，大不了要饭吃，你们不用操我的心！"这话马上把妈妈激怒了："你这是什么态度！我把你养这么大就是让你要饭啊，你还是乖乖地把成绩提上去吧！"

爸爸现在工作压力很大，也就没时间陪女儿聊天散心，学习上的事他也不清楚，但问得最多的就是桐桐的成绩。爸妈这样忽视她的内心感受，让桐桐感觉很伤心，于是就有了逆反心理，甚至故意考试考差些。实际上，桐桐只是渴望爸妈能多陪陪她，听听自己的心里话，能在她伤心难过的时候，劝解开导她，但是父母错误的教育方法，使桐桐不得不把自己的内心锁起来，还与父母作对。

女孩渐渐地成长，许多父母却觉得和女儿的距离感越来越远。女孩有这样的表现，就是由于她们在小时候对父母流露过自己的真实情感，希望和家长更加亲近一些，可家长不仅无视她们的感受，还没有理由地指责，随着一点点的累积，她们只能失落难过地把话放在心底，心门随之关闭，连美好的部分也隔绝了。

父母如果想让女孩打开心门，让她快乐幸福地成长，就要营造温馨和谐的氛围，让她感受到关爱与呵护。但要有限度的关爱，千万不能没界限，只有合理的关心与适当的保护才能给她们幸福。

此外还要让你的小公主时刻感受到你的爱。中国家长表达感情都是内敛式的，他们喜欢默默无闻地奉献自己的爱，他们觉得子女知道不知道都行。虽然这种爱很伟大也无人可比，但还是应该适当地表达出来，要让女儿知道这是对她们的爱，她们才能明白父母的不容易，而且父母做的不是什么事都是应该的，只是源于对孩子浓浓的爱——是出于爱才这么做！

一个有经验的母亲讲：我和女儿的关系就像朋友一般地要好，有时也很亲密，不过也有发生矛盾的时候。

我也知道女儿在这期间肯定想不开，但出于面子的原因，不管对与错，我都不会面对面地和孩子说，而是用写纸条的方式告诉女儿我的心里话。

一次，女儿写数学题时，把上半身都靠在了桌子上，我知道这种坐姿不对，就生气地说了她几句。谁知道女儿竟不理我了，第二天早上，她也没消气，一个人就走了。因此我写了一个小纸条：乖女儿，妈妈昨天的话有些地方让你伤心了，但是妈妈这么做是因为爱你。而且你也知道趴着写作业很伤眼睛的。妈妈昨天的态度有点急躁，是妈妈做错了，在这儿跟你说声对不起，不过妈妈也希望你能改正那种做法。

亲爱的宝贝，妈妈永远爱你，什么事都改变不了妈妈对你的爱！

女儿看到纸条后，感动得哭了，还说："妈妈，我还以为你不喜欢我了，不想要我了呢！"这件事让我明白一个道理：只有让孩子感觉到父母的爱才能使女儿快乐地长大，爱对她们来说很重要！

"我该怎么办"——女孩主见少

大部分女孩都会有这种问题——自己不会拿主意。她们做事时觉得只有问过父母才会妥当，好像自己什么也不知道，就连衣服的风格、发式的选择、参不参加学校举办的活动、选择哪一所学校、学什么专业等，几乎是所有的事情都需要父母来决定。这些例子都很实际，所以大部分家长和孩子都有过这种经历。所以说女孩子往往做事很犹豫，缺少自己的主见。

普遍地说，女孩主见少的原因有以下几个：女孩会无意识地向父母学习，在言行举止方面也是一样。老师和家长的地位在她们心中是很重的，同时家长也乐意为女孩安排事情，所以女孩很依赖父母，听他们的安排，也不敢反对家长的做法。

现代社会压力大，很多家长都忙着挣钱，很少和女孩进行沟通，时间久了，会和孩子产生距离，再加上家长的权威，女孩就会对家长产生畏惧感，进而不敢展示自己的内心。虽然每个家长都想有一个听话的女儿，可是这种想法与让女孩独立、有自主意识二者间不冲突，还会相互促进。所以帮助女儿坚强起来吧！这样孩子在将来才不会总依靠父母，自己决定并把握自己的人生，离成功也就会越来越近。

家长要想让女儿有主见，就应该把决定权交给她们，不论对错，孩子提出的建议和做的决定家长都要尊重，不能事事为女儿做主，否则父母培养出的会是一个拿不定主意、缺少主见的女儿。

1.教女儿有自己的"不同之处"

上初中的琳琳突然变得时尚了，因为一种"沙宣"发型在她的学校流行起来，而且还有多种颜色，因此她就到理发店去做了个一样的发型。但是不久，爸爸发现以后很不高兴，就说："你的这个发型再加上头发的颜色，简直像个老太婆，太丑了！"琳琳面子上挂不住，难过得流着泪跑回屋里去了。

但是妈妈的做法和爸爸不同，她陪在女儿的身边，在琳琳没有那么激动了以后，把她的头发仔细地观察了一遍，然后拍拍她的肩膀说："我觉得这个发型一般，显得你的脸太小了，脸色也变得苍白了，不过今年的确很流行。今天妈妈去学校接你时，看到大部分女生都是一个样子，要是你改变一下，肯定更加有个性！"琳琳的心情终于有所缓和了，于是忙问："妈妈，那我要怎么做啊？"

"这款发型的风格虽然风靡一时，不过学校不会同意染发吧，对头发伤害也不小，你的圆圆脸还是适合自然的黑色，如果你用发卡修饰一下，效果更佳。"妈妈笑着说。琳琳就按照妈妈说的去做，把头发又染了回来，在刘海处别了一个小熊发卡，特别可爱，很多人都看她，她心里别提多美了！

不光是头发，女孩还特别注意在穿着上的打扮，希望吸引别人眼球，所以一有潮流到来，他们就忙着打扮，希望增加自己的吸引力，也不管这种流行趋势适不适合她。但是家长不要只是批评，而是要多提些建议给她们，这样既能满足她们追求时尚的心理也能表达出她们自己的个性。

其实外在形象的区别，只是她们展示个性中的一部分，这个部分是因为她们对美的追求得来的，但最关键的是帮助女儿拥有与众不同的正确思想意识，还要支持她拓展出自己独特的做事方法和行事风格。

2. 对女儿要用启发式的话语代替命令

生活中，父母在表达自己对孩子的期望时，大都使用命令的语气，像"你应该""一定不能""你要听我的"等。这会让女孩对父母有隔阂，对于父母的话会像命令一样被动地执行，她们心里肯定不开心。家长在此可以选择换一下语气，比如"这样做也许会更好""这会对你有帮助""如果这么做呢"等，得到父母尊重，女孩才会自主地思考，做事时也会有自己的想法，慢慢地她就会形成自己的独立意识。

"我害怕"——大多数女孩天生胆小

我们经常会发现女孩总是躲藏在父母身后，小声地说："好可怕""我做不了"，有些父母会严厉批评女孩："胆子也太小了，你就不能勇敢点！看看人家的孩子！"当然也有一些父母会用温和的方法去了解原因在哪里。总之，前面父母的行为是明显不可取的。

然而女孩胆小的原因在哪里呢？实验表明，5岁以后女孩就不是那么害怕噪声、疼痛、陌生的事物、坠落、身体突然移动的刺激以及带来的不适，可是对黑夜、伤害性攻击和妖怪厉鬼之类的恐惧却没消减。另外，这种感觉会影响女孩的正常成长，成人后的她们胆子可能还是很小。女孩本质的性格里就有胆小的因素，但另一个原因是父母的教育方式。家长无限度地溺爱与关心，就会让女孩产生依赖感，受不住一点刺激。

6岁大的熙熙胆子特别小，在家时，她就黏着爸爸妈妈，在幼儿园，又当上了老师的"小跟班"。老师引导她和小朋友一起做游戏，但熙熙却弱弱地说："我不敢。"老师让她说出原因，她说她也不知道。

不久，老师才知道到底是怎么回事。由于家里就熙熙这么一个孩子，父母与亲人都把她捧在手心里，晚上睡觉都有奶奶和妈妈陪，只要是不陪她，不管什么原因，她都会折腾到有人哄为止。另外，她不敢一个人待着，哪怕是在家里玩，父母也要待在她身边。遇到熙熙这种状况，父母假如不尽快改变培养孩子的方式，让孩子从过度依赖、懦弱、胆小的性格中解脱出来，恐怕孩子长大了也不会觉得太幸福。

1. 引导女儿说出自己的内心需要

若溪的胆子很小。一天，她和爸爸去逛商场，在儿童区玩了一会儿，快回家时，她扯住爸爸的衣服说："我想再玩一会儿。"但是视线却一直放在了布娃娃的身上。爸爸像察觉到了什么，但还是装作不懂似的说道："那再给你 10 分钟的时间吧。"

不久就到时间了，若溪犹豫了一下，但最终她还是用试探的语气对爸爸说："那个我……我可以要吗？"爸爸还是想让她说出来，就问她："那个是什么？大胆地告诉爸爸。""我想买那个玩具娃娃！"若溪闭着眼大声说道。爸爸很欣慰女儿勇敢地说了出来，马上同意了女儿的请求，把布娃娃买了下来。

要想成功地培养孩子，家长就一定要让孩子知道：事物是争取来的。 在女孩还小时，家长就想办法让女孩敢于说出自己的想法，如果她们内心的渴望没说出去，就会选择放弃，也就会失去很多机会，如果再发生同样的事情，她们也就没勇气为自己争取了。

2. 千万不要说孩子是胆小鬼

内心单纯的女孩子通常会害怕很多事情。 如果你发现女儿害怕某样东西，别批评她胆子小，这会让她感到很自卑，觉得自己很没用，同时也会让女儿产生你不愿提供帮助的不良想法。

有一天，爸爸和妈妈要出差一周左右的时间，爸爸跟10岁的闺女解释："你的外婆病得很重，妈妈和我要去探望她，大概要一周左右的时间。"但女儿舍不得地说："我要和你们一起去。""不上学可不行，假期再去，好吧！我们不在家，你要乖乖和奶奶待着，奶奶会负责给你做饭吃。" "可是我害怕有坏人来。我和奶奶能行吗？""有什么可怕的，像个胆小鬼！"

其实爸爸也是出于好心，想让女儿勇敢点，不过这会让女儿产生误解，让女儿觉得自己很懦弱似的，甚至会让她误以为面对危险就要挺身而出，这样才显得胆大，这些错误的想法很不利于女孩健康成长。 与其这样，家长不如教给孩子预防坏人的技巧，或者出现问题要怎么解决，该做的和不该做的，该放弃的和该保护的，千万不能像这个爸爸一样，不仅没帮助女儿，还打击女儿的信心和勇气。

"嗯……那好吧"——容易委曲求全的小女孩

女孩大多可爱而文静，但她们是如何成长的呢？ 一个老教师这么描述女孩子：她们很乖很听话，从不捣乱，在课堂上也很认真，她们作业都按时完成，那是因为她们自尊心强，不愿受责备，所以她们比男孩更会讨家长开心；女孩的性格里大部分是懂事的一面，这让好多家长非常高兴。 许多家有女孩的父母也都认为乖巧懂事的她们更容易调教。 但是事实果真如此吗？ 著名教育家孙云晓就曾说过：不要只看到表面。这种表面现象容易让家长进入一个误区：家长若是疏忽了女孩的内心世界，女孩的内心就会很脆弱；家长若是忽视了对她们能力的培养，女孩则会变得很懦弱与胆小……

小玉是个 4 岁的小女孩，在幼儿园已经算是个大孩子了，可她的胆子却很小，害怕陌生人，而且即使自己不愿意也要把玩具让给其他小朋友玩。有一天妈妈去幼儿园，还见到过一次：小玉抱着一个小海豚站在园中，玩得正高兴，一个小男孩强强向她冲了过来："妖怪哪里逃。"受惊的小玉不自觉地把海豚放在身后，弱弱地说："别拿走我的海豚。"小玉这么一说，强强还加快了速度，一下就把海豚抢了过去，小玉没办法就哭了。

"呜哇！"女儿的哭声让小玉妈妈很不好受，赶忙叫着强强说："乱抢姐姐的玩具是不对的，老师会批评你的。"强强才不管那么多呢，边逃跑还边做鬼脸。现在院子里只剩下妈妈和小玉了，妈妈想尽办法来安慰小玉："别哭了宝贝，妈妈以后买个更好的给你。"这时小玉才不哭了。但是妈妈却还担心：小玉的性格太软弱了，比她小的孩子都会欺负她，希望将来会变好啊！

天下没有一对父母愿意看到自己的孩子那么懦弱，可是出现这种现象的原因是什么呢？归根究底，这和 X 染色体有关系。女性基因在 X 染色体上，它和女性独有的性格特点有关，例如温柔、文静、善良等；另外，它还与女性的人际交往能力有关，这是本质上的原因。由于她们总想维持和别人的关系，因此她们总是委屈自己，不敢表达，渐渐地就会变得柔柔弱弱。

所以男女在处于同一环境中时，表现会有所区别。女孩特别在意与其他人的关系。家长很容易就能看出，女孩在与人相处时遇到了问题，就会闷闷不乐，还会发牢，心想："老师为什么没有表扬我呢？""芳芳怎么没和我玩？""姐姐为什么不理我了？"

为了得到安全感，女孩总是试图与别人建立良好的关系。 想巩固自己与父母的关系时，女孩会选择听父母的话，就算与自己的内心想法不一致也一样听话。 哪怕是和小朋友一起玩，她们也经常表现自己乖巧的一面，讨得别人的喜欢，她们觉得使相互间的关系更融洽，自己才有安全保障。

　　按这种思维成长起来的女孩，大部分都很顺从别人，不爱说话，把想法藏在心里，更不是按自己的想法行事。 这样下去，她们会丧失自我，无法独立自主。 这也会影响到她以后的正常生活，不会保护自己，不懂得爱护自己，却总是顺从他人意愿。

第二章

好妈妈要时常关注女孩的成长

荷尔蒙是女孩成长的魔法师

　　女孩在发育时，荷尔蒙的作用非常重要，它的含量甚至能决定女孩的性格。从妈妈怀上孩子的那一刻起，女性荷尔蒙就激活了女性染色体基因，它们便开始发挥影响女孩成长的重要作用。比如它能使女孩的性格变得安静、体贴、细致等。所以在孩子成长的时候，家长就要了解女性荷尔蒙在女孩成长过程中究竟发挥着什么样的重要作用。

　　所谓荷尔蒙就是人们所称的激素，它对人体的代谢、生长发育及繁殖等都有很大的影响。有一些受体存在于女孩的大脑中，人体的正常运作需要每个细胞的配合，而细胞的生命活动离不开激素对大脑受体（像雌激素受体、黄体酮受体、睾丸激素体等）的激活，而荷尔蒙就是激素的一种。它通过控制神经细胞，进而操控着女孩身体内部的活动，然后间接对女孩的性格、脾气、情绪造成影响。

　　通过上文我们了解到，荷尔蒙对女孩的影响作用巨大无比。女孩的喜怒哀乐也受其控制，还有用什么样的语调和语速说话、面对感兴趣的人的表现、社交需求如何、怎么调节情绪……这些都与荷尔蒙有关。 即使是荷尔蒙中不太重要的催乳激素，对乳腺和泪腺的生长发育以及乳汁的分泌作用却很大，它还能让女孩变得多愁善感。 另外，一个重要的荷尔蒙是雌激素，它还与传递地位很重要的四种神经递质（或者神经细胞）有着密切的联系。 女孩的大部分日常生活能力如记忆力、理解力、控制力等也都跟它有关。

总之，荷尔蒙作为女孩身体当中的一种共有物质，它对影响女孩性格、习惯、行为等都有紧密的联系。 所以在培育女孩的过程中，父母要重视荷尔蒙的作用。 详细来说，要仔细观察以下几点：

1. 看到女性特征的长处和短处

女孩体内的雄性激素低于男孩，因而她们不爱冒险，控制欲也相对较弱，所以有人说教育女孩要简单得多。 可是女孩的内心比较脆弱，还十分注重细节，所以家长应该在细节上多下功夫，否则一点小差错都可能严重伤害到女孩的正常成长，对女孩的将来更没半点好处。

女孩的性格偏文静些，没男孩那么爱争强好胜，所以她们希望生活安稳、平静。 而且她们也非常重视友情和亲情，想尽可能占有父母更多的爱，得到更多的友谊。 所以家长应该更加重视女孩成长历程中的细节问题，还要教会她们一些为人处世的道理。

2. 帮助女儿提升心灵的"痛点"

女孩总喜欢把大家的关系在心中理想化，不过这个模式不会像她想象的那样完美，这种不完美又会伤害女孩。 例如，女孩会觉得爸妈心中的自己是最漂亮最棒的小公主，可爸爸却形容："我的女儿像个活泼的小兔子。"其实爸爸是想夸她机灵，但也许女孩不想父亲这么形容她，她会认为爸爸不喜欢她才这么说，并会因此而难过很长时间，要是爸爸说"活泼可爱的小兔子最惹人喜爱了"，女孩才能真正理解父亲的意思。

普遍来讲，女孩的想象和现实相差越远，她的内心就越脆弱，外界的波动对她的影响就越大。 所以家长应该教导女孩正确认识现实。 如让女孩独自去面对困难，家长可适当帮助，以便训练她们更好地接受现实。

3.告诉女儿妥协和坚持的时机

因为睾丸激素在女孩的体内含量不高，所以她们常常采取妥协的办法，就会表现得有些软弱。 因此一旦利益与关系的维持有了冲突，许多女孩都会选择放弃利益。 所以家长要帮女孩分清该妥协什么，该坚持什么，引导女儿树立正确的标准，她就不会困在情感中无法自拔了，也不会轻易受伤害了。

女孩受荷尔蒙影响时，结果不论是正面还是负面，家长都无法控制，不过家长可以帮助女儿取长补短，以便降低荷尔蒙的影响，使女孩的身心更加健康。

让女孩了解自己的身体

明智的母亲会在女儿小的时候就引导她认识自己的身体。让她了解到男女有别，对性别就会有所判断，进而让她全面认识自己。此外，还要教会她身体各处器官的位置及名称，方便生病的时候能准确说出哪里有问题。当女孩逐渐成熟，这种对身体的认识发挥的作用也越来越重要。

一般来说，女孩从 10 岁开始发育。在发育之前，外表特征没什么变化，只是体重会升高。发育开始后，青春期的性特征也开始显示出来。乳房从这时开始发育，一直持续到青春期结束；然后阴毛开始生长，并且越来越密；生殖器官逐渐成熟；初潮也会随之而来。这一时期身体的其他部位也在发生改变。像声音、骨骼、血压等都会不一样。

要女孩对身体有所认识，就要帮助她们既认识外在的变化，又要从内认识各个器官的不同，进而培养健康的生活习惯。所以建议家长注意以下两点：

1. 让女孩了解自己发育的原因

卵巢是女孩发育的起点。 出生后的女孩就拥有许多原始卵泡存在卵巢中，在幼儿时，激素就由性腺释放出来。 乳房和生殖器最先受雌激素的影响开始发育。 到了青春期，输卵管粗壮起来，阴道更宽，子宫也变大等。 同时开始出现其他性特征，比如音调、乳房、乳头变化就很明显，私密部位开始生长毛发，在阴阜、肩、胸、臀部、骨盆等部位会堆积脂肪，女性的曲线由此产生。 女孩就是这样逐渐完成发育的。

在身体发育的过程中，心理也会随着身体产生变化。 若是家长不关注孩子的这些变化，可能会让女孩产生不少心理问题。 由于那时孩子对自己身体的变化还是有些迷茫，出于胆小和害羞，她们也不会向其他人寻求帮助。 她们的内心就会十分的困惑，进而会严重影响她们的健康状况，使得女孩变得自闭起来，解决问题时所用的方法也许还是错误的，甚至会对身心健康带来严重伤害。

因此父母在女儿的成长历程中，要积极主动地承担好自己的职责。 还要帮助女孩正确地认知自己，让她理解身体的自然变化，让她知道任何一个女孩都会有同样的经历，以便让她们摆正自己的心态来面对成长发育时的一些问题，这样才能让她们健康成长。 当女孩真正地对身体有了认识后，家长还要做一件事，就是告诉女孩男女之间的差别，从而让她们更好地保护自己。

2. 男孩女孩天生就不同

中国一直提倡男女有别，它能流传得这么久，其中一定有它的价值。 可是随着社会的发展，它的定义也有所改变。

所以家长要告诉女孩，每个孩子都是一个独特的个体。男尊女卑的观念已经过时了，现在男女平等，所以她们应该大胆追求自己的理想。现代社会对男女有别的解释是：性别上的差异导致性格的不同。所以家长在男女平等观念的前提下，应依据女孩的性格来运用独特的教育理念和方法。

男孩活泼，女孩沉稳；男孩爱探索与争斗，女孩大多喜欢更加平静一点，并且喜欢交朋友；男孩的个性强，但女孩也有独特的一面。若是家长不关注这些，不分性别进行同样的教育，结果肯定不好。

第一，帮助女孩正确定位。帮助她们分清男孩和女孩分别该做的事，让女孩正确认识自己的性别。穿着上要大方点，颜色不要太深，把她的房间装饰得再漂亮一些，把她们往女性的方向引导。

第二，根据女性的特点来引导女儿成长。母亲怀孕以后，荷尔蒙就启动了女性染色体基因，它们决定了女孩的安静、细心、体贴等特点。若是女儿很细心，就让她学学十字绣；女儿好静，则可以推荐她多看一些书。女孩对色彩和纹理的捕捉比男孩更敏感，所以家长还可以选择让女儿学习画画。

有一点我们要明确，就是男女平等。虽然在社会上男女的分工会不一样，不过他们的社会地位是一样的，拥有的权利与义务也相同。我们既不能轻视女孩，也不可以给予太多的优待。不能把她们看得很弱而可怜她们。家长在培养女儿成长的过程中，要多鼓励让她们变得坚强勇敢。遇到挫折时，女孩才能从容解决而不会不知所措。这些会对女孩思想和身体上的成熟起到关键性的作用，家长一定要牢记。

自我保护从身体开始

你的女儿会保护自己吗？

调查显示，由于知识的缺乏，阅历也少，孩子们很难发现一些事物潜在的危害性，有时甚至身处危险也不知道。特别是女孩子，她们在体格上本就很弱小，再加上缺乏生活经验，自我保护能力差，所以更容易受到侵犯。有时她们还会误解父母对自己的关心和限制，总是反抗与抵触父母。

所以女孩子的爸妈们更要注意对她们自我保护方面的教导。父母可以试着做到以下两点。

1. 让女儿知道自我保护先从认识自己的身体开始

好多处于青春期的女孩不了解身体的发育情况，出现状况也不知道该怎么办，所以总是在无形中让自己受到伤害。特别是母亲千万要注意这一点，要多观察女孩的变化才能对症下药。大家都知道，女孩在 11 岁左右进入青春期，胸部和生殖器官开始逐渐成熟，还有一些女孩甚至开始出现月经现象。 可是这些正常的生理现象会使一部分性格内向的女孩不知所措。 她们很害羞，不好意思让父母知道自己身体"变"了。 自我意识开始萌芽的她们会认为这些变化是不好的。在她们还没有做好认识自己准备的时候，就被动地进入了发育的阶段。 这当然会让她们坐立不安，还会担心自己会不会因为这些变化而让人瞧不起。 因此她们不敢对别人说自己身体发生变化了，就连爸妈也不敢说。 所以此时，家长要让女儿掌握保护自己的方法。 特别是母亲要教一些生理常识给女孩，方便她们应对生理变化，这样她们成长得才会顺利。

2. 告诉女儿一些保护自己身体的方法

当女孩大一点了，父母就可以教她们如何爱护自己。 这要从教会女儿保护自己的身体开始，要让她们知道如何避免别人伤害自己的身体。 并且让她们知道每个人的身体都是自己的，应该相互尊重。 别人不能随意触碰自己，自己也不能乱摸别人。 特别要注意保护自己的私密部位，谁也不能触碰，除非是自己的母亲。 如果发现有人试图那么做，就应该马上拒绝。

很有必要让女儿意识到隐私感。 告诉她隐私是我们每个人都要拥有的，可以避免我们受到伤害。 还要让女儿知道要保护哪些关键部位。 让她了解男女间的不同，即男女有别。要与异性保持一定的距离。

到了青春期，父母一般会要求女儿做某些事情，例如要按时回家，不要跟陌生人说话，要走宽敞的大路等。 但最重要的是要告诉女儿原因是什么，在知道缘由之后她们才能真正分清该做的与不该做的。 特别要注意教会女孩对身体上的保护。

父母首先要告诉女儿哪些部位是敏感部位，过分的亲密接触可能会造成的结果等，告诉女儿最直接的原因是什么。在她们了解了问题的严重性后，女孩会加深对自己的保护意识，自我保护能力也有提高。 所以家长千万别顾虑女儿的年龄而不敢开口，也别觉得这是女孩自己的事，她们早晚会明白的。 女孩确实会一点一点地慢慢了解，但这也许是在她们办了错事或者做了伤害自己的事以后才明白的。 这些代价是可以避免的，但是家长不说她们就会偏离方向，给自己的身心造成伤害，影响她以后的正常成长。 因此家长要大胆地说出来，这既是为人父母的责任，更是对孩子保护的一种方式。

要她挺起胸来做美女

普遍来说，女孩青春期的早期阶段是 11～13 岁。这个年龄段，是乳房的发育时期，主要表现有乳房隆起、乳房胀大等。所以母亲要告诉她这些现象，以防她焦虑不安。

还有一些建议，提倡母亲做到。

1. 引导女儿从心理上接受这种变化

在青春期这个阶段，女孩对这些突然变化的心理准备还不足。人变得敏感起来，也很在意别人的评价，更加不愿意让朋友们用另类眼光看自己。所以有些女孩不想让别人知道自己胸变大了，她们会佝偻着背部，穿松垮的衣物，以便遮挡隆起的胸部。这对她们很不好，因为这个时期对女孩的发育至关重要，所以若是在此期间不挺直腰板来走路，就会影响到女孩的自然发育，甚至会形成驼背。

一些早熟的女孩会更加苦恼，有时还会怨恨自己发育得太早。此时父母要给女儿正确的指导，并告诉她们这是人类成长的必经阶段，任何一个女孩都有这个过程，只是在时间上会有所差异。 等过了这个时期，她们就会为自己美丽的胸脯而自豪，而且乳房的发育还会关乎生育的问题。 另外，还要告诉女儿不要在意男孩的目光，他们只不过是好奇罢了。

还要注意别让女儿产生乳房是负担的错误想法。 告诉她们青春期的女孩身体逐渐成熟，乳房开始变化是正常的生理现象，它还与遗传、运动、饮食等有关。 要想让她们挺起腰板，以自己为傲，除了让她们正确认识发育，还要帮助她们扫除心理障碍，关键还要让她们学会如何护理自己的胸部，这样才能让女儿既美丽又健康。

2. 告诉女儿如何爱护自己的乳房

要让女孩重点维持乳房的卫生健康。 女孩在青春期发育很快，乳房胀痛、乳头痒痛等都是正常的状况。 还要告诉女儿她没有生病，但也不要用手胡乱挤弄乳房、抠剔乳头。 还要保证乳房的清洁卫生。 要是忽视这点，乳房可能就会生病。

当乳房初具规模时，女孩就该有些适合自己的内衣了。所以母亲要帮助女儿解决选内衣的问题。 由于是首次挑选，女孩可能会不知道如何下手。 此时母亲很有必要告诉女儿一些方法。 别让她选太小的，太紧的。 因为这时的女孩都比较害羞，觉得胸前的肉太多会很丢人，尤其是发育早的女孩，她们就会挑一些并不适合自己的内衣，只是想要把胸部隐藏起来，但这是错误的做法。

因为内衣过小会影响到乳腺管及腺泡的成长，严重阻碍乳房发育，还会损害身体健康。 内衣太紧会挤压内脏器官，对肺的呼吸和心脏的跳动会有影响，从而危害到心肺功能，甚至会引起心脏方面的问题。

所以乳罩要选合适的。 在乳房初步形成之后，就要告诉女孩挑选乳罩的方法。 不要过早地戴上，更不要戴小的，而且晚上一定要记得摘下来再睡觉，还有，过大的乳罩也会带来负面问题。 在挑选时，不但要注意乳罩的尺寸、款式等，乳罩的成分也很重要。 品质上乘的内衣是具备柔软、吸汗性强、不刺激皮肤、透气性好等优点。 这种乳罩有利于乳房正常发育。 另外，还要让她们定期换着戴，这样对健康的益处更大。

让她在月经期护理好自己

女孩子的身体和心理在成长，家长要想让她们长大的过程更加快乐健康，就要帮助她们及时应对身体的改变，启发她们正确认识发育，告诉她们这是在进行美丽的蜕变，这样的好东西用不着隐藏。多加鼓励与赞美才会让她们变得更加自信与勇敢，然后大大方方的让大家看到她的美。

月经的第一次是女孩青春期来临的象征之一。但是好多女孩不知道是怎么回事，往往会焦虑而不知所措，还会变得很敏感。这个时期女孩的体质最弱，头晕、恶心等不适也会随之而来。所以好多女孩都会产生疑问："为什么会这样？"在这个关键的时期，母亲一定要做到以下几点。

1. 说明月经到底是什么

身为母亲，要承担说明月经是什么的责任。第一次月经来潮时，大多数女孩在11～13岁期间出现，当然也会因为个体的不同而产生差异。

月经出现的根本原因是什么呢？卵巢在青春期会定期受

到脑垂体促卵泡素的作用，而产生许多卵泡。 然后子宫内膜依靠这些卵泡产生的雌激素的促进而开始增生。 伴随着黄体生成素和其他激素的共同作用，然后卵子由卵泡分泌出，它的外壳则变成黄体。 接着，子宫在萎缩后的黄体停止生产激素后开始脱落。 剩下的废物就要从体内排出，然后生理期开始，也就是我们常说的月经。 随着月经的来临下丘脑和垂体也不再受抑制，于是进入下一个生理周期，再次有卵泡变成熟，然后分泌雌激素等，如此循环往复。

2. 告诉女儿经期护理方面的知识

正常的月经会持续三到五天。 月经来时，腹胀、乳房胀痛、腰痛等症状，属正常情况。

身为母亲肯定知道这些知识，但是女孩不见得知道，作为母亲一定要告诉女儿这些知识，帮她选好相关的日常用品，告诉她正确使用方法和保养好自己身体的方法。 原因是女孩在这个时期身体最脆弱。 告诉她来月经时要使用适合自己的卫生巾，而且要保证及时更换。 还要每天用适度的温水清洗外阴，防止发生湿疹等病变。 要保持外阴的干净，这个时期洗澡要选择沐浴的方式，水温要适度，过高或过低的水温都不行。

经期的饮食很重要。 医护人员一般建议女孩吃含纤维高的食品，以便提高镁在血液中的比例；还要多吃豆制品增加蛋白质含量；食物的温度要温和一些。 母亲可以为女儿确定特定的食谱。 女孩是娇嫩的花朵，所以养育女孩不要粗心大意。 若是想要女孩出落得大方漂亮，就得多细心些，在她初潮时更要谨慎些。

性教育须及时

　　人生的关键时期就是青春期，它标志着童年向成年的转变。 在此期间性器官开始发育并成熟，第二性征也会表现出来，她们的性心理也开始产生。 相比男孩，女孩更早就开始发育，开始时间在 9 岁左右，结束时间在 18 岁左右。 女孩的观察力强，也十分敏锐，她们会在第一时间发现自己身体的变化，可是又羞于向父母说出这个问题。 而且她们对青春期知道得并不多，所以心理上容易出现问题，于是会变得很忧郁，有些女孩还会觉得是自己生病了。 不久，还会影响到正常的生活和学习。

　　此外，她们对性的产生，特别想要了解。 比如，她们会通过各种方法学习性知识，认识性行为。 如果女孩对性的了解过少，也会缺乏自我保护的能力和意识。 有些女孩就是因为对性缺少认识，而做出了伤害自己的事。 因此，家长不要刻意避免性教育，它对女孩来说十分重要。 父母要特别注意以下几点。

第一，父母要正确认识性教育的作用。 许多中国家长觉得公开对女儿讨论性，会损害自己的权威和形象。 但这种想法是不可取的，所以父母要意识到性教育对孩子的成长很重要。 要是父母不教孩子学习性知识，她们也会想尽办法来满足自己的好奇心，不过这些性知识可能损害孩子的正常成长。

外国的父母对这个问题的态度就要开明得多，他们不会限制孩子去了解性，甚至会主动教育孩子学习性知识。 教育家也说，限制与约束是最低级的方法，它不但达不到消除孩子对性的好奇心，还会误导孩子对性知识的正确认识，甚至对将来也会产生影响。

第二，父母对性教育的看法也要改变。 性教育是一种特殊的教育，所以父母要放宽心，正确地面对它，否则，性教育的后果可能会适得其反。 女孩都比较腼腆，她们大多不会主动提及这个话题。 因此父母要把握时机，在理解女儿的前提下，教导女儿正确地认识性。 比如，当初潮来临时，家长就可以在为女儿消除焦虑的同时，借机讲一些相关的性知识。

此外，不要片面地进行性教育。 有些家长觉得性教育就是生理变化，实际上，这只是一部分的性知识。 性教育由三个方面组成。 首先，要让她们以积极健康的态度来了解性知识；其次，要使她们勇敢地表达自己的问题和想法，多和家人沟通交流；最后，要使她们全面掌握性知识，包含青春期、妊娠、生育等阶段的身体和心理的各种变化。

进行性教育时，父母要注意以下几点。

1.让女儿了解自己生理的发展与变化

不光要进行性教育，还要教给她们一些生物学知识，以便让她们正常看待身体变化，更好地了解性的生殖器官构造、功能、性反应系统的特点。此外还要让女儿注意好个人卫生。

2. 让女儿学会正常地与异性交往

女孩在与异性接触时总是有些害羞，还有一些女孩干脆拒绝与男孩交往。但是教育家认为，这么做不利于女孩成长。而且在社会上人际交往是很关键的，所以家长应该支持女儿与男孩子的正常交往，让女儿形成自我意识，进而锻炼她的判断能力，掌握与男孩交往的方法和技巧。

3. 让女儿对性有个正确的态度

女孩在青春期会产生许多性的疑问，比如性幻想、恋爱、约会、性行为等。与其让孩子自己瞎想，不如由父母直接告诉她们，让女儿懂得自尊自爱。还要告诉她避孕的各种方法和手段。

她们在这一时期可能不会出现性行为和避孕等问题，可对将来而言，这些知识又是不可或缺的一部分。要是你想让女儿全面掌握性知识，就不能有所避讳。

4. 让女儿建立起正确的道德观念

进行性教育应该让女儿掌握性知识，更要教会她如何正确对待性行为，还有男女之间该如何交往，而哪些行为又是不能出现的。当女儿开始发育时，就要摆正她的道德观念，知道哪些事可以做，哪些又不能做，从而更好地约束与保护自己，让她们快乐地度过青春期。

第三章

青春期女孩的心理变化特征

青春期，嫉妒心理要不得

年度表彰大会又要来临了。虽然菲菲、莉莉、洋洋还有阿芳这四个人一直是非常要好的朋友，但却不是一个等级的学生。莉莉和阿芳的学习成绩很一般，但在年度表彰会上，学习成绩恰巧是最重要的评定标准。

实际上，菲菲由于怕阿芳和莉莉尴尬，本来都不想参加了。就在那天一大早，莉莉便叫住了菲菲，还要和她坐一起。菲菲一颗悬着的心终于落地了。

菲菲奇怪地问道："莉莉，你真的一点都不讨厌我吗？"

"你怎么会这么想呢？你是我最好的朋友啊！"

"我觉得你应该讨厌我啊。其实我真的不愿意参加这个表彰大会，因为每次拿完奖，我都会少了好多朋友。"

"你觉得我是这样的人？那种心胸狭隘小肚鸡肠的嫉妒心理，我这么心胸宽广的人是不会有的。没事！你拿你的奖，我们还是好朋友！我最好的朋友那么优秀，我高兴还来不及呢!"

听莉莉说完，阿芳也开心了："咱们是真正的朋友，所谓有福同享，有难同当，你得奖我们也跟着沾光啊！阿姨今天晚上肯定给你做一桌子好吃的，我们也有好吃的吃喽。"大家便笑作一团。

站在领奖台上面，菲菲动情地说道："谢谢老师，谢谢我的父母，还要感谢我最好的朋友们，感谢她们的支持和理解，我们要一起努力……"

晚上回家之后，母亲早已经准备好了庆功宴。看着这些青春可爱的女孩子们，她很欣慰女儿能有这么一群好朋友。

每个人都有自己的交际圈，但是一般人都会不自觉地拿自己和别人做比较。在我们发现了自身一些不如他人地方的时候，就会不由自主地产生羡慕和崇拜，想要奋力追赶，这个便是上进的做法了。但羞愧、消沉、怨恨等不好的情绪也有可能滋生，这个就是不理智的嫉妒心理。

青春期无疑是需要朋友的，从青春期开始，女孩也将慢慢成长，步入社会，成为一个真正的大人。青春是个收获友谊的时候，每个女孩都会有几个自己的闺蜜。但是女孩子们的天敌便是妒忌心理。很多女孩在看到自己的朋友比自己优秀，比自己强的时候，都无法做到心理平衡。"我的风头完全被我的好朋友抢走了！"这种有些扭曲的心理其实很多女孩都有过。

女孩间这样的友谊，虽然看上去如梦如幻，但其实某一方的心里是乌云密布的。 一旦发生一些小事，矛盾可能就会像干柴似的一点就着，所谓的友谊就会慢慢磨没了。 事实上，没有绝对的公平存在。 如果你不能很好地处理这种心理的不平衡，便没有办法用一颗轻松的心去面对比自己优秀的人。

那么，这些嫉妒的心理要怎样消除呢？

1. 反省自己，发现别人的长处

青春期成长中的女孩，如果能做到时刻反省自己，找到良好的心态来面对比自己优秀的同学，就能学会用非常客观的眼光看待自己和自己的朋友，同时还能弥补自己的不足。 这样便不会总是钻牛角尖了，只有这样才能交到好的朋友，交到能帮助自己、对自己成长有利的朋友。

2. 友善和谐地与人相处

青春期心理健康发展过程中，人际交往占有很重要的位置。 如果不善于交往就不能让自己良好地成长。 他人的评价和帮助，对于女孩是很重要的，通过这些，女孩也可以学到更多的知识，此外还要感受到人和人之间的关爱。 从她人对你的评价中，女孩也可知道自己在别人心里的位置，然后查漏补缺，弥补自己的不足，树立一个好的自我形象。 这对排除自己内心的嫉妒是十分有帮助的。

3. 接纳自己，完善自己

没有人是完美的，同理，也没有人是一无是处的。 学会接纳自己不仅仅是接纳自己的优点，更要学会用正确且客观的眼光看清自己的不足，理性地完善自己。女孩子们一定要坚信自己是个有价值的人，并且通过自己的努力全心全力地去实现自己人生的真正价值。

因此，处于青春期的孩子们，在日常的学习生活中，如果你有幸有一个比你优秀的同学或朋友，千万不要嫉妒，应该拥有一颗博大的胸怀，用一颗善良的心去交友，取他人之长补自己之短，你不仅能获得宝贵的友谊，并且还能够完善自我！

重复去做一件事——青春期强迫症

　　菲菲的班里有个叫小静的女孩，她平时的学习成绩能超过班里一半的同学。因此爸爸妈妈很少担心她的学习。升入到初中后，因为学业增加了许多，她总是整夜地学习，渐渐地，脸上出现了青春痘。

　　有一天，旁边的同学对她说，她鼻子上的青春痘很明显。小静听到后马上拿起镜子对着看。很快，她就为自己制定了"战痘"计划，不仅买来了各种祛痘产品，还要每天提早起来用买来的产品洗脸和护肤，中午和晚上也会花费很多的时间在"战痘"上。

　　母亲发现了她的不对劲，一开始并没有太在意，只是单纯地认为女儿到了青春期，爱美也是正常的表现。可是小静脸上的痘痘一点儿好转的迹象都没有，而且整张脸变得又红又黑。

　　于是，小静开始每天郁郁寡欢。她通过电脑、电视广告等媒介频繁注意有关祛痘的产品。一到家就开始洗脸、搽祛痘的产品。即使在上课的时候，也总是克制不住自己用手去挤压痘痘。结果她的一切都受了很大的影响，成绩一落千丈。

无奈之下，妈妈带着小静来到心理咨询中心进行治疗，才知道原来小静患上了强迫症。小静对医生说："我也不知道该怎么说，不过我真的很痛苦。其实，从这件事情开始，我感觉自己像是变了一个人。自己看到一个普通的东西会思考很久，也要分析很久，一件很小的小事我都会把它看得非常复杂，需要逐步思考很久。有时候，我真的确实把门锁好了，却偏偏还要再去关一下。就算确定已经关好了，我依然很担心，一点儿安全感都没有。我不再像以前那样，而是变得絮絮叨叨。我也不想强迫自己，但是我不能，现在我对任何事情都没有兴趣！我真的非常严重吗？"

小静患的就是非常典型的强迫症。她的病有可能因为她童年时不被关注，因此产生了自卑的心理。这时候一个痘痘都会让她极度敏感。她认为那些青春痘影响了她的容貌，期望可以用外涂的除痘产品让青春痘消失。

然而，过于频繁地使用祛痘产品和接触脸部皮肤会引起面部皮肤感染，产生恶性循环，因此导致她不间断地强使自己去洗脸、涂祛痘产品，最后致使她患上了这种病。

因为身体器官的不断发育成熟，青春期的女孩就非常容易产生各种各样的心理问题。青春期出现强迫症就是常见的情况之一。

一些思想和行为控制着她们的生活。比如重复地思考同一个问题，抑或重复地做同一件事情。实际上，她们自己也了解所做的一切没有任何意义而且不正常，但是却无法控制住自己的行为。这些人因为这些时常感觉到不安，从而影响到了正常的学习和生活。事实上，这些女孩很有可能已经得了强迫症。

精神医学家称其为强迫性神经症。这是一种强迫观念和强迫动作为主观表现的一种神经症。

临床上依据强迫症的症状，大致可以将它区分为强迫观念及强迫动作两种。

1. 强迫观念

强迫症在思想上主要表示为有重复而持久的观念、思想、印象或冲动。患者大多为了挣脱，可是又无法挣脱而感到紧张烦闷、心烦意乱、焦躁不安，同时出现一些躯体上的症状。

2. 强迫动作

强迫动作又称为强迫行为。

青春期强迫症不但对女孩们的生活和学习产生不良的影响，而且非常影响她们正常的成长发育。那么应该采取什么样的措施来消除呢？

1. 思维训练

针对青春期强迫症患者的病态观念，可以先认为它是正确的，以此来训练理性思维，再通过患者自己在理性思维控制下得到证实，证实它是不正确的，从而成为真正的控制。

2. 行为训练

这种治疗方法主要是通过鼓励女孩通过具体的行为和实践，矫正她不正确的想法。

3. 理性情绪疗法

对于得了青春期强迫症的女孩，我们要揪出其心里产生强迫的根源，然后根据这些根源打破原有的错误的认知观念，重新塑造正确的观念，从而渐渐地治疗好强迫症。

针对小静的这种情况，首先要知道自己"战痘"的方式是不成熟的、不正确的。一颗小小的青春痘并不会对自己的"个人形象"造成很大的危害，其他人也不能凭借一颗痘痘来断定她好不好看。其次，更要找出自己的优势，放大自己的优点，从而树立信心。

青春期这个阶段充满了美好也潜伏着危险。其危险主要表现在处于青春期的女孩很容易会出现各种心理问题。任由其发展下去很有可能会诱发病态。而青春期强迫症就是能够将她们推入绝境的疾病之一。因此，试着自己控制自己是青春期女孩的必修课，学着去调节自己的情绪，只有合适的释放，预防与治疗相结合，才会很健康、快乐地过好每一天！

做什么都很难集中精力——青春期焦虑症

有一天，母亲刚好要出去的时候电话突然响了。原来是现在正在另外一个城市的姐姐，她说："你上次不是说认识一个很有权威的心理医生吗？可不可以帮我约一下。我感觉女儿最近有点儿反常，我想带她来咨询一下。"

"行，明天你来吧，我休假。"

在心理医生的开导下，炎炎（姐姐的女儿）打开了心结说出了心里话："因为老师比较器重我，所以只要在市里、区里或者学校里有竞赛活动，老师都会推荐我去参加。为此，我比其他同学的课业都要繁重，我比其他同学付出得要多。因此，我觉得被压得喘不过气来，简直无法承受。我觉得我应该对得起老师对我的器重，因而很怕竞赛会失利，很紧张很紧张地对待每一学科的学习。妈妈也一直以我为荣。但是有一天晚上，我正在背书，计划背好明天竞赛的内容。但是那天恰好也是爸爸请同事吃饭的日子，他们发出很大的噪声，让我无法专心看书。我非常生气又着急，心中烦躁至极。从那天开始，怨恨在我心里慢慢地萌芽壮大：一恨老师总是让我参加各种竞赛，使我非常疲惫；二恨爸爸请客吃饭，打扰了我正常的学习安排；三恨父母不应该让我上那么好的重点学校。在这种焦虑怨恨的情绪下，我一夜没睡，考试当天我发挥失常了。从那以后我就会经常失眠、多梦，很多竞赛的试题会经常出现在我的梦里，还会梦见在竞赛中我交了白卷。此外，我上课不能集中精神了，经常走神，学习成绩一次不如一次。为此，我非常苦恼，我不知道该怎么办？我还有参加中考的必要吗？"

炎炎的话让姐姐也非常苦恼，炎炎一直是个各方面都很优秀的女孩，怎么会这样呢？

女孩这样的状况叫作青春期焦虑症。焦虑症即通常所称的焦虑状态，全称为焦虑性神经病。

那么，青春期焦虑症的表现有哪些呢？焦虑症是一种具有持久性焦虑、恐惧、紧张情绪和自主神经活动障碍的脑机能失调疾病，经常伴随有动作性不安和身体的不舒适。发病的原因是精神因素，比如在紧张的环境里表现出不适，遭遇到不幸的事情或者难以承担比较复杂而且困难的工作等。

患得患失多为焦虑症的病前表现，自卑且多疑，做事情总是瞻前顾后，犹豫不决，对不熟悉的东西和状况适应得很慢。

处在青春期阶段的孩子一直是焦虑症的多发群体，她们的生理和心理都处于人生的转折点。很多女孩在这段时期都会表现得非常敏感、情绪不稳定。因为孩子们的内心还没有成长完全，很多时候不能合理地排出自身不好的情绪。青春期焦虑症就是由于这些情况而引发的一种心理疾病。

青春期是人生的一个转折点，自身的改变会带给女孩们心理上的波动，她们会对自己的身体表现出特殊的好奇，或者是不知道怎么办，可能会因此而感到自卑、敏感、多疑、孤僻。青春期焦虑症会严重危害女孩子的身心健康。如果长时间沉浸在焦虑中，还会诱发精神衰弱症。所以应该尽快得到治疗。以下是几种经常用到的自我治疗的办法：

1. 自我暗示

自我治疗和心理暗示是治愈青春期焦虑症最好的办法。处于青春期的女孩在日常的生活和学习中，经常会碰见很多不顺心的事，这时，应该提示自己建立自我优势，正确地认识自己，并且相信自己有能力处理突发事件，能够完成各种事情。勇敢地相信自己可以痊愈。通过暗示的方法让自己增加自信心，焦虑状况没有那么严重的，反过来也会令自己变得更加自信。这种良性循环对挣脱焦虑症的困惑有很大帮助。

2. 分析疗法

事实上，青春期女孩的焦虑症大多是因为以前不顺心的经历引起的，从而影响到潜意识。因此，想让所有被积存的潜意识抹掉，女孩就要学会自我分析。通过分析找出产生焦虑的原因，或者寻求医生的帮助，将积压在潜意识里面的病源找出来，进行正确的疏导。这样，症状便会消失；否则，只能生活在郁郁寡欢和惶恐不安中，每天痛苦焦虑，却不知其所以然。

3.深度放松疗法

焦虑症一般都会伴有紧张的情绪。 因而，给予自己松弛的状态对治疗这种病症有很好的效果。 如果可以对自己进行彻底的放松，就可以产生和焦虑相反的状况，这个时候身体是完全放松的，而不是被某些模糊的意识所控制。

自我深度松弛对焦虑症有很显著的功效。 如果你在极度松弛的状况下去想紧张的情况，首先会出现最弱的情景，然后再反复进行。 于是，渐渐的你会在幻想出的所有紧张情况下不再有焦虑的情况。

4.转移注意力疗法

焦虑症女孩大脑中总是紧紧地盯着一个目标，之后会胡思乱想，坐立不安，痛苦不堪，这时候应采取自我提示的方式，转移自己的注意力。 如果在胡思乱想的时候，阅读一本有趣的能够吸引人的书，或者从事一项自己喜欢的娱乐活动，还可以进行快节奏的体力劳动和运动，这可以起到转移痛苦情绪的功效。

5.药物治疗

如果自己控制不了自己的状况，焦虑症的女孩还可以在医生的指导下服用一些药物来辅助治疗。 可是药物都有它的副作用，切记避免对药物的依赖性。

不能积极面对挫折——青春期挫折症

文文的父母由于工作上的事情，需要到另一个城市工作。为了不让文文感到孤单，他们将文文转校了。

一个星期以后，菲菲给文文打电话："你在那边过得好吗？"

"很不好。"文文很抵触地谈到新学校的情况。

"喂，是菲菲吧！有空就来家里玩儿会儿吧，我们家文文很想念你。新的地方她没有什么朋友，现在每天都非常消沉，成绩也一直不理想。早知道是这样，一开始就不应该让她来这个学校。"文文妈妈接过了电话，跟菲菲讲述着新学校里面发生的一切。

菲菲担心文文患上了青春期挫折症，期望进一步了解情况。果然不出菲菲所料，听了文文妈妈的描述，确实是这样，于是，她希望文文的妈妈能带上文文去看看医生。

那么，青春期挫折症是什么呢？

文文之所以会出现这种情绪，本质上是挫败感的具体表现。因为刚刚来到新的学校、新的生活环境，原先的朋友和同学也都渐渐地疏远了自己，导致文文闷闷不乐，没有精气神。青春期正是处于人生重要的转折点上，必然地会遭遇很多困惑和挫败，心理方面的问题便会随之而来。其中的青春期挫折症就是"发病率"挺高的病症。

青春期挫折综合征是一种多发性、表现不一的心理失调症状。这种病症会对青少年的身心发育产生不良的反应。其主要的症状表现如下：

（1）情绪不好、意志消沉、敏感、抑郁等。

（2）对异性总是小心谨慎、可是在心理上对异性又有着强烈的好感。

（3）社交障碍。交谈不能很顺畅，表现出紧张的神态，行为谨慎。

（4）逃逸行为。逃逸行为包括逃学、离家出走，以至于自残的行为。

（5）疑病。对自己的身体感觉非常不适应，胡乱猜想自己，怀疑自己患上了不治之症等。

青春期女孩的挫折感，主要是来自学校、家人，人与人交谈之中发生的不适应的感觉。实际上，挫折是一种主观感受。因为人与人之间的接受能力不同，对于挫折的主观感受和情绪体验也是各不相同的。当受到同样的挫折时，接受能力比较强大的人也许就不会产生太大的心理变化，能够较为平静地接受；但是心理接受能力较低的人就会有明显的挫败感，甚至于难以接受。

为此，处于青春期的女孩可以从以下几个方面减缓自身的挫折感：

1. 正确审读、了解、接纳自己

大多数女孩对自身有很高的期望，从而对自己要求也很高。一般情况下，自我认知与客观现实越接近，适应的能力会越强，也就会更好地保持一个健康的心理；相反地，自我认知与客观现实差距越大，就会对社会有明显的不适应，也就越容易产生心理问题。

2. 提高自己面对挫折的能力

没有付出，就没有收获；没有苦涩，就没有甜蜜；没有磨难，就没有荣耀；没有挫败，就没有光荣。挫败感会使你的适应能力逐步提高。挫折能从另一个角度丰富人生的经历，使我们领悟很多，能力变得更强。

因此，青春期女孩的抗击打能力是必须提高的。在生活当中，可以刻意地进行锻炼，进而增强应付各种挫折的能力。

3. 不能让自身的不良情绪随意波动

一个良好且稳定的情绪是心理健康的基本条件。青春期的女孩要克制自己的不良情绪，不要经常表现出不好的情绪。要拥有良好的思考方式，正确对待生活中所遇到的不愉快的事情。要懂得所有事都不能总是与期望相符合。要消除对自我评价的落差，抵制没有必要的不良情绪的产生。

4.有意识地扩大人际交往的范围

多参加集体活动，可以使自己增加自信，例如，打球、下棋、游泳等；也能向父母或者老师倾诉自己的心事和心声。这样做能够缓解繁重的心理压力，也可以在积累中获得对付挫折的勇气和力量，达到分散青春期综合征对自己的影响，尽最大的可能挣脱这种病症。

青春期歇斯底里病

曼曼总是感到害怕。平日里大家都是一起去上体育课，然而她却非常害怕体育活动，害怕自己会受伤，一直幻想着自己的腿会意外折断，眼睛会被打瞎，皮肤会被划破。她最害怕的是跳远运动。

在平时的学习中，她一直说自己会经常睡不着，看书的情况下会感觉头昏昏沉沉，学习起来会非常吃力、健忘，还常常感到身体疲惫不堪。在睡觉的时候她总是不由自主地做可怕的梦，会出现大量的错觉、幻觉和妄想，脑海里经常浮现出非常可怕的场景，例如看到野人，有野兽袭来等，经常在睡觉的过程中发生惊吓、喊叫等行为。她也为此感到非常痛苦，也曾去看过医生，医生告诉她她患有轻微的神经衰弱症。

这个女孩有点儿微胖，其实胖胖的也很可爱，可是因为朋友的一个玩笑，她就开始决定要节食减肥，通过一段时间近乎自虐的行为后，终于把体重从 65 千克降低到了40千克，可是感觉自己的身体素质跟以前相差很多，而且会出现闭经、胃疼等症状，吃得多一点儿胃里就会非常不舒服。唉！其实如果肉肉的不是也很顺眼吗？何苦要给自己找罪受呢？

曾经有个老大爷夸赞她说她长得白白净净很美丽，她却总是怀疑那个老大爷是不怀好意，之后就再也不敢见那个邻居老大爷了。

总之，曼曼就是个恐惧感比较严重的人，总觉得自己身处危险之中，她自己也不知道自己处于什么状况下，不知如何是好。

曼曼特别有可能成为脾气暴躁的人，这类人有以下几种特点：人格发展幼稚不成熟，情绪不稳，容易感情用事，有过分的幻想，轻易将幻想当成真的，以自我为中心，自私、任性，忽视别人对自己的关注、照顾，用特别夸张的行为来哗众取宠。

歇斯底里的反应往往是因为受到某种刺激或者不好的暗示。很容易使别人将之看作精神失常。青春期的孩子往往因为学习或者工作的压力，家庭或者社会带来的不好情绪，再加上自我的心理承受能力还没有发展成熟，很容易就会患上歇斯底里症。

对于歇斯底里症同样要注重心理的指导，采取分析疗法、行为疗法以及集体疗法进行治疗。由于歇斯底里症经常发生在青少年身上，尤其是女孩身上，因此一定要创建一个良好的环境，同时，患有歇斯底里症的人很容易被误解为神经病或者精神病，因此，必须了解歇斯底里症的人格特征与具体表现，以避免过了治疗时期。

一般来说，患有歇斯底里病的人都会有下面三个明显的特征：

(1)高度的情绪强度和易变性。 她们的反应有点太过夸张，让人觉得让人无法接受，并且情绪很不稳定，轻易从这种情绪转移到另一种情绪。 她们常常在判定一些事情的时候总是会感情用事。

(2)高度的受暗示性。 她们的暗示性是特别强烈的，她们的行为极有可能受到尊重她或者对她有好感的人的影响。这种病人的自我暗示感受性也很高。

(3)高度的自我显示感。 她们喜欢经常夸耀自己，希望自己是众人眼中的焦点。

第四章

青春期女孩如何与异性相处

哎呀，是情书

　　这天绝对是紫萱同学值得纪念的一天，因为她收到了这一生中的第一封情书——虽然只能算是一张小纸条，不过也可以称之为"迷你情书"。"情书"的作者就是坐在她前面的当当同学，真是没想到平时十分不善言谈的他，却还挺有胆魄的。这封信的大致内容是这样的：

　　"紫萱，我喜欢你的气质。

　　我希望自己与你并不只是朋友。

　　让我能够接近你，了解你，可以吗？

　　即便你不同意，但也不要逃避我，我仍然很愿意和你做最好的朋友。"

　　这封情书的内容着实精彩啊，可为什么当当的作文成绩却总也上不去呢？

　　紫萱开心地把这张纸条藏好，但是却按捺不住内心的喜悦，直到晚上放学回家，她还沉浸在这件兴奋的事情中，妈妈一眼便看出了紫萱有什么事情。

紫萱把这张保存了一天的纸条给妈妈看，问道："妈妈，我应该要如何对待这封信呢？我要给他写点什么吗？"

妈妈并没有马上回答女儿的问题，沉思了一会儿说道："你自己是怎么看待这封情书的呢？"

紫萱老实交代说："其实并没有什么特别的看法，只是心里挺高兴的，那种感觉……说不出来。"说了这些之后，紫萱的脸居然是红扑扑的。

妈妈轻拍着女儿的头说："你一定要好好保留这张小纸条，多年之后这兴许就是你最宝贵的青春回忆呢。要不要回信，你自己看着处理吧。妈妈相信你处理事情的能力。但是你一定要准确地传达你的意思给他，第一要感谢他，第二还要婉转地和他表达清楚。"

听完妈妈的话，紫萱心里很是感动，有这样一位善解人意的妈妈真的是太好了。

紫萱自从和当当熟识了之后，这段时间两个人都是一起回家的，就连朋友们也说："紫萱，真是没有想到你是个重色轻友的人，你都不再和我们一起了。"而当当只在一旁傻傻地笑着。

有一天，当当对紫萱说："紫萱，你今天能晚一些回家吗？我有好多题都不太会，你能不能帮我讲一讲再走？"那天，紫萱一直为他讲到八点多才回家。

但是从那时候开始，当当总是希望紫萱能够晚点回家，能给他多讲两道题。时间长了之后，紫萱就有些不开心了，心里有些抱怨：为什么自己要凭空为他付出这么多的时间呢？更何况我自己也有很多事情要做啊！再说这些题目好好听讲的话还是能够做出来的，为什么非要在课下耽误我的时间啊？难道因为是我的好朋友就能随便浪费我的时间吗？当紫萱这样想想之后，心里觉得十分委屈。

难道，这所谓的朋友是在利用我吗？亏我们还是特别好的朋友，这也和自己太不客气了吧？反正这时候的紫萱非常恼怒！

这天，当当又希望紫萱能够晚点回家，紫萱想了想，跟他说道："妈妈告诫我今天要早点回家。"

当当听完之后愣了一下，说道："是你家里面发生了什么很重要的事情吗？"紫萱这时觉得心里的怒火更加压抑不住了："难道就只有你的事情才最重要吗？"然后便头也不回地离开了。

在放学回家的路上，紫萱觉得很委屈，哭了出来：就是为了帮他，自己牺牲了很多的时间，当当连一句感谢的话都没有，反而让她觉得自己对他的付出都是天经地义的。紫萱觉得自己真是太傻了，之前自己怎么没有想到过这些问题呢？

在恋爱中或是有男性朋友的女孩总会盲目地考虑事情，以为一味听从男生的话便是对他好。其实事实并不是这样的，当他厌倦了你对他一味地顺从和纵容，他已经对你没有什么新鲜感了。爱情应该是双方共同付出，在相互爱恋的同时，也能够相互慰藉、理解、关心，而并不是自己的一味付出。

　　恋爱中的女孩们常常因为自己的心跳而忽视了生活的一些小细节，即便偶尔能感受到一些不妥当，也能以种种理由为对方开脱，终究有一天等冷静下来便会发现这个男生并不是真正爱自己。

　　女孩也应当理智地谈恋爱，跟着自己的感觉盲目走的话只会让自己越走越远，迷失自我。在恋爱中选择另一半时，一定要擦亮双眼，看看对方是否真的值得你全心投入，假如答案是否定的，那么就应该让自己从这份感情中立刻抽离，以免受到更大的伤害，千万不要被一时的感情蒙蔽了双眼，那一定会让你追悔莫及。

　　张爱玲，这位中国现代女作家，是一位孤独的天才。她与胡兰成的那曲爱情悲歌，让人至今难以忘怀。

　　张爱玲与胡兰成相识的时候，胡兰成已经有了妻室，而且是因为政治原因在南京入狱。但是她觉得这一切都不重要，只觉得爱一个人是自己的事情，并不在乎别人的眼光，没有必要考虑其他人。在不知不觉中，她在爱情里蒙蔽了自己的双眼，迷失了自己的判断能力，只是一味盲目地去爱这个男人。

　　胡兰成在张爱玲身上从来不掩饰自己的本性，张爱玲明明知道他并不爱家，甚至不爱国，做事无所考虑，但是她依然幻想着他会好好爱自己。甚至胡兰成告诉她自己是一个没有心，没有离愁悲伤的人，张爱玲只是觉得他对自己是一味地欣赏，但是却不曾想到此人是这么的冷酷无情。

在给胡兰成的一张照片背后，张爱玲在上面写道：在遇到他之后，她觉得自己变得很低很低，一直都低到了尘埃里面，但是她的心里面还是欢喜的，就像是从尘埃里面开出了花朵。爱会让高傲的她变得如此的低微，但是她却从没有想过，一个男人在得知这个女人已经被彻底地征服的时候，就会很容易对她丧失兴趣，不再迷恋。爱和谦卑要藏在心里，没有必要告诉他。即使你爱到了一百分，只告诉他你的十分之一便可，不然他往往会把你看轻。

婚后不到两年，胡兰成又在武汉迎娶了护士周训德，之后又在温州和范秀美有了情事。他总以张爱玲的豁达和慷慨为由，明目张胆，肆意妄为。张爱玲跑到温州专门看望胡兰成，但是胡兰成却非常生气，还说道："夫妻二人本应患难相从，但是千里迢迢来这里看我，这都是庸人之事，你张爱玲也会这样，我只是觉得十分的不合适。"胡兰成只是将她安排在了靠近火车站的一家小旅店内，白天陪张爱玲，到了晚上离开去陪范秀美。尽管胡兰成并没有告诉张爱玲自己与那个女人的关系，但是明事理的张爱玲一望便知。之后张爱玲淡然离开。

经过长达一年半的考虑，张爱玲给胡兰成写了封信，提出了分手。"你若不来看我的话，即便是回了信，我也不会再看了。"之后胡兰成曾经写信给张爱玲的好朋友，流露出了挽留惜别之意，但是张爱玲没有回信。这段旷世爱恋最终也是以悲剧收尾。如此聪明的张爱玲，也会在爱情中犯下种种错误，也会遇到旷世浪子，也会因情而伤，确实让人感到十分惋惜。

在传说中有一种鸟名叫荆棘鸟。它为了寻找荆棘树离开了巢穴，在历尽百般艰苦之后，就会将自己的身体扎在一枝最长、最锋利的荆棘枝之上，最后，它便放声歌唱，鸣唱出自己一生中唯一一曲，这歌声犹如天籁，世界上再也没有比这个更加美妙的声音了。这声音也是用荆棘鸟的生命换来的，或许最美妙的声音都是用最为深刻的痛楚来换取的。女人在追求爱情的时候就像是传说中的荆棘鸟一样执着与痴情，为了爱义无反顾不计后果地付出，最终却使自己遍体鳞伤，饱受折磨。

有多少凄美的爱情故事，就会有多少痴情女子的眼泪。女孩千万不要为了爱情而放弃自己的自尊，被别人掌控。盲目的爱，最后也只能以遗憾告终。那些自怜自伤的女孩是多么可悲，早知道会如此，为什么不能在这段感情产生之前就认清它对自己的危害，而果断地选择放弃呢？

一名出色的女孩的爱应当是理智的爱，但不缺乏激情元素，她对爱情是十分执着的，但是不要做爱情的俘虏。要睁开双眼去谈恋爱，这样才不会在爱情的道路上迷失自我。

我该不该和他断绝这样的关系

　　紫萱最终要下决心和当当不再维持这样的关系了——这个决定对于她来说是怎么样的痛苦，也只有紫萱一个人才知道。

　　紫萱觉得一定要让两个人开诚布公地面对这件事情。她要把自己所想的老老实实地和当当说一下，她相信当当会理解的。此时唯一的办法就是要快刀斩乱麻了，让痛苦降到最低，这样是最好的。

　　晚上的时候，紫萱一点都不想睡，给他写了一封十分真诚的信：

　　当当：

　　十分高兴能和你一起度过这些愉悦的时光，这将是我最美丽和最难忘的回忆，我会把它永远珍藏起来。但是，我们都还是学生，老师对我们都给予了希望，父母也对我们赋予厚望，我们都不能辜负他们。和你在一起虽然十分快乐，但是我却觉得迷失了自己，我也很想重新回到过去，集中精力地学习，实现我的理想。

当当，其实我是想说，你是一个很优秀的男孩，我和你分开并不是因为你不够好，只是希望我能将精力更集中在学习上面，所以你不要误会我的意思。也希望你可以好好学习，争取取得好的成绩。

写完之后，紫萱感到心里十分轻松。

每一个人的一生都要有自己所追求的事情，自己并不是因为这个男生而活，而是要为自己的未来而奋斗，人生应该就是这样的吧。

紫萱非常想为自己庆祝一下，因为这样自己认清了人生的目标。

在青春期，女孩遇到异性的时候，面对这种情窦初开的情况，要理性地思考：我到底喜欢他什么？ 这就是爱吗？ 我是真正地了解对方了吗？ 那对方是否了解我呢？ 他有没有什么缺点？ 我能包容他这些缺点吗？ 我能把学业与事业分清界限吗？

与异性交往首先就涉及了"做决定"和"负责任"之间的关系，什么时候做出这个决定才是比较恰当的呢？ 什么时候做决定才最正确？ 异性与朋友之间一定要分出个轻重缓急，在自己的心智还没有成熟的时候就和异性交往，不但对自己的成长没有任何帮助，也有可能影响到自己以后人生的发展。

更为重要的是，此时此刻还无法为自己的行为负责，还是由父母和其他人来承担后果，一时的激动必须要以终生的幸福做筹码。 所以，喜欢一个人一定要等到自己长大。

很多女孩都会这样说"只要我喜欢，什么都可以"，我就是我，父母说左，我却偏要向右！父母说黑，我偏要说成是白的！父母说我错，我就偏要一错到底！在这种思维模式中，只要两人相爱，经历了海誓山盟，又有什么不可以的呢？但是她们并不知道，年轻的心是潇洒飞扬的心，更是柔软脆弱的心，更易受到伤害，进而会影响到一生的发展。

当你做每一件事情的时候，除了考虑自己，也要考虑他人的感受，我这样做对自己、自己的亲人、对方和自己的朋友有没有伤害？对于那种害人害己的事情一定要考虑清楚。

因此，遇到情感的困惑时一定要问清自己：我真的是爱他吗？还是一时冲动？现在还年幼，以后会怎么样发展呢？看看下面这对父子的对话，你一定会明白许多：

16 岁的儿子今年上高一了，正和班上的一个女生谈恋爱，而且很认真地爱着。男孩的爸爸并不赞成这件事情，但没有用棍棒教育来对待孩子，而是和儿子进行了一次诚恳，并且像是朋友间的谈话：

爸爸：儿子，你为什么会喜欢她呢？她哪一点吸引你呢？

儿子：她是我见过的最好的女孩子，她特别聪明而且很善良。

爸爸：爸爸相信你说的话，但是，你今年才上高一，你认识的女孩是不是不多？

儿子：嗯，是的……

爸爸：将来你的理想是要出国的，长大成为一名律师或者是一名金融家。你知道你将来会遇到多少女孩子吗？爸爸并不是反对你现在认识的这个女孩，但是爸爸最不喜欢的就是那种见异思迁的人了。你现在高一就有了女朋友，这女朋友是你所认识的女孩中最好的一个，但是，等到将来你遇到了其他人，你能保证你不后悔吗？你能保证一辈子都会守护她吗？

儿子：……但是，现在要我离开她的话，我会非常痛苦。

爸爸：我前段时间给你买的 walkman 呢？

儿子：干吗问这个？如今我们都用 MP3，都已经没有人用 walkman 了，我就把它放在箱子里了。

爸爸：这就叫作喜新厌旧、见异思迁啊。以后要是有一个像 MP3 一样的女孩子取代了你现在像 walkman 一样的女孩呢？

儿子：爸爸，我知道了，我知道我该怎么做了。

总有一天你会长大，你会成熟，你会离开你生活的这个小小的圈子，你会遇到更多的、从未遇见过的人，更合适你的人仍然在远处，要你在成熟以后再与他相识、相知。

要理智地对待早恋的问题

菲菲所在的学校每年都要为她们准备一个讲座，这次讲座的主要内容是"要理性地对待早恋问题"。到了中间的互动环节，有个女孩写纸条问了一个难堪的问题："当我遇到了其他人向我表白我该怎么办？"

专家回答道："女孩子要接受男孩子的求爱，这说明你已经能够引起异性对你的好感和喜爱。首先你一定要向他表示谢意。但是一定要解释清楚，在学生时代谈恋爱会给各自的生活带来许多的不利……"

此外还有一个女孩失恋了，现在正处于痛苦之中，她也写了张纸条向专家求助，专家说："早恋一般都不会有结果的，青少年学生没有过多的社会经验，也不知道如何了解她人。随着自己年龄的增长、社会经验或是生活条件的不断变化，必然会重新改变自己的交友标准。对于这种游戏方式的早恋行为，也只能自己斩断不必要的情丝。既然对方已经对你没有感情了，你就没有必要再为他而烦恼，而是应该为自己感到高兴，一定要赶快转移你的注意力，一定会有一个适合你的爱情在远处等待着你。"

讲座的内容都是菲菲回家之后讲给母亲听的，母亲很高兴，看来这个问题已经引起了社会的普遍关注，真的希望所有女孩都能够理性认真地看待这个问题。

早恋就是过早地涉及恋爱的一种失控行为。青春期的女孩允许对男生产生情愫，但一定要学会控制住这种心理的发展，千万不要早恋。

青少年阶段精力最为旺盛、好奇心理和求知欲最强，这是长身体和长知识的阶段。但是这个阶段的孩子在心理和生理的发育上都没有成熟，待人处事方面还是十分幼稚的，在性知识方面更是缺乏，在性方面的观念也不成熟，因此这个阶段所谓的爱情强烈，其实在认识上是模糊的。

相爱的原因其实是很简单的，没有牢固的思想作为根本。例如，对于异性的好奇心和神秘好奇感的驱使，有的时候会以貌取人，被对方的外表或是风度所吸引；有的人是羡慕对方的学识；而有些是因为恰巧的偶遇而产生了好感，等等。

她们其实并没有意识到思想、观点、理想、情操、道德能不能相一致是决定爱情能否持续的重要原因。青春期女孩们的思想层面还没有稳定，她们不可能对这些深奥的理论有着深入的思考，更不可能了解到两个人是否真正的合适。学生时代的早恋就好比没有罗盘、没有船舵却驶入大海的航船，随时都有着触礁的危险。 一些女孩子一旦落入情网，总会难以克制住自己的情感和冲动，如果彼此产生了爱慕的情谊，就马上开始交往起来。

青春期的孩子们总是因为恋爱而失去大量的时间，又因为分散了精力而使得成绩严重下降。 他们中的大多数人都对社会活动没有浓厚的兴趣，也渐渐和同学关系疏远。 再加上周围人的反对，早恋的孩子总会有一种负疚的感觉，在思想上也背上了包袱，内心矛盾，烦心重重。 这种情况会对女孩子的身心造成不良的影响。 早恋不仅难以持续，而且一味固执的话会造成难以弥补的后果。

的确，青春期的女孩是要和异性交往的，她们喜爱社交，重视友谊的分量，这对女孩在这个阶段的身心发展和自我完善有利。 男女同学需要和异性谨慎地交往，生日聚会、郊游，这些都是可以的。 有一个知心的朋友在身旁能够相互倾吐内心的忧愁，并且能够得到真诚的理解，找到内心的慰藉，共同探讨人生的疑问，或是解决在学习中遇到的问题，男女朋友之间有纯洁的朋友关系，这是非常好的。 但是作为女孩一定要有理智的认识，一定要十分珍惜并且小心对待这份友谊，绝不能向着谈情说爱的方面去发展，这种关系是不能逾越的。 在早恋面前，女孩一定要保持冷静和谨慎：

首先，一定要有清醒的头脑，要辨别是非，做事应该有分寸，有些事情应该做，有些事情绝对不能做，一定要全面地把握好自己，不要贪图一时的感情宣泄，而要着眼于美好的未来。

其次，要果断地处理在感情上的纠葛，应该把自己的情愫向对方表达清楚，敬佩、羡慕、同情、互助是一回事，但是感情和爱是另一回事，千万不能将二者相混淆。

此外，一定要解除自己的不良心理，一定要认清自己在现实中的情况，自己和小说、荧屏上的人物是不同的，不要在模仿的心理下做出一些越轨的事情。

最后要和父母、朋友、老师做好思想沟通，吸取他们的经验和意见，并且得到他们的援助。

中学时代是为未来打基础的时代，对于将来的事情还是没有定向的，对于每个学生来讲，未来的路还很长很长。 在学生时代的恋爱百分之八十最后都是没有结果的，只能自酿一杯生活的苦酒。 女孩们，不要过早地摘掉青春的花朵。

要学会不伤感情地拒绝对方

　　莉莉还是担心了起来，她一直在想着，那个与自己很好的铁哥们做朋友挺好的。但是在暑假的一个晚上，那个男生在网上给她写了一封情书，足足有好几千字的情书，大概是说："可能在别人眼里你是一个大大咧咧的、连裙子都没有穿过的女生，但是我就是喜欢你这种毫无掩饰、不拘小节的性格，与你在一起的每一分每一秒，我都能感觉到快乐，自从和你接触之后，我觉得你比任何一个女孩都可爱善良，我也不知道怎么了，我想，自己如果没有把这些话说给你听的话，我会被憋死的，做我的女朋友吧。我明白，你可能很难在短时间内接受我的心意，但请你一定要好好地考虑一下。"

　　莉莉和菲菲她们两个之间从来都没有秘密，当莉莉把这份情书给菲菲看的时候，菲菲乐了半天。第二天一早，莉莉找到菲菲说："这个事情只有你知道，千万别告诉别人啊，你说我应该怎么办啊？"莉莉显得十分苦恼。

"看来你们两个保持的朋友关系要没戏了，那你就接受他吧。"

"你是在开玩笑吧，这时候还要拿我寻开心，我爸爸妈妈还不知道这件事情呢，要是让他们知道了，我不是会完蛋了么？"

"要拒绝他是肯定的，可是你一定要婉转地拒绝他，毕竟你们的关系这么好，他人又很明事理，他写这封情书要费多少心思啊，是需要多么大的勇气啊，你要是这么直截了当就拒绝他了，你们一定连朋友都做不成了。"

"是啊，我最担心的也是这个，他经常帮我，我打心眼里把他当成好朋友，我要怎么办啊？"

"那就写封拒绝的信，但是一定要注意语气，态度要坚定一些。"

"对啊，这样最好了，还能避免见面的尴尬。但是你也知道，我文笔这么差劲，应该怎么写呢？"

"拿支笔，有我在，你还担心什么，一定帮你搞定。"

作为一个女孩，当渴望得到爱情的时候，内心就能感到很大的满足和幸福感，但是当爱的人并不是自己心中的那个他的时候，也会感到很大的烦恼。烦恼的源头就是既想拒绝这一表白，但是又害怕伤害到了对方。特别是在与对方有着深厚友情的时候，这种烦恼就更加严重。很多时候，一旦拒绝，友谊也很可能随之倒塌。但是，无论有多难都不能接受这种情感。对于青春期的女孩来讲，拒绝别人是一件十分不容易的事情，一定要选择正确的时间和方法：

（1）态度要坚决不能犹犹豫豫。 拒绝对于对方来说会造成一种难以避免的伤害，但一定不能徘徊不定，因为这样会造成更大的伤害，对双方都不好。 对你有意想要追求你的人，对于你的言行是十分敏感的，不给他留有任何希望，这样才能让他知难而退。

（2）学会不伤害对方自尊地回绝对方。 的确，这也是需要依据对方的特性而定。 假如对方是品性很好、心地善良的异性，如果你希望你们以后还是能够做好朋友的话，就一定要注意自己的说话方式了，减少对他人内心的伤害，这样也会让对方更容易接受和明白你的心意，你的拒绝并不是因为他的原因，而是因为你自身的缘由。 具体来说就是你不如先赞许一下对方的人品和才华等，并且说明你不能接受他的原因，说出的理由要有理有据，最好能够为对方着想，会让对方觉得你这么做是为了他好。

（3）选择恰当的时机。 在对方追求了一段时间之后，一般在对方表白之后就拒绝会让对方很难接受；时间千万不要拉得太久，这会让对方产生误会。 因此具体什么是合适的时机，一定要按实际情况而定。

（4）要选择合适的方式。 应该考虑到你们的关系和双方的性格，再以冷处理、面谈，或是书信的方式加以回绝，千万不要采取托人转告的方式，更不要在公共场合谈论，这显然是对对方的不尊重，还有可能招惹到不必要的麻烦。

第五章

为女孩营造温暖的家庭

温馨的家庭与女孩的心灵成长

女孩的成长有两个方面的内容，首先是心理上的成长，其次才是身体。 但是父母的关注点只放在了女孩的身体上，总担心吃不好影响她身体健康，又觉得不规律的生活会使她得病。 可是伴随着身体的发育，她的心理也在慢慢产生变化，但父母却总忽略对女孩心灵的滋养，还有一些家长根本不关心这一点。 例如，营造一个和谐的家庭氛围对女孩来说最重要不过了，可大部分家长却不关注这点。

一个小学进行调查时给出了这样的问题：最想要父母给自己什么？ 在所有接受调查的学生当中，57%的小朋友写道：最希望家长理解、包容并表扬自己，而不是拿自己的缺点跟别人来比。 而且盼望着一家人能永远开心快乐。

有的家长却不理解孩子为什么这么想，一位母亲说："我的女儿很懂事，没求我给她买过什么东西，所以我觉得，她除了吃饭睡觉也就是上课学习。 而且她毕竟还没长大，没什么烦心的事。 最开心的事情应该就是多得到一些零花钱吧！"

不止这位母亲，其实好多家长都是这样的想法。

如果在逛街时，遇到一个衣着破烂的小孩时，一定会激起我们的同情心。但在现实中，当女孩的心灵受到了伤害，那么她就会像那个小孩一样孤独无助，这时正需要父母来关心爱护她们。

可事实上，许多父母都会忽视孩子的内心，会在不自觉中再次伤害孩子。因此，父母要马上开始改变教育方法，把对女儿的批评教育，换成对她们的鼓励和赞美。若是父母能温暖地把女儿拥在怀中，更加肯定她们的成绩和行动，并给她营造一个温馨幸福的成长氛围，那么她一定能突破重重困难，变得更自信。

除了给她营造温馨的家庭环境，还要给她自由成长的空间。自由可以激发女孩的想象力，使思维变得发散，从而让潜能更容易施展出来。一个心灵自由开放的女孩，精力更加旺盛，心灵更加纯净。所以要给她们自由的空间，有条件的话，让女孩自己掌管零花钱，让她们买自己喜欢的东西。在兴趣爱好方面也不要约束她。放手让她去做吧，她的成绩会让你大吃一惊。

塑造良好的家风

"国有国法，家有家规"。 具体在家庭中就体现在一种风气上，这种影响是深远的，家长应时刻注意。 构成教育环境的因素，不仅有物质的，还有精神的。 这种精神因素的一个重要表现形式是"风"。

风，也就是风气，它是人类社会特有的一种精神存在，是特定社会单位精神面貌的集中体现。 家有家风，国有国风，这种特有的风气一旦形成，就会成为一种重要的教育力量，它对于陶冶未来一代的性格，具有其他教育力量所无法替代的作用。

曾经有人对在 30 岁左右便取得突出成就的 100 名科学家、文学家、艺术家做了一个调查，分析后发现他们的家庭都具有良好的家风，他们的父母都有良好的学习精神和学习习惯，对学习和工作始终保持着锲而不舍、精益求精的严谨态度，平时都喜欢读书、看报、学习，参加文艺、科技等活动，也使得家里充满着浓郁的学习气氛。

我国历史上也有很多大学者，远至司马迁，近到钱钟书，他们的成就与他们家学渊源、书香门第有着密不可分的联系。孩子生活在一个弥漫着浓厚的学习气氛，有着良好家风的家庭环境里，自然而然就会耳濡目染。良好家风会潜移默化地影响着孩子的身心。所以，家长不管本身文化水平如何，都应该以身作则，重视"风"气的影响和教育作用，为孩子做出一个学习的好榜样，让他们在好的环境里不断进步。

那么，为了充分发挥风化的教育作用，为了建设真正良好的家风，作为家之长应从哪些方面努力呢?

首先，任何良好的风气都不是自然形成的。在家风建设中，父亲的个人作风、精神风范，对于每个家庭都有重要影响，当然，我们也不排除母亲有时在家风建设中处于主导地位。但父亲的倡导和训诫，父亲的身体力行对于孩子教育是有决定作用的。

其次，家风建设并非一个人所主宰，必须调动全家人共同努力，使之成为全体家庭成员的自觉行动，才能取得成效。为此，应该特别注意父母亲的团结和一致，这样对于建设良好家风有着积极作用。

再次，在建设良好的家风过程中，还要随时注意防范不良风气的影响和干扰。良好家风的建设过程实际上也是一个不断抵制与克服不良思想影响、排斥不良风气的过程。

让如水的女孩拥有水一样的性格

有人说女孩是水做成的，并且具备水的纯净、温润、透明、优雅等特质。父母自然都希望女儿不但外表像水一样纯净，还可以拥有水柔中带刚的品质。想要将女孩变的如水一样美丽，就要细心照顾和关爱她们。

水，纯净而没有一丝杂质，不管发生了什么事情，它总是缓缓地流淌，表面上看会显得比较柔弱，但其实它是刚强的。而许多女孩都很柔弱，却缺乏坚韧的品质。所以家长要尽早培养女儿形成温柔而刚强的性格。

温柔的女孩总是很讨人喜爱，但温柔也不是天生的。像水一样温柔的性格也是需要在特定环境的影响下才会逐渐形成，所以家庭氛围的作用很突出。首先母亲要在气质上修炼得高雅，能做到处事不惊，并可以沉着冷静地思考，然后以柔克刚、以理服人。但是一些母亲会为小事发火，总是唠唠叨叨，对生活充满了抱怨，这种母亲就无法培养出温柔的女儿。女儿还在发育期，思想还不成熟，性格也没定型，她们会模仿家长的行为，若母亲是个暴脾气，说话像个老爷们儿，那么，在这种环境下长大的女孩，就不会懂得什么是温柔，更不用说有如水般温柔的性格了。

家庭氛围的温馨程度，与女儿体贴温柔性格的培养密切相关。若是女孩的成长环境十分和睦，并充满温暖，而且父母的关系也很和谐，亲人之间也都相互帮助，这样的环境，让女孩养成温柔的性格不会是什么难事。

家长还应培养女孩的"韧性"，而非"任性"。心理学家研究表明，在女孩思想逐渐成熟时，行为更加独立，不会像小时候那样听话了，她们会想尽办法来摆脱父母的影响，来显示自己长大了。别担心，这些反抗家长的行为是正常的表现。家长要及时调整自己的教育方法，让她们有一些特定范围内的自由，适度的"任性"，对孩子成长大有益处。

家长若是忽视了这个阶段孩子的变化，什么事情都要孩子绝对服从，孩子可能不会再任性了，但同时也让她失去了韧性。这么做就等于扼杀了孩子的个性，会让孩子总是墨守成规，缺乏创造力。父母要知道任性和韧性的区别。对于自己正确的行为，不论遇到什么事，都能够坚持到底，这是"韧性"，父母应该鼓励孩子养成这种优秀的品质。但是任性的含义不一样，它是一种不听别人劝诫，偏执、爱钻牛角尖的行为，所以不值得提倡。

总之，想要让女孩具备水的特质，短时间内是无法完成的。虽然水是刚柔兼备的，不好培养，但只要父母耐心、细心，就一定会成功的。

好女孩是夸出来的

男孩喜欢用肢体语言来表达想法，女孩一般靠语言来展示自己内心。而且女孩比男孩更在意父母对自己的看法。所以一旦女儿有了一些成绩，家长就要多加夸奖她们。

男女之间大脑的差异及大脑器官发育次序不同，使得男女的性格也有很大不同。女孩比男孩的感觉更细腻，在听觉、视觉、触觉、味觉和嗅觉等方面也更加敏感，善于发现微小的，甚至是容易被别人忽视的细节，并在此期间形成自己的直觉系统。

因此，家长要在女孩成长的过程中，更加细心，关爱女儿要像关爱花朵一样。要给予她很多的笑容，积极发现她的优点并主动表扬她，这样女儿也会绽放出自信的微笑。

每个人都希望被赏识，因为被疼爱的感觉是很美妙的。有人用两只一样的小狗做过一个实验，对其中一只狗给予夸奖与关爱；而对另外一只狗冷漠无情并经常的责骂，让它在失落中成长。有一天它们同时遇到一只狗，被忽视的狗则害怕地找地方躲藏，但受呵护的那只刚好相反，它通过自己高声的吼叫将对方吓跑了。

有一个内向、胆小的女孩，反应有些迟钝，而且有点自卑。有一次，妈妈在与老师沟通时，了解到班里有一个为好孩子设置的信箱，任何人都可以通过写信的方式赞扬她们，空闲时就在全班的同学面前进行鼓励。

这让妈妈也有了灵感。在了解到女儿在班上的表现后，她问女儿不举手的原因是什么，女儿说是怕一旦说错，就会很没面子。这就能看出女儿习惯用逃避的方式面对失败。妈妈开始给女儿讲故事，然后说："故事中的公主之所以幸福是因为她们很勇敢，那你想不想一辈子都幸福呢？""我想！"女儿激动地说。"明天敢不敢举手回答问题啊。""敢！""那咱们说好了啊！"于是女儿就笑着睡着了。

次日，女儿蹦蹦跳跳地回到了家，高兴地对妈妈说："妈妈，今天我勇敢地回答了一个问题，小苹果就是老师给我的奖励。"看到女儿这么开心，妈妈笑着说："红红，你真棒，妈妈真为你自豪！"。

得到表扬的女孩，心中充满了自信，举手的机会越来越多，回答问题也越来越积极。以后，哪怕是女儿取得了一点点的进步，妈妈也会鼓励她。比如，女儿在绘画方面很有耐性，妈妈就夸她细心；女儿洗手时谦让别人，妈妈也会夸她懂事；就连女儿吃饭不挑食，也列入到了妈妈的夸奖范围内……在不断地鼓励下，女儿的信心越来越足，逐渐变得外向。

鼓励会让孩子变得更优秀，表扬会让她们生活得更开心。 教育学和心理学的研究成果告诉我们：要从小对孩子进行表扬，这样效果才会更显著。 很多孩子对自己的认同与评价的依据主要来自信任的人，特别是自己的父母。 也许是一句话，甚至一个动作也会无形中增加她的信心。

哪怕是一小点的提升也是通过努力得到的，因此父母不要只关注孩子的不足，而要多认同、夸奖她们，这可以促使女儿更好地成长。 所以父母还是用赞美来装饰女儿成长的环境吧！

第六章

怎样和你的女孩交流

多听听女儿的想法

"三大三小"是现在社会的常见现象：越来越大的生活空间，缩小的生长空间；越来越大的房屋空间，缩小的心灵空间；从外而来的压力越来越大，促使自己进步的内在动力却变得越来越小。

父母应该注意这些奇怪的现象，让女儿拥有自由的成长空间，而不是简单说说而已！很多家长都会说："现在的孩子真是不爱学习""越来越不好管教孩子了""不知道广告上的学习机有没有作用"……

是孩子们不好教育，还是我们对于孩子的教育出现了问题？

7岁的程君该上小学了。玲玲是程君认识的新朋友，她小自己半岁，可是已经学习了三年舞蹈。玲玲跳了一段拉丁舞，使程君妈妈心生羡慕。

"我们的孩子怎么这么淘气，喊呀杀呀的不成体统。

我看你家玲玲的舞蹈跳得很好，让女儿也去学习学习吧？"于是给程君报了舞蹈班。可是程君天生好动，课堂上表现很不好。两周不到的时间，程君就说什么也不学了，妈妈又生气又失望。

妈妈送程君学习舞蹈，出发点是好的，可是孩子这样不明所以地被送去学舞蹈，导致好的出发点并没有得到好的结果。程君现在正是活泼好动的时候，要采用寓学于乐的方式来对她进行教育。假如孩子的爱好不在家长考虑范围之内，只能适得其反。

现在很多父母都热衷培训班。的确，孩子在培训班可以学到很多东西，可是孩子的心理如果没有因为学到知识而成熟，也是徒劳无功。很多家长觉得让孩子增加知识才是重要的，他们为此不惜省吃省穿来为孩子提供良好的学习条件。

什么才是父母对孩子的爱？答案其实并不难，就是给孩子充分的自由和空间，这才是对孩子真正的理解与支持。可是现实中的父母，总是乐于把自己的思想强加给孩子。

薇薇的高考成绩很好，足以上一所重点大学。然而全家人却并不高兴。原来是父母和薇薇的意愿不一样：薇薇想报教育专业，可是父母觉得新闻专业会有更好的发展前途，父母希望薇薇今后可以做一名记者，坚决反对她报教育学专业。

"这关系到你今后的生活，听我们的没错，爸爸妈妈都是为你好。"妈妈对薇薇说。"就是因为关系到我，我才想自己做决定。你们从来没有听过我的想法。这次我一定要自己做主！"最后薇薇还是没能做主，结果薇薇报了新闻专业，却选了离家最远的学校。

薇薇的话值得家长思考。家长常常因为自己的意见，剥夺了孩子的权利，而让孩子按照他们的规划来成长。很多教育家主张给孩子充分的自主空间，著名教育家蒙台梭利的基本理念是"自由教育"，并且认为这样的教育是真正以自由为基础的。

就像蒙台梭利所认同的，了解纪律和制度的重要性是让孩子拥有自由的前提。而枯燥的说教肯定达不到应有的效果。对孩子过度严格，就像在狭小的空间里养金鱼，金鱼是不会长大的。自由空间是孩子健康成长的必要条件，不要让孩子生长在狭小的"鱼缸"中。

随着孩子年龄的增长，父母应让孩子自己决定自己的事情。一些小事情让孩子自己做主，并要让她学会为自己的行为负责，时间一长，在面临更重大的事情时，父母也可以说："相信你自己的决定。"

家长应该支持孩子的想法，而不是总打击孩子。孩子会因为家长的鼓励而向家长分享自己的想法，使得家庭更和谐。家长也不要让孩子有畏惧心理，要给孩子真心的信任。

记住你被女儿赞扬的时刻

父母应该经常表扬女儿："这问题提得挺好的。""你太棒了！"不管孩子的表现如何，一定要给孩子正面的鼓励。可是在现实中，家长总是强势的，他们努力在女儿面前保持完美的形象，没有注意孩子对他们的表扬；有些则是因为压力大而把女儿当作出气筒。

事实上，只要努力了，别人就会看到，女孩会感受到父母的努力。只要再通过对家庭关系的改善，为女儿指出正确的方向，女儿也会经常赞扬父母，而这种赞扬都是女儿最真实的感受。当父母被女儿赞扬的时候，一定要化这种赞扬为自己前行的动力。

做饭是爸爸在妈妈缺席时必须要承担的重任。女儿看着带着围裙的爸爸说："爸爸你也会做饭啊！"女儿面对爸爸的"成品"开心说道："我今天要吃好多！"要清楚，孩子平时吃饭可费劲了。爸爸看着女儿这么开心，自己也很开心，想起自己平时不怎么做家务，他决定以后抽出时间来帮妻子一起做家务。

父母对这样的告诫并不陌生：赞扬孩子也要适度。 如果对女儿过多的赞扬，会使赞扬失去作用。 但是孩子赞扬父母，则是出于内心真实的感受，应该重视孩子的赞扬。

赞美能够建立一种互动的情感关系，这样在以后的生活中孩子也会去赞扬别人。 懂得欣赏别人的人，人际关系往往很好。 假如一个人从不赞扬别人，那么别人就会觉得他难以相处。

此外，女孩对父母说赞扬的话的时候，大多都是由于父母的行为让女孩感到十分敬佩。 在女儿眼中，爸爸能做饭很了不起，由此引发了爸爸的反思，爸爸因为女儿的赞扬而回到了家庭当中。 但是如果孩子只是由于一件小事而对父母大加赞扬，父母就要想一下是不是自己平时做得不够好。 想要真正明白孩子赞美你的原因，就要去努力了解孩子的想法。

但是无论如何，父母都会因获得孩子的认可感到开心。 人们会因为别人发自内心的赞扬而感到欣慰，特别是孩子的赞扬，父母会有极大的欣慰感。 然而，孩子赞美你的方式很可能是多样化的。 孩子说一件衣服好看，可能是在夸赞妈妈眼光好；而多吃饭则是对妈妈厨艺的肯定；孩子问爸爸问题则是认为爸爸知识丰厚……孩子养成的好习惯和好品格也是一种赞美，这比语言上的赞美更珍贵。

父母出人意料的表现会赢得女儿的赞美。 因此，父母可以多给孩子展现一下自己的特长，她会觉得自己的父母十分有魅力。 假如孩子赞扬了父母，这时候父母也要说一些话来赞扬女儿。

假如女儿说"妈妈真好"，那么你一定要给予情感上的回应，这样才是很好的互动，你可以说："那是因为我的宝贝女儿很乖啊！"这样女儿不仅会很开心，也会对她的行为起到正面的强化作用。

女儿为什么不告诉你她在想什么

一位小学生这样说："每次放假家里就只剩下我一个人，没有人和我做伴。爸爸妈妈只会不断地问我：'写完作业了吗？今天都干什么了？'他们从来都不理解我。所以我只能把月亮星星当作朋友。我喜欢学校里和同学在一起的时光。"对于这些她并不打算告诉父母，"他们不能理解我的想法。"

家长面对这样的孩子，会不会也感到难过内疚呢？父母都爱自己的孩子，然而当女儿不告诉你内心的想法时，你不觉得自己很失败吗？家长对女儿在学校的生活很关心，不知道女儿最近和谁在一起玩？不知道女儿的零用钱都花在了哪里？不知道女儿周末在做些什么？不知道现在女儿都想些什么？家长总是为了这些问题苦恼。

为什么对自己的孩子会如此不了解呢？孩子为什么不愿意和父母交流呢？作为家长，难道不该想想自己是不是哪些地方做错了呢？一位家长说："我常常因为工作繁忙而忽略孩子。 作为补偿，孩子要什么我都给他买，但是我真的不知道她内心的想法。"

有些家长因为工作忙，没有给孩子足够的关注。 这些孩子因为缺少父母的关爱，形成不好的习惯。 现在的家长只在物质上满足孩子，却忽略了孩子精神上的需求。 父母充足的关爱是孩子成长中任何事物无法替代的。 因此，家长不如多陪在孩子身边，让孩子的精神生活也富足起来。

学习好仍然是家长对孩子最核心的要求，家长在孩子上中学以后，就经常和孩子探讨学习的事情。 当孩子成绩不好时，如果只是批评他，那孩子就不会再愿意和你沟通。 一些家长通过专制的方式在孩子面前树立威信，从来不认可孩子的行为，对孩子只是一味地指责。 面对这种情况，孩子当然不能表达出自己的想法？

有时候家长对孩子很是严厉，各种惩罚措施层出不穷，动不动就打孩子。 孩子的心理在这种环境下会被严重的扭曲，更不要提和家长交流了，有时候还会致使孩子走向犯罪的道路。 孩子由于关爱的缺失，只要有一点诱惑，就会误入歧途。

对自己的行为进行反省后，父母还会固执己见吗？ 和孩子沟通的时候，父母不需要对女儿的生活过分地干涉，要让孩子自己处理自己的事情。 如果在交谈时起了冲突，那沟通也就没有效果了。

给女孩子更多的情感体验比给她们更多的建议要重要得多。 例如，家长可以问："你看上去不太高兴"。 这样可以让女儿感到了被关爱，使她们打开心扉。 家长对孩子诉说的感受一定要认真地聆听。 要放下手中的事情专心听孩子说话。 面对你诚恳的态度，女儿一定会把真实的感受告诉你。

和孩子交流的时候要巧用时间。 当家长和孩子一起散步、吃饭的时候，应该意识到这是和女儿沟通的好机会。 假如孩子还小，那么就可以选择在女儿睡觉之前的时间，和女儿说一说今天所发生的事情；假如孩子的年龄比较大，家长可以用这个时候，和她们愉快地交谈。 这样也可以了解女儿的内心。

多了解女儿的内心，能帮你更好地规划她们的生活：最近和谁一起玩，和朋友在一起做些什么，她在学校的行为表现，对什么感兴趣，碰到什么难题了……只要善于和孩子沟通，就很容易获得孩子的信任，毕竟，孩子们需要的是家长的关爱。

当女儿提出你无法解答的疑惑时

　　游戏也是开阔女孩子眼界，培养其洞察能力的好方法，特别是孩子快要上小学的时候，可能会有很多问题，什么事情都要打破砂锅问到底：

　　　"什么豆子的颜色有黄色和绿色两种?"
　　　"为什么每天早上与晚上刷牙吃饭的顺序不一样?"
　　　"爸爸为什么不像妈妈那样穿裙子呢?"
　　　"我为什么要坐在家里画画，不能出去玩呢?"

　　对于没完没了的问题，父母往往会没有耐心，即使有耐心，不一定能对这些问题一一解答。在你不知道怎样回答孩子的时候，该做些什么呢? 父母通常想：就算不知道，也不能让自己的威信受损。所以很多父母在不知道答案的情况下都会自己编一个答案出来，再不然就是草草将孩子打发了。
　　这种处理问题的方式是不可取的。实际上，女儿对父母的认识取决于父母为人处世的态度、在工作上取得的成绩、

痛苦了。然而这种先天的爱心会由于后天教育的不当而缺失。

一鸣的父母从小就教育他要关心爱护别人。一天，一个朋友带来一筐橙子，在父母的要求下，一鸣每次都会给父母留两个大橙子，给自己留个小的。开始的时候没问题，然而随着橙子越来越少，一鸣开始动摇了。

父母说：这时候才能考验人呢，好孩子是会多为别人着想的。最后，一鸣满腹委屈地按照父母的要求做了，其时内心希望父母不要吃掉大橙子。然而父母当着一鸣的面吃掉了橙子。从此之后，一鸣的确学会了更加关心父母，爱护别人。

独生子女可以说是"集万千宠爱于一身"，但是很多父母都没有注意培养孩子的爱心。下面这位母亲的做法很值得大家学习：

我真的觉得有个女儿很幸福！小时候女儿很重，刚刚学会走路，我就抱不动她了，所以就告诉她：要去独立完成力所能及的事情！让她知道要为别人着想。她有责任为家庭做出贡献。例如，有时让她帮我拿一些东西，让她体会父母的辛苦。我还告诉女儿，要理解妈妈工作的压力。每当这时候女儿都会很关心我。

父母不要事事都宠着女儿，让女儿过公主一般娇纵的生活。 父母要告诉孩子，每个人都应该为家庭做出贡献。 等女儿稍微长大一些，要让她做适当的家务活，这样可以培养女儿养成良好的习惯，体会父母每天的辛苦，知道爱不只是索取，还要付出。

有的爸爸和孩子说："爸爸太累了，你应该多关心爸爸。"或者是妈妈说："宝贝，妈妈为了你很辛苦，你要多孝顺妈妈。"这样的效果不如父母之间互相夸赞，说对方好，这样会使女儿感受到家庭成员之间彼此的关心和爱护。

惩罚她，但不可以羞辱她

乔治教 7 岁的女儿凯莉使用割草机。当他正在教凯莉如何调转机头时，一个电话打了过来。乔治刚刚转身，凯莉力气小拉不回机器，割草机就被推到了草坪边的花圃上，所过之处，被夷为平地。

看到这一切的乔治非常生气。不知耗费了他多少心血才侍弄出的令人羡慕的花圃，就这样被糟蹋了。他便对女儿喊道："你这个笨蛋，什么时候才能做些不蠢的事！"

看到这场面，妻子走来，拍拍他的肩膀说："亲爱的，我们是在养小孩，不是在养花。"

花已经死了，被砸碎的窗户玻璃、被孩子不小心碰倒的灯甚至破碎一地的碟子……但是这些都已经过去了，无法挽回了。这时，我们不要将孩子的心灵再次打碎，一旦把她们的活力变成了麻木，这种损失的无法挽回才是真正的遗憾。

令人遗憾的是，有时候，孩子出了差错，老师家长总要指责，甚至挖苦讽刺。

"白吃了十几年饭了。""你是吃什么长大的？""你简直是个废物。"

亲爱的父母，当你用这种挖苦的方式代替教育时，有没有想到这对孩子的一生有多么大的影响。孩子即便再坚强也会因此受到你的伤害，不过要记住：比起成就，性格更重要！良好的性格才是孩子一生幸福的基础。

孩子是独立的人，应该得到尊重。挖苦和侮辱是对心灵残酷的惩罚，这是一种"语言暴力"，一种精神虐待。对于那些具有很强的反抗性和自尊心的孩子，这不但没有好处，甚至害处极大，在不知不觉中给孩子不良的影响。

各位父母一定要知道，为发泄自己的怒气讲出很多伤害人的话，对孩子的精神有多么大的威胁，会造成多么大的伤害，甚至摧毁她们生活的勇气，断送了她们的前程。

在成长的黄金期，懵懂的她们尚未形成正确的世界观，做出什么傻事错事都是在所难免的，而且也需要更多成人的呵护和理解。这时，老师家长应该把她们引导向积极正确的道路上。惩罚是方式之一，因为放任纵容会把她们惯坏，但处罚也要有尺度，特别是不能羞辱孩子的心灵，否则很容易激起孩子的叛逆心理。

那么对还没有建立完整是非观的孩子，家长如何帮助他们认识到自己的错误呢？

俗话说，没有规矩不成方圆。孩子犯了错，当然要教育和惩罚。但要用科学的方式惩罚孩子，如若用不当的处罚，非但不能给孩子起到示范作用，反而可能使孩子的行为逆向发展。 孩子在家里犯错要如何解决呢？ 下面提供一些又科学又充满智慧的方法。

1. 规劝

案例：同伴间的争吵、争夺玩具……

方式：把手边的工作放在一边，先走到孩子旁边，使她察觉到你的关注；然后问问孩子为什么要这样做，并且耐心地把孩子的想法听完；让她明白打人、抢夺玩具是不好的行为，而且要求孩子习惯使用礼貌用语如：请、谢谢、对不起。

建议：切忌大声呵斥威胁孩子；也不要把孩子直接拉开，然后大声训斥；话语中应当避免伤害孩子的自尊。

2. 打手心

案例：打架、乱扔东西……

方式：把报纸揉成一个棒子，用包装纸包好；给它起一个名字，比如警示棒；放在房间里的某个地方作为警示。

建议：制作的时候要保证自己的心情还不错，并给孩子讲述警惕棒的用处；处罚孩子时，先问清楚她的想法；告诉她为什么处罚她；注意安全，打的部位以手心、屁股为主，其他部位则应避免。

3. 罚坐

案例：无休无止的吵闹……

方式：以一块软垫子或者一张椅子作为处罚区，可以给它取个名字；调好闹钟，计时惩罚。

建议：不要在正门大厅等显眼地方处罚；定好处罚时间；处罚完后，再听听孩子的感受。

4. 帮忙做家务

案例：乱写乱画，把家里弄得乱七八糟……

方式：准备好各种清洁用品，帮助她养成爱卫生的好习惯。

建议：孩子的安全是重中之重；年幼的孩子可以由父母带着做家务；养成孩子物归原处的习惯；和孩子聊天，问她通过家务学到什么。

5. 罚站

案例：故意从高处跳下来、在车上瞎闹。

方式：在家中划出一块固定角落；铺上垫子；准备一个闹铃，制定合理的处罚时间。

建议：处罚区不要太明显或者正对大门，否则容易伤及孩子自尊；不要一直数落孩子，否则激发了孩子的叛逆心，她会更加顽皮；要讲清楚道理，而不是一味呵斥；处罚完后，问问她为什么会被处罚，让孩子明白自己做错了什么。

6. 没收心爱的东西

案例：不停吵闹、乱扔东西、不整理自己的玩具……

方式：没收孩子乱丢的物品，以示惩戒。

建议：这时应该放下自己手边的事情来陪孩子，表达父母对她的关心；告诉她把东西收好，停止吵闹，否则将有处罚；让孩子说说为什么要惹妈妈生气。

7. 禁止某些权利、要求

案例：挑食、任性……

方式：暂时禁止孩子碰触喜欢的东西。

建议：不要以愤怒的语气大声地对孩子说话，也不要威胁她；告诉她为什么禁止这些行为，如果孩子表现得好了，再让她继续享受喜欢的东西。

孩子在成长，错误很常见。当父母在处罚孩子时，关键是把握原则，控制情绪。

第七章

女孩一定要富养

女孩，再穷也要"富"着养

财富的多少并不是富养女孩的必要条件，即使没有足够的物质条件也可以富养女孩。这是因为精神充实才是富养的最终目的，丰富女孩的内心世界、让她养成独立自主的精神，而不是让她去习惯贵族式的生活。

父母经常有这样的感慨：

"我们没条件富养女儿，要想她以后能有出息，就要创造条件让她好好学习！"

"富养女孩，我们也想啊，可是没有那个条件，钢琴我们买不起，上贵族学校也没那个能力啊！"

"富养是有钱人做的事。"

读者们怎样认为呢？是不是认为"穷养是因为没钱，有钱才会富养"呢？事实上，富养的含义并不是家庭条件的好与坏，富养的目的并不是给女儿物质享受，是要让她在精神上和心灵上具有高贵、优雅的气质。

以下是一位母亲的经历：

初来英国的女儿年龄很小，根本不会说英语。孩子的爸爸在英国只是做着薪酬不高的工作，我又没有工作。尽管条件很一般，我也会告诉女儿说，生活再艰苦我们也要自尊自爱，这给了女儿最初的认知。

自从丈夫失业后，家里的生活情况更加艰难了。刚上初中的女儿利用课余时间出去打工，但依然很认真地学习，还在学校积极参加社团活动并成为骨干。打工回到家，女儿会抓紧时间学习和读书，我也会想尽办法为女儿创造最佳的环境。生活虽然不易，可是女儿却经常说她觉得这样的生活既充实又快乐。通过努力，女儿进入了一所知名大学，并且成功地拿到了奖学金。

条件不好也能够做到富养女孩。 如果不能给女儿提供优越的生活条件，那就去丰富她的精神世界，培养她自力更生的能力。

以下为我们养育女儿提供了几个好方法：

1.告诉女儿真实的家庭经济情况

父母总是不愿意让女儿知道家里的经济状况，对孩子尽量是百依百顺。 最后女儿提出的要求超出父母的能力时，他们也会想尽办法去满足女儿。 这并不是真正的富养女儿。

事实上，假如家庭条件不太好，就不必去对物质做过高的要求，穿衣干净舒服得体、饮食健康营养就好。 还要将有限的钱发挥出最大的作用，比如送孩子一本有用的书、带她去听音乐会、给女儿创造一个舒适的环境。 在这样好的条件中学习，女孩的心灵会丰富和净化。

在家里要和孩子平等相待，完全可以让她清楚家里的条件。清楚的让她知道，钱应该花在什么地方。同时可以通过适当的家务，让她体会到生活的艰辛。

2. 不要盲目满足女儿所有的物质要求

小玲和红红都想拥有一辆自行车，可是她们的家境都不富裕。对于两个孩子的要求，一开始家里都没有答应，认为自行车没有多大的用处。

小玲却非得要妈妈买，因为班里很多人都有自己的车子。最终妈妈向她妥协了，可没多长时间她就把车子弄坏了。于是爸爸又用自己的工资给她重新买了一辆。

红红的妈妈却一直没有满足她的要求，而是带着红红来到自己工作的地方，使孩子亲身体会到劳动的辛苦、挣钱的不易。回家以后，红红决定自己赚钱买车子。而对于这辆通过辛苦劳动才赚来的车子，红红尤其爱惜。

可想而知，红红和小玲受到的教育有多么大的不同，这对她们以后的影响也会很不同。现在很多的独生子女家庭，父母总是想为孩子提供最好的条件。可是如果对女儿的要求不加控制，会使她变得骄纵成性，自私自利，要是让女儿知道生活的艰辛、适当地拒绝她的无理要求，那么女孩长大了就会善解人意，懂得替他人着想。

3. 不要惯女儿的公主病

有这样一个故事:

作为日本著名作家森欧外的女儿，森茉莉是全家的宝贝，家人对她宠爱无度，所有东西几乎都是进口的，衣服、玩具、食品，简直就像童话里的公主。然而父亲的突然去世改变了她的命运，让她从公主变成了普通女孩。她从来没有自己打扫过房间，结婚之后自然也无法料理好家事，还像以前一样挥霍无度。丈夫没有办法忍受她的奢侈，只能同她离婚。

对于女孩子，一定不能娇惯，被宠爱过度的女孩，不会知道生活的艰辛，也不会拥有自食其力的本领，在以后的生活中不会独立，当然无法独立面对生活中的困难。 所以，对于女孩的精神世界要着重培养，使她对金钱形成正确的价值观。

富养女孩的真正内涵

　　善解人意的性格、高贵优雅的气质、坚强自主的处事能力，富养女孩的含义就是要赋予她们这些气质。　就是说我们要使女孩在精神上富足，使女孩有丰富的精神涵养。

　　以下是一位父亲写给女儿的信：

　　　　男人要通过巨大的考验才能够变得高贵，他要拼搏使事业成功，才会有尊贵的地位，还要积累财富，对于知识和修养也要丰富和提高；女孩的压力要相对小一些，女孩不一定要出身豪门，也不需要贵族教育和华美的装饰，只需要完善自身的修养就可以了。无论什么时代，不论在任何地方，有修养的女孩总会得到大家的尊重。

　　我们教养女孩的目标就在于此，使孩子成为有教养、自尊自爱、自立自强、有气质、有魅力的优秀女性，而这一点也正是富养女孩所要追求的效果。

气质与能力需要着重培养，要使女孩的内心更加丰富，视野更加广阔，让她拥有远见卓识的能力。开阔的眼界也需要着重培养，要让她对自己的人生有着长远的规划。

对女孩子来说，真正的幸福并不是物质上的充裕，而是心理平和、健康、富有爱心，不受不良情绪的干扰，对生活有着足够的独立性，拥有好的性格和品行，拥有一个良好的社交圈。

对于女孩要富养的真正含义不止上面那些，以下也为我们提供了一些参考：

1.富养女孩，从鼓励开始

下面是一位初中女生的日记：

> 爸爸总会在我遇到困难的时候鼓励我："孩子，努力就会成功，爸爸相信你，宝贝。"他也会引导我去正确地处理问题，现在的我有坚强的性格，能独立自主，都因为爸爸的鼓励……

女孩子比男孩子需要更多的认可和鼓励，这时父母就是他们的依靠。父母的肯定和赞赏、遇到困难时及时的帮助和引导，有了这些鼓励，能够极大地增强她们的自信，帮助她们前行。

对于女儿的表现，父母要多加以肯定，即使孩子的进步很小，也要及时发现和肯定，在孩子受到挫折和误解时，要及时地去安慰、关爱她们。

2. 不要让富养女孩成为溺爱的借口

女孩子是父母最珍贵的宝贝，可是爱要有度，溺爱没有好处。女孩就像干净的湖泊，爸爸妈妈的爱应该像涓涓细流，不要毫无节制，父母的爱一旦泛滥就会造成意想不到的后果。因此家长一定要把握"爱"的度。

邻居家的明明和毛毛吵了起来，妈妈就跟她说："明明是个坏孩子，不要和这种人交朋友。"

小孩子间常常发生拌嘴，这时家长要公平对待，不要袒护自己的孩子去指责别的孩子，那样孩子就会变得没有责任感。

对孩子疼爱没有错，可是作为家长，溺爱是万万不能的。

3. 父母要学会负责任地养育女儿

有个女孩，对父母感到不太满意：

> 爸爸妈妈从小就对我管得很多，上什么样的学校、穿衣的风格、交什么样的朋友，都要为我做主。假如我提出自己的见解，他们就说："好心当成驴肝肺！"我真不知道这样是好还是不好？我觉得这不是真的为我好，总是让我随着他们的想法走，别人干什么也让我干什么，却从来不问问我的感受。

对女儿的包办也是一种很不负责任的行为。

父母应该对女儿的喜好十分了解，根据孩子的具体行为，给她们适当的帮助和引导。与此同时，家长也要给孩子机会，锻炼孩子的独立能力。

富养，重在培养女儿独立的人格

教育家乌申斯基说过："人生最开始的几年对于性格的形成至关重要，作为人的'第二天性'，人的性格一旦形成就很难改变。"所以，人格对孩子有很深的影响。 对孩子人格的衡量有多种角度，诚实、公正、宽容等就是最主要的方面。所以，女孩需要富养，一定要促使她形成独立的人格。

小恩家境富裕，然而富裕的生活并没有让她养成各种坏习惯。相反，她的个人涵养非常好，朋友也很多。长大后的小恩，生活和工作方面都得心应手，小恩认为，这都得益于她的家庭教育。

小恩的父母在她出生之前，就参阅了大量的育儿书籍，受到了很大的启发，有一条启发特别的重要：精神教育比物质教育重要得多。因此，在小恩很小的时候，爸爸就教她识字。稍微长大一些，就开始在爸爸的陪伴下参观图书馆和博物馆。小恩对画画感兴趣，爸爸就全力支持她，经常陪她参加各种画展。

由于爸爸的支持，小恩始终能够保持对学习的积极心态。小时候受的教育，使得小恩的精神世界非常充裕。

人格的形成一般是在青少年时期，若是父母在这个时期忽略了对孩子的教育，那么她可能就不会有健康的性格和积极的心态。因此，培养独立性和自主性的品质才是富养女孩的真正目的。那么父母要如何做呢？

1. 父母要尊重女儿的独立人格

以下是一位母亲的经历：

今年我女儿也成为妈妈了，可是我对她小时候的一次"侮辱"却始终不能让她释怀，她经常因为那件事情抱怨我。事实上，我并不知道自己无心的话会让女儿记恨这么久。

女儿7岁的时候，有一天很想跟我一起做家务，我给了她一些钱让她去馒头店把面换成馒头。考虑到女儿是第一次做这件事，我就和她一起去了。看到店门口排了很长的队，还看见了一位很老练的男孩子，是女儿的同学。为了省事我决定把女儿交给这个男孩子："我的女儿这么大了，还不会换馒头，麻烦你帮帮她。"

男同学很高兴地答应了。由于着急，我也没注意到女儿的表情。下午刚到家，女儿就生气地冲我嚷道："为什么你要让我在同学面前丢人？"我很不解？女儿接着伤心地说："你说的话让大家把我当成弱智看！"即使我之后一直道歉，可是对女儿的伤害还是发生了。

英国著名的教育家洛克认为："由于孩子对荣耀看得特别重要，所以，父母应该多赞扬孩子，他们希望能够得到大家的赞扬；如果父母当众批评自己的孩子，那么孩子就会觉得自卑，而他对于渴望得到肯定的心态也会变得消极。"因此，尊重女孩的人格，是培养她们独立性的第一步。

2.尊重并鼓励女孩保持自己的独立见解

19世纪时，美国有个贫困家庭的女孩十分爱跳舞，她的天赋被发现后，母亲不惜昂贵的学费将孩子送进舞蹈学校。然而去了几次以后，小女孩就不再想去了。母亲询问："既然你喜欢舞蹈，为什么不坚持学呢？"小女孩说这种舞蹈很难看，她想要的舞蹈不是那样的。

母亲听后，沉默良久。虽然昂贵的学费已经交了，但是她依旧尊重女儿的决定。她说："女儿，将你自己的舞蹈坚持到底吧！"之后，小女孩在母亲的支持下开始了自己的舞蹈生涯，她打破了古典舞的死板，诠释出了一种自由的舞蹈，使舞蹈有了新鲜的血液。多年以后，"世界现代舞之母"邓肯就这样产生了。

母亲的鼓励和支持对邓肯的成功起到了很大的作用，如若当时母亲只是指责女儿，那么便不会有女儿之后的成功。

因此对于女儿的想法，父母要给予积极的鼓励，一味地打击是不可取的。

3. 培养女孩的独立生活能力

富养能够使女孩身上的潜力得到更好的开发，让她们变得坚强。 实际上，也有很多父母错误地理解了富养的含义，认为富养就是要为女孩提供优越的生活条件。 然而富养最根本的还是要让女孩有在社会上生存的能力，这样才能使她的独立性得到培养。 所以，女孩的独立能力要从小开始培养，进而帮助她建立独立的人格。

富养，培养有内涵的女孩

内涵对于女孩子来说十分重要。要想有气质，有智慧，就需要有内涵，这样的女孩也能为家庭带来更多的幸福。

曾有人说过："风度和气质的好坏由你的精神修养来决定。"富养教育的力量是无穷的，父母通过富养，能够给女孩带来精神上的引导。

女孩有内涵，自尊自爱，知书达理；

女孩有内涵，喜欢与书画、音乐为友；

女孩有内涵，有着乐观、向上的态度；

女孩有内涵，善解人意，真诚善良；

女孩有内涵，不会由于服饰好坏而遮掩自己高贵的气质。

内涵指的就是一个人的气质，好的气质需要后天的培养。

下面是一位母亲的做法：

我的女儿是一名高二的学生，富养是我一直采取的养育方式，我尽自己最大的努力让她衣食无忧，但我并不会过度地去给她奢侈的物质享受，这对于孩子而言是很有害的。

　　我始终会让孩子认识到：不管我们家境如何，你始终是我们的宝贝，但是想要更好的生活，就只能靠自己去努力。此外，我还会培养女儿的兴趣，这对女孩的涵养而言十分重要。如今，她不仅举止得体，还通过了钢琴的十级考试，人际关系也非常好。

富养的女孩，对于精神上的需求远远超过了物质需求，她的世界一定也丰富多彩。对女孩进行美好心灵的培养，是富养女孩的基础。

1. 塑造女孩的心灵美

心灵美是有内涵的女孩的标志性体现，情操是很重要的，比如：心地善良、忠诚、人缘好、宽容……这些对女孩而言十分重要，会让她的内心丰富多彩，也使得她的人生更加充实。

　　允儿生活在一个普通家庭中，家世和长相都并不出众，但是到哪里都会给人留下深刻的好印象，因为她对身边人的态度都很好。她在家里懂事听话；在学校，不仅学习好，还是班干部。大家都夸奖允儿，但是允儿明白，正是父母对她的正确教育，她才能这样优秀。

　　从小，允儿就知道要做善良、有爱心的人。她有很多兴趣爱好，可是却没有条件去学，但是她并不抱怨，因为爸爸尽自己最大的努力支持自己，这对允儿来说就很宝贵了。对于富养，允儿的父母领会到了它的真正内涵，有谁不喜欢这样善良、活泼的孩子呢？

2. 塑造女孩的自信美

《女性与美》中记录了影星索菲亚的一段话："自信造就美丽。 因为真正的美丽来源于自信。"内涵，能够使女孩具有高贵的气质，而这种迷人气质的根源在于自信。

只有自信，女孩的人格才能越来越独立。 因此，父母要锻炼她们自己解决问题的能力。

3. 塑造女孩的知性美

女孩要通过读书来充实自己，使自己具有"知性美"。孙中山就曾说："要是有一天不念书，就感到自己的生活不完整。"

以下是一位父亲的做法：

女儿贝贝今年10岁，但已经学到了很多东西，大家都称她为"小百科"。贝贝能得来这个称呼，是因为我平时注重对她进行知识方面的教育。女儿还未出生时，我就用《三国演义》对她进行过"胎教"，贝贝的妈妈还嘲笑我："孩子怎么会听懂你的书？"我解释道："这样下去，她以后学习肯定好。"虽然只是玩笑，但知识对于孩子来说的确很重要。

之后，女儿慢慢长大，我会去引导她自己发现问题，多读书。为此，我们为女儿精心设计了一间书房，里边有各种书籍。每当女儿看不懂时，我们就会陪着她一起解决问题……女孩不仅需要读书，社会活动也是一种增长知识的好方法。

富养，让女孩拥有开阔的眼界

眼界不开阔，会妨碍女儿认知事情的观念，所以，富养女孩，还要寻找机会开阔她的视野，让她自己去学到更多的知识。

有人说："眼界决定境界。"女儿不可能永远陪着我们，她们需要自己去认识世界，并且，好奇心也使得她们自身有这种需要。

一位来自得克萨斯的女孩，父母都是很有文化的人，而她也通过努力成为全球第一女总裁。美国《商业周刊》曾这样形容她："她的意志十分坚强，而且能言善辩。"她就是卡莉·菲奥莉娜，是成功女性的典范。

幼年的卡莉就通过旅游增加了不少见闻，由于爸爸的工作需要到世界各地出差，卡莉能去的地方自然也就很多。中学时期，卡莉就在各种学校生活学习过，这些都使得她的眼界得到开阔。平时，卡莉就有很多的艺术特长。这些都给卡莉带来十分积极的影响，并使得她拥有了后来的精彩人生。

父母的富养教育和卡莉的成功关系密切，所以，富养，开阔眼界，会成为她们成功的催化剂。 怎样才能开阔女孩的眼界和思维呢？

1. 培养女孩对大自然的观察力

由于天生聪明，小梅有着"小神童"的称号，她7岁就会写诗，9岁就在报刊上发表了作品，长大后，小梅更是在文学上有所作为。小时的小梅体弱多病，由于住院时什么事情都不能做，所以，就养成了善于观察的习惯。身为编辑的父亲通过对女儿的观察，知道女儿热爱写作，于是对她的写作能力进行培养。

大自然是父亲为小梅找的一位好老师，它能够激发女儿的灵感，所以，父亲就引导女儿思考和解决在自然中碰到的问题。

爸爸在小梅去公园之前嘱咐她："小梅，一会儿出去，你要认真地观察，回来后就写篇日记。"小梅十分高兴地按照爸爸的话做，关注大自然的每一个细节。由于小梅有很强的好奇心，爸爸就巧妙地抓住了这一点，总是和女儿一起到大自然中去，使她在玩耍的过程中获得了知识。

比如，每个季节中有代表性的事物，对于大自然中的鸟鸣花香，他也让女儿十分留意。小梅对于这些很感兴趣，她就这样健康快乐地成长了起来。正是通过这种方法，小梅才得到了很好的教育，让自己的视野变得开阔，对于今后的成长，这也起到了很重要的作用。

2. 激发女孩对科技知识的兴趣

父母总是认为对女孩而言，科学是太难的东西，女孩子并不喜欢航空、化学的那些东西，因此女孩子对于这方面的知识都欠缺了解。真的是这样吗？我们还是来看看下面的情景吧。

"太阳为什么会在天上呢？"

"雨是从哪里来的啊？"

"飞机是怎么飞起来的啊？"

你的女儿是不是也这样问过你呢？因为这些知识与我们的生活密切相连，孩子的好奇心很容易就被激发了起来。因此，引导她们对科学知识产生兴趣也是开阔视野的一种重要的方法。

3.培养女孩的国际化视野

下面是一位母亲的教育经验：

为了让女儿适应激烈的竞争，我对女儿的外语要求很高，我认为外语是很重要的。可是我反对那种枯燥的说教，我逐渐的引导她喜欢上外语。比如，在漂亮的图画上标注上外语解释，让她通过音乐、影片来学习外语，利用现代化的媒体让女孩了解国际的新闻，为了配合她的学习，我找来了一张大地图，经常一起讨论这些国家的风俗习惯。

即使我们家的经济状况并不好，可是我们坚持带女儿旅游。如今，女儿已经考入了一所很好的外国大学。父母必须为女儿提供条件，让女孩开阔眼界，让她们有更高远的目标和方向。

富养，不等于"娇生惯养"

　　小美今年8岁了，在一所重点小学上学，同学中的很多人家里都有车。小美的父母由于工作原因没时间关心她，于是想通过金钱来弥补孩子缺失的关爱，特别是在零花钱方面，小美每周的零用钱都比别的孩子多。

　　前几天，爸爸接来了小美的奶奶，帮忙照顾女儿。有一天爸爸工作实在太忙，就让小美的奶奶去接她。小美看到奶奶穿得很寒酸，就冲奶奶嚷道："滚！滚！别出现在我面前。"然后自己回家了。

　　奶奶心里十分难过，就默默地离开了。之后，爸爸才知道事情的起因，原来，是小美的虚荣心使她觉得奶奶的穿着很丢人，事实上，小美的奶奶有不少存款，然而老人家喜欢节俭，小美的父亲无可奈何地说："真的是我害了她？"富养女孩，不是说要对孩子溺爱和放纵。养育我们的"千金"不只是在物质上让她们觉得无忧，还要给她精神上的培养，让她养成好的品质和能力。

下面的这些行为往往会给女孩带来不好的影响:

特殊待遇,往往会使女孩的优越感太强,长此以往,孩子就会变得不可理喻,也不会去关心人。如今的家长都是包揽孩子的一切事情,那么女孩就会形成懒惰、依赖的坏习惯。长大以后也会变得自私自利。

过于在意,对女儿的过分注意会让她觉得自己是所有人的中心,骄纵成性。

总是满足,如果女孩要什么就有什么,那么她就不会学会关心他人,并且不肯吃苦。动不动就撒娇、哭鼻子的女孩子,是很难有自己的主见的。父母如果纵容孩子的坏习惯,不仅不利于孩子的成长,并且不能建立起自己的威严。

过于袒护,帮助女儿承担过错,会让女儿没有责任心,如果父母总是充当"灭火器"的角色,严重的还会造成女孩子性格上的偏差。

家长可以想一想自己有没有做过上面类似的事,如果有,要去改变对孩子的教育方式。

正确的富养,并不是要去打造一个公主,而是培养一个优秀、懂事、自信的女孩子,使她对于自己的生活有正确的掌控能力。

1.用各种"挫折训练"提高女儿的逆境商

面对挫折时的反应能力叫作"逆境商",也叫"挫折商"。父母不能总是避免孩子面对挫折,要让她们在逆境中学会成长,这样才能保证孩子健康地成长。女孩的逆境商要怎样才能得到提高呢? 简言之,就是下面几点:

首先，要培养孩子的忍耐力。例如要求女儿等到长辈开饭了才能开始吃饭；带女儿乘坐公共交通工具时，教会她遵守排队秩序；逛游乐场时需要排队……

其次，让孩子学会理解他人，这样能够让孩子善解人意。例如，别的小朋友抢了女儿的玩具，父母要让孩子知道是因为她的玩具太好了，大家都喜欢；而她没有收到生日礼物，则是出于为家庭开支的考虑……时间长了，女孩子就会自觉地去关心他人。如若长大后再遇见困难，她也能够自己很好地处理问题。

通过"挫折训练"，能够使得女儿远离骄傲和气馁。孩子成功后，应该鼓励孩子继续努力，让她知道应该怎样才能做得更好；面对失败时，就要让她知道：失败是能够通过自己的努力去改变的。

2. 让女儿爱上劳动

女孩子的自理能力越来越差了，直到13岁都不能自己洗衣服，这很大程度上是由于父母教育不当造成的。

小雅生在一个农民家庭，全家对她都很娇惯，从来不舍得让她干一点儿活。结果，女儿对农活充满了厌恶感，甚至厌恶农民。没有考上大学的小雅整日无所事事，无论父母多么辛苦，都毫不在意，她从来不闻不问，还对父母诸多抱怨。

一次，父亲生病了，母亲让小雅帮忙摘菜。小雅不情愿，直到母亲哀求，她才很不情愿地去了。但是，一会儿她就空手回来了。妈妈问她原因，她解释道："那么脏我才不想碰呢！"这时候，父亲愤怒地说道："我们白把你养这么大了。"之后，自己带病去了菜园。

有这种不良心理的不仅仅是小雅，现如今，这已经成为女孩子们的通病，其主要的原因就是父母的溺爱，使得她们只会爱自己。 所以，在日常生活中，父母一定要向女孩子灌输劳动的概念，之后鼓励孩子自己做一些社会实践活动，锻炼她们的能力。

第八章

培养多才多艺的完美小公主

爱丽丝仙境的想象——提升孩子的想象力

"妈妈手表那么小，你说它为什么能转呢？能盛得下东西在它肚子里吗？"

"这都是什么乱七八糟的问题，想这些你能考高分吗？学习才是你现在最重要的任务。"

"看到弯弯的月亮你会联想到什么？"

"豆角！"

"这孩子，脑子里净是些乱七八糟的想法！月亮弯弯的当然像小船了！过来，我告诉你怎么画画，先在纸上描出一条线的形状，这就画出了地平线，再画一个长长的框图，就是高楼了……"

许多孩子缺乏想象力，事实上，就是因为一个简单的原因，那就是"分数"和"标准答案"这两根绳子拴在家长脑袋里，只要家长看重这两根绳子胜于孩子自身的童真，就很难发展孩子的想象力。在家长眼里，无论什么时候，学习都是事关重大、意义鲜明的首要任务。 因此，任何时间都要为学习服务，升学、考试是最重要的，其他乱七八糟的想法都不重要，女孩畅想的机会和时间自然就被带着这样的教育理念的家长剥夺了。 为了做题，为了高分，家长会跟孩子一起注重标准答案。 女孩想象的空间无形中就被标准化答案剥夺了！

家长还没有注意到，虽然孩子达成了短期目标，却摧毁了孩子身上最重要的东西——想象力。 没有了想象力的人就体会不到乐趣，假如一个民族失去了想象力，那同时意味着他们失去了创造力。

家长不知道想象力的扼杀主要是因为自己受限制的不完善的教育理念。 不当的教育理念其实是女孩想象力和创造力进一步发展的隐形杀手，家长只有在意识上消除了这种误解，再在行为上重点注意，才能使孩子创造力的培养成为可能。

爱因斯坦曾说过"想象力比知识更重要"。 准确地说，科学研究中不可或缺的重要因素之一就是想象力，面对现实的社会，缺乏想象力，新的发明与创造就无从谈起，生产和生活中的新问题就没有办法解决，人类社会发展也就没有办法前行。 所以要让女孩任意地去想象。

大人的世界一般都很现实，但不能因此压制和打击孩子的想象力，使孩子丧失童年最为珍贵的童真与幻想。 家长可以选择一些像《小王子》《爱丽丝梦游仙境》等童话作品来激发女孩的想象力。 在孩子读《爱丽丝梦游仙境》的时候可以引导孩子，把童话中像"抽着烟斗的毛毛虫""红心女王的棒球比赛"等事物画出来。

父母也可以指导女儿绘制一个场景：午后，在明媚阳光的照耀下，一棵树下，爱丽丝正在安静地看书，后来在一只小兔子的带领下来到了一个梦幻的地方。（女孩也许会绘制慵懒的阳光，爱丽丝和她身旁的树上笼罩着懒懒的阳光，有一只小兔子藏在她头顶上的树丛中，远处有漂亮的流水、草地、奔跑的孩子……）

　　然后，爱丽丝的仙境旅程就开始了，首先是遇到会说话的茶壶，能隐身的妙妙猫，疯狂的帽子先生等。在这个地方它们邀请爱丽丝参加了一个茶会，其奇怪程度会让她终生难忘。想象出来的各种各样的怪人就可能会被女孩画出，身上的衣服也与平常人所穿不同，有喝茶的，有聊天的，有耳语的，有欣赏风景的，有心不在焉的……也可随意想象背景，还可以胜过书中描绘出来的场景，自由自在地表达孩子自己的愿望和想象。让她按心里所想的去画，至于画得好与不好是不必计较太多的……

父母不要按自己的"思维定式"要求女儿

思维定式也叫心理定式，这个理论是 1889 年由德国心理学家缪勒和舒曼提出的，它是说人已经形成的一种准备状态（由以前的实践与心理活动而形成）常常决定人后继心理活动的趋势，外在特征表现为常常试图用一种特定的方式解决问题。它会让人用比较固定的思维模式对外物进行感知，难以变通。

当孩子在学习时，如果受到之前经验的影响，仅仅套用一些公式或者固定的方法，最终结果就是，要么没有新意，要么解决问题的方法显得有些笨拙。而只有这种思维定式被打破，无尽的想象力才会喷涌而出。我们可以借鉴下面这位德国老师的教育方法。

在一个普通的德国学校的课堂，孩子们正在上艺术课。老师并非按照一般的做法，让孩子简单地去临摹一个给定的物体，却是先给孩子们讲故事：一幢新房子建成了，小朋友们搬了进去，在这个用砖头砌成的房子里，有阳光照进屋里，有一些小花围绕在房子的周围，在房子的后面有一条小河。把这几个条件给出以后，孩子的任务是画出自己的新家。

因此，一些孩子把停车场添加在新家的前面，并在这些停车场里增加了一辆小汽车；还有一些孩子给新家添上了草坪，上面还有小猫小狗；另外一些孩子把一些小鸟画在了屋顶上；甚至有的孩子画出了粉红色的河流，看起来非常美丽。老师并没有责怪孩子不按常理画画，而是对孩子们的创造精神进行表扬。那条粉红色的河流得到老师的欣赏，老师极力称赞画了这条河流的孩子。

孩子想象力的获得需要父母的帮助，父母要有一颗童心，陪孩子做一些小工具、一起做智力题、下棋、绘画等等，给孩子创造一种无拘无束的环境，让孩子充分展现自己的创造力。即使她的一些想法有违常理，但也不能批评，因为这对孩子想象力的发展是有益的。

家长不能因为不喜欢，而压制孩子喜欢问问题的习惯，也不要由于不喜欢或不赞同孩子的爱好，把自己的意图强加给孩子。孩子犯一些小的错误是不可避免的，要激励孩子自己动手去做其他的事情，这些对培养孩子的想象力都是大有裨益的。

鼓励孩子讲故事

许多女孩对编故事、讲故事十分感兴趣，她们会把自己知道的故事讲给一些小朋友或爸爸妈妈听，有的时候也自己讲给自己听。家长要积极鼓励孩子的这种行为，而不应该打击孩子讲故事的积极性。

父母也可以在孩子续编故事的时候给予帮助，例如父母与孩子读完一个故事后，要指引孩子根据某个主题叙述这个故事，说到精彩地方的时候，可以用笔记录下来，长时间如此，孩子的想象力便会不断地累积、发展。

参加诗歌朗诵会会让孩子的语言能力得到培养。扮家家是女孩喜欢的，甚至会加上有声有色的演绎。这就是女孩很早就能表现出的一种天赋。女孩比男孩使用语言的时间更早，语言也往往会更流利、更生动，她们更会表达自己的想法。

因为女孩的这种天赋是与生俱来的，因此女孩的语言能力应得到及早的培养。下面这位妈妈在培养女孩语言能力方面有着自己的想法：

　　我的女儿惠婷今年刚刚7岁，讲起话来头头是道，而且一点都不混乱。女儿性格外向，很愿意和小朋友们在一起开心地聊天。

　　我会建议女儿自己组织一些小活动。几天前，一个小小的古诗朗诵会成功举办。十几个小孩准备好最拿手的古诗词在一起有声有色地诵读，女儿还绘声绘色地告诉小朋友们诗歌的意思，并自由发挥和大家一起分享她写的"小诗"。

　　孩子还很小，冷场现象很可能发生。在这种情况下，女儿就会适时地让气氛活跃起来，她会说："那我们先休息一会儿吧""有些人陶醉了，现在难以表达自己的情感了"等等。总而言之，她很容易把当事人从尴尬的境地中解救出来。

很多家长认为别人的女儿天生聪明，认为自己的孩子不够聪明，什么也学不会。 有的家长会说，自己的孩子连清楚地表达自己的意思都有困难，左一句右一句的让人听不明白。 其实孩子的天分是没有差别的，家长给予的后天引导才是关键。

通常情况下，3岁的女孩就能清楚表达自己的想法。 当女孩16岁的时候，联系着大脑左右半球的神经纤维比男孩大四分之一左右，她的左右脑半球交流就更多，其相应的语言表达能力也更强。 而且女孩大脑内负责语言和写作的区域更活跃，这就是女孩能使用更多的词汇并能更为生动地表达自己的原因。

当女孩自卑时，父母可以用一些名人成功的故事来激励她。我们可以效法歌德父母的做法。

歌德是大文学家，他取得令世人瞩目的成就的原因，可以说跟他的家庭教育有着密切的联系。

歌德在8岁的时候就可以阅读多种文字的书籍，例如德、法、英、意大利、拉丁、希腊文等，并开始写剧本。14岁时，他的名著《少年维特之烦恼》只用了四周的时间便完成了全部创作。歌德被人们称为天才，他的出身很普通，但他有十分明智的父母。

1749年8月28日，他在法兰克福的莱茵河畔出生。爸爸拥有法学博士学位，曾是地方官员。在歌德小时候他常和父亲去林中散步，诵读赞美大自然的诗歌，并在这一过程中对动植物有了更多的认识；长大之后，他随父亲到各地旅游，无论到哪里，父亲都把各地的历史与风土人情讲给歌德听。

歌德家经常会举办宴会。在宴会上歌德站在椅子上面对观众演讲。开始时他结结巴巴、词不达意，但是逐渐就变得口齿伶俐、声情并茂了，让自己的演讲能力得到了极大的锻炼。

歌德的母亲是当地市长的女儿，她喜欢文学，给孩子讲故事是她最大的爱好。当讲到了精彩的地方母亲就会停下来，把接着讲故事的权力交给歌德。在家中母亲请人演木偶戏，结束之后，这个剧目就会被歌德和其他孩子兴致勃勃地排演，从准备道具，逐渐到自己写剧本，背诵台词、扮演角色，直至完成一部完整的剧作。

他在后来的回忆录中有这样的描述："我的创造力、表现力、想象力以及每一种技巧都是从这些儿童的玩意儿和劳作中得到训练和发展的，并且是用了极短的时间、极小的代价，这些都要归功于我的父母。"所以他一直都认为父母的教育方式是正确的，正是由于父母的陪伴和启蒙教育，才充分地挖掘了他的潜能，为他以后的成功打下了坚实的基础。

如果您发现女儿天生对语言或表演有天赋，可以考虑一下歌德父母教育孩子的方法，以正确的方式引导女儿，充分挖掘孩子的潜能。

第九章

重视女孩的礼仪教育

别把独生女养成"独女"

当前，很多家庭都是一个孩子，还有一些家庭是 6 个大人同时照顾一个孩子。孩子是家里唯一的宝贝。但是，父母教育不到位，可能会使孩子认为谁都要照顾自己，无论做什么都要先想到自己。这时，与别的孩子相处时，就会产生疑问：为什么他不听我的话呢？

家长应该让孩子懂得一个道理：每个人都要平等相待，当你受到其他人的帮助和关心时，就要学会向对方回报你的爱心。这样才能收到很多的关心，也能收到更多的快乐。

有个寓言叫《天堂与地狱》，主要内容是：

> 一个人想知道天堂和地狱哪里不一样，他先到了地狱，虽然有很好的美味，可是里面的人都是一副苦相，因为用来吃饭的勺把太长，没办法喂自己饭。然后到了天堂，虽然勺把也那样长，可是这里的每个人都很开心，原来他们聪明地互相喂对方吃饭。

寓言的意义是：互相帮助是人享受幸福生活的前提。 关心帮助别人是人性优点的表现，每个孩子都不能缺失这种美德。

在小学的课堂上，小明忘记带文具了，没有办法写作业，同桌小花主动把自己多余的文具借给小明用。从此，小明一直在感谢小花。

一天在放学回家的路上，小花扭伤了脚，疼得路都没办法走了。正好，小明看到了，赶快扶着小花回家。小花的母亲知道这件事情之后，高兴地对她俩说："关心帮助别人的同时也帮助了自己。"

有一天下雨了，一个上了年纪的老太太走进一个商场，大部分营业员都对她置之不理，可是有个年轻营业员走过来问她需要什么。老妇说外面下雨了，自己进来避雨。这个年轻人没有置之不理，反而给她提供了一个凳子。

当雨停时，老妇人先是向这个营业员道谢，并索要了他的名片。几个星期后，商场经理收到一封信，信中明确指出要让这位营业员去某地接受一个大订单。而这封信就是那个老妇人写的，事实上，她是卡耐基的母亲。

通过这个例子我们可以得出一个结论：关心帮助别人，自己会得到更多帮助和关心。 想要让女儿具备这种品质，一定要告诉女儿，帮助、关心别人是美德。 父母可以为女儿制订一些具体的计划，支持她自己实施。 如把自己喜欢的贴纸和别的孩子共享；引导她给忙了一天的爸爸妈妈拿背包、递拖鞋；帮助行动不便的老人等等。 要让孩子学会这些良好品德，我们就一定要起到榜样的作用。

在亲戚朋友家过夜

你是否有带着孩子或让孩子一个人留宿在亲朋好友家里的往事？ 结果如何？ 孩子闹没闹？ 大家喜不喜欢她？ 孩子当时的状态如何呢？

有一次高女士和女儿丽丽留宿在朋友家里，女儿很不喜欢，这里洗澡用浴盆，而家里是沐浴；在家里睡前可以看一会儿电视，这里却不行；在家的时候都是和爸爸妈妈一起睡，这里却是和这家小孩一起睡。 妈妈也感觉到了丽丽的不适应，然而又不知道如何是好。

其实，这样的机会并不多，但这是考验你教育女儿成果的大好机会。 日常在家里看不到的细节，此时就可能无限的放大出来，而别人却能从小孩身上看出这个家庭的素养，也可以知道家庭的和谐程度。

如果孩子在外面住宿表现良好，与母亲平日的教导息息相关。

1. 锻炼孩子适应新环境的能力

孩子的对外依赖性要远远超出成年人的想象，因此，尽可能不带孩子去她不熟悉的地方住宿，特别是第一次在外面留宿的时候，最好选择她熟悉的地方。先培养一下她的适应能力，如带她到认识的亲戚家住一次，地点可以是外婆家、小姨家等。孩子一定要熟悉借宿地点的人和物。父母要清楚，儿童时期的初次体验会影响到孩子的性格。为此，家长需要注意以下几点：

第一，去别人家时，孩子一定要穿得整齐一些，这代表尊重主人。如果住宿就要准备一下，不可匆忙出发。带着孩子的随身卫生用品，包括内衣内裤。告知孩子，无论在哪里借宿或过夜，都要重视个人卫生。这件事最好和孩子共同完成，帮助孩子做好外出过夜的心理和物品准备。而且，一定要带上孩子最喜欢的玩具等日常用品，使她在陌生环境还能看到熟悉的东西，让她觉得自己依然是安全的。

假如你们去的是朋友家，在你们通电话商量的时候，可以让孩子听着；假如去的是孩子认识的人家时，可以让孩子去试着沟通一下。如果对方家的小孩正好是自己孩子的小朋友，要记得告诉孩子给对方准备适当的礼物。

第二，应该让孩子知道出行的日程安排，并假设会碰到什么人，会问什么问题等。让孩子去想象这些问题，就好比她们平时做的过家家游戏，这是她们高兴做的事。

第三，告诉孩子主人家都有什么样的生活习惯，使孩子很快熟悉环境。如，主人家里沟通时都讲普通话而且声音很小，就要事先告诉孩子，到了那里，不要大喊大叫，要说普通话。 这其实是对主人的尊重。 同时，也要和女儿讨论，怎么和主人家的小朋友一起相处，要知道忍让，不要欺负人家。这样一来，双方的孩子才可以玩到一处去。

2. 尊重和认可他人

告诉孩子到主人家的时候一定要记得按门铃或主动敲门。 主人出来迎接时，先相互问候，不能人家打开门就直接跑进去。 应该在听到主人邀请的声音以后才可以进去。 敲门时，声音不能太大、节奏不能太快。 如果按铃或敲门后，里面没有人，要等候大概30秒左右，但不用等待太长时间。

告诉孩子主动向对方问候，这是基本的礼貌。 要让孩子准确称呼对方，准确叫叔叔阿姨、哥哥姐姐等日常称呼。 如果孩子对一些称呼不太熟悉，父母要事前教给孩子，防止尴尬局面的出现。 如果直到见面了才教孩子就有些晚了，就会出现孩子不会或不敢向对方问好的场景。

有一条基本的礼仪是客人要听从主人的安排。 告诉孩子，让她把这些基本礼仪内化为自己的习惯，只有这样，孩子才不管在什么情况下，都能应付自如。

一位母亲带着孩子去了一个印度友人的家里。主人为她们提供了印度的传统美食。但到了吃饭时，孩子发现没有筷子，就悄悄问妈妈："这里怎么不提供筷子啊?"这位母亲告诉孩子："咱们先观察一下别人是怎么做的。"很快，主人开始用手分食物、抓饭吃。孩子也开始模仿主人的动作用手去拿东西吃。

人有时"慢半拍"是一件好事，有的时候，慢半拍是稳重的体现，是优雅的体现。 这还可以让孩子受益匪浅。

在向主人辞行的时候一定要表示感谢，并可以诚恳地请对方到自己家做客。 在与主人告别时，告诉孩子出门后一定要向主人说声"再见"。 在走出几米远后，主人还在门口时，告诉孩子应该再次向主人道别，使用"请回"或"再见"等告别语。

多接触外人，有助于孩子进一步了解这个世界，通过了解他人的经历，可以让孩子体会不同的文化和思想，从而进一步了解社会。 如上面拜访印度家庭，使孩子对印度的文化有了更进一步的直观认识，这样的经历是孩子一生中最宝贵的财富。

中国是多民族国家，还有与汉族文化不同的其他民族文化，要及时教给孩子，教育她理解和尊重对方的文化习惯，成为一个包容、有教养的人。

公共场所，细节体现优雅

公共场所是学习的好地方，女孩可以在这里学会人际关系、法规法则、助人自助，也可以使自身的能力得到提高。随着女孩的成长，会更多地出入公共场所。但某些孩子会表现得很霸道，一不高兴便又哭又闹，争抢伙伴的玩具，甚至是欺负年龄小的孩子，随地扔垃圾，破坏公共设施。

假如孩子出现了这种行为，父母就不得不提高警惕了。这种情况有可能是孩子缺少自我约束力造成的。这时，家长需要及时纠正她们的不良行为并让她们谨记公共场所的规则。教育女孩子的时候，应该多种方法并用，正面教育为主，晓之以理，动之以情，使女儿长期处于积极的情绪状态中，不断进步。

假如出现了不文明行为，家长应"恩威并施"，既要有一定的宽容，又要加以约束。可是假如不文明的行为很严重，家长就需要运用一些积极方法进行补救了。例如损坏了公物就一定要赔偿，欺负了别的小朋友要道歉。

想要女儿的观察、沟通、表达能力有所增强，要从现在开始，培养女儿的公德意识，这对她以后的社会集体生活也是有很大帮助的。

1. 在影剧院做文明观众

一旦和女儿购买了演出或者电影票，我们便在一定程度上与剧院或是影院达成了一个协议。影剧院都属于文化场所，是人们尽情享受高雅艺术的地方。所以，应当有与艺术氛围相协调的仪态方式。那么，在这些地方我们应该注意些什么呢？

（1）电影院

首先，观众应该要穿着整洁，坚决杜绝穿背心、拖鞋等现象，尽量不要迟到，在进门前，向工作人员主动出示票证，进场后找自己的座位号。假如到得比较晚，需要穿过其他观众到达自己的座位，这个时候要礼貌地请别人给自己让路。假如从他人前面走过，要对着让道人连声说谢地侧着身子前进，切忌背对着人。

假如戴着帽子，落座后，应该把帽子摘下。坐下之后，根据观察"左邻右舍"的情况来决定自己应该占有哪边的扶手，而非两个都占去。在看电影的时候，不要做出妨碍后面观众视线的事情，也不要发出声响而影响周围观众。喜欢在看电影时吃东西的女孩子更要约束自己，吃食物时尽量不要发出响声。

电影《南京，南京》在 2009 年 4 月上映。很多孩子在家长的陪同下来到影院了解这段沉重的历史，同时也接受爱国主义思想的熏陶。但是，一对90后情侣的行为引起了公愤。这对情侣的行为很不雅，刚开始的时候，两人就对电影是黑白片表示不满，在影片播放到屠杀画面的时候，这对情侣居然发出了笑声。

他们戏称难民恐惧的表情像拍毕业照。当慰安妇的悲惨遭遇出现的时候，情侣两人竟然肆意地评论慰安妇的身材，又再一次笑了。在他们眼中，这部充满悲情色彩的爱国片仿佛成了喜剧片。

现场的观众被他们的这种行为激怒了。影片进行了一小时的时候，后排的一位老人愤然斥责了这对情侣，并让他们停止这种恶劣的行为。就在这对情侣要反驳的时候，周围的观众嚷着要将让他们赶出去。这对情侣看到观众的表现，就不再出声了。大约10分钟过后，他们只得悄悄从侧门出了影院。

由此可见，那对情侣由于缺乏基本的是非观和自我约束能力而成为众矢之的。

（2）歌剧院

一般的音乐厅，在节目即将开始的五分钟之内，灯光会闪烁几次，是告知观众要赶快回到自己座位上的意思。假如自己所在的那一排座位中已经有其他人就座了，在经过他们面前时应表示歉意，并小心行事，避免碰到已经坐好的人。

一般音乐厅的空间都很小，所以，每个人的回旋余地非常有限。这就需要观众时刻自我约束，不要越出自己的空间。 不要做出随意摆动身体或是乱扔垃圾等影响他人的行为。

特别要注意的是，在离场时应尽量保持安静，并且保持座位的卫生清洁。 一位经常听音乐会的人这样说："一些人听完音乐会之后，表现得特别没素养，将各种垃圾留在座位上，使得整个演出会场变得异常脏乱。"

如果经常带孩子去看演出，最好提前准备好一个小袋子，离场时将从座位上收起来的所有垃圾都用袋子装好，之后扔进垃圾箱。 出场的时候，不要大声喧闹，也不要对音乐会立刻做出评价。 若是自己对这场歌剧并不满意，也要在出去之后发表自己的意见。

在歌剧院还需注意一个十分重要的环节，就是鼓掌。

鼓掌也是一门学问，适时的掌声代表了观众对演出者的响应，但若是在不适合的时间鼓掌，往往会起到负面效果。通常来讲，鼓掌不能在乐章之间。 乐章之间的停留并非作品整体的结束，这时要做的就是等待，鼓掌是不可取的。

只要指挥的手未落下，就表示音乐会还未结束。 假如不能确定演出是否完毕，还可以通过指挥或是演奏者的行为来判断。 一般来说，音乐结束后会有一小段属于观众的时间。因此，在音乐停止的三到五秒之后，响起热烈的掌声，就将整场音乐会推向高潮。 当然，有时候也需要在乐曲进行中鼓掌，需要营造气氛时，指挥会面向观众打拍子来向观众说明。

在观看表演的时候，不要随便鼓掌，例如演员还没有念完台词，一个乐章还没有结束时鼓掌，会影响音乐的整体性，使效果大打折扣。

2. 在场馆遵守社会公德

博物馆、图书馆、游泳馆是人口较为密集的地方。带着孩子去这些地方，不仅可以让她们学到更多知识，还能开拓她们的眼界。假如孩子在游览场馆时枉顾场馆制度，即使学到了知识也是舍本求末。因此，在去这些场馆之前，需要向孩子们仔细解释场馆准则，要孩子遵守社会公德。

（1）参观博物馆

博物馆的环境相对特殊，里面展出的是极具历史文化价值的展品，所以，博物馆对馆内环境与参观人员都有较高要求。

例如在穿衣方面，参观者应保持整齐的着装才能与管内较为严肃的环境相协调。特别是夏天，背心、短裤、拖鞋等是要坚决杜绝的，这不仅是对其他参观者和管内工作人员的不尊重，还是对展品的亵渎，也会使整个氛围遭到破坏。

博物馆中不能大声喧哗。因为博物馆也需要一个比较安静的环境，只有在安静的环境下，参观者才能静下心来感受展品中所传递的意蕴。所以，参观的人应该尽量保持安静，切忌高谈阔论、大声喧哗。一些人在看到自己喜欢的作品时，往往会激动地高声呼唤其他人来观赏，这些做法都会扰乱馆内的秩序，对其他参观者的观赏造成不良影响。

博物馆陈列的都是十分珍贵的艺术品，有些艺术品甚至举世无双、价值连城。但总有些参观者想要触碰一下展品，这会"伤害"这些艺术品，有时还会无意间使这些艺术品受到人为的破坏。许多博物馆都禁止参观者用手触碰展品，对那些特别珍贵的文物，博物馆也采取了各种措施，例如设玻璃罩、隔离线等。 可是这样的措施只针对少数展品，若参观者一味破坏管内规定，博物馆也无可奈何。

另外，还要让孩子知道，在博物馆里拍照时别用闪光灯。因为很多珍贵的文物都不能用强光照射，例如历史名画、古代彩色塑像等。 强光会让这些文物迅速老化，有时造成的损坏甚至是永久性的。 所以，我们不得不放弃照相留念的想法，尽量不要拍照，才能保证展品的完好无损，以供更多的观赏者欣赏。

事实上，每一个展馆都有很多写满了各种注意事项的提示牌。 可是这些提示牌常常被参观者忽略，有些参观者总是拿提示牌上类似的问题询问工作人员。 这样不仅耽误了自己的时间，也会在无形中给工作人员添加许多负担。 所以在参观之前，应告诉女儿多留心提示牌，而不是一有问题就去咨询工作人员。

（2）进入图书馆

周末的时候，带着孩子去图书馆读书，是一件既能放松心情、又能补充知识的事情。 图书馆也是公共场所，所以，要保持良好的看书环境，每个阅览者就要遵守图书馆的规章制度与公共场所的行为准则。

去图书馆要保持整齐的着装，进入时，要依次排队进入，切忌争先恐后和插队。 坐下看书的时候，不要为还没到场的人占座，也不要和别人争抢座位。

保持图书馆的安静和卫生尤其重要。 当人们沉浸在心仪的作品中时，那"沙沙"的翻书声，可以给人带来享受。 尤其需要注意的是，女孩最好不要穿高跟鞋入内。 否则，图书馆里都是鞋跟的声音，人们就没有了看书的闲情逸致。

要爱护图书馆的书籍。作为公共财产，图书应该受到大家共同的保护，杜绝个人损坏。如今，许多图书馆都有复印和照相的地方，我们完全可以在图书馆里复印或是照相以得到我们所需的资料，但是不可以因为喜欢书中的某一部分内容而撕毁图书。

另外，所借的图书要做到及时归还。"流动中才能体现图书的价值。"每一个图书的借阅者都应该懂得这个道理，尽量让图书的价值达到最大。特别是对一些当下非常受欢迎的书，更要赶快看完还回去，不要影响别人。借到好书就无视时限迟迟不还，是缺乏社会公德的表现。

（3）进入游泳馆

有的父母会时常带着孩子去学游泳。游泳可以促进孩子的发育，可使小孩的心肌生长得更好，且更有利于新陈代谢，经常游泳的人，心跳的速度没有同龄人快，这就使孩子的身体在将来能够承受更大的体力负荷。游泳的动作复杂，要靠大脑的支配才能完成，所以游泳也有利于大脑，会使大脑对外界反应灵敏，使孩子的智力发育得更好。

因此，应该时常让孩子去游泳。

所有的体育项目都一样，参与者必须将生命安全放在首位，这样才能体会运动带来的乐趣。当我们带着孩子游泳的时候，必须在保证安全的前提下进行，并且牢记游泳的相关细节与守则。

小孩在游泳的时候一般都会很兴奋，注意不要让他们在地面湿滑的泳池边嬉戏追逐；不要让孩子坐、卧在分隔水道和消波用的水道绳上，这样不但危险，还可能会使其他人受到影响；游泳的时候，若是多人同时在一个水道中，要保持和别人的方向一致；在游泳的过程中，不要横着游或跨越水道，这样很有可能会造成一定的危险。

游泳池通常会按照不同需求被划分成若干区域，主要有教学区、练习区、快游区等。要根据孩子的情况选择适合孩子的游泳区域。要跟其他游客保持 3 米的间距。当有想要"超车"的人碰到我们的脚时，就要向旁边靠一下留出中间的泳道让给他们。想要在泳池中休息的时候，也要尽量靠向水道线，以避免打扰其他人。

此外，游泳之前还要告诉女儿，不能身着过于暴露的泳装。假如泳池中的人很多，还要提醒她注意防范非正常的异性接触，要从小树立安全意识。

带女儿去旅行

"读万卷书，行万里路。"这里的"行万里路"可以用出游来实现。 在孩子成长过程中，可以经常带孩子出去游玩，这样不仅能达到休闲的目的，还能帮助她深入地了解社会。

同时，旅游还是一种行为艺术。 在旅游的时候，不同的景致总是会引起孩子强烈的好奇心与探索兴趣，让孩子变换心情的同时，还可以促使孩子更新记忆，对丰富她的人生阅历有极大的帮助。

诗莹今年上初一了。爸爸在一次偶然的机会中从媒体上得知：河南安阳殷墟即将免费向游人开放一个月。爸爸心想：这无疑是一个让放假在家的女儿出去旅游的好机会。

和女儿交涉一番后，爸爸买了第二天出发的车票，之所以这么快出发，是怕女儿反悔。次日，五小时的火车"旅行"后，诗莹到达安阳。

在景区，诗莹一个人用了三四个小时兴致勃勃地参观了多个著名景点，如司母戊大方鼎、甲骨文和一些古墓、马车等，还在景区拍照留念。午餐是自带的饼干。下午诗莹乘火车返回家。到家之后，诗莹自信地决定明年暑假独自前往乌鲁木齐。

孩子的安全毋庸置疑是最重要的，假如女儿的能力还不足以让她独自出去，家长切忌急功近利，而是要循序渐进。要多带孩子出去游玩，让她在游玩中积累一些出游经验，在游玩中得到锻炼。

1.旅游前的准备

和自己出游相比，带着孩子一起旅游需要注意更多事项，凡事也要考虑得更加完备。 并且，家长应该想办法让孩子自动积极地投入到旅行前的准备活动中，例如让孩子收拾自己的东西，选择要带的衣物。

这样不仅可以让孩子帮着分担一些烦琐的工作，也可以锻炼孩子的自主能力。

（1）让孩子明白旅游的目的。 有目的的出行才能使旅游更有意义，要选择一些对孩子有一定教育意义的旅游，比如观光旅游、民俗旅游、生态旅游、工业旅游、宗教旅游、探险旅游、文化旅游、探亲访友旅游等等。

观察异地异族人真实的生活方式、文化形态、传统习惯称之为民俗旅游，是让现代人能够有机会领略异国、异族、异地风情，追求更高层次精神生活的一种旅游活动。 这可以极大程度地增长孩子的见识。 比如内蒙古草原、新疆、青海、西双版纳等都是人们极为喜欢的目的地。

生态旅游则为孩子亲近自然、享受自然、了解自然提供了一个很好的契机，其主要形式有森林生态游、海洋生态游、高山生态游、草原生态游、沙漠生态游等。 孩子保护大自然的意识可以在这样的旅游中得到强化，在感受自然风光的同时，让孩子更多地了解自然生态以及思考如何维护生态平衡。

还可以带孩子去海边欣赏大海的美丽，去寻找大山深处繁茂的森林、宽广的草原和巍峨的高山，在丰富阅历和知识的同时还极大地陶冶了情操。

(2)和女儿一起选择旅游路线。 上述内容，我们说到了旅游方式的选择。 那之后，对于旅游路线的确定，家长大可让女儿参与进来一起讨论。 在讨论旅游路线的时候，可以让孩子深刻地了解到各处的风景名胜，因此，对旅游路线的认真思考和策划是必不可少的，同时还需结合自身的实际情况。

和孩子出行，家长往往会视孩子假期而定，而假期时间的长短是旅行线路选择的决定性因素。 假如假期长就可以带孩子去远一些的地方，假期短就去近一点的地方，但都要保证时间的充分性。

出行时间确定好后，钱是必不可少的。 要让孩子清楚，外出旅行要受家庭经济条件的限制。 家庭的经济状况不仅可以决定旅行的地点，也可以使孩子的消费观念受到影响。 在条件允许的情况下，可以根据自己的喜好选择最佳旅行路线。 但无论你选择什么路线，有关旅游的基本支出都要考虑好。 因为途中还可能有意外的开支，所以应准备一些额外的费用，以备不时之需。

当时间和费用这两个问题都考虑好之后，剩下很重要的一点就是孩子的兴趣爱好了。 在旅行的过程中，若选择孩子较为感兴趣的路线，她将会获得更多的收获。 在选择路线前还要对线路进行了解，才能从中窥见孩子的兴趣类型。

(3)准备充足的旅行用品。 孩子应该自己收集和整理需要携带的旅游物品。 家长给孩子一些建议就可以了，这对培养孩子的独立性有极大的帮助。

首先要选择一个耐用结实的背包。 孩子自己背的包稍小一点即可。 最好带两套宽松舒适的衣服，一套现在穿，一套替换。 鞋一般选择行走方便的运动鞋，尺码最好稍大，以免太紧。 纯棉的袜子最好。

假如去早晚温差较大的山区或是较远的城市，还应该带上厚一些的衣服。 就算是夏天出行，给孩子带上一件较为暖和的外套也是十分必要的。

另外，外出的一些日用基本药物也是必不可少的，止痛片、消炎片、儿童感冒退烧药、治疗腹泻的药、创可贴、棉球、酒精、风油精、红花油等可以适量准备一些。

在旅游的时候，孩子在任何地方都有可能感到饥饿，可能在没有饭店的地方孩子会告诉你她饿了，所以孩子喜欢的、可用以充饥的零食也是旅行包中必不可少的物品。 有时可以给孩子带上书籍或者游戏机，以便在旅行疲惫乏味时分散孩子的注意力，让旅行充满趣味与惊喜。

家长可以为年龄适合的孩子单独准备一部相机，假如孩子小，可以给孩子准备一个笔记本。 不管是相机还是记事本，都可为旅行平添许多乐趣。

2. 享受最完美的旅行

准备工作完成后，就是旅途过程了。以下细节需要在旅行过程中注意。

（1）衣食住行是关键。旅游的时候，衣裤稍宽松但不宜过长，不要影响走路。尤其是女孩旅游的时候，穿运动衣、运动鞋为佳，这样更为利索干练，不会造成旅途行进的负担。夏天，穿浅色衣物比深色衣服更凉爽，但要注意防紫外线。家长要记住：白、土黄、米灰、绿、红、青、黑，吸收辐射的强度由弱到强，选衣服时应选择合适的颜色。

同时，为减少太阳对头部的暴晒和阳光对眼睛的刺激，夏季出行时可以带上帽子。

因为会因旅途疲惫，所以途中饮食的样式应简单方便为好，注意营养搭配，多吃一些水果。饮料最好含有盐、铁、钾、钙、镁等身体所需的矿物质元素，可是不能一次喝太多的水，最好不要超过300毫升。

饮茶时茶水不宜太浓，避免出现兴奋、失眠、多尿、便秘、心跳加快等症状。和孩子一起旅游，最好带上适量的饼干糕点以备不时之需，但一定要让孩子适量摄取。可带孩子品尝一些当地的名吃，但是不能让孩子吃太多。

在品尝各种特产的同时，要及时考虑到可能由于水土不服引起腹泻等不良症状。饮食卫生也要注意。

观光是出行的主要目的，对住宿条件不要有太高的要求，所以住的饭店干净、舒适即可，不必很贵。回到宾馆后，一定要让孩子尽快睡觉，要知道，充足的睡眠是第二天精力充沛的必要条件。

睡前洗一个热水澡可有效防止因环境变化而不能入睡的状况，还可以消除旅途中的疲劳。尽量待在无风或是风小的地方，能有效地防止感冒和关节疼痛。尽量选择晚上乘车，这样不但可以节约住宿费，还可以将白天的时间节约下来用于旅行。在旅行中要注意保管财物。

返程的票可以提前买好。抵达目的地后，先买一张地图熟悉一下当地的地理情况，以免迷路。在累了或者时间很紧的情况下，"打的"是一个很好的方法，千万不要吝啬那点车费。虽然打车的费用不便宜，但可以节约时间，还能让你恢复体力，可谓"物超所值"。要从正规车站乘坐长途汽车，在买票的窗口要问清楚汽车的时间和班次。假如是小巴，要预先问好价钱和所到地点。搭顺风车也不失为一个好办法，但人身安全要排在首位。

（2）引导女儿记录旅行过程。每到一个景点后，一定要留下一些属于这个地方的回忆。要让孩子自己完成这个工作。随身携带的手机和相机都可派上用场。旅游日记可以记录人们的旅行活动。在旅游的时候，孩子见到的都是新的环境与风土人情，在学到新知识、见到新事物的同时，一定会有一些新的体验与心情。

鼓励孩子把这些记录下来，并赋予其中自己的主观感情，写成旅游日志，不但可以增加乐趣，还可成为她以后生活中不可磨灭的记忆。让孩子记录旅游中遇到的人和事，在增加趣味的同时，锻炼孩子的语言表达、文章构思与观察分析能力，也有利于写作能力的提高。

所记录的东西要真实。 想要写好一篇文章绝不可一蹴而就，可以先行记下文章的轮廓与大概，等到回家后再细细整理。 伴随着旅游次数的增多，游记的文章在增加数量的同时也更为详尽逼真，这对孩子来讲是很有价值的。

除了文字以外，图片或视频也是记录的重要方法。 旅行是对自然美、生活美与艺术美的追寻与体验历程，把这些美景用照片再现出来。 所以，摄影摄像是增强旅途过程中乐趣的不可或缺的部分。 在旅行过程中，让孩子自己尝试拍摄，既可捕捉美好而难忘的瞬间，也可以提高孩子的动手能力。

3. 铭记旅途注意事项

静静在高考结束后想和同学们尽情舒缓一下紧绷的神经，便决定一起出去游玩。旅游过程中，静静在一边休息，一名中年壮汉突然窜出抢走她的包，当时静静想喊叫，男子就恐吓说若叫人就杀了她。后来男子在抢到包后立刻逃离了现场。

之后，静静在旅行团工作人员的帮助下，去派出所报了案。静静的妈妈说：被抢走的包里有总价值约1万元的手机、手表、相机、太阳镜等，里面有一副贵重的太阳镜，"那是为了减少旅途中紫外线对眼睛的伤害而特地买的"。

出游前，一定要让孩子树立安全意识。 旅行途中，要时刻注意自身的生命安全和财物安全，看管好自己的东西，避免造成损失。 在旅行过程中，对于陌生人所给的食物，不可随意食用。 发现可疑情况要及时和同伴说，遇到危险情况或是发生案情应及时有效地联系警察或有关部门。

结伴旅游时要时刻注意团队的完整性，保持人员的高度集中性，避免和团队走散。 自己参观的时候，要记好时间及集合地点，在规定时间内返回，以免耽误乘车的时间。 搭乘列车时，要记清车次、车厢号、卧铺号；若是乘坐旅游车，务必要记住所乘的车牌号；坐出租车的时候尽量索要发票，以免物品丢失时无法找到出租车。

时刻注意景区内关于禁入地段和危险地区的提示，尽量远离。 要特别注意饮食卫生，尽量到卫生环境良好的餐馆就餐，不吃不干净的食物，不喝不干净的水。 炎热的夏季要注意避免中暑，冬天要注意保暖，旅途中要注意身体健康，不要生病。

进餐礼仪很重要

想要把女儿培养成为一个气质高雅的女性，除了合宜的穿着打扮之外，得体的举止也是必备条件之一，如果你希望女儿在用餐时也能展现少女风范，就要教给她一些餐桌礼仪。

从进门、用餐到结束，每一个环节都有必须注意的地方，虽然有些烦琐但也不至于太困难，只要利用机会练习，就可以轻轻松松当一个气质美女。

一个人的风度修养如何，她在餐桌上的表现很重要。因为，在桌上的一举一动不仅能展示良好的礼仪修养，也更可能将不足之处暴露无遗。

从迈进一家饭店那刻起，就要开始遵守一些不成文的规矩了。一定会受到服务人员的热情接待，无须任何提示他们就会帮你脱下外套。如果没有提前预订桌子，那在询问是否有空位时就不要太客气。如果他们说没有，也不要跟人家理论——尽管看起来有些位子还空着，但可能是为有预订的人所留。

入座时，在大家聚过来之前，不要只顾着自己占个好位子。 如果是第一个走近桌子的人，那就顺势向里移，以方便其他人就座。 即使是跟地球上最乏味的人在一起，身处社交生活的"西伯利亚"之中，就座时也要保持体面，注意礼节。

切记要尊重其他用餐者。 把手机铃声关掉（最好是关机），然后大体留意一下周围环境的喧闹程度。 不要盯着其他人看——这很难做到，但是要知道角落里的那对亲密的伴侣或许正在最后的晚餐中挽救着他们的关系，绝对不需要窃听。 尽管如此，饭店仍是公共场所，你绝对有权享受欢声笑语，所以也不必默不作声。

1. 点菜

菜单就是点菜的向导。 如果对某种配料或者对某种菜肴的味道不甚了解，尽管去问服务生。 他或许还能把厨师叫出来为你讲解。 在你决定之前，饭店里的人还会主动向你推荐一些特色菜。

大家都做好决定后再把服务生叫来点菜。 在外面吃饭就要好好享受，大家都不喜欢被催着做决定。 把菜单合上是全球通用的"我选好了"的信号，那你也就这样做吧。

最重要的一条就是：有问题就问。 尽管要求更换饭菜中某些不适合你的配料，不必客气——只是不要给服务生列上一堆要求，那你也太挑剔了。

如果其他人都迫不及待地想上主菜，那你就不要再要开胃菜了。 不然大家都会像糖果店外的孤儿一样，可怜巴巴地盯着你的盘子。 如果你实在很饿，那就叫上一份沙拉跟你的正餐搭配，或者跟大家一起分享开胃菜。

如果你实在不饿，那就多叫一份开胃菜来代替主菜。饭店不会拒绝这种要求，特别是如果你同桌的其他人都点了正餐的话。但你不能叫两个主菜——那也太贪心了吧。

如果你点菜点得很刁，还不知道该怎么做，尽管去问。大多数服务生都会乐于帮助那些真正有困难的人。

两道菜之间最好隔上20分钟，这样你才有足够的时间来消化食物，重新振奋，还能为甜点留些地方。除非饭店有强制性的用餐时间限制，否则你就有权在饭后休息休息，放松放松。

2. 餐具及其他事宜

在开饭之前就要把餐巾铺在腿上。用餐擦嘴时动作要轻，不要太夸张地用力去磨。如果你或你的同桌不小心把食物撒到桌上，不要用你自己的餐巾去擦，应当把侍者叫来抢救桌布。

你的面包盘应当放在你的左侧，而且在上甜点之前就应当被撤掉，以便在桌上留出些位置。面包盘就是用来放面包和黄油的，不要在上面乱放东西。它也不是让你放着小吃作展示用的样品盘。

你的酒杯（较小的那种）或水杯应当放在你的右侧。如果你还叫了鸡尾酒或开胃酒上桌，就放在你的左侧，以免右边太过拥挤。不要在侍者每次续酒时都说谢谢，隔次说就好了，不然会打断你跟同桌其他人的交谈。

3. 使用餐巾的礼仪

餐巾是为了在用餐时防止弄脏衣服而准备的，各餐厅多少会有些不同，但大部分都是以没有折痕、皱褶的折法放置于桌上，同时对于餐巾的使用也有着大体相同的情境要求。

在餐厅，通常是在点完料理后才将餐巾打开。在决定餐点之前，只点了开胃酒，由于没有必要担心会滴到衣服上，所以一开始就将餐巾打开是违反餐桌礼仪的。

就餐期间，除非你站起来，否则餐巾应该随时盖在你的膝盖上。如果暂时离开座位，可将餐巾放在椅子上或将它搁在桌上。

在正规的晚餐中，女宾是有放好餐巾的优先权的，男士要等女士放完才放。最好用双手打开餐巾，不要来回抖动。午餐餐巾应该全面展开，较大面积的晚餐餐巾则应该展开到对折，并将开口朝外置于膝上。对折的目的是防止错拉到餐巾，而开口朝外则是方便拿起擦拭嘴巴。

经常会将胸前衣服弄脏的人，不要自作聪明地将餐巾别在领口上、皮带上或夹在衬衣的扣子里。可以将一整条餐巾张开搭在衣服上，主要以不弄脏衣服为第一考虑因素。

让别人看到把沾有污渍的餐巾甩到桌面上来，实在是件很破坏食欲的事。

不要用餐巾当围兜兜东西。把餐巾系在胸前当围兜的情景在欧美电影里可能见到，不过现实生活可不总是这样。当你在餐馆点了一大盘麻辣龙虾，或者其他容易弄脏衣服的食物，如酱汤等，可以采取一种优雅的方式避免衣服沾上污渍：把椅子拉近桌子，吃的时候身子向桌面前倾，以左手指抓住餐巾的一角，贴靠在喉咙上，让餐巾顺着胸部垂放而下。当右手拿勺或筷进食的同时，左手继续抓住餐巾贴在胸前。如果有汤汁飞溅而出，也会掉落在餐巾上，而不是你的衣服上，同时别人也不会注意到你把餐巾贴在脖子上。

擦拭嘴巴时，拿起餐巾的末端顺着嘴唇轻轻地压一下，弄脏的部分为了不让人看见，可往内侧卷起。 涂了口红的人应在用餐前以面纸轻压，而非将口红印在餐巾上。

餐巾除了用来擦拭嘴巴、手、手指以外，也可以在吐出鱼骨头或水果核时，拿来遮住嘴巴。 将鱼骨头或水果核吐出时，可以用餐巾遮住嘴后，用手指拿出来或吐在叉子上后再放在餐盘上；也可以直接吐在餐巾内，再将餐巾向内侧折起。服务生会注意到并换上一条新的餐巾。 餐巾是可以弄脏的，如不想将餐巾弄脏，而取出自己的手帕或面纸使用，是违反用餐礼仪的。

用餐完毕后，就可以将餐巾拿掉了。 当大家都要离开餐桌时，将餐巾大致折叠一番，但不必叠得很整齐，很自然地放在餐桌上或是椅子上，然后离席。 千万不要把餐巾挂在椅背上，或是揉成一团放在桌子上。

4. 吃西餐的讲究

西餐刀叉各有专用。 刀放在右手方，叉放在左手方。 刀叉数目相当于上菜的道数。 对席上的刀叉匙等餐具不可用餐巾揩拭。

左手持叉，右手用刀。 通常先从外面的一侧用起。 使用时不要碰出响声。 用毕的餐具仍置盘中，不要交叉放。 最大的刀叉是吃肉食用的。 凡用叉可以断开的食物，就不需用刀。 需要刀切的食物应切成小片吃；不要切生菜，也不要用刀送食物入口。

最大的匙是汤匙，最小的匙是茶匙。 茶匙是专为喝咖啡时拦糖和牛奶的，用后仍放在碟中，不可用茶匙舀茶或咖啡入口。

取菜时应用公盘中的刀、叉、匙，吃多少取多少，取到自己盘中的食物尽可能不要剩。

吃面包或硬饼干等，均应以手取食，不要用嘴咬着吃整片面包，而应将面包掰成小块送入口中。

5. 刀叉的基本使用方法

料理上桌后的基本动作，即是"右手拿刀将其切开，然后左手用叉将食物叉起"。 用叉子压住食物的左端，固定，顺着叉子的侧边用刀切下约一口大小的食物，叉子即可直接叉起食物送入口中。

没有办法顺利将食物切开的人，首先要从姿势上开始改正。 两侧手肘过高会使刀叉角度过大，而呈直立状态；如果手肘过低，将使刀叉呈倒下状态，所以没有办法好好将料理切开。 正确姿势是：将肩膀与手腕放松，两臂贴着身体，刀与餐盘的角度保持在 15 度左右。 这样不但能轻易将食物切开，而且姿势看起来也比较优雅。

刀子的移动也有要领，首先要用力在左手的叉子上，再轻轻移动刀子，将刀子拉回时不可用力，而是在往前压下时用力，这样才能利落地将食物切开。

注意：餐桌上刀叉的摆放都是固定的，左撇子在使用时可以将刀叉位置互换，但是用餐完毕后，还是需要将餐具按照正常的位置摆放，这样只是为了避免造成服务人员的困扰。

刀叉除了将食物送到口中的功能之外，还有另外一项非常重要的功能。

刀叉的摆放方式传达出"用餐中"或者"用餐结束"的信号。服务员正是根据这种信号来判断客人用餐的情况，从而决定是否收拾餐具并准备接下来的服务。

注意：刀刃一侧一定要面向自己，刀刃面向他人是一种敌意的表现。

一般来说，学习正确使用餐具，欧式的使用法要比美式的来得好。这是因为欧式在全球使用得比较广泛，同时它的操作方式也比较优雅、安静，更重要的是它比较实用。

依照欧式的进餐方式，是以左手握叉，刀子在整个用餐期间都是放在使用者的右手，而不仅仅是在切肉时才如此。

美国式是在用刀叉切完食物后，再将叉子由左手换到右手再进食。在切食物时，用左手握住叉子，叉齿向下，大拇指置于叉柄的下方，食指的尖端则顶着叉齿基座的中心点。至于其他的手指，则很自然地依序卷握在叉柄下方，用以辅助大拇指跟食指灵活操纵叉子。

这时右手握叉方式，是以使用者觉得舒适为主（对绝大多数人来说，是握在叉柄的中央位置）。用大拇指与食指把叉子夹住，其他三只手指则用来发挥支撑的作用。

不论场面如何热烈，主客如何融洽，你的情绪如何高昂，都要记住，不要将刀叉挥来挥去。

第十章

告诉女孩要学会自我保护

告诉女儿，衣服盖住的地方不让别人碰

当孩子向家长询问"性"方面的问题时，中国的很多家长经常会顾左右而言他。 作为父母必须告诉女儿自我保护的底线。 生活中，很多女孩因为不知道怎样自我保护，而被人侵害。

2005 年夏，某地区警局逮捕了一名姓杨的小学老师，杨某强奸、猥亵小学生的行为让人觉得义愤填膺。

几位家长的义愤之举才导致了杨某恶行的败露。其中的一位家长觉得自己的孩子有些异常，再三询问后才知道事情的真相，并且知道了还有好几个孩子跟女儿一样遭受了侮辱。于是这位家长联合了其他一些受害人的家长状告了这只披着人皮的狼。

小红就是其中的一名受害者。杨某在听说有人要告自己的时候，甚至想要用两箱饮料作诱饵堵住孩子的嘴。

让人们惊愕的是，杨某的犯罪行为延续了很久，并且发生在很多受害学生身上。一位初三的学生告诉记者，她小学五年级的时候就听说过杨老师的这种行为了。杨某侵犯的对象往往是自己的学生，时间也很长。每次有女生披头散发从办公室出来后，同学就知道发生了什么，却没人敢站出来声讨。

因为中国性教育迟缓滞后的原因，致使孩子对性侵犯缺乏应有的认识。女孩子害怕会被家长责骂，所以不敢对家长说，只能自己一个人承受压力和伤痛。

根据调查显示，这种伤害，会给孩子带来畏惧、负罪、压抑等心理阴影，对孩子的精神也会造成影响，特别是稍微大一些的孩子因为害怕父母的打骂、同学的歧视和对方的恐吓，自己独自承受压力，让自己的心理障碍越来越难以克服。

受过此类伤害的女孩，结婚后对性生活会有恐惧的心理，有些甚至为了报复社会走向犯罪的道路。

父母要教孩子学会保护自己，要让孩子知道身体上的哪些部位是隐私部位，需要包裹在衣服里面的，假如有人去触碰这些部位，就基本可以断定为是性骚扰了。还有另一种情况，可能是他人暴露自己的性器官，让你看和摸，也可以被划为性骚扰之列。

要让孩子加倍警惕主动套近乎的男子，尤其是单身男子。资料显示：法院判处的罪犯分子中，单身男子占据了70%的比例，所以，必须让女孩清楚，要坚决拒绝别人的亲近举动。

防止女孩子早恋，早恋的孩子很容易因为大脑发热而做出一些错事。 当孩子进入青春期后，父母要教导孩子不要早恋，并对女孩的言行与情绪进行密切关注，假如发现孩子有早恋的苗头，要及时跟孩子进行交流沟通。

此外，父母还要为孩子制定出几种假设方案，教会孩子应对措施。 如"假如一个男生要你去他家玩（他父母不在家），你应该怎么办？""假如爸爸的一个朋友让你坐在他的膝盖上，对你有一些不规矩的举动，你应该怎么办？""假如有人要脱掉你的衣服，你应该怎么办？"当这些情况发生的时候，女孩应该选择说"不"、逃跑或者告诉自己的家长。

最后家长要告诉孩子在面对色狼的时候一定要镇定、切莫慌张，要和他们斗智斗勇。 万一发生不幸，一定要把他的外貌和衣着特征牢记在心，留好物证，及时报警。 不要因为害怕或保全面子而让坏人逍遥法外。

现在的社会正在转型，孩子很容易会被一些拜金主义、网络陷阱和社会中的暴力与冷漠误导。

小丽今年 14 岁，面容姣好，喜欢网聊。7 月的时候，她在 QQ 上认识了一位新网友朱某。

"人与人在茫茫人海相识并不容易。遇见你，是一件美丽的事情。"小丽什么都和他说，对他很信任。朱某口才很好，对小丽表现得十分关心，慢慢地，小丽开始觉得几天不见就会很想他。

寒假刚到，朱某约小丽见面。见面后，朱某不停地给小丽添酒，她很快就醉了。

第二天醒来后，小丽发现自己躺在宾馆的床上。朱某安慰小丽，说以后会好好照顾她的。可后来小丽发现，朱某的女朋友并不只有她一个，她对此十分难过。

假期结束后，小丽回到学校，却意外地发现自己怀孕了，朱某知道这个消息之后就立刻不见了。

小丽觉得自己被欺骗了，她今后的生活也因此蒙上了一层阴影。

上面这个悲剧的发生，归根结底是因为孩子的自我保护意识不强。假如孩子的警惕性足够，就可以避免这样的悲剧。

家长多和女儿讲讲生活中真实发生的事情，询问孩子遇到同样情况时的应对策略并给出自己的建议。只有将可能发生的情况设想到，发生在孩子身上的悲剧才会不断减少。

预防女儿为爱情犯傻

2009 年年末，一名 17 岁女孩因为感情受挫，觉得生活无望便决定自杀，幸好抢救及时，挽回了女孩的生命，但女孩的神经系统被严重破坏，她必须一直待在医院。

青春期的女孩，过于理想化的爱情憧憬让她们很容易去做一些傻事、错事。当恋爱的双方因为某种原因要分开的时候，她们不断放大自己遭受到的打击，甚至有可能导致自卑、自残等严重后果。有些家长因为对女儿的早恋过于担心，使用手段防止女儿早恋。事实上，这样不但不会让孩子放弃早恋，还很可能导致相反的效果。

小娜今年 17 岁，十分爱慕一个叫阿哲的男孩。阿哲很早就辍学了，还经常和一些社会上的不良青年混在一起。其实小娜是被阿哲的外貌吸引的。大高个，瘦瘦的，有点明星的气质。

小娜的父母为此很生气，他们气急败坏地揍了阿哲。

小娜觉得父母的行为不可理解，而这更加深了她和阿哲的感情。终于，小娜失足了，可这个时候阿哲说要离开她。她这才看清楚了阿哲的为人，可是想要后悔也晚了。

青春期的女孩，性意识逐渐发展，对异性的好奇、爱慕与向往逐渐加深，可是她们尚未成熟，因而很难正确处理两性之间的关系，她们的正常生活很容易会因此受到扰乱。

家长处理孩子早恋问题的方法不恰当，很有可能使问题出现严重的后果。

对于孩子的早恋情况，积极疏导是家长应该采取的做法。

家长处理孩子早恋问题的时候可以参照下面这个家长的做法：

> 小雨今年初二了，本来安静内向的她最近改变很大：做作业的时候，也会哼着歌，找小雨的电话中经常有一个嗓音沙哑的男孩，小雨放学回家的时间也比以前晚了，周末也不在家里待着了……
>
> 一天，老师约小雨的妈妈去学校谈话，小雨的妈妈很吃惊。老师告诉小雨妈妈说，小雨最近跟同班的亮亮关系十分亲密，两个人下课就往一起凑，丝毫不管其他同学的眼光。马上就要考试了，他俩的成绩都有不同程度的下降。
>
> 小雨的妈妈了解这件事情后，并没有对女儿采取严厉的监管措施，而是耐心地向小雨询问了情况，邀请亮亮来家里做功课，并与他们谈论一些和生活有关的事情。

此外，父母在与小雨的讨论中给她制订了中考目标和相应的学习计划……

两个多月后的一天，小雨对父母说："我其实不是想要谈恋爱。我只是希望能有亮亮这样一个哥哥，能和他一起学习、交流。你们放心吧，我们现在都觉得好好学习更重要。"

于是，小雨早恋的问题得到了妥善的解决。

初恋可以看作一种青春期的冲动，难以保持长久。假如这种情况出现在了自己女儿的身上，父母暴跳如雷的做法是不合适的，这时候更要耐心的和孩子交流，让这种情绪得到疏导。

（1）要心平气和地和孩子沟通，应尽量避免冲突和争论。

（2）尊重孩子，给孩子举一些身边的例子，帮助她在冷静思考的前提下做出选择。

（3）家长明确自己的观点：孩子间的感情应该是朋友或者兄妹间的感情，在学业有成、有一定经济能力的时候，才有资格谈论爱情。

（4）鼓励孩子参加集体活动，让她从狭窄的二人天地中走出去。

（5）在孩子"失恋"的时候，帮助孩子及时调整情绪。

总而言之，父母要做的就是教会孩子如何对待这种感情，让她逐渐变得成熟与自信，摆脱现在的稚嫩。

面对失恋的女孩，请用爱驱走她内心的阴霾。

当孩子因为失恋情绪不好的时候，家长要做的就是和孩子交流，带孩子做一些她喜欢的事情，使孩子的注意力得到分散，而不是追根究底地询问孩子失恋的原因。父母要给予孩子安慰。

日常生活中，父母可以带孩子去郊外游玩，转移她失恋的痛苦和悲伤。也可以让她多参加一些娱乐活动，让她的苦闷得到缓解与释放。当女儿和父母诉说事情的原委时，父母要耐心的听她讲，并把真正爱情的图景描述给她。教会孩子正确的看待"失恋"，不要让自己的理智被一时的感情蒙蔽。

这时候，家长也应该对孩子进行爱的教育——让孩子在懂得爱的同时变得更为成熟与睿智。

帮女儿建立是非观，提高她的判断力

同样的一位老师，某些女孩会很喜欢，有的女孩却觉得很厌烦，这将直接影响到她的学习。所以，要想使孩子有强大的学习动力、良好的学习习惯、坚强的意志品质、取得优异的成绩，就一定要重视对孩子非智力因素的培养，而最重要的手段就是帮她们树立正确的价值观。

健康的价值观可以帮助女孩建立健全的人格，帮她明辨是非、看清善恶美丑。当一个女孩到了一定年龄，自我价值判断就显得很可贵。准确的判断可以使她远离伤害，更好地保护自己。女孩的判断力需要多方面的努力才能提高，家长需要从以下几点入手：

1. 允许女儿犯错

很多家长担心孩子会误入歧途，不让她自己做决定。其实正好相反，当孩子认识到了自己的决定可以逐步改变自己的生活时，她会体验到自己的能量和重要性，从而变得更为自信——因为她在亲手创造自己的生活。 不断地练习以后，她就会变得更有能力，也会更自信。 所以，父母不要苛责孩子们的错误，应该帮她们分析，避免再犯同样的错。 女孩也会在这些错误中明白很多道理。

2. 给女儿选择的权利

但凡成功之人，必是善于决断之人。 如果小到生活琐事，大到人生的规划和发展，决定权都在父母这儿，孩子就会失去自己的判断。 女孩要面临的选择很多，父母要让她们自己思考后再决定。 特别是那些普遍性的，或者关乎人生的大问题，父母应该让孩子自己做选择。 父母此时需要站在她们身边，纠正她们的错误决定。

3. 支持女儿正确的决定

作为家长，需要多多理解女儿的行为，正确的要鼓励，错误的要给予引导，并耐心告诉她为什么不该这么做，这对女孩的成长很重要。 由于孩子没什么阅历，就算决定很正确，如果面对的环境过于复杂，也会容易放弃，此时父母就要给予适当的鼓励。

此外，在日常生活中，家长也要讲道理，让女儿掌握正确的判断标准，不能什么都按自己想法去做，那样会使女儿失去判断能力。

教会女儿危急时如何自救

近期，媒体上频繁报道一些孩子们受到意外伤害的事件。同时有很多人可能要问：我们就真的一点办法都没有吗？当然不是，意外发生时，只要掌握了一些安全知识，孩子们完全可以保证自身的安全。具体有以下几种方法。

1. 预防意外的发生

有些意外在家里也可能出现，有时由于没有防范，可能会遭遇飞来横祸。因此，家长应该教育孩子不能随便玩火、玩电。火柴、打火机等危险的东西要尽量放到孩子够不到的地方。还要教给孩子灭火器的使用方法。告诉孩子，一旦发现火情要及时关闭电源、煤气灶阀门，开门开窗，大声呼救，迅速拨打119报警。

2. 学会大声呼救

依靠女孩的微弱之力往往难以与侵犯者抗衡，所以教女儿一些拳脚招数意义不大。 家长要教女儿怎样聪明地求助于周围的人。 比如用自行车保护自己，同时大声求救，引起人们的注意，最大限度达到求救效果。

3.让女儿掌握受伤后的止血方法

如果女儿不慎受伤，倘若出现流血较多的情况，要立即止血，并迅速赶往医院。 一般是采取用力压迫法，在伤口上方找到搏动的动脉血管，用力按住血管位置；还可以包扎止血，用纱布、绷带或手绢、毛巾等物品包住伤口，再在外围包扎一些医用绷带，达到止血效果。

4.急中生智，临危不乱

当被强行带走时，如果手里没有武器，也不要惊慌失措，可抓起沙子向歹徒眼睛上扬或者用脚踢向其要害。 歹徒被袭击之后只顾着保护自己，就为呼救、起身逃跑争取了时间。赢得脱身的机会，逃到安全的地方后应尽快报警。

任何家长都需要向女儿传授基本的自救知识，不要认为自己的女儿很乖，没有出现意外的可能。 意外随时会在我们措手不及的时候袭来，做家长的不可能时时刻刻都守在孩子身边，所以，要尽可能多地教给她一些自救的知识。

合理地拒绝对方

一次，我在某中学给学生做讲座。讲座结束后，我询问同学们还有什么问题或烦恼，鼓励他们提出自己的问题。一个女孩给我写了一张纸条，内容是这样的：

我是个学习很不错的女孩，但就是这个优点让我非常苦恼。我们班有几个同学不喜欢写作业，就经常让我帮他们写。

刚开始，因为我不想得罪同学，就帮他们写了。可慢慢地，我不愿意再帮他们写作业，但我又不知道该怎么跟他们说。老师，你能帮我出个主意吗？

看了纸条，我心想，这是一个不懂拒绝的女孩，是一个善良心软的女孩。

不懂拒绝是很多青春期女孩会遇到的问题。因为青春期女孩非常在乎自己在别人心目中的形象和地位，她们担心拒绝别人会导致对方不再喜欢自己，会疏远自己，所以不好意思拒绝对方。

关于这个问题，我想了想，站在讲台上给同学们讲了下面这个故事：

有两个很要好的朋友，他们是同桌，一个学习成绩很好，一个学习成绩一般。成绩一般的同学，父母寄予他很高的期望，要求他每次考试要考到前5名，要求他考取重点高中。为了达到父母的期望，这个成绩一般的同学每次写作业、考试时就让成绩好的朋友帮助他。

成绩好的同学觉得，好朋友之间应该互相帮助，就没有拒绝他的朋友，每次都竭力帮助他，而他们也总能想出办法在考场中骗过监考老师。

到了中考，这两个同学无奈被安排在了两个考场。这一次，成绩好的同学再也没有办法去帮助这个成绩一般的同学了。最后，成绩一般的同学中考落选了。

讲完了故事，我问同学们："你们说，这个成绩好的同学是在帮助他的好朋友吗？"

台下的有些同学摇了摇头。

"我们帮助同学、朋友，是要帮助他们成长，而不是帮助他们弄虚作假，不是帮助他们做不正当的事情。帮朋友弄虚作假、做不正当的事情，这不是在帮助他们，而是在害他们。"

我继续说："所以，对于刚才那个女同学的提问，答案就很清楚了，这样的帮助我们要勇敢地拒绝，要告诉对方说：对不起，为了你的前途，我不能帮你。我们要学会拒绝别人，别人不正当的要求一定要拒绝，自己不能做到的事情也要礼貌地拒绝对方。"

学会拒绝别人是一种重要的为人处世的技能，也是一种交往技能。

在别人对自己提出某些要求、向自己寻求帮助的时候，首先要想清楚：他（她）的要求是否合理，这件事我该不该帮助他（她）。 我自己有没有能力做到这件事。

父／母／家／教／艺／术／全／集

好妈妈不打不骂
养育完美男孩

扫码收听全套图书

扫码点目录听本书

杨颖 编著

成都地图出版社

图书在版编目(CIP)数据

好妈妈不打不骂养育完美男孩 / 杨颖编著. -- 成都：成都地图出版社有限公司, 2018.12(2021.2重印)

（父母家教艺术全集；5）

ISBN 978-7-5557-1110-0

Ⅰ. ①好… Ⅱ. ①杨… Ⅲ. ①家庭教育

Ⅳ. ①G78

中国版本图书馆 CIP 数据核字(2018)第 287537 号

好妈妈不打不骂养育完美男孩

HAOMAMA BUDABUMA YANGYU WANMEI NANHAI

编　　著：杨　颖

责任编辑：游世龙

封面设计：松　雪

出版发行：成都地图出版社有限公司

地　　址：成都市龙泉驿区建设路 2 号

邮政编码：610100

电　　话：028－84884648　028－84884826(营销部)

传　　真：028－84884820

印　　刷：永清县晔盛亚胶印有限公司

开　　本：880mm×1270mm　1/32

印　　张：6

字　　数：160 千字

版　　次：2018 年 12 月第 1 版

印　　次：2021 年 2 月第 11 次印刷

定　　价：150.00 元(全五册)

书　　号：ISBN 978-7-5557-1110-0

前　言

英国有句名言："一个男孩比十二个女孩添的麻烦还多。"

家庭的教育决定了男孩的未来，出色的男孩是优质教育的结果。家庭是男孩人生中第一所大学，父母，尤其是妈妈是孩子的第一任老师，妈妈的言传身教对男孩的智力、性格、心态、能力、品德、习惯等都有着重大影响，甚至可以决定男孩的一生。如果妈妈想给男孩一个光明的未来，就要用心培养他。

养育男孩是一门艺术。培养完美男孩，妈妈要掌握科学的育儿观念和方法，具备一定的育儿智慧。因而，妈妈首先要提高自身素质，以自身为榜样去影响男孩，造就男孩；其次，妈妈还要掌握一些有效的技巧去了解男孩的特点，遵循男孩的独立个性和发展规律，科学地引导；再次，男孩在人生的各个阶段都会遇到各种各样的问题、困难和挫折，好妈妈应该随时更新自己的教育理念，帮助男孩或者鼓励他自己去解决这些问题，慢慢地放手让男孩独立地面对人生。

本书全面剖析了养育男孩过程中可能遇到的各种问题，并给妈妈提供了相应的解决方法，只要掌握了这些方法，并且用耐心、爱心培育自己的儿子，必将养育出完美男孩！

2018 年 10 月

目 录
CONTENTS

扫码点目录听本书

第一章

培养成功男孩的关键

培养优秀男孩 / 002

锻炼才能让男孩体格强健 / 006

穷养才能让男孩更勇敢、更自信 / 010

穷养并不等于打骂、吝啬以及惩罚 / 013

第二章

妈妈决定孩子的一生

妈妈决定孩子的一生 / 018

做身体力行的好妈妈 / 022

1

妈妈以身作则，男孩"不令而行" / 025

给男孩一个温馨、和谐的家庭氛围 / 028

第三章

给妈妈的几个忠告

保全了玩具，破坏了好奇心 / 032

请放下那副"教育孩子"的架子 / 035

培养男孩切不可心慈手软 / 037

正常地谈爸爸和他的家人 / 041

第四章

好妈妈要注重与男孩的沟通

表扬男孩有窍门 / 044

批评男孩有技巧／050

小男子汉喜欢你与他商量／056

与你的男孩谈心／062

第五章

男孩为什么要穷养

为何穷人的孩子早当家／070

切不可让男孩坐享其成／075

培养男孩勤俭节约的好品质／080

排解男孩的攀比心理／083

尊重无价，让男孩学会尊重他人／087

让男孩学会换位思考／090

第六章

好妈妈如何帮助男孩正确地认识自己

正确地看待那些青春期叛逆的男孩 / 094

给青春期男孩一个属于他们自己的空间 / 097

与男孩多谈谈爱情 / 100

尽早发现男孩身上的"坏苗头" / 103

防止男孩上网成瘾 / 108

第七章

培养男孩的坚强品格

坚忍不拔是男孩成功的必经之路 / 112

乐观向上让男孩一生充满阳光 / 117

宽容大度使男孩心胸能"纳百川"／121

诚实守信是男孩的立身之本／125

勇于向未知的事物挑战／129

教育男孩勇于面对挫折／132

第八章

培养孩子的独立性

家有男孩，父母可以"懒"一点／136

让男孩自己做决定／140

培养男孩的自立精神／145

男孩间的冲突问题让男孩自己解决／147

让男孩懂得吃亏是福／152

第九章

好妈妈教男孩如何管理情绪

乐观的家庭孕育乐观的男孩 ／ 156

培养男孩的"阳光心态" ／ 160

体谅男孩的特殊表达方式 ／ 165

告诉男孩控制情绪的正确途径 ／ 168

第十章

让男孩爱上学习

让孩子主动地学习——成就动机 ／ 172

短期目标对孩子来讲很重要——门槛效应 ／ 176

不要对成绩过分苛刻——第十名现象 ／ 179

营造最佳的学习氛围——家庭氛围效应 ／ 181

第一章

培养成功男孩的关键

扫码收听全套图书

扫码点目录听本书

培养优秀男孩

在教导孩子方面，中国曾有这样的名言："从来富贵多淑女，自古纨绔少伟男。"这是我国千百年来的育儿经验，简单来讲就是"穷养儿子富养女"。"穷养儿子富养女"不仅是家里的育儿经，还是一种具有科学依据的教育措施。父母也可以根据孩子的不同性别，进行不同方法的教育，以此来培育出优秀的人才。

孟子曾说："天将降大任于斯人也，必先苦其心志，劳其筋骨，饿其体肤，空乏其身，行拂乱其所为，所以动心忍性，增益其所不能。"孟子觉得只有真正经历过艰难坎坷的人，个性品质才会得到锻炼，才会有一番大作为，唯有穷养的男孩才能体会出富有的珍贵，才知道如何珍惜现在的幸福生活。

穷养男孩实际上就是"苦其心志，劳其筋骨"，只有这样，男孩才能够承担自己应负的责任。

曾经有位母亲有过这样的迷茫：

儿子已经七岁了，他小的时候我工作很忙，平日里都是爷爷奶奶、外公外婆在帮忙照顾他。

家里的经济条件不错，家中长辈极为宠爱他。而且儿子又是家里六代单传的独子，爷爷奶奶更是特别地溺爱他，什么要求都满足他，这便慢慢地让孩子形成了不讲道理、过分要求别人、具有很强的依赖性、难以面对挫折的种种坏毛病。

在儿子上幼儿园时，老师就曾向我反映孩子的占有欲太强，遇到小困难也要老师帮忙，时常欺负其他小朋友。

听了老师的话，我将这些问题直接反映给了孩子的爷爷奶奶和姥姥姥爷，他们也认识到溺爱孩子是不可取的，所以我决定换一种方式教育孩子。但是孩子依赖性太强，有一点不开心，就哭闹没完，我心又软，对于怎样教育他，我真是不知所措了，真不知道我儿子还能变独立吗？

孩子没有超强的抗挫能力，依赖性很强，全是祖辈们长时间给娇惯的，孩子的这点毛病也并不是没办法改正，若是方法正确、得当，也可以让孩子改掉身上的这些缺点。

说得明白一点，要改掉孩子的这些坏毛病，有几种方法供家长朋友们选择。

【给妈妈的建议】

方法一：让男孩克服依赖的心理

上文中的男孩之所以会有那么强的依赖性，最重要的原因就是双方老人都帮孩子把问题给解决了，长此以往，将会导致男孩心理体验的严重匮乏，只要遇到不开心的事，他都觉得很苦恼，于是便会产生退缩的情绪。因此，挫折教育的第一点就是让男孩摆脱依赖性。

例如，男孩一定要解决自己遇到的麻烦，长辈千万不要帮他完成本该他做的事情，孩子养成哭闹的习惯，是因为以前总是会有人给予帮助，从而出现定势思维。当孩子再次遇到这种状况时，父母完全可以对孩子置之不理，等他哭久了，就会知道哭是没有任何意义的，于是他便会学着主动解决问题了。

让孩子克服依赖的心理，才能让孩子在遇到困难的时候自己解决，这样才能够培养他们勇于面对挫折的果敢精神。

方法二：利用家长"自制"的困难来提升男孩的受挫折能力

在没有困难的时候也要制造困难来让孩子解决。在男孩的生活和学习中，父母可以根据所处的时间和环境制造一些问题，让男孩自己来想办法，依据自己以往的生活经验，去解决问题。这对提高他们的受挫能力也不失为一个好办法。还有一位妈妈在遇到类似上述问题时是这样解决的：

有一次带孩子去公园玩，刚进入公园，妈妈对孩子说一旦找不着对方，她会在公园的南门等他，男孩十分认真地答应着。在即将回家的时候，孩子的爸妈故意与孩子走散，妈妈到南门等孩子，而爸爸则在离男孩不远的地方悄悄看着他，防止孩子出意外。最初男孩看上去特别地慌乱，找了好久之后，就在他着急要哭的时候，他瞬间想起了什么，于是他立刻跑去南门，结果找到了在那里等候的妈妈。

方法三：利用榜样的作用，加强男孩的抗挫折能力

大多数男孩都十分热衷于英雄事迹，因此，家长一定不要错过这个机会，要经常给他们讲述一些大英雄是如何战胜挫折，走向成功的故事。让男孩积极主动地学习他们的抗挫折精神。

方法四：多鼓励孩子，培养男孩的顽强意志

男孩只有得到鼓励，才能在困难面前战胜挫折，才能拥有自信心和安全感。所以，家长一定要鼓励和肯定孩子，多给他们一些鼓励和支持。

尽管锻炼男孩的坚强意志是男孩成长中不能缺少的一部分，可是在这个阶段中，家长一定要谨慎地提出要求，依据孩子的年龄、兴趣进行培养。反之，就会对男孩的心理造成一定的压力，反而不利于男孩的健康成长，这样就会与家长的初衷相矛盾。

家长要有意识、有原则地去锻炼男孩的抗挫折能力，鼓励他们勇敢地面对挫折、战胜挫折，长此以往孩子必定能在大风大浪中力挽狂澜。需要注意的是，男孩的抗挫折能力并不是一朝一夕产生的，而是一个长时间积累的过程。这要求家长不但要掌握一些技巧，还要长期坚守一个态度，这样才能不停地积累各方面的经验和教训，之后再将它们运用到日常的教育之中，从而取得更好的教育成效。

锻炼才能让男孩体格强健

由于家庭条件越来越好，很多孩子可能都会变成小胖子，这些男孩的体育成绩都十分令人担忧，很多体育项目他们无法参加，时间长了，肥胖的男孩极易出现自卑的心理。

看下面这位母亲的做法：

我家经济条件一直很好，儿子一出生就比别的小朋友壮实。刚上小学的时候，他越来越不开心，经过了解才知道，竟是因为孩子行动太慢，在学校里不能参加他喜欢的乒乓球运动，只能学习自己讨厌的项目，这让孩子特别难过。我明白了这件事情的严重性，就开始让他减肥，让他进行体育锻炼，可每次锻炼的时候他总是会找出一些理由来搪塞："我肚子不舒服""我今天头疼""我还没写作业呢""我还有好多事情没有完成呢"……

虽然每个男孩体内的睾丸素都很充足，但大部分孩子都是懒惰的，除非他有意愿、有兴趣，否则他宁愿躺在床上休息或者上网玩游戏，也不愿意从事体育锻炼。

另一位母亲也有这样的烦恼：

儿子刚刚上小学三年级。刚放寒假的时候，用孩子的话说是终于"解放"了，能够无忧无虑地玩几天。我觉得儿子每天上学都很辛苦，应该让他多休息休息。但是一段时间之后，他就觉得很无聊，又因为天气过于寒冷，他总是开着电暖气。我特别希望孩子能够锻炼身体，但是他总是很懒惰，根本就不喜欢出去锻炼，我又没有时间管他，外面天气又冷，因而就没有限制他。

每天，他只会看电视或者上网玩游戏，可是他却说："妈妈，我觉得身体很疲惫，没有力气，也没有食欲，而且视力好像也下降了。"我最开始以为他就是小题大做，就没有在意他的话。

一直等到假期过了，我将他送去学校，才意识到不对劲。假期过后，班里面其他的孩子都长高了，只有他一点都没有变化。

很多家长也有这位母亲的困惑。可能是天性的缘故，男孩都很期待假期。可是假期真正降临的时候，孩子便会苦恼应该玩什么或者是怎么玩儿，因此，假期的大部分时间都是在家里度过的。因为没有在校的压力，又没有体育运动，很多孩子因为缺少锻炼而长胖，而且完全不遵循正常的作息时间，自身的生物钟都乱了，就会出现没有食欲、营养不全面、精神不济等现象。

【给妈妈的建议】

方法一：父母最好能够以身作则，带动孩子一起参加锻炼

父母怎样才可以让这些懒男孩主动进行锻炼呢？

开始的时候，父母要起带头作用，多激励孩子去锻炼。目前，众多家长由于工作紧张与繁忙，觉得身心疲惫，特别在早晨的时候会睡到很晚，这就对孩子在潜意识里产生了不良影响。

竞争压力与日俱增，许多人都觉得身体疲惫，可是锻炼能够调节疲劳，减少不适感，假如每天清晨用 20 分钟的时间进行体育锻炼，这将对解除疲劳和摆脱压力有很好的作用，并且对孩子也会起到一定的榜样作用。

其实，家长可以和孩子一起制订一份有关假期锻炼的计划，让男孩做个真正的体育运动者。长久下去，不仅能够身强体健，还能够培养他的意志力以及自我控制能力。

方法二：试着从孩子的喜好着手

对于孩子来说，运动还是有很大帮助的。对于那些不愿意锻炼的孩子，要尝试着从他愿意做的事情着手，不用家长的督促他也会做得很好。而在家长暴力威胁下的孩子，对自己不喜欢的事情会产生畏惧心理。因此，父母可以从孩子喜欢的运动项目入手，培养孩子的兴趣，这样，能让孩子得到更好的锻炼。

下面是一位年轻妈妈的感受：

自从儿子生日那天，他爸爸给他买了游戏机之后，

所有的健身计划都被打乱了，儿子不再去晨练，连游泳班也不去上了，甚至取消了晚饭后的散步。看孩子这样，我真的很想把游戏机没收了，可是一个意外事件让我改变了想法。

一天，我和儿子外出，看见街舞的表演很精彩，儿子就像着了迷一样。我忽然有个好主意，以儿子的爱好为切入口，支持他跳街舞也许就能够让他有兴趣去锻炼了。然后，我从超市买回来舞毯，还没等我要求，儿子就迫不及待地跳起舞来了，他还向我立下军令状："一个月后，我能够和大街上那些专业人士较量。"此外，还主动跟我保证：每天都要练半个小时的街舞！这样，我再也不为儿子的运动量发愁了。

除此之外，还有很多方法可以使用，比如，利用男孩的竞争心理和他较量跑步；利用男孩爱玩心理，以游戏的方式来运动；利用男孩强烈的好奇心理，领他去游玩……

没有懒惰的男孩，只有不会引导的父母。如果父母能积极地开动脑筋，用心去考虑，那么，就算男孩有些懒惰，也会情不自禁地去做运动。

穷养才能让男孩更勇敢、更自信

以下是一位母亲在一个网站上给专家的留言：

> 你好专家，我儿子今年6岁半，读小学一年级。他自小就被我宠坏了，致使他现在每天都依赖我。每天我都要陪着他复习功课，每当我试着让他独立完成作业时，他总说不会，进而拒绝尝试。儿子不喜欢思考，每到测验的时候，没等考试就说自己肯定考不好，他一点儿都不自信。
>
> 此外，他还十分胆小怕事。据说男孩勇敢，但我的儿子却恰恰相反，在学校里面受了别人欺负就只会哭，晚上也不敢一个人在家，作为母亲，我很担忧。

男孩产生依赖性、没有自信、胆小怕事的原因，多半是因为平时父母的溺爱。家长出于对孩子爱的保护，为孩子操办所有的事，不允许孩子有任何的冒险行为，禁止孩子做这做那，长此以往，男孩便失去自信心，进而胆小怕事。

要让孩子养成独立、自主的性格特点，父母要花费一番工夫。家长的首要任务就是改变一直以来的习惯，将原有的富养改为穷养，让男孩能够得到更多的锻炼。

【给妈妈的建议】

方法一：让孩子多动手

提倡男孩自己动手，缺乏自信的根本原因是动手不足。

有个男孩，已经上了小学二年级，却没有最基本的穿衣能力，每天清晨起床后，便会等着家长来给自己穿衣服。男孩不动手怎会有自信？就算家长再怎么鼓励孩子，但是男孩不做任何事也无用。因此，想让男孩勇敢、自信，最重要的是要让孩子学会自己动手做事情。

方法二：孩子一定要鼓励才能取得成绩

一旦孩子自己动手取得了劳动成果之后，就算取得一点小小的进步，也要肯定孩子的成绩，这无疑是鼓励孩子动手的最好办法。

当孩子自己不能穿衣服时，父母便会心急地帮助孩子穿衣服，这种做法极不理智。假如你今天帮男孩解决了，明天仍然在帮他解决，那他一辈子也不会做这件事。正确的做法应该是让男孩自己动手做事情，就算他只有一点成绩，父母也应该鼓励他，这样会激发他的信心，会让孩子坚信自己会做得更好。

方法三：父母双方要共同培养孩子

现在的家庭，大多是母亲溺爱男孩，这样会导致男孩的恋母情结，就如上面事例中的男孩一样。 男孩恋母情结是存在的，总是希望有妈妈陪着，希望妈妈能够无时无刻地给予他帮助。 这种情况发生时，首先让父亲在一边替代母亲的角色，之后父亲再慢慢地脱离孩子，放手让男孩自己处理自己的事情，这样就会逐渐养成习惯。 有一点要说的是，由于孩子的恋母情结并不是一天两天就产生的，因此，父母要有足够的耐心。

方法四：母亲要尝试放手

其实孩子胆小怕事还有另外一个原因，就是母亲无微不至地照顾，这使孩子有一种不愿意成长的心理，而且这种愿望是非常强烈的，家长要十分清楚这一点。 所以，父母要放开手，让男孩自己做事。

穷养并不等于打骂、吝啬以及惩罚

"穷养儿，富养女"的教育观念流传至今，在多数家长心里更是深信不疑。 与此同时，还存在着另一种观点——"不打不成才"。 这两个概念经常被一些父母混为一谈，在他们的观念里一定要穷养男孩，犯了错误就应该责罚他，这样才能培养成好男孩。 然而实际上这种理解是不正确的。

文宇豪的爸爸是一家大公司的董事长，妈妈是国家单位的公务员，他的家庭条件很是优越，然而文宇豪的父母对他要求却十分严格。

文宇豪小时候，只有母亲接送他两周，等他认识了路以后，家长便再没有接送他上下学。小学、初中、高中都是自己上下学，他的生活也很简朴，天天坚持坐公交上下学，专心于学业，从来没有因为自己优越的家庭条件而觉得自己与众不同。

文宇豪大学毕业之后，所有人都觉得他会到父亲的企业去担任要职，抑或是出国深造，但现实却让所有人都吃了一惊，没想到他居然被父亲安排去公司当一名普通职员。他爸爸对文宇豪说："小豪，我从不认为你是一个没有理想的人，但是我担心你没有足够的刻苦精神，你不要认为父母可以依靠，你必须自己主动去吃苦，一定要磨炼自己的意志，接受生活中的种种挑战，这样才能成为一个对社会有用的人才。"

文宇豪明白父亲所说的话，辛勤地在公司工作了四年，他学到的不仅是丰富的管理经验，还学会了为人处世之道，更锻炼了持之以恒的毅力。随后，他坐上了父亲的位子，大刀阔斧地对公司进行改革，父亲的企业被他推上了一个新的台阶。

由上述事例可见，父母对孩子的"穷养"之道十分高明，这使他们最终养育出了非常优秀的男孩。

当然，我这里所说的将男孩穷养的方法，不是要男孩吃尽各种苦头，也不是让他承受不必要的非人折磨，而是让男孩有更多的经验和锻炼，培养他们顽强、坚忍的品质，从而让男孩走向成功。

【给妈妈的建议】

方法一：让男孩过点"苦日子"

葬送孩子的第一杀手是优越的生活条件。总是有人开玩笑说，孩子所享有的钱财，除了购回享乐、攀比、好逸恶劳外，还包括了囚车和监牢。

不可否认，许多孩子都生长在富裕的家庭里，家长会给孩子很多钱，孩子拿这么多钱不停地挥霍，但是太过奢侈的物质享受是不应该被给予的。

如果要让男孩进步，就要让男孩学会勤俭节约，父母应该让他过点"穷"日子。

方法二：让男孩体验失败感

这种"捧在手里怕摔了，放在嘴里面又怕化了"的爱子观，会导致男孩没有坚强的意志，心理不能承受压力，遇到不顺心或挫折很可能会走向极端。

挫折能够引发男孩大胆的精神品质，能够让他们懂得积极地面对遇到的困难。为人父母，让男孩遭遇挫折是必需的，并且应该鼓励儿子克服挫折并战胜它。

方法三：让男孩学会生活独立

"衣来伸手，饭来张口""万事包办"这些事是在教育孩子上所忌讳的。现在的男孩很少会做饭、洗衣、叠被，原因就是家里人过度溺爱导致的。

经常看到这样的场景：一个男孩去上幼儿园，爷爷抱着他，奶奶帮忙拿着书包，姥姥手里给拿着水果，姥爷给拿着玩具，这排场简直就像皇帝一样。

这样的男孩长大后如何接受社会的各种挑战？能够富有创造性吗？因此，要想让他们能够独立承担责任，那么就一定要从小做起。生活自理、自己动手做饭、独立办事情也是必须学会的！

方法四：让男孩适当受点委屈

学会坚强是必需的。让男孩受点委屈，才能对生活有更深刻的认识。如果孩子做错了事，家长应当给予适当的批评和惩罚。如此一来，孩子感受过多种情感体验之后，逆反心理也就会慢慢减少，心理抗压的能力便会增强，这样更有助于男孩走向成功。

方法五：让男孩多些乐观和爱心

一个优秀男孩必备的品质是拥有乐观的心态和善良的爱心。因而，父母一定要通过不同的教育方法去教导孩子，抹去孩子心灵的污垢，清除孩子心中的自私，让孩子成为一个善良真诚、乐观开朗的人。

只有通过这样的教育，男孩才能成长为健康快乐、卓越优秀的男孩。

第二章

妈妈决定孩子的一生

妈妈决定孩子的一生

我国的一位人民教育家曾经在特别想念母亲的时候说过这样的话："从小学再到高中，我起码经历过百位老师，那里面有让我印象深刻的，也有对我来说没有任何影响的，但是一位影响很深的老师改变了我的性格。母亲没有文化，但是她对我的教育却是生命的教育。"

教育研究所的王东华教授在《发现母亲》中提过这样的观点："对于母亲的依赖是人们精神能够一直存在的基础，同样也是人类扩大自己领土的根据，人之所以会有信仰，都是母亲信仰的一种延续。"这句话特别在理，母亲所给予孩子的动力是无穷大的。

那些自信阳光以积极心态面对生活的孩子，他们都拥有一位疼爱他们的母亲。父亲的爱总是表达得特别的含蓄和深沉，他在潜移默化里便会给予孩子一些品格。但是母亲的爱却把这种热情深深地激发出来，将其发挥最大价值。女人天生具备的一些特质，令母亲更加喜欢赞美孩子、时时刻刻关注孩子一些细小的情绪变化、关心孩子是否开心等。父亲会让孩子感到勇气，但是母亲是让孩子更加深刻了解这种品质并且与孩子形影相随的守护神。

春秋战国的王孙贾，15 岁便进入朝廷侍奉齐湣王。淖齿谋反并且行刺了齐湣王，王孙贾胆识过人却不敢声讨淖齿。他的母亲了解到这一切，很是伤心。她便对儿子说："你早出晚归，我都在家门口等你，假如你回家特别晚，我就担心地去外面等你。你是国家的臣民，怎么可以在大王生死未卜的情况下，心安理得地回来？"王孙贾听后感到十分羞愧，于是他马上号召群众讨伐，大部分人都积极响应，最终讨伐以胜利告终。

有人不明白如何去教育孩子珍惜人生，用积极的心态看待人生。其实，如果自身是个积极进取的母亲，那么孩子自然也会拥有阳光般的心态。孩子对人生一切感受和领悟，都是从母亲身上得到的。也正是如此，妈妈们才更有信心去改变自己，进而提升自己。

我国台湾著名的漫画家几米画过这样一本漫画，名字是《我的错都是大人的错》，这里边有很多金玉良言，非常深刻地剖析出现代家教的矛盾：

有的父母特别爱教训孩子：吃得苦中苦，方为人上人。

但是他们最后吃尽了苦头，为什么没有变成人上人……

> 大人总是喜欢夸大其词，
>
> 可是总是要求孩子做个诚实的孩子。
>
> 所有的孩子都喜欢夸大其词，
>
> 却说他们的爸爸从未吹过牛。
>
> 大人经常对孩子说：要一直坚持自己的梦想。
>
> 为什么最先放弃梦想的却是大人？

这些非常简单的话语，却让大人无话可说。家长总是喜欢做一些相互矛盾的事，说法与行为很不一致。每个父母都想有个让他们感到自豪的孩子，几米道出了真实想法：我明白我从来都不是个完美的孩子，你们也并不是完美的父母，我们必须学会相互容忍，不论艰辛都必须要坚强地活下去。

大多数孩子的不完美都有父母身上的影子。例如妈妈经常觉得孩子没有自尊心，不懂得害臊。是否是由于他的自尊心在父母那里受到特别严重的伤害形成了"抗体"？又或者是他们无法从大家身上获取尊重，从未体会过自尊到底是个什么东西。反映在孩子身上的种种问题，实际上全都是大人的行为的一个映射。

妈妈和孩子的相处时间是最多的，对孩子造成的影响也是很大的。妈妈总是说孩子不爱读书，可是她自己却也不喜欢读任何书。

开家长会时，假如让家长随便坐，总是会看见家长都是喜欢往后坐，即便前面有很多空位置。很多家长迟到，没准听到一半的时候就走开了，在听的过程里从来没有记笔记，又或者是非常大声地打断老师说话……

【给妈妈的建议】

孩子的第一所学校便是家庭，母亲便是孩子的第一位老师。家庭教育会在孩子身上留下印记。孩子身上的那些错误，可能是家庭造成的，也可以说是母亲的错误。因此，母亲要想教育出最棒男孩，就要把自己培养成"全才"的妈妈。

做身体力行的好妈妈

　　妈妈带儿子去动物园的途中发现了一份报纸。儿子望向妈妈，想知道是否应该捡起来，可是妈妈就像完全没有看见一样走过去了。当儿子要去捡的时候，妈妈说："现在人都这么没道德，随处扔垃圾，不明白这样做会破坏环境啊。"

　　车来了的时候，妈妈抱着儿子拼命往上挤。大家把目光都望向这对母子，妈妈却继续说道："不要挤到孩子，给孩子让个座位。"

　　这次的旅游在孩子的脑海里留下了深深的印象，而这印象并不是动物园的小动物，而是周围人异样的目光。家长同孩子出游，实际上是一件特别开心的事情，本可促进感情，也可以让孩子更好地去接触社会。但是家长不顾及社会道德，这对孩子的负面影响是相当大的。

　　一方面，家长的做法在很大程度上否定了孩子自身的文明礼貌的观念,让孩子感觉到互相矛盾的家长;另一方面,家长的言行让孩子感到无地自容,这也伤害了孩子的自尊,同样家长的形象在孩子心中马上就降低了。

其实完全可以换个方法来处理他们遇到的问题。

当看到地上的纸屑时,用手去捡一下能够脏到哪里去啊,妈妈说:"有人不小心把纸屑掉到地上了,我们完全是可以捡一下的。"语毕,便拉着孩子的手,共同把垃圾扔到垃圾桶里面。

看见众人都在排队等候着,妈妈说:"你看大家都排队等了很久了。我们要继续排队上车,假如没有了座位,大家相互借力站好。"

对于那些不礼貌的行为妈妈要善意地提醒,让孩子从小养成文明礼貌的好习惯。所有的美好品德都是建立在自尊心和羞耻心之上的,即便是小小的荣誉,也可以让孩子在很大的程度上感到自豪。

大多数人都认为孩子的素质是由父母影响的,就如同知识分子家里的孩子总是很讲礼貌一样,但是"暴发户"家里的孩子却是野蛮的。的确,对孩子影响至关重要的是家长的素质如何,这并不是基因遗传决定的,而是在生活点点滴滴中学到的。

【给妈妈的建议】

"遗传"仅仅是指将基因遗传给孩子。遗传最直接的就是在生理上的遗传,比如外貌和一些家族病。对于孩子的心理来讲,遗传的影响力并不是很明显,心理遗传在整个遗传学中还未有一个完全的体系，这也就说明了，没有人能确切地说父母的性格、素质、爱等会遗传给孩子。但是大多数的遗传学家和教育学家都认为：家庭的氛围对于孩子来讲有着至关重要的作用，父母的一言一行对孩子的行为和习惯有着很深的影响。

孩子整体素质形成最重要的时期是 0~6 岁的时候，既然遗传对于孩子的心灵并不是重要因素，父母一定要振作起来，用实际的行动去培养一个将来的绅士。

妈妈以身作则，男孩"不令而行"

外交部前部长李肇星的儿子李禾禾，以优异的成绩从宾夕法尼亚大学毕业，随后又被哈佛商学院录取。在教育这个方面，李禾禾的母亲秦小梅认为，"榜样的力量是无穷大的。

在李禾禾年仅5岁的时候，秦女士的一位朋友面对巨大的挫折，打电话来寻求帮助。秦女士耐心安慰道："擦干眼泪，车到山前必有路。"此后的某一天，孩子的幼儿园老师对妈妈说："在每一次小朋友哭喊着要回家的时候，禾禾便会去安慰人家，说'停止哭泣，周末便可以看见爸爸妈妈了'。他一边安慰着小朋友，还会一边帮小朋友擦擦眼泪。"妈妈听后，明白了是自己劝说朋友的场景对李禾禾的影响十分的深刻。

另外还有一次，秦女士在和朋友交谈的过程当中，总是会说感谢一词。第二天，秦女士在拿给禾禾东西的时候，李禾禾居然也很有礼貌地说："谢谢！"

通过这两件事情，让秦女士深刻地意识到，父母的言行对孩子来说有着巨大的影响力。在她看来：孩子的学习能力很强，妈妈一定要注意"身教"的伟大力量，孩子必然会养成好习惯甚至根本不用怎么去教孩子应该怎么去做。

没错，孩子行为习惯的培养并不只是大脑思考的过程。他的感受的源头来源于父母，最重要的便是妈妈的行为。妈妈有着怎样的言行举止，他便会感受到怎样的家教，肯定会自然而然流露出来。

古人常说："其身正，不令而行；其身不正，虽令不从。"只要妈妈自己做好孩子的榜样，不需要要求孩子，他们也会跟着效仿；相反，假如妈妈自己都做不好，但是却要求孩子做好，哪怕妈妈吼破喉咙也没有用，他听了也不会服从的。因此，只要妈妈了解到这点，根本就不需要对他大吼大叫，把重点放在规范自己的行为上，便可以了。

【给妈妈的建议】

方法一：务必要重视身教的力量

教育学者马卡连柯曾说："切记不要认为与他们沟通才是教育孩子。生活中家长无时无刻、无处不在教育和影响着孩子。无论你们怎么穿衣，如何和别人交谈，怎样和别人相处，你们都会表现出欢喜和不愉快，怎么样对待你们的朋友或者敌人……全部的一切都和孩子有着很大的关系。"的确，身教是最直接的教育方法，同时也是最有利和最有效的方式。

一个小学三年级的小男孩十分热爱读书，假如一天读书的时候没有两个小时，他便会觉得不自在。 原来他的妈妈便是很热爱读书的，妈妈每天在闲暇时间都会读书。 虽然她没有强求孩子读书，潜移默化中男孩也变得特别地爱读书。

与之相似的例子数不胜数。 一有时间就读书的家长，根本不用时刻监督孩子，他会很自觉地去学习。 因此，教育的真谛便是榜样。 既然如此，妈妈务必要把"吼叫教育"变成"榜样教育"。

方法二：帮男孩建立正确的人生观

赵刚是一个喜欢恶作剧、喜欢给别人起外号的孩子，大家对他都很反感。原来，他妈妈在称呼邻居和同事的时候，全都是用外号代称，不叫对方的名字。所以孩子也跟着妈妈一样给班里的同学起外号，是再正常不过的事情了。

男孩在成长的过程里，对好坏和是非没有很明确的认知。 他并没有较强的是非判断能力，不知道什么事该做什么事不该做。 他看到妈妈说了、做了，就觉得应该是合理的，他的人生观和价值观都体现在言行举止中的。

假如妈妈是个爱撒谎的人，孩子必然不会诚信做人；假如妈妈不懂得孝顺父母，那么孩子也是不会孝顺妈妈的；假如妈妈特别喜欢吼叫，那么孩子说话也不会慢条斯理……因此妈妈想让孩子成为什么人，自己一定要成为那样的人。

给男孩一个温馨、和谐的家庭氛围

"家庭氛围"是一个无形的东西，每个家庭成员都生活在这种氛围下。假如把孩子比喻成一个小树苗，则家庭氛围就像是孩子赖以生存的土地一样，妈妈需要经常给土地浇水施肥，小树苗才可以长大成材。

那么家庭氛围最关键的制造者是谁？便是孩子的家长。妈妈要怎么去营造家庭氛围呢？便是通过自己的一言一行。假如妈妈经常吼叫，家庭的气氛就变得令人不舒服，男孩也会感觉很压抑。如果妈妈总是温柔小声地说话，家庭就会是一片温暖和气的氛围，男孩也会觉得很轻松。因此，男孩除了在家中茁壮成长外，精神的营养就来自于这种无形的环境当中。

假如因为吼叫而破坏了家庭和谐的氛围的话，男孩便会有了不愿意回家的想法，这是个危险的想法。注意一下社会现状，那些不好好学习、行为习惯差的、最后走上犯罪道路的，大多数都是因为家庭环境不好导致的。

家庭环境对男孩的深深影响，不仅仅是体现在生活、健康方面，更多的是表现在情感、品德等方面。因此，请妈妈们用伟大的母爱让男孩感受到家庭带来的温馨。

【给妈妈的建议】

方法一：与家庭成员保持良好的关系

小南的爸爸对小南母女关心甚少，妈妈为此很不满。俩人经常在半夜里吵架，两人的吵架声音把小南吓得在被窝里面哭。

每次爸爸妈妈吵架过后，小南都没有办法集中精力学习。并且，妈妈也会因为心情不好莫名其妙地向小南发脾气，这更加使小南觉得家庭没有给她带来任何的温馨。

一个女人结婚之后，要扮演着多重的身份，要与许多不同角色的人打交道，这里面总是会产生各种各样的摩擦。但是，假如妈妈考虑到家庭对男孩的影响，就必须要用沟通的方法来解决问题，互相包容、互相尊重，并不是只有用武力才能解决问题。

这种方法是解决不了任何问题的，并且会让矛盾更加激化。在家庭矛盾这场没有硝烟的战争里面，妈妈轻易忽略的、最容易受到伤害的便是孩子。因此，为了给孩子提供一个健康成长的环境，请家里人一起努力为他们创造出一个温馨、舒适的氛围。

方法二：给孩子一个安静的学习环境

感情中有一种宣泄的方式是大吼大叫，但并不是所有吼叫都是出于愤怒，当妈妈激动、开心时也是会吼叫的。但是不管是怎样吼叫，都不能使男孩的内心平静，因此，妈妈应该为男孩创造一个平静温馨的环境。

高女士是一个好客的人，她邀请来家里的朋友不是大声喧哗、打麻将就是唱歌，孩子根本没有安静的环境学习。直到聚会结束，儿子才能好好写作业，可是却已经学不进去什么东西了，因为已经是睡觉的时间。所以，儿子总是因为无法完成作业在学校被老师批评。

不久，如果高女士再邀请朋友来家里，儿子便放弃了写作业，和大人们一起玩。他的学习成绩直线下滑，期中考试竟然考了倒数第一。高女士对孩子十分愤怒："你太让人失望了，怎么这么不争气？"

孩子为什么不争气呢？原因是妈妈没有给他提供一个舒适、安静的学习环境。既然妈妈那么重视他们的学习成绩，更应该为他创造一个优良的学习环境。假如孩子学习的时候，家长制造很多噪音，或者像高女士那样邀请朋友来家里聚会，孩子的成绩必然会受到影响。是因为家长孩子才受到了影响，又怎么能把责任都归结给孩子呢？

所以，只有妈妈想尽一切办法为孩子创造一个舒适、安静的学习环境，他才会有精神去吸收精神食粮，才会有良好的品格，才能更好地学习，进而长成一个优秀的男子汉。

第三章

给妈妈的几个忠告

保全了玩具，破坏了好奇心

常常使家长头疼的问题是：男孩可能非常喜欢破坏东西，任何事物在男孩手中，总是会遭遇"大卸八块"的命运，这让父母打也不是骂也不是。一些母亲为了玩具的完好无损，就把玩具藏起来，不让男孩玩。却不知这种做法毫无益处，虽然保护了玩具，但是却将男孩的好奇心给破坏了。

具有好奇心特别是极强的好奇心的是创造精神的一个明显的特征。好奇心让孩子对世界有了一点了解，对一切事物都充满了求知欲。

有个男孩的母亲，由于孩子把她刚刚买的手表给弄坏了，于是她把男孩揍了一顿，并且将这件事情告诉了老师。谁知，这位老师风趣地说道："未来的中国'爱迪生'就这样被你扼杀了。"这个母亲不甚理解，老师就分析说："男孩这种行为实际上是一种创造力的体现，你不应该惩罚孩子，要让孩子多多动手，让他能动手尝试。"这个老师就是闻名遐迩的叶圣陶教育家。

好奇是男孩生活中的必需品，男孩在这个奇奇怪怪的世界里面惊奇着、探索着。身为家长，应该鼓励培养孩子的好奇心，而不是阻止孩子的好奇心。

在武汉科技大学上学的温帆同学。在校期间，他是四项国家专利的获得者，"有气筒的自行车""能够转换很多种锤头的锤子"等全是他多向思维的产物。他的父母从小就很注意培养他的多维思考能力。

在温帆小的时候，父母用两个月的工资买了一个收音机。一天，妈妈回家发现，儿子将收音机给拆了，于是便问："收音机怎么被你拆了？"

温帆说："里面有个阿姨，我想看看她是怎么唱歌的。"

妈妈一听，不但没有生气，反而开心地和孩子说："你想的真好！阿姨在遥远的地方唱歌，不管在哪里都能听到，无论在天上还是地下，甚至海里。究其原因？你将来长大就会明白的！"母亲一直鼓励温帆坚持自己的想象力和好奇心，他对电子设备有着浓厚的兴趣，大学的时候学习了电子信息专业，从某种意义上来说这都是他年少时期的好奇心所致。

还有一回，他修自行车的时候，他给父亲当助手，父亲对他说："这次看我修理完下次就你自己一个人修了。"温帆深有体会地说："在父母的要求下我多做实验，多去看别人的操作方法。观察细微后，在做相似事情的时候，我便可以从各个方面深入，思考可不可以做得更出色，将它提升一个层次呢？于是，在发明创作的时候源源不断的新想法就从脑袋里冒出来了。"

会拆卸玩具的孩子，说明他有很强烈的好奇心，以及对知识存在着渴望，能够自己去分析问题研究问题。任何一个家长都希望自己的孩子有所作为，为了帮助孩子找到努力的方向，他们不惜大手笔让男孩上各式各样的培训班，给孩子讲一些成功人士的成功经验，希望通过这些令孩子成才。但是他们不明白，可能对男孩拆卸玩具的批评，就可以改变其一生的命运。因此当妈妈的不要总是批评孩子，更不要将孩子的好奇心给阻止了。

曾有学者说："好奇心是人们探索被表面遮盖事物本来面貌的动力。"好奇是走向成功和杰出的关键因素。原因是只有好奇心才能够产生兴趣，只有感兴趣了才有可能创造出更多新奇事物。

心理研究说明：如果一个人对于某些事物产生好奇，那么他就会充满斗志地去学习，进而创造能力就会最大限度的发挥。

【给妈妈的建议】

在实际生活中，众多孩子都是被动地接受知识，缺少积极主动地去对世界探索的好奇心，还有众多家长对孩子好奇心的抹杀，令众名孩子都应变缓慢，遭遇能力以外的事就显得不知所措。

因此，母亲要一直激励孩子对世界充满好奇，有了好奇心才会有不停探索世界的愿望，才能不断进步，才能拥有非凡的知识。

请放下那副"教育孩子"的架子

一次，李丽夫妇请了一对年轻的夫妇和孩子来家里吃晚餐。当2岁多的孩子吃饱了想要下地去玩的时候，孩子的母亲也马上离开餐桌，蹲下和孩子说话："你是不是想离餐桌远一点然后在地毯上画画？"孩子马上自己去别处玩了。那时，她对家长蹲下和孩子说话感到十分的惊讶，可是又认为这只是别人特有的教育孩子的方法就不再多问。

第二个周末，学校的一位老师尼蒂邀请她到她家去做客，她再次看到了这样的场景。尼蒂有两个可爱的孩子，当她们打算一起去超市购物的时候，4岁的儿子不高兴姐姐先坐进车里。尼蒂在车门口蹲下，并且握住儿子的双手，面对面的，正视孩子的目光，真诚地说："孩子，谁先坐进汽车并不重要，对不对呀？"儿子盯着妈妈，懂事地点了点头，进了汽车和姐姐坐在了一起。到了第二天下午，李丽和尼蒂一家去公园游玩。当两个孩子一起蹦蹦跳跳想要去湖边看鸭群戏水的时候，儿子没注意滑倒了，泪水立刻在他眼睛里翻滚起来。这时候，尼蒂很自然地蹲下来，和蔼地告诉儿子："你已经不是小朋友了，是不是？你都是个大男孩了哦，摔一跤根本就不要紧的，对不对呀？"李丽也学着尼蒂蹲下来，和尼蒂的儿子说："是呀，你是个男子汉了，是吧？"孩子很快就止住了眼泪，很自豪地跑去玩耍了。

这个时候，李丽说起了教育孩子的方式。尼蒂告诉她："当然要蹲下来和孩子说话呀！他们年纪尚小，个子比较低，只有大人蹲下来和他们一样高，才能和他们平视着说话。我很小的时候，我的父母也是这样对待我的。在我的思想里孩子是一个独立的主体，有独立的思想，就是因为他们比大人要低很多，大人才要蹲下来和他们讲话。"

其实，这里说的"蹲下"并不仅仅只是动作和行为上的蹲下，它更多的是想表达父母与孩子是站在相同的立场上的。习惯站在成人立场的母亲，也习惯性地用大人的角度来分析孩子的想法，向他们讲述该如何去做，这将令他们不敢自己去亲身体会。假如母亲总是觉得自己懂得很多，总是没完没了地向孩子讲述，不厌其烦地一遍遍纠正他们的错误，孩子的知识面就会受限制。并且，这种觉得孩子做什么也不行的态度，会在一定程度上打击他们的积极性，令他们失去信心。

【给妈妈的建议】

要学会站在孩子的立场考虑问题，想要和孩子平等交流就必须要放下家长的架子，这样才能确实走进孩子的心里面，给孩子鼓励。

培养男孩切不可心慈手软

疼爱孩子是妈妈的母性使然，可是一旦疼爱超过了一定程度，那就是溺爱孩子了，溺爱只会让孩子发展得越来越不好。身为孩子的母亲，万万不能溺爱孩子，以防害了孩子。

溺爱是教育男孩最忌讳的事情。一个在溺爱的环境下成长起来的男孩，别指望他还能出人头地。对于男孩，心里疼爱，不要表现得太过了，该狠的时候切记不可手软。要舍得令男孩尝点苦头，切不可对于男孩的任何要求都毫无限制地去满足。万事以男孩为中心，总是溺爱孩子，对男孩身心健康是不利的，对他们的成长也是极其不利的。

有一位中年得子的母亲，对孩子特别宠爱，什么事情都依着孩子，他想要都给予满足。男孩本身就是一个内向腼腆的人，平时不喜欢与别人交往，学习成绩普普通通。高中毕业以后，儿子未能考上大学，母亲就花钱让他上了一所私立大学。儿子上学的时候，每两个星期这个妈妈都会跑到儿子的宿舍关切询问孩子哪里不舒服，就怕他在学校有什么不适应的地方。

　　大学毕业之后，母亲对孩子主动找工作的事并不是很鼓励，她告诉儿子："你是个大学毕业的学生，就应该找个好点的工作。"意思是不想让孩子在外面吃苦受累。于是儿子就毫不担心地待在家里两年时间，可是却什么工作都没有得到。不得已父亲只能给他找了个很普通的工作，一个月不到儿子就辞职回来了，说是特别不习惯。但是这次回来，竟然在家中整整待了四年，这四年时间里，他几乎"大门不出二门不迈"。

　　母亲十分担心这样的儿子，可是还是一直任由孩子自己胡闹，夫妻俩随着岁月的变化也已经是一大把年纪，再这么下去的话，儿子将来可怎么办呢？父亲因为儿子的原因愈来愈不爱说话了，心中压抑最后得了抑郁症。在父亲住院期间，儿子也不知道去医院照顾父亲，而母亲就在丈夫和儿子之间来回奔波着。

这是一个真实的故事，过度的溺爱使儿子走到了今天的地步。这样的孩子，不知父母的辛苦，没有任何的能耐，简直就是废人一个，更别提是什么男子汉了。这不仅是男孩的悲剧，也是母亲的悲哀。

一般来说，在一个家庭之中，以下是母亲溺爱孩子最典型的表现：

（1）对男孩给予"特殊待遇"，使男孩滋生优越感。有的母亲依然有重男轻女的思想，或者由于孩子是家里唯一的孩子，在家里地位是最高的，在哪里都受到了特殊的照顾。这样的男孩多数都是恃宠而骄的，最终变成一个不懂得关心他人只关注自己利益没有同情心的人。

（2）对男孩的各种要求"无条件满足"。有的母亲无论孩子提出多么无理的要求都是竭尽全力地满足，儿子想要什么，想尽办法也要给他。有的母亲一直秉承着这样的思想"再穷也不可以穷孩子"，即使自己省吃俭用不花钱，也要竭尽全力地满足孩子的要求。这样长大的孩子都不懂得理财，只懂得物质享受、极度的奢侈和浪费，肯定也毫无忍耐和吃苦精神。

（3）对男孩过分保护。有的母亲不让男孩出家门以保证他"绝对的安全"，也不许孩子和别的小朋友一起出去玩。还有严重的人，步步紧跟孩子的步伐，成了孩子的"小尾巴"，简直是含在嘴里怕化了，放在手里怕摔了。这样养成的男孩肯定变得懦弱无能，缺乏自信，养成什么事情都依赖父母的坏习惯，没准在家里也是我行我素，自高自大，到外面胆子小得还不如女生，有特别严重的性格缺陷。

（4）袒护男孩所犯的错误，称为"护犊子"。妈妈总是对男孩犯的错误视而不见，反而说，不要总是特别严厉地对待孩子，孩子现在还小。有的时候爷爷奶奶也会跑出来说："不要教得太急啦。现在还小不懂事，他长大以后自然而然就会变好的。"在这种环境中教育出来的孩子都是恃才傲物、全无是非观念的人，都会一味地我行我素，难以管教，很容易造成性格扭曲。

【给妈妈的建议】

为了孩子的成长，母亲一定要给予孩子很多关爱，不要吝啬对孩子的爱，但是一味地迁就儿子是不可行的，这样培养出来的孩子将来爆发出来的问题会越来越多，比如，没有远大的理想，更不存在是非的观念，也不具备良好的习惯。从来都不对孩子施行挫折教育，这会对孩子未来产生严重的影响。

正常地谈爸爸和他的家人

经历了失败婚姻的女人，孩子就是妈妈唯一的精神寄托。作为一位独立的女性，应该学会自强自立，为将来孩子的成长创造良好的环境，尽自己的力量给孩子提供最好的关爱。就算这样，实际生活中的家庭也是不完整的，孩子总有一天可能提出这样的问题，这仅仅是时间的问题而已。缺少父爱会使孩子的情感天秤完全地失衡，从而对孩子造成心理阴影，这些后续的问题是在所难免的。

为了孩子能够更加健康地成长，离婚的妈妈们不必把不完整的家庭放在心上，而是需要更加积极乐观地活好每一天。如果妈妈们生活的态度变得积极乐观向上了，孩子也会因此而变得心情舒畅。至于如何面对爸爸，妈妈们应该很真诚地与孩子进行沟通："这样的生活难道不好吗？妈妈会非常疼爱你的""宝宝别担心，即使爸爸不需要咱们了，妈妈也会一直爱护你的"。用这些话语来宽慰孩子的心，肯定是最佳的办法。在日常生活中，妈妈还能够常常鼓励着孩子：

"妈妈认为你是最棒的孩子，起码在妈妈的眼里，你是最可爱的。"

【给妈妈的建议】

方法一：切不可让孩子感到自己的愧疚

生活在这样的环境里，孩子从一开始就要比别人家的孩子更艰辛，这是情理之中的事情。因此离婚的妈妈们，在心理上难免有愧疚之情，认为孩子的不幸是由于自己的原因。有的妈妈会因为这个对孩子溺爱，无论孩子提出什么样的要求，总会毫不犹豫地答应，以此弥补自己内心的愧疚。这样对孩子是不利的。

方法二：不要刻意让孩子对父亲产生敌对情绪

有些离婚的妈妈们将孩子看成自己的出气筒，当着孩子的面斥责爸爸的种种毛病，这样做是很不明智的。聪明的妈妈应该在孩子面前给孩子的爸爸树立一个光辉的形象，也可以对爸爸的不好之处闭口不谈。由于孩子总会有长大成人的一天，一旦他知道了母亲是如此的心胸宽广，他一定会发自内心地爱戴和敬佩自己的母亲。而且，若母亲老是在孩子的面前数落父亲的各种不好，特别容易令孩子产生自卑的心理，这样的做法必定会暴露出自己偏执、冷酷、自私、狭隘的性格缺陷。

第四章

好妈妈要注重与男孩的沟通

表扬男孩有窍门

"吃软不吃硬"是很多男孩的性格特征，所以在教育男孩的问题上，很多教育学家都建议采用"欣赏教育"的方式。陶行知是我国著名的教育学家，在他任校长期间，他曾经这样教育过一个男孩：

有一次，他在校园散步，看到一个手里拿着砖头的男孩正追着一个同学跑过来，他连忙制止住了这个男孩，并告诉他一会去一趟校长室。

男孩在他回到办公室前已经在那等他了。校长用一块糖奖励男孩比自己来得早，男孩惊讶地接过校长手中的糖。校长用第二块糖奖励男孩因自己的制止及时住手，男孩低下头并接了糖。校长对男孩说："我已经了解过了，你之所以那样是因为那个同学欺负女生，这证明你很有正义感，知道帮助弱小。"于是奖励了他第三块糖。

男孩在这个时候哭了起来："校长是我不对，就算是他再不对我也不应该用砖头追着他。"此时，校长拿出了第四块糖："这很好，你能自己认识到自己的错误，这是奖励你的最后一块糖。我的糖都奖给你了，我们也该结束谈话了。"

教育家从头至尾没用一句批评的话语，男孩通过教育家的四块糖和四句表扬的话就认识到了自己的错误。由此可见，表扬的威力是巨大的。在生活中，很多家长都赞同这种赏识教育，并经常给予自己的孩子表扬，但是他们在试过几次后总会摇头说："这种方法不适合我家孩子。"果真是这样吗？那么这些家长都是用什么方式来表扬自己的孩子呢？

一位妈妈了解"赏识教育"后，决定改变之前的教育方式。对于儿子所做的事情，不论好坏，她都夸赞："儿子，你真是太棒了！"儿子对妈妈这突如其来的改变弄得莫名其妙。最后，莫名其妙地男孩摸着妈妈的额头说："妈妈，你不会生病了吧？"

表扬是一种奇妙的教育方法，这方法在那些顽皮的孩子身上最起作用。但是表扬更是一门语言艺术，更要讲究方法技巧，如果做妈妈的不分场合和事件，只是一味地夸赞男孩，男孩就会不知道妈妈在做什么。有的时候，甚至还会让男孩感到厌烦，"虚伪"便是男孩给家长下的定义。

【给妈妈的建议】
表扬可以促进孩子的成长，适当地赞扬能够提升孩子的自尊与自信，甚至还能增强他们面对困难的勇气。那么家长在表扬孩子的时候有什么窍门呢？

方法一：了解男孩渴望关注和赏识的心理

在实际生活中，很多家长总是埋怨自己的孩子习惯不太好，比如和同学打架、不听老师话等。难道这些男孩真的以此为乐吗？事实上并不是这样，家长通常会忽视孩子的好行为，比如孩子有时也会安安静静地在一旁和小朋友玩，有时也会做家务……但这些都不能像他们捣乱那样吸引父母的注意力。所以，有些男孩希望用捣乱来引起父母的注意。

身为家长，如果没有把表扬男孩作为一种习惯，可以从现在开始试一试，观察他做了什么，如果满意他现在的表现，那么就马上表扬他。表扬可以让孩子产生很大的变化，他的行为将会在表扬后发生巨大的变化，也会做出越来越多让父母满意的行为，那些不良的习惯也会随之减少。

孩子对表扬产生的依赖性是家长不必担心的，当你的男孩越来越令大家满意时，他也会感受到好习惯带来的乐趣，因此一定会自然而然地会把这些良好的习惯坚持到底。

方法二：从内心赏识你的男孩

"赏识教育"是要家长从内心欣赏自己的孩子，而不只是口头上的敷衍。对孩子来讲，也许他们并不了解父母是否真正欣赏他们，只要父母肯定他们的行为，对他们说"你是最棒的"，孩子就会很兴奋。对于那些年龄稍大的孩子来说，特别是男孩，父母真正的赏识才是他们需要的。如果父母并不是从内心深处赏识自己的孩子，只是做做表面敷衍而已，他们一定会觉得自己的父母在欺骗他们。这样对父母和孩子的沟通不但没有益处，而且很有可能会影响到父母与孩子之间的关系。

可能有的父母会说，自己的男孩很普通，没什么比别人优异的地方。这种想法本身就是错的。任何一个孩子都会有自己的优点和缺点，只要父母全面地了解孩子，孩子的优点都会被发现。只有当父母真正全面了解到孩子的优点时，才会发自内心地欣赏他。

方法三：表扬男孩的行为，而非他本身

某天，一位学者到外国朋友家做客，朋友家有个10岁的儿子，礼貌地拿出水果热情地招待他。男孩将一个苹果递给了他，这位学者很认真地对他说："你长得真可爱。"朋友在男孩回屋后很严肃地对他说："你必须向他道歉，因为你伤害到了我的儿子。""我这是赞美！怎么是伤害呢？"学者一脸疑惑。

"这就是问题的所在，你夸他的长相，这是父母给予的外在，不是他自己通过努力得来的。而他热情地和你打招呼，并递给你水果，你却忘了表扬他的礼貌待人。"朋友认真地说道。后来学者很认真地和男孩道歉并对他的礼貌进行赞扬。

在日常生活中很多父母也常常会犯类似于这位学者所犯的错误。假如你工作一天回到家很累，儿子帮你拿拖鞋并给你捶背，这个时候，你夸儿子是好孩子，倒不如换个方式来表扬孩子："你捶得很好，妈妈觉得轻松多了。有你这样一个孝顺的好孩子真是妈妈的福气。"男孩会因为你的话明白了孝敬长辈是一种美德，他也会因为这样感到自豪。

方法四：在他人面前表扬你的男孩

很多家长都会在别人夸奖自己孩子的时候说："哪优秀啊，这孩子顽皮得很。你的孩子多好，又懂礼貌，学习又好。"事实上父母的这种做法并不正确，因为孩子听到父母这么说时，他的心里会感到很失落，尤其对于那些事实上很优秀的男孩。有的时候，孩子还会觉得自卑：与别的孩子相比原来我在父母的眼中就是这样啊。

事实上，在遇到这种事情的时候，父母完全可以在别人面前表扬赞赏自己的孩子。孩子会因为父母的夸奖而向着更好的方向去努力。在别人赞赏自己的男孩时，明智的家长可以这样说："孩子是通过自己的努力才取得这些成绩的，我们希望他能向着自己的目标逐步迈进。"此外，在他人面前来赞赏自己的男孩时，一定不要过度夸奖，避免孩子骄傲。

方法五：通过他人之口表扬你的男孩

小虎的叔叔是大公司的企业家，小虎把这位叔叔视为偶像。有一回，小虎从叔叔家做客回到家，妈妈随口说了一句："叔叔说你今天很有礼貌。""真的?"小虎一脸惊讶与兴奋。"当然了，我亲耳听见的。"妈妈回答。

后来，小虎总会和遇到的熟人打招呼、问好、主动帮助他人……也越发懂礼貌了。妈妈察觉到了，每次小虎从叔叔家做客回家之后，妈妈都会悄悄地告诉他："小虎，叔叔和我说，你总是抢着帮忙做家务，都成了个孝顺的大孩子了。""叔叔夸你学习进步了，说你以后一定有出息。"之后每次小虎从叔叔家做客回来都会有不小的改变。

男孩在心里都有崇拜的人，借助他们来表扬自己的孩子往往会对他们产生很大的影响。 男孩很看重自己的面子，尤其不能在自己崇敬的人面前丢面子。 他们会因为偶像的一句话，而朝着目标努力，因此，像借助崇敬的人来表扬你的男孩这种方式，对孩子的成长能起到极大的推动作用。

批评男孩有技巧

那些喜欢折腾的男孩总会受到父母的批评。确实，在这些男孩的成长之路上总会不可避免的犯下这样或那样的错误。于是很多家长都习惯了批评自己的孩子："我早就跟你说过不让你这样做，你看，你总是不记得。""你房间怎么这么脏！""又把房间弄得这么乱，快去收拾干净！"

对于有逆反心理的男孩来说，责备、批评并不是最好的教育方法。

第一，过分地责备会使男孩对批评产生"抗体"，换句话说，孩子会对批评没有反应，这个时候，批评对他来讲根本起不到任何效果。

第二，孩子会因为父母的批评产生叛逆的心理，父母越告诫他们不让他们去做的事情，他们越要去做，而父母想让他们去做的事情，他们却偏偏不去完成。这样的教育结果是父母不愿意看到的。像这种情况，父母和男孩之间是根本不可能进行正常的交流沟通的，这样很容易使父母和孩子的关系恶化。 最令人揪心的是，男孩可能会因为亲子关系的破裂而误入歧途，从而走向歪路。

但是有时批评也是可以起到一定效果的。 对于孩子那些故意捣乱的行为，还要借助批评教育的方法来让他们意识到问题所在。 因为家长如果不对他们进行批评教育，他们就不会有是非观念，所以，只有正确适宜地批评才能使男孩更快更好地吸取教训，从而健康快乐地成长。

赞美孩子是有诀窍的，同样，批评孩子也是有诀窍的。重要的是，要掌握批评孩子的时机。 教育专家给出了下列五种情况，这五种情况家长是绝对不能批评孩子的：孩子在和你讨论某个私人问题时；孩子情绪激动没有表达清楚到底发生了什么事情时；孩子对某一件事情很兴奋的时候；孩子需要求得别人的帮助来做出决定时；父母想和孩子交流某件事情的时候。 在上述的几种情况下，如果父母批评了孩子，或者会极大地减退了他们做事的积极性，或者会伤害到他们的自尊心。 因此，在批评孩子的时候父母一定要考虑清楚。

【给妈妈的建议】

在教育孩子方面，一定要谨慎批评。 怎么才能掌握好批评孩子的尺度呢？ 家长可以参考下面几种方法。

方法一：只批评男孩的行为，而非人格

在家长批评男孩的时候，要遵守这样一个重要的原则：那就是批评的是男孩错误的行为，而非他的人格。 大多数家长批评孩子的时候都会说这些话："你真是太笨了，只考了这么一点分数！""你这孩子一点都不诚实，总是满嘴谎言。"

"你就不能争气一些！"

帮助孩子改正缺点是家长批评孩子的目的。可是仅仅因为男孩的一次考试失误，家长就说孩子笨；仅仅因为孩子说了一次瞎话，家长就给他打上不诚实的"烙印"……如此，不但男孩会很难改正自身的缺点，反而还会认同家长的观点。也就是说，家长这种对孩子人格的批评会严重影响到他的成长。

那么，家长怎样做才可以使男孩的自尊心不受伤害呢？明智的家长会这样说："这回的考试，你没有好好复习，导致这次没能考好，下次改正吧。""偷偷去网吧不是一个好孩子应该做的，好孩子要诚实，知道了吗？"

此外，建议性地批评孩子也是家长应该做到的，就是指当孩子自身的行为不正确的时候，家长应该采用建议性质的批评技巧来帮助孩子，把孩子的错误行为矫正过来。

假如孩子玩了一天没有写作业，家长应当采取这种方式来给予批评："我昨天很担心你，上网会影响你的学习不说，更会影响你的身体。你曾经答应过我不再这样长时间的上网了，你却没有遵守诺言。我希望你明天可以在上网前把作业写完。我相信这样做的话，你能劳逸结合更为优秀！"

上面的这段话，家长既能指出并纠正孩子的错误，又能给他们好的建议，同时话中又包含了对男孩的期望，激励孩子尽快改正自己的错误。相信男孩在听完这些话之后，一定不会再让家长担心了。

方法二：不要当众批评你的男孩

聪明的父母从来都是在别人面前夸奖自己的孩子，对孩子的错误进行教育时都是单独在家里。 当父母在他人面前夸奖自己的孩子后，在大家的一番传播下，对他的影响会更大，他会因此增加自信，并有了一个目标，在随后的日子里，孩子会因想完成这个目标得到赞扬而更加努力。 而当众批评孩子会让他们失望、无地自容，这样的话，家长对他们进行教育的工具也就没有了。 这其中的道理需要父母认真想一想。 如果男孩在众人面前毫无颜面可言的话，他们很可能会放弃自己的形象，以后也可能会做一些不好的事情，因此，当众责骂孩子是最不可取的教育方法。

方法三：要让男孩心服口服

对于批评男孩这件事，让他们服气才是最重要的。 说起来简单，做起来难。 怎样的批评是适度的批评，既能让他们领会采纳，又能让他们心里服气呢？

这是一位教育学家的观点：即使是在激动的情况下，父母也应该保持冷静的大脑和理智的思维，批评孩子的时候不能是在情绪不稳定的时候。 这位教育学家说，父母教育孩子，一味地靠强制是起不到任何作用的，只有让孩子把他们心里的想法表达出来，他们才能反省自己，心里才会服气。

纠正男孩的错误，让孩子从心里认识到自己的错误，这位聪明的爸爸为我们提供了榜样。

一个周六的早晨，爸爸刚想让儿子安安静静地在家复习一下功课，没想到孩子却要和早已约好的伙伴一起踢足球。男孩这种不爱学习的态度让爸爸很生气，但他抑制住自己的情绪把儿子叫到了身边，说要和儿子说两句话。

爸爸说："儿子，最近在学习方面好不好啊?"男孩说："不好。"爸爸说："一个学习成绩不优异的学生有什么脸面总想着玩?"男孩低下了头不再说话。爸爸说："我觉得这世界上有三种学生，一种是只知道学不知道玩的，一种是只知道玩不知道学的，一种是玩和学都不耽误的。你觉得自己属于哪一种呢?"男孩说："第二种。"爸爸说："那你自己希望你成为这三种学生中的哪一种呢?"男孩说："当然是第三种了。"爸爸说："没错，爸爸也希望你是第三种人，但我相信只要我的儿子能够努力学习，很快就能够成为这种学生了。"

男孩不住地点头表示认同。不一会，他问爸爸："爸爸，那我今天还可以和小朋友出去吗?"爸爸说："怎么不能去啊，你和伙伴说好了，又怎么能失信于他们呢!"之后，男孩果然把大部分精力都用在学习上了。

让孩子从心里认识到自己的错误，只是一味地靠指责和批评是达不到目的的。家长必须要了解到各个年龄段男孩的心理，在必要的时候，家长还需要给男孩讲一些男孩觉得非常认同的东西，来让孩子从心里服气。

方法四：对男孩要赏罚分明

批评只是教育手段中的一种，它是通过一些惩罚性质的措施来实现的，把其中的道理教给孩子，以免下次再发生类似的事情。所以，批评并不是最终目的，而是一种纠正错误的手段。有赏有罚是家长在教育孩子的时候要做到的，不能言而无信，不然不仅教育目的不能被男孩理解，希望的教育效果也达不到。

　　一个男孩撒了谎，被妈妈发现了之后，受到了妈妈严厉地批评，男孩很伤心并且哭了起来。看到自己心爱的儿子这么伤心，妈妈又给她买了一个冰激凌来安慰他。

　　一位教育专家看到了这一过程后，问孩子的妈妈："你批评你儿子的原因是什么？""他撒谎了。"孩子的妈妈说。"那买冰激凌是为了什么？　是在表扬他撒谎还是作为他伤心的补偿？"教育专家问孩子的妈妈。　孩子的妈妈无言以对。要严格地按照制定规则执行，否则，以后制定的所有规矩都有可能会被男孩打破。

小男子汉喜欢你与他商量

如果父母告诉男孩："你一定要沿着这个方向走。"男孩却没有沿着父母给的方向走，而是朝另外的方向走。 如果父母这样对男孩说："宝贝，在东面有个游戏场，我们想带你去那里玩，你开开心心地玩还能锻炼身体。"这个时候孩子就会很高兴地朝着家长说的方向走。 男孩"吃软不吃硬"的性格就是这样，他希望父母把他当作一个独立的小大人，希望自己的意见可以被父母重视。

斯宾塞是英国著名的教育学家，他说过："下命令这种方式并不完全适用于孩子，在其他方法都失败的时候才可以使用。 要尊重孩子的意见，相互理解、相互尊重是两代人沟通的关键。 和孩子之间的理解就是有什么事情的时候可以让他参与其中，并且一起商量办法。"

所以，为了让男孩尽快地茁壮成长，父母有时可以和孩子商量一些必要的事情。 这样不仅能够避免一些发生在家庭中的不必要的争吵。 最重要的是，它还可以教会男孩在社会上如何待人接物。

在孩子年纪还小的时候，妈妈就凡事和他交流沟通，听取他的意见，她最常挂在嘴边的一句话是："只有让妈妈高兴，妈妈才能给你买你想要的东西。"可是妈妈怎么样才能高兴呢，她会告诉儿子把身上的坏毛病改掉、经常帮助妈妈做些家务等这些事情都可以。

用这种方式教育孩子，会让小男孩从小形成一套属于自己的固定的思维方式。为什么这样说呢？那还要从男孩的一次"伟大"经历说起。

小勇是小亮的好朋友，他们是同班同学，所以小亮放学后经常去找小勇一起玩。妈妈对此开始担忧：两个活泼的小男孩在一起玩会不会把家里闹得天翻地覆，小勇的家长会不会因此感到厌烦？小亮的妈妈正在犹豫是否给小勇家打个电话，和人家说句对不起，可是小勇的家长先把电话打过来了，对方和善地对小亮的妈妈说："你家孩子真懂事，来就来吧，还帮我打扫家里的卫生，他经常在家里打扫卫生吧？"

等到孩子回来，妈妈把小勇家长夸奖他的话告诉了小亮，他红着脸说："妈妈每次答应我的要求时，都要在妈妈高兴的前提下。所以我就想要是能在小勇家高高兴兴地玩就必须要让他的妈妈也高兴起来，于是我就帮小勇的妈妈打扫家中的卫生。"

瞧，这位家长并没有把如何和小朋友的家长相处的事情强加到男孩身上，可是男孩却在和妈妈的交流中，形成了一种属于自己的思维方式，然后在人际交往中巧妙地运用了。换句话说，他具备的这一能力是他能与父母协商这一沟通方式的功劳。

【给妈妈的建议】

商量是妈妈与男孩之间相互了解、相互沟通的手段，可以让双方的意见都能被对方接受。商量，使每个问题都打上了"尊重"的印记。那么，妈妈应该如何运用商量的方式来促进增进他们之间的关系，让孩子的成长更加健康呢？

方法一：用商量代替命令的口吻

孩子因为玩儿忘记了时间，都已经很晚了还没有回家，他的妈妈在家里急得团团转。可是在回家后，妈妈并没有像这样不冷静地骂他："怎么玩到这么晚，以后不许出去了。"而是用了十分和善而平静的语气和儿子协商："宝贝，你这么晚回来，全家都在为你担心着急，以后放学了就早点回家好吗？"孩子听完妈妈说的话，红着脸吐了吐舌头对她说："妈妈，我错了，让你们为我担心了，我以后一定会早回家的。"

事实上，妈妈只是运用了与以往不同的说法来表达自己十分担心孩子的意思，同时也表达了以后要男孩早点回家的意愿。可是，假如妈妈用命令的口吻来和儿子讲话，即便孩子觉得是自己的错，他也不会服气并自觉地改正错误。可是妈妈却用商量代替了命令的口吻从而达到目的。因此，如果家长希望孩子完成一件事情，不如用商量的口吻来代替命令。

假如，你想让自己的孩子做作业，你可以说："是不是到了该去做作业的时间了？做完了作业还能看一会电视呢。"一定不要说："快去做作业！"或者"你怎么还在看电视呢？还不去做作业！"假如你想要孩子做一件事情，例如洗菜，这样说就比较好："儿子，能帮我把这些菜洗一洗吗？"一定不要说："把菜洗干净！"或者"快点把菜洗了！"协商的口吻对男孩来讲非常重要，这样孩子会觉得自己的感受受到了重视，从而亲近你、信任你，让你可以更好地和孩子沟通。

方法二：与你的男孩达成协议

如果你希望孩子改正错误，但是强制的方法往往不能达到预想的效果，父母在这个时候可以试着和孩子达成协议，例如用"约法三章"的方式来限制他的不良习惯。值得注意的是，男孩一定要从心里认可这个协议，否则会使得其反，达不到效果。

一天，爸爸带鸿鸿一起去商店，去之前爸爸已经和他商量好了，只是去商店逛逛，不买任何玩具。可是，在他看到了那个最新款的机器人变形玩具后，就想爸爸给他买一个，他说班里有一个小伙伴有一个这样的玩具。

玩具的价格是500元，差不多是他们一家人一个月的生活花销了。可是爸爸没有一下子否定孩子的愿望，而是对孩子说："爸爸也喜欢这个玩具，可是价格你知道是多少吗？"

"多少?"孩子问。"500块钱,相当于咱们家一个月的生活费了,要是现在给你买了这个玩具,那咱们一家人一个月都要饿着肚子了。你仔细想一下,要是早上没有牛奶喝,中午和晚上都没有饭吃了,你觉得可以吗?"爸爸耐心地讲给儿子听。

男孩想了想,可他仍然对那个玩具有些不舍。爸爸继续引导他:"宝贝,要是你真想要这个昂贵的玩具的话,那你一定要做些事情才行。世界上没有免费的午餐。所以你也要做一件能让爸爸妈妈高兴的事情。比如你改掉了身上的坏习惯,爸爸就会用几个月积攒下的积蓄给你买这个玩具。""可以!"孩子听到爸爸这么说很开心,拉着爸爸的手离开了商店。

这位爸爸十分明智地与孩子达成了协议,在制止儿子见什么要什么的行为的同时,又让他形成了改正缺点的意识。假如孩子真的很想要这个玩具,他就能够为了这个心仪的玩具主动改正自己的缺点。孩子总会和父母提出很多要求,即便是要求不切合实际,父母也不要一口回绝,因为男孩需要一个过程来接受他不愿接受的事实。因此,协商是家长与孩子沟通的最好的方式,孩子会有一天明白自己的要求太不合实际了。

方法三:以商量的口吻处理亲子冲突

男孩经常会因为和父母意见不合而发生矛盾,这个时候,父母总是想要坚持自己的想法,并且总是以做父母的权威来压制男孩,想让男孩放弃自己的想法。事实上,父母越是这样男孩越不愿意听从父母的意见,反而会促生孩子的逆反心理，使亲子关系不断恶化。

发生冲突的时候，每个人都很注重自己的尊严，不希望自己被他人约束，而自尊心和叛逆心理强烈的男孩更是如此。所以，聪明的父母总会用商量的话语和孩子进行协商，让男孩知道父母重视他的感受，这样，男孩会相对比较顺利地接受父母的意见。

方法四：男孩自己的事情父母更要与他商量

随着孩子的成长，男孩会希望自己的意见受到父母的重视。他们往往会希望父母把他们当作一个独立的个体，让他们可以自己做某些事。因此，父母不能一直像对待孩子一样来对待他们，凡事都替他们处理，帮他们做决定。可是孩子会因为父母这样做而产生反感，进而不愿再与父母进行沟通。因此，聪明的父母即便是与男孩的做法有着不同的观点，传达给男孩意见的时候不妨试试用商量的办法，让他三思而后行。

例如，男孩每天应怎样的穿着打扮、每天应梳怎样的发型、应该与什么样的人交朋友……父母只要适当地给出一点意见，其实并没有必要让他们依照自己的意愿去做。

假如男孩的支配权被家长忽视了，只是执意用家长的特权来约束他们，即使男孩表面上屈服了，他的内心也会逆反。长此以往，男孩心里并不服气，就更不会尽自己最大的努力去完成，也会影响到父母与孩子之间的关系。所以，一定要让男孩自己来决定自己应该做的事情，这时父母只需要把自己的经验与意见以协商的方式传达给男孩，让男孩全面地了解到问题就行。

与你的男孩谈心

很多女孩都会有闺密，她们凑在一起就会说些自己的小秘密。而男孩则不同于女孩，他们表面上看起来是没有秘密的。然而，男孩真的不像女孩一样有小秘密吗？大多数男孩的家长总会觉得：男孩怎么会有秘密？实际上，家长的这种想法是错误的，因为表达自己的情感并不是男孩的长项，另外男孩都觉得自己面子很重要，即便是心里有什么秘密，他也不会表现出来，更不会跟别人倾诉。

身为父母，我们要知道，无法倾诉内心的情感是一件极其危险的事情。男孩会在他成长的时候遇到许多问题，这些事情多多少少的会对他的心理产生影响。男孩和女孩不同，不会把好玩的事情马上告诉给自己的父母，不会跟家长诉说自己的委屈，因此，作为男孩的家长，你不但要关注男孩的身体成长状况，更要指引他们将内心的情感宣泄出来。

那么，家长要如何做才能让男孩向他们倾诉呢？一位教育家说过这样一种教育方法："一旦孩子陷入困境的时候，父母与孩子谈心是非常必要的，帮助孩子要从心理的角度出发。"

谈心对于那些需要宣泄心中情感的孩子来说是一种很好的方法。可是很多家长都不能很好地掌握这种方法。

一个男孩曾经哭诉说："每次和妈妈吵架的时候，妈妈总是说'你觉得自己做什么都能做得很好了是不是?'每次妈妈说这话的时候，我都觉得特别委屈。"

的确，假如父母总是采用这种盛气凌人的态度来对待这些不擅长表达情感的男孩，那么，父母和孩子连正常的沟通都不能做到，还怎么能算是谈心。如此，对男孩的身心成长和父母间的关系，都会产生不小的影响。家长总是认为，孩子永远是孩子，总也长不大。可是大多数男孩，在很小的时候就希望父母把他当作一个独立自主的个体来看。事实上，家长在这个时候就可以把孩子当作成人来看待，并用成人的方法和孩子谈话，而并不是采用一种家长高于孩子的方式进行谈话。

一个和爸爸关系很融洽的男孩被一位教育学家问道："你觉得你爸爸哪一点最好?"男孩立刻说："老爸幽默风趣，就跟我身边的朋友和伙伴一样，所以我每次都有很多话想和他说。"由此看来，父母想要听到孩子的心里话，只有把自己的姿态摆正，才能轻松地和男孩交谈。

【给妈妈的建议】

父母通常会有这样一种观点：与男孩交流要比和女孩交

流要难得多，谈心就更不用说了。事实上，这样的心理是家长不必要有的，只要端正自己的态度，找到适合的时机，和孩子谈心没有想象中那么难。

方法一：把握与男孩谈心的机会

对孩子的认真倾听是谈心必不可少的。谈心过程中，孩子会用心灵与父母谈话，竭尽全力做到父母所要求的。所以，家长不要打断正在专心做一件事情的孩子，否则孩子会因此厌烦父母。在谈心的时候，即使孩子在父母的强制下，与家长面对面而坐，可是孩子的心思还在刚刚强制结束的事情上。因此，只有父母掌握好与男孩交谈的时机，交谈才能真正地达到目的。

那么，什么时候才能算是父母与男孩交谈的最好时机呢？通常来讲，家长会之后孩子总会急于和父母谈心，这个机会如果家长可以好好把握，可以了解男孩更多的想法。

一个平时不注重自己学习的男孩，考试考得很差。他惴惴不安地等待着家长会后妈妈的批评。但妈妈从家长会回来之后并没有大声地责备他，还很温柔地对他说："我在家长会上很羞愧，可能是我平常很少关心你，我真的希望能帮助你找出失败的原因，期末的时候你要加油。"

男孩在妈妈说过这些话之后，有些大吃一惊，他主动认识到自己的懒惰行为，而且发誓今后一定努力改正这些坏习惯，好好学习。

俗话说：机不可失，时不再来。珍惜与男孩谈心的机会，那样会得到更好的沟通。

方法二：让男孩放下戒备心理

在父母主动和男孩聊天谈心的时候，男孩通常都会有抵触的情绪。所以，这就需要父母采取某种方法让男孩放下戒备，这样才能使谈心起到作用。假如"我们来谈谈吧"是父母作为与男孩面对面的第一句话，男孩就会想："又来对我进行思想教育了。"

如果父母教育男孩是这种态度："你真是个笨蛋""该好好教育教育你了"……类似这些话，男孩的心理戒备只会提高。所以，当孩子和父母的意见相悖时，父母可以采用"冷处理"的措施，先停止对这一话题的谈论，把话题转移到别的方面去，这样孩子的戒备才可能放松，并顺利而轻松地继续谈心。此外，父母要具备足够的耐心才能引导孩子说出自己的心声。不能让孩子感觉父母在约束自己，因此不愿意和父母谈心，因为那样会适得其反。

方法三：当男孩失败时与他谈心

男孩的成长过程中会遇到很多问题，他们经常会陷入困境，虽然困难可以使男孩更快成长，但毕竟会给男孩带来消极的影响。家长要在孩子遇到挫折的时候和孩子谈心，及时帮助他摆脱困境。长时间下来，家长的这种做法就会在无形中赋予孩子坚忍、勇敢、不屈不挠的性格。

　　男孩因为过度紧张而忘了演讲大赛的台词，出了丑不说，还不得不退出了演讲大赛。男孩为此很难过，很久他都摆脱不了失败的阴影。

男孩的爸爸觉得应该帮助儿子摆脱自卑，便寻找和儿子谈心的机会。"是不是还在为那件事情生气呢？"爸爸很随意地试探着男孩。"对啊，我觉得真是太丢人了，在那么多同学面前没面子。"男孩还是很自卑。"可是，你不认为你能勇敢地参加这次比赛就已经算是一种成功了吗？做任何事情都不能着急，要慢慢来。"爸爸耐心地说。"可是还是有好多同学嘲笑我。"男孩说到这低下了头。"你不要在意别人怎么想，他们的做法是不对的。他们总是觉得自己做什么都好，却没有意识到自己的行为是多么没有价值。爸爸不是和你讲过吗？在这个世界上有着大量庸俗的事物，而那些既不懂得尊重他人又自以为是的人正是这个世界上的俗物。你为什么要花时间和那些无谓的人和事计较呢？"爸爸的情绪有些激动。

男孩明白了，终于从自卑的阴影中成功地走了出来。

在孩子需要帮助的时候及时和孩子谈心，不仅能让他们自主地认识到自己的缺点，还能积极地鼓励他们，使他们把自己的潜力和自身的优势发挥出来，积极进取，进而让他们更加顺利地健康成长。此外，在上面提到的情况下，父母及时和孩子谈心，更容易缩减父母与男孩之间的代沟。

方法四：当男孩有不良行为时与他谈心

伴随着男孩年龄的增长，他很可能养成很多不良的习惯，诸如自私、吹牛等。当男孩出现这种问题的时候，父母要抓住机会与他们谈心，这样不但有利于他们自主地改正自己的错误，还可以使父母和孩子的关系变得融洽。

一位妈妈送孩子去上学。男孩穿着一双新鞋，可妈妈一不小心误踩到了男孩。男孩立刻就不高兴了，踢了妈妈小腿一脚，妈妈的裤脚上立即出现了一个小脚丫的印记。妈妈生气地打了男孩几下。男孩委屈地站在路边哭了起来。妈妈不理会，自顾自地往前走。

刚刚打完儿子之后，妈妈就有些后悔了，担心儿子今天不能专心学习。于是，她又原路返回找到儿子，领着他一边聊天一边慢慢向前走。"你在校园里和同学也是这样的吗？"妈妈还是对刚才的事情有些生气。"不是啊，一双新鞋，刚穿上第一天就被你踩脏了。"男孩小声地说。"那你也不能反过来踢妈妈一脚啊。你这样的行为对吗？"

男孩低下头，无话可说。"妈妈也有不对的地方，我不应该打你，妈妈跟你道歉。"妈妈的语气不像之前那么严厉，"但是你说，如果同学也不小心踩到你的新鞋，你也会同样反过来踢他吗？""不会。""那你会怎么解决？""我会和老师说。""之后呢？""让他和我道歉。""然后呢？""再然后我就接受他的道歉。"

妈妈听到男孩这么说，笑着对他说："那要是他不跟你道歉呢，你会怎么办啊？"男孩也不知道该怎么回答了。妈妈说："假如同学没有和你道歉，你就冲他微笑，让他觉得很不好意思，这样他会对你很佩服。相信吗？你下次可以试一试。"

父母在和孩子交谈的时候，切记不要翻来覆去地给他讲述什么大道理，他们会很厌烦你说的话，也不会照着去做。
上面对话中的妈妈是聪明的，她并没有对儿子喋喋不休地进
行教育，而是让儿子自主地认识到自己的错误，并且以很巧
妙的方式告诉男孩以后遇到类似事件的解决方法。

因此，即便这个男孩的心里不认同妈妈的说法，但如果
他在遇到这种状况时，他一定会尝试着用妈妈告诉他的方
法。当他了解到自己的快乐可以从宽容别人身上得到时，他
会在不经意间将宽容作为自己做人的美德。

第五章

男孩为什么要穷养

为何穷人的孩子早当家

香港地区前任特首曾荫权在中学毕业之后便考上大学了，但家境穷苦付不起学费。无奈之下，他只能放弃读大学的机会，到了一家药品公司做起促销员来，在别人还享受生活的时候他就尝尽了辛酸苦辣。过了几年他成功地当上了公务员，政府将他送去了哈佛大学进行博士学位的深造。后来一步一步走到了今天。

从一名推销员变成行政区的特首，这中间要付出多少努力才可以达到啊？ 由此可知，任何一位志向远大的人都不可能只甘于做一名推销员，年轻时的曾荫权就是这样一个胸怀大志的人，可是谁叫他的老爸只是个穷警察呢？ 若是不去做推销员的话连饭都吃不上了。 当时的情况他除了做这个工作还有什么选择呢？

"穷人孩子早当家"就是这个道理。 就是因为家境的贫穷，他们才会一直努力拼搏，除此之外就无路可走了，这样的环境才令他们学会了自强。

没错，穷不仅仅只是家庭经济方面。贫穷的范围很大，任何人陷入困境，都算得上贫穷。古人云："自古英雄多磨难，纨绔子弟少伟男。"由于人在顺境中轻易就受到诱惑，他们总是会贪图享受，不思进取，不了解克服困难有什么意义，因此没有远大的志向。没有丝毫进取心的人，又如何取得成就呢？但是那些处在逆境中的人则不然，他们饱受艰辛，一次又一次地与命运和困难做斗争。人假如没有动力就不能前进，这些是身处顺境中的人不具备的品质。

由于现在社会的工业化、数字化、信息化的进程非常快，致使当今时代的年轻人心智成熟相比以前较慢。也可以说是由于经济的发展导致了孩子的心智成长缓慢。美国的专家在这方面做了研究：20 年以前美国的孩子心智成熟期在 15 岁左右，但是当今青少年的成熟期却在 25～30 岁之间。什么原因导致这些状况的出现呢？很关键的一个因素就是工业化的进程太迅速了，孩子拥有优越的物质条件，动手机会和实践的能力很大程度上减少了。但是穷人家的孩子却不是这样的，他们压力非常大，要做很多的家务劳动和其他的事情。因此，富足家庭的孩子成熟得较慢。

在瑞士，父母为了避免孩子成为坐吃山空之辈，从小就开始锻炼他们自食其力的能力。例如，一个 16 岁的姑娘初中刚毕业，就会找一家有教养的家庭去当兼职女佣，上午去打工，下午去学习。这样不仅锻炼了劳动能力，而且对于学习语言也是有帮助的。由于在瑞士有的地方讲法语，有的地方讲德语，因此一个语言地区的孩子总是会到另一个语言地区当仆人。

为孩子包办事情的事不会在德国发生。那里的孩子到了14岁以后都有责任承担一些他们应尽的义务，例如给每个家庭成员擦鞋。这样做有以下两个优点，一方面锻炼了孩子的劳动能力，另一方面能够加强孩子的社会义务劳动感。

在大山里面有两块石头，其中一块石头对另一块石头说："出去经历艰险和坎坷吧，可以拼搏一下，也不枉咱们来世上一次。"

"不要，何必这样呢？"另一块不以为然地说，"安坐高处可以一览众山小，周围都是各种花丛，谁会在享受和苦难当中去选择苦难呢。再说了，我会被路途的艰险弄得粉碎！"

于是，第一块石头跟随着山溪落下，历经大自然的洗礼，它仍然坚持行进在自己的道路上。第二块石头对此很是讥讽，它能够在高山之上享受各种乐趣，享受着周围各种花团簇拥的舒适和安逸，享受着大自然的各种美景。

多年之后，饱经磨难的第一块石头变成了一个大家族里最珍贵的石头，是石头里面的珍品，被万千大众赞美着，享受人间的各种荣华富贵。第二块石头知道以后，特别后悔，现在它特别希望自己也可以投入到洗礼中，最终像第一块石头一样拥有成功，但是一想到要经历各种磨难和艰辛，甚至冒着粉身碎骨的危险，它便退缩不敢尝试了。

有一天，人们为了更好地收藏这块石头，希望建设一座精美别致、气势宏伟的博物馆，建造博物馆的材料准备用石头。然后，他们去高山上寻找到了第二块石头，并将它砸得粉身碎骨，用来给第一块石头修盖房子。

孟子曾说："生于忧患，死于安乐。"忧患和安乐其实都是一种生活的态度，可是一个令信念加强，另一个只能播种平庸。

英国的一位著名学者曾说过："人在年轻的时候多经历一些磨难是对自己很有帮助的。"

古人常说："少年得志非常不幸。"少年到青年是人生非常重要的阶段，假如在这个时期万事如意，长大以后，未必经受得住挫折和困难。若是在这个时期经历一些磨难，那么，长大以后，不管经历任何磨难，都是不会被打败的。

一对老来得子的农民夫妇对儿子特别宠爱，儿子在家里简直是个小霸王，从小就特别喜欢闹脾气，做事情也总是毛毛躁躁的。

儿子上学以后，从不知爱惜衣物，回家的时候不是把衣服弄脏了，就是将书包给放到了田里面，回家以后只知道哭。母亲无时无刻不跟在儿子的身后，也对此无计可施。有一天，父亲拿着铁锹，在儿子每天回家的路上挖了很多坑，又在坑上搭建了独木桥。儿子在回家的时候路过坑边，不知道怎么办。田野里面没有一个人，只有微风吹过树林的声音，孩子特别想哭，可是哭了又有谁能听见呢。没有了退路，孩子迫不得已地自己走上桥，他心惊胆战地走过每一座独木桥。

回到家，儿子特别骄傲并开心地将今天遭遇的事情讲给父亲听。父亲语重心长地解释道："走在平坦的路上，自然就不会注意脚下，现在的路途艰辛多了，他只能聚精会神地走路了。"

人生犹如一条大路，假如路途太过于平坦了，那么孩子势必就会左看看右看看，忘记关注当下的路途；但是如果走一些曲折的路途的话，挫折会使孩子变得坚强起来。

【给妈妈的建议】

心理学家总是会遇到这样的母亲，抱怨孩子老是伤她们的心。心理学家观察到，其实这些母亲的身上都有相似之处：假如孩子第一次系鞋带没有系好，母亲以后再也不买有鞋带的鞋子给他；假如孩子第一次洗碗不小心将衣服弄湿了，母亲就阻止孩子接近洗碗池。这些孩子永远都不知道怎样将鞋带系好，永远都无法学会像其他孩子那样洗碗不弄湿衣服。他们将来长大以后遇到困难也是不会迎难而上的，他们不知道怎样克服困难。有时候，父母们必须学会让自己狠心一点，不要溺爱、纵容孩子，放手让孩子自己做事。

男孩总有一天要扛起责任，所以让孩子提前吃点苦头，是一件好事。若希望男孩将来有个灿烂辉煌的人生，那么现在就要让孩子在苦难中多磨炼一下自己的品质和心智。

切不可让男孩坐享其成

金钱并不能买到所有，但是没有金钱却寸步难行。 每个家长都希望自己的男孩可以成为成功人士，而不是一个穷光蛋，更不希望孩子永远都由家长掏腰包——那样男孩就不知道成功的滋味是如此美好。 男孩成功了，家长会觉得比自己成功还要快乐，教育男孩理财的观念为形势所趋，懂得理财之道的人，可以在有限的生活条件下生活得更好，不懂理财的人挣多少钱也提高不了生活质量。

可以说，有创造才会有财富。 因此，钱是财富教育的第一课。 有这样的一则故事，父母可与男孩一起分享：

小克莱门斯的老师玛丽是一位非常虔诚的基督教徒，每天祈祷完才会带孩子上课。老师总是会给同学们讲解《圣经》，有一次讲解到"祈祷，就可以收获一切"的时候，小克莱门斯忍不住站起来说："如果我向上帝祈祷的话，他可以给我想要的事物吗？""是的，一旦虔诚地祈祷，你就能够得到你想要的一切。"

小克莱门斯当时的愿望就是自己可以吃上一块大的面包，因为他从来都没有吃过这样的面包，但是他的同桌，一个拥有美丽金发的小女孩每天都会带着一块面包来学校。每次小女孩让他吃的时候，小克莱门斯都会坚定地摇摇头，但内心却是充满渴望的。

放学的时候，小克莱门斯对小女孩说："明天我也会有一个很大很大的、和你的一样的面包。"回家后，小克莱门斯便在自己的屋子里虔诚祷告。但是，第二天起来后，他将手伸向书包里，只有一本破旧的课本，根本就没有面包。后来他决定每天晚上都虔诚地祷告，直到面包降临。有一次，金发的小女孩问小克莱门斯："你的面包在哪里呢？"

小克莱门斯已经不再自己祈祷，他告诉小姑娘，可能上帝并未听见他虔诚的祈祷。因为，每天肯定会有很多的男孩在进行虔诚地祷告，但是上帝只有一个人，他忙都忙不过来。听到小男孩的话，小女孩说了一句影响了他一生的话："原来人们祈祷是为了得到一块面包啊，面包只要几枚硬币就购买回来，花那么多时间去祈祷还不如打工挣钱买面包呢！"

从此小克莱门斯再也不祈祷了。他明白了小女孩话中的意思——想要得到自己想要的东西必须要通过实际工作才行，祈祷只能永远停留等待。"再小的事我也不会祈祷了。"小克莱门斯踏上了崭新的道路。小克莱门斯长大以后，已经是勤奋而且多产的作家马克·吐温了。他不再祈祷，因为在无数的困难日子中，他谨记着：只有通过自己的努力和辛勤的汗水才能够获得成功，勤奋才是成功的必由之路。

培养孩子富有开拓精神，成为一个自食其力的人就是典型的美国家庭教育。父母可以让男孩从小就变得很有自信，即使富二代，也需要外出打工体验生活。美国前总统里根的孩子，就没有依赖父亲的权势而享受安逸的工作，而是依靠自己的能力去奋斗。

但是中国的父母都没有这方面的自觉，为男孩创造最好的物质条件已经成为他们的习惯，尽量避免让男孩受苦是他们努力做到的。可人生不是一帆风顺的，一个人若是习惯了现在这种养尊处优的好环境，以后在面对挫折和困难时怎么办呢？男孩总会有长大成人的那一天，他们总不能永远跟随在父母身后，不出去找工作也不追求独立的生活吧。

【给妈妈的建议】

方法一：让男孩做一些自己力所能及的劳动

根据前段时间的一项抽样调查显示，上海高中生对家务的疏远程度已经超出想象。高中生大多数都不叠被子；百分之五十都不爱倒垃圾，也不打扫地面；百分之七十衣服从来不洗；百分之九十没有做过饭洗过菜。在家从不做家务，更有甚者连书包都是要家长帮着整理。难道是现在的男孩懒得不肯做家务劳动吗？实际上不是的，调查结果出乎意料，大多数高中生都愿意打扫卫生，一部分人喜欢做家务并且认为做家务是一件快乐的事情，还有一部分学生说家长不准他们做家务，也从来都不会告诉他们怎么做。家长却是这样认为的：孩子现在的任务就是学习，这些事情等他长大了也来得及。家长本是一片好心，却使男孩养成了养尊处优的坏习惯，认为别人无论帮助自己做什么都是别人分内之事，自己却没有义务去关心与帮助别人。

苏霍姆林斯基认为：体力劳动相对于男孩来说，可以带给男孩一定的技术技巧，也可以进行道德教育，还可以带他们进入一个无边无际、惊人的、五彩缤纷的世界。这个世界激发着儿童道德上的、智力上的和审美上的情感，若是没有这些情感，认识世界和学习根本就没有可能性。

为了让男孩更好地适应这个世界，让男孩知道父母的辛苦和不容易，家长可以在男孩上小学五六年级或者刚踏入初中的时候，循环地与男孩互换家庭角色，这是个非常有用的方式。

具体的操作方法：找一个周末，让男孩计划第二天的活动，然后从第二天起床开始，男孩就自己领导大家这一整天的活动，包括家务游玩等等。父母就在男孩的领导下配合工作。需要的金钱和需要购买东西的多少、到哪个景点玩、乘坐哪路公交车、走什么样的路线，全部都由男孩自己来决定。父母信任孩子并放手让他大展身手，即便男孩安排得并不是很合理，也不要马上就否决，应该在第二天的时候和男孩好好地商量一下，先让他自己对上次的活动策划提出改进意见，然后父母再提供可行性方案与之进行对比。这样，相信男孩的兴趣点会很高，而且会有正义感和责任感的，结果肯定会出乎父母的意料。

其实每个男孩都有勤劳的潜质，他们小的时候看见母亲在打扫卫生，自己就会过去帮助妈妈一起打扫；长大以后看见妈妈在厨房做饭，就会过去帮忙打打下手。可是每当这个时候，父母总会说："你不会做，妈妈自己来吧。"当家长说"去自己看书吧，不要来打扰我做饭"的时候，男孩心里面那仅有的勤劳小火苗，也被父母给浇灭了。等到父母意识到孩子真的是变得越来越懒的时候，想要重新让男孩焕发对家务的热忱就会难上加难。

方法二：让男孩拥有一个积极的劳动态度

态度决定一切。要锻炼男孩动手的习惯，首先要从改变他们对劳动的态度开始。父母可以对男孩言传身教，一个良好的家庭氛围必不可少。为男孩打造一个勤奋的家庭环境，让他明白劳动是最光荣的。男孩一旦养成了热爱劳动的习惯和渴望劳动的愿望，慢慢地就会形成勤奋的性格。

让男孩早点从事家务劳动，但是方法要得当，比如列出男孩每天需要做的家务清单。这样，不仅可以令男孩更加独立，也会使男孩更有责任感。例如多让男孩在有空的时候擦擦桌子，洗洗碗。当男孩完成家务清单的任务以后，要和他说声谢谢，并且给予表扬。

培养男孩勤俭节约的好品质

现在很多男孩生活在衣食无忧的环境里。就算家庭很艰苦，父母也不会让孩子知道，仍然维持着平和的生活。孩子从来都不懂生活的不容易，大手大脚花钱，吃饭也是很挑剔，再好的衣服也不会穿太久，养成了奢侈的习惯。父母虽然也会抱怨，但仍然会继续这样宠爱孩子。还有一种看法就是觉得自己的孩子要比别人强，应该像个小少爷一样富有，这样，男孩的任性和虚荣心越来越重。

"由俭入奢易，由奢入俭难。"在商场可能碰到这样的场景：

一个男孩和母亲走进一家服装店，什么都不说就开始挑选衣服。当母亲说他穿的衣服还很新的时候，他却说，马上就落伍了。旁边的父亲边刷卡边说："现在不少父母对于男孩讲名牌都很赞成，觉得这是孩子的脸面，也是父母的脸面。苦父母也不能苦孩子。"

有一位妈妈说过："我也就这样了，但是我的孩子不能和我一样，我高兴看着孩子穿得体面、吃得舒服。"由此可以看出来要想让男孩懂得节俭的意识，首先就要改正家长的错误观念，父母对孩子的要求都无条件地满足，是觉得不能委屈孩子。而且很多家长都希望自己的孩子不要再受和自己一样的苦。节俭并不是什么让人抬不起头的事情，相反，节俭是对生活的理智态度，也是对自己行为的一种高要求，让男孩明白高尚的人才会节俭，男孩会觉得光荣而不是耻辱。勤俭节约既是对制造财富的劳动者的尊重，也是对父母的尊重。

贝多芬曾说："把美德、善行传递给你的孩子，而不是给孩子一大笔财富，只有这样才会给他们带来幸福。"节俭既是美德，也是善行。父母可以参考以下建议用来培养男孩勤俭节约的习惯：

【给妈妈的建议】

方法一：把培养男孩勤俭节约的意识作为塑造良好品德的开始

美学大师朱光潜曾经说过"有钱无法买到幼时贫"，这并不是要求男孩过"苦行僧"的生活，而是为男孩创造俭朴的家庭环境，让男孩可以继承中华民族俭朴的美好品德。

方法二：帮助男孩在小事上养成节俭的好习惯

注重节俭习惯的培养，例如爱惜粮食、随手关灯、节约利用水资源、节约时间等。学习用品是男孩最常用的消费品，可以从节俭文具开始，切不可因为写错一两个字就要扔掉一张纸，不要总是弄断铅笔芯。

方法三：让男孩了解支出

即使男孩年龄尚小没有理财的观念，但是将家里的收支情况讲给男孩听也是可以的，与他共同商量节俭的小细节。假如他说一些建议，父母可以表示支持。 父母要给男孩讲述勤俭的道理，知道一粒米、一滴水、一度电都是勤劳所得，父母为他提供的衣食住行的费用都是父母辛苦赚来的。

排解男孩的攀比心理

现如今，男孩攀比的心理已经很普遍了。 男孩还没有赚钱，他们和别人攀比的费用都是父母辛苦赚来的。 攀比隐藏着的是一种竞争、好胜的心理。 当男孩在很小的时候，缺乏判断是非的标准和自制能力，只明白别人有的他也必须有。作为家长，若是对孩子的攀比心理总是无条件地满足，将会让男孩产生虚荣心。 所以一旦家长意识到自己的孩子有了攀比的想法，就要有意识地引导孩子。

如今的中学生有着这样的穿衣潮流：脚上一定是阿迪，衣服一定是耐克，腰带一定是鳄鱼牌的。 而一双正品的新款阿迪达斯运动鞋，价格常常在 800～1000 元之间。 为了避免这样的状况发生，学校也都主张学生平时穿校服。 可是学生之间的那种"吃要美味、穿要名牌、玩要高档"的奢侈行为仍然在校园时有发生。

曾有同学这样说道："平时学校让我们穿校服，因此我们只有穿一双比较名贵的鞋子才会体现出我们的高贵。 班上的同学对鞋子都很讲究，谁穿的是名牌，谁的是新款，立刻就会在班上引起争议。班里40多个同学，差不多每个人都有耐克、阿迪等名牌鞋子，有的甚至都有四五双。假如谁不穿，就会觉得很丢脸。"

孩子常常不知道父母的钱是从哪里挣来的。而父母认为男孩是全家的宝，所以男孩要什么就给买什么。无形中使男孩变得花钱没度，一点也不知道节约。乱花钱的行为随着时间的推移就会根深蒂固。显然，现在家庭生活水平好了，家长在可承受范围内给孩子最好的物质供应，这本身无可厚非。但是，如果一味地攀比就没必要了。有的父母本身就喜欢把金钱、名车、豪宅看作成功与否的标准，而男孩的心理还没有成熟，他的辨别是非的能力很差，他的价值观也取决于父母。父母是孩子人生的启蒙老师，日常的言行举止和价值取向都对男孩产生很大的影响。身为家长首先要为男孩树立一个好的榜样作用，正确引导男孩的消费观和价值观。假如家庭条件允许，孩子完全可以穿名牌；假如家庭条件不允许，绝对要对孩子的攀比行为加以限制，以防不良后果的出现。

【给妈妈的建议】

"穷养男富养女"，片面地理解"穷"与"富"的概念是不可取的。对于穷和富的观念，会因为教育的是男孩还是女孩而有所不同。穷养男，是对父母自身期许的一种投资，也是对男孩的人生决策、职业发展相关的投资。"穷"养出应对人生的能力和本事，积极、有主见、有雄心、理智、自我依靠是最终结果。

美国总统西奥多·罗斯福的大儿子在 20 岁时去欧洲旅行，一个月的时间将自己身上带的钱都花光了。回国前他遇到了一匹特别好的马，恰好它的主人要卖掉它。他太喜爱这匹马了，就把自己最后的一点路费拿出来买下了这匹马。最后他给父亲打电报让父亲给自己寄点钱。但是他父亲回他电报说："你和你的马一起游泳回来吧！"儿子无奈之下只得卖掉了马。罗斯福非常不赞同男孩依赖父母生活，男孩要自食其力。

罗斯福总统训练男孩独立就是要穷养。 但是现今中国的大中城市却出现了一批批的"啃老族"。 他们并非是找不到工作，而是主动放弃了就业的机会，闲置待在家中，所有的花销都依靠父母，而且花得还很多。 中国有句老话"富不过三代"。 "富不过三代"到底说的是什么意思呢？ 台湾塑胶大王王永庆是这样解释的：

王永庆总是用"富不过三代"这句话来告诫自己，同时也教育子女。

他觉得"富不过三代"就是后代总是享受，不愿意吃苦，缺乏危机感，只知道享乐，完全不懂得去艰苦奋斗。王永庆对这三代人进行了深刻的剖析：

第一代人，不怕困难，不怕吃苦，踏踏实实，在困难面前迎难而上，最后获得成功。

第二代人，即使没有经历创业的艰苦，但是看着父亲的艰辛，还可以勤于自勉，努力工作，但是若和第一代人来进行比较，比不上第一代人用功和吃苦的程度。

第三代人，创业的艰辛对于他们来说是很遥远的事情，他们从不吃苦，也不了解到底何为苦，只知道贪图享乐。所以坐吃山空，不懂得珍惜的可贵，时间久了，家境自然衰败。

再富也要穷孩子是"富不过三代"给父母的启示。在当今竞争如此激烈的社会中，一定要让男孩理解，富裕的生活都是依靠自己的双手获得的，自己不去奋斗而在父母提供的生活中享乐是害了自己。再富裕的家庭也不可让男孩知道家里面很有钱，这是很关键的。

悉尼一家妇产科医院曾经出现过这样的场景：一对夫妻来做二胎产前检查，妻子进诊室让医生诊查，丈夫就带着儿子去外面等着妻子。一会儿，儿子闹着要喝水，于是那父亲便在旁边的自动售货机上顺手扯了一个免费纸杯，去卫生间里面给儿子接了一杯水（自来水经过净化，可以饮用）——那父亲不是买不到饮料，自动售货机正出售的可口可乐和橙汁才一元，而且他不是没钱负担这个饮料，据说，他是年薪15万澳元的体育用品公司的主管。

上面例子里的父亲很好地诠释了穷养男孩的理论。他的做法是值得每个家长学习的。

尊重无价，让男孩学会尊重他人

男孩想要在社会上立足，那就需要有勇敢坚强的一面，但是一定要让孩子学会尊重他人，这才是男孩的立足之本。唯有学会尊重他人，才会得到别人的尊重。

根据马斯洛提出的理论：尊重是人性中的一个很高等的阶段。人人都希望能够获得别人的尊重。然而想要从别人那里获得尊重的话，首先要懂得如何去尊重他人，学会理解和沟通，这也是一个人文化教养的重要组成部分。

在和人们交往的过程中，自己如何怎么对待别人，别人就会怎么对待我们。与人交往的过程中，不管对方的社会地位如何、长相美丑如何，我们都要尽可能地尊重对方的选择。一定要让别人感觉到你对他的真诚，以此来让别人得到心灵上的满足。

强强是个不懂得尊重他人的孩子，他总在别人的面前表现出一些难以抑制的不尊重行为，对周围的亲朋好友表现得十分冷淡，总是嘲讽他们。例如，当看见别人的衣服上面有个泥点的时候，他也会很坏地摆出一些不尊重别人的动作。这让家长既气愤又无奈。这便是我们所说的以自我为中心的情形。因为现在的孩子大多都是独生子女，家长过于溺爱，小孩子总是容不下他人，心中更不懂得如何尊重别人，这种情况便是需要父母还有家长的正确引导。

懂得尊重他人是一种美德，更是一种情操。只有很好地尊重别人，才可以让别人也尊重你的存在。因此尊重别人其实也是尊重自己。我们的现实生活中，每个人都有着很强的自尊心。当我们平日里与亲朋好友交往见面，我们一定要学会尊重别人。就算朋友有做错的地方，我们也应该体谅他们。在同别人交往的过程中，只有相互之间有所理解有所帮助，人与人才能够和睦融洽地相处。如果不这样做的话，你周围的朋友便会越来越少。总而言之，多尊重并理解别人，你才会活得灿烂。

现在家庭里的独生子女总是以自我为中心，不去尊重别人，只是做自己舒服的事情，想到什么便去做什么，所以，教育孩子懂得尊重别人十分重要。

【给妈妈的建议】

方法一：父母是孩子生活中的榜样

在平日的生活里，家长便是孩子的一面镜子，父母应该时刻给孩子做出一个良好的表率，见到他人时一定要主动去问好，并且教会孩子这样做。 不去打断正在说话的人们，与此同时也要注意倾听，为孩子树立良好的榜样。

方法二：让孩子在细节上表现出对别人的尊重

有些小男孩由于家长的放纵溺爱，他们平时很邋遢、不讲究卫生。 假如孩子衣冠不整的话，不仅仅会影响到自己的形象，更是对老师的不尊重。 在和别人交流的时候不要总是跺脚，当和长辈对话的时候，千万不要跷二郎腿，在开心的事情发生的时候不要说一些丧气的话，别人如果遇到伤心的事情的时候，千万不要表现得过于开心。 上面的这些生活琐碎，从小便要让孩子有着很好的学习习惯。

方法三：尊重男孩的权利

孩子平时的课余生活、业余爱好，父母可以建议孩子怎么去做，但是不要左右孩子的思想。 同样的，在学校的时候，孩子也同样不能够影响其他同学的生活，假使孩子自己不认真学习，并且还去打搅别人，这就是不尊重他人的表现。

让男孩学会换位思考

有一天下午，我的儿子正在和院子里面的小朋友玩耍，游戏规则很简单，只是绕着花坛奔跑六圈，之后拍下一个小朋友的手，然后第二名才开始跑。开始大家都很遵守规则，但是一段时间后就开始不听指挥了。我儿子是个很精灵的小孩子，看见前面的孩子跃东跑远，便开始紧追着他的脚步。但是由于他的动作太迅速了，一不小心便踩到了别人的脚步，两个孩子都摔倒了。

他立刻跑过来对我说："妈妈，刚才他撞我。"我心里很不平，分明是他自己的错误，却总是怪罪别人。我忍着怒火问道："为什么他会撞到你呢？""因为他迈步子太慢了。"他快速地回答了我的问题。"那你拍手了吗？"我问道。这次他不再说话，我赶紧趁热打铁："假如你是跃东，别人没有开始游戏你便已经开始了，你认为这是谁的错误呢？"孩子听后，觉得是自己的错误，便赶快和别人道歉，这样事情就平息了。

现在的孩子几乎都是独生子女，很多男孩心中想的多是自己而不是别人。所以家长应该教会孩子换位思考。每当事情发生了之后，让孩子有一个不一样的立场，事情便会迎刃而解。

有这样一个故事：

有一个孩子住在杂货店附近，他每天都看到大人将钱给老板，然后拿回自己需要的东西。有一次他心中有了一个念头，拿一颗石子去换糖，杂货店老板毫不犹豫地接受了小孩的石子，把糖果给了小孩。店老板并没有依靠自己的成人想法来看待这孩子，而是从这个男孩的角度出发，维护了孩子的尊严，这件事情让孩子一直记在心中。

父母一定要确认自己在孩子心中的感受和位置，并且体验他们的感受，这便是换位思考。这样做可以帮助家长了解家庭教育里面存在的问题，以便解决遇到的问题。与此同时家长要孩子用另一种角度来看待问题的严重性，从而获得全新的理解，做出一些体贴孩子的行为。我们要从孩子的身上看到自尊的重要性，一定要学会换个角度看问题，要不断地从失败中总结经验，产生创造性地变迁。

男孩自己心中的想法通常都是在被父母教育之后改善的。为了让男孩能够健康地长大，需要在孩子的心里种下爱的种子，只有情感在心中生根发芽的时候，他的心里才能够装得下别人。

【给妈妈的建议】

方法一：让男孩清楚自己的位置

孩子在 3～4 岁的时候，便要让孩子在自己的心中为别人留下一个重要的位置。例如有了好吃的东西千万不要让孩子独享，一定要让孩子明白分享的含义并且能够与他人分享。

方法二：让男孩学会换位思考

男孩之所以总是按照自己的想法做事，是因为他不知道自己的想法会不会给他人带来一些负面的影响，让孩子从别人的视角上来看待问题的严重性，并且要学会换位思考。

第六章

好妈妈如何帮助男孩正确地认识自己

正确地看待那些青春期叛逆的男孩

"叛逆"就是忤逆、不听话，行为上主要体现在不按照家长的意愿做事情。

男孩进入青春期以后，对自己的身体变化并不是很了解，会因为身体的变化引起心里的烦躁。这时他们的心态是"半独立、半依赖"，当他们有了自我意识之后，又无法成熟地面对自己的内心，这种矛盾让他们感到措手不及，若是遇到不开心的人或者事情难免会变得急躁。

除此之外，青春期往往是在男孩的初高中阶段，这个阶段的孩子承担着很繁重的学习压力，"叛逆"最终会在难以承受的时候爆发。

不仅如此，现如今社会环境很复杂，这让我们接触到的社会观念有所不同，加上他们的心智不成熟，若是我们的教育方式不恰当的话，他们便会不由自主地反对父母，最后成为一个叛逆者。

那么我们该如何对待青春期的男孩呢？

【给妈妈的建议】

方法一：替男孩进入青春期做准备

董亮一直是个爱读书的孩子，上初二的时候，妈妈便给他买了一些青春期的书。董亮很快就将这些书读完了，还总会和母亲讨论。他通过阅读书籍，为进入青春期做了一些准备。男孩在最初进入青春期的时候，家长可以学习董亮的妈妈，给孩子准备有关的书籍，让孩子提前了解这些内容或者和男孩讨论一下这方面的事情，让他有个准备，从而在某种程度上避免了暴躁和叛逆的心理。

方法二：不要总是唠叨孩子

闻名中外教育专家林格的课题组曾对 1 000 名中学生做过一次市场调查问卷。里面有这样一道题：你不喜欢妈妈的哪种行为呢？有将近 600 名的学生回答是唠叨。可以说唠叨是男孩产生逆反心理的最大天敌。被大家誉为"中国式管理之父"的曾仕强教授说："当父母没完没了地给孩子讲各种各样大道理的时候，孩子总有一天对你的话一个耳朵进一耳朵出。"没错，男孩在青春期会表现得很暴躁，总是把家长的话当作耳旁风。

因此，我们必须重视我们的说话方式，尽量不要总是对青春期的男孩千叮咛万嘱咐，更不要总是没事吼他。我们自己一定要清楚，男孩正在一天天地成长，用控制和约束的方法显然是不可以的。因此，我们要用合理的方法去解决。

方法三：真正了解男孩的内心

并不是所有人的青春期都叛逆，而叛逆的男孩大多是那些在家庭中总是得不到精神慰藉的男孩。做妈妈的一定要保持警惕，切不可觉得给男孩提供了很丰厚的物质奖励对孩子就是很好了，母亲应该走进孩子的心里去体贴他，关心他。

那些所谓的学习压力、社会影响仅仅是男孩叛逆的土壤，而最根本的因素是因为孩子的精神得不到慰藉，所以母亲在生活中要学会用委婉温柔的语气和孩子说话。只有我们内心柔软了，学会好好地和孩子沟通，那么就不会有叛逆的孩子了。

给青春期男孩一个属于他们自己的空间

青春期的男孩比任何一个阶段的男孩都要渴望自由。由于身心发展，他特别希望自己是个成年人，能够赶紧脱离父母的约束，希望自己可以决定自己的生活状态，甚至是希望自己可以赚钱，通过实现经济独立来实现真正的"绝对自由"。

青春期的男孩就是从幼稚慢慢走向成熟的一个过渡阶段，一个成熟男孩的重要标志就是要独立，因此，男孩希望得到一个自由的空间是很正确的，也是应该的。

所谓自由的空间到底是什么样子呢？是帮他整理出一个属于他的房间，还是他的事情全部由他决定，父母一点都不参与？事实上，男孩有属于自己的房间很关键，可是他更需要的是心灵上的自由，渴望被尊重，被理解，并得到家长的认可。如果最后没有满足这种希望，他们就和我们对着干，和我们吵架，发脾气，更甚者还会离家出走。

因此，父母需要给青春期男孩一个自由的空间，让他在这种空间里了解自己，发现自己，改变自己。

【给妈妈的建议】

方法一：要尊重男孩的隐私

妈妈打扫儿子房间的时候，她无意中发现他枕头底下有一本日记。趁着儿子不在的时候，妈妈阅读了儿子的日记，里面有一小篇是关于测验失败的日记，引起了妈妈的高度关注。晚上吃饭的时候，妈妈忍不住好奇就问了这件事，儿子一想肯定是妈妈偷看了自己的日记：母子俩大吵了一架，儿子生气地夺门而出，妈妈说："你以后不要再回来了！"

作为家长一定要尊重孩子的隐私，不要打着关心的旗号偷看孩子的隐私，男孩所谓的小秘密，可能只是一件无关痛痒的事情，但是那也是他的隐私，是他成长的痕迹，那是属于他自己的心灵财富，是不容许别人偷窥的。一个真真正正了解孩子内心的家长，是不会偷看孩子日记的。平时良好的沟通就是孩子自由成长的空间，而且男孩也觉得没有什么需要隐瞒的。因此，良好的沟通就是心平气和地沟通，做到了这些，那么男孩就自然而然地更加信任父母。

方法二：不要将自己的想法强加给男孩

刘女士每次和孩子交流的时候，都是强行让孩子听她的话。若是孩子自愿听她的话，她就觉得很舒心，若是孩子有什么忤逆她的地方，她会很生气地教训孩子一番，从而使孩子总是犹豫在听与不听之间，心里很委屈。总是将自己的想法强加在孩子的身上，男孩内心会感到压抑，会对自己的妈妈心存不满意，从而表现出强烈的逆反心理。

青春期的男孩已经不是小孩了，他有自己的思想，他希望有自己的选择权，他很反感被要求、被家长限制。因此，在和孩子说话的时候要以建议的口吻说话，而不是命令的语气，只有这样，男孩才会有被尊重的感觉，才不会千方百计地想要摆脱妈妈的控制。

方法三：给男孩的自由要有限制

我们主张给孩子自由的空间，这并不代表我们不管他，实际上，男孩总是渴望自由，可是一旦真让他独当一面的时候，他也会表现出胆怯，这就和男孩心智还没有发育成熟有着不可分割的联系。因此，这个时期的男孩更想获得有效的建议。

因此，在一些不重要的事情上，我们应该让男孩自己做出决定，就像吃什么，穿什么，周末去哪里游玩。在重大原则性的事情上，我们要帮助男孩把关，并且要尽量提出有意义、有建树的想法，帮助孩子摆脱困境，久而久之，男孩就会因为精神上得到自由而变得越来越自信，并逐渐成长为真正独立自主的男人。

与男孩多谈谈爱情

每个男孩处在青春期的时候，一个不可忽视的重大问题就会慢慢呈现出来——男孩会对异性产生爱慕之情，求偶心理开始萌发。这说明男孩的身心发育良好，令家长担心的是，男孩很有可能开始谈恋爱，这不仅仅会影响他的学业，甚至还会影响他的前途。

父母的担心是正常的，但是男孩对于情感的需求并不是以我们的担心为转移。父母需要让男孩体会到谈恋爱以外的生活乐趣和生命价值。父母可以将爱情作为一个话题和男孩讨论，帮助男孩建立正确的爱情观，而不是让他期待着青春期的爱情。假如男孩真的有了自己所谓的女朋友，我们就要用心平气和的态度来面对，用智慧的处理办法让这份所谓的"爱情"始终如一。

【给妈妈的建议】

方法一：帮男孩树立更加宏伟的理想

给男孩树立一个远大的理想，看似和青春期中的爱情没有关系，但这是避免男孩早恋最好的方法。

李建小时候特别喜欢画画，妈妈就希望他将来可以考上美术艺校。上了高中后，他很喜欢班里的一个女生。可是，他暗暗告诉自己：等考上大学再说吧。由于他喜欢画画，就把业余时间都投入在画画上。最终，李建终于如愿的考上了大学，并且准备在那里迎接美好的爱情。

很多妈妈都希望自己的男孩都能有像李建一样的自制力。但父母却不知道，强大的自制力是依靠远大理想而形成的。假如男孩没有兴趣爱好，又没有远大的抱负和志向，不重视学业、早恋是迟早的事。因此，一定不要等到男孩进入青春期以后才开始为他树立理想，平时就应该支持他的兴趣和爱好，让他向着自己的人生目标前进，不要因为沿途的风景迷失了方向。

方法二：坦然接受青春期的爱情

若是一段青春期的爱情悄悄地降临在男孩的身上，我们就要坦然地接受。我们接受了，反而会让他们的恋情加速结束。青春期男孩的爱情有着太多的不确定性，男孩往往是一见倾心，若是没有外力的百般阻挠，这段感情可能很快消失。

方法三：和男孩探讨成熟的感情

不管男孩是不是谈恋爱了，父母都应该找一个合适的机会，和他探讨成熟的感情。让男孩明白，真正的爱情绝对不是仅仅基于外在，更因为相识、相知、相互欣赏，那些由于女孩长得好看就和女孩谈恋爱的想法是非常幼稚的。除非两个人特别地了解彼此，互相之间欣赏彼此的品质、性格和能力，这样才会有真正的爱情。

　　而且真正的爱情并非是没完没了地索取，也不是一味付出，而是真心地为对方着想，互相理解、包容、支持、鼓励，是一种无以用言表的责任。父母应该对男孩说，假如没有做好一系列的准备就不要去谈恋爱，否则就是互相之间不负责任。相信男孩听了这句话，一定会有新的感悟的。

尽早发现男孩身上的"坏苗头"

一个罪犯回忆他童年的经历：

小时候奶奶带我逛商店时，我顺手拿了那里的一块面包。当时被奶奶发现了，奶奶不仅没有说我，还带着我拿着面包走了。从那以后，我每次偷了同学的东西，奶奶都不会说我，也没有把事情告诉我父母。渐渐的我偷的东西越来越多，从同学的橡皮和钱，最后偷到了社会上。我学会偷东西就是从那块面包开始的。

小时候和同学闹矛盾或者欺负同学的时候，妈妈从不说我。有时被欺负的同学家长找上门来，我也没被妈妈批评过。所以我认为欺负人没什么大不了的。因此，对我来说欺负同学是常事，长大进入社会后，我更加肆无忌惮。妈妈看我这样不好，想要阻止，但为时已晚。我已经没有回头的机会了。

詹巴斗是美国斯坦福大学心理学家，他曾做过这样一项实验：他在帕洛阿尔托的中产阶级社区和布朗克斯街区分别放置一辆相同的汽车。詹巴斗把布朗克斯街区那辆车牌摘掉，打开汽车的天窗，那车不到一天就消失了。而在帕洛阿尔托停放的那辆，一个星期后仍然在那里好端端地停着。最后，心理学家把这辆车的车窗敲破，在很短的时间里，这辆车也消失得无影无踪了。

犯罪学家凯琳和政治学家威尔逊在此实验的基础上得出一个定律——破窗定律。结论是：若有人打坏了某栋建筑的玻璃，而后这玻璃又没有得到修复，有些人的心里会有一种受到某种暗示的感觉，就会有更多的玻璃被打烂。时间一长，在这麻木的社会中，就会渐渐产生犯罪。

家长要认识和重视这个定律，不要放任孩子在成长中无意犯下的错误，若对他们犯下的错误视而不见，可能更加纵容了他去这么做。那样不会用多长时间，孩子就会由小偷小摸发展到犯罪，由小及大，最终演变成无可挽回的大错。

孩子的事情没有小事情。在家长看来孩子的小错误，对于孩子本身来说就是大错。家长如果无视孩子的这些小事情，就是对孩子最失策的教育。

因此，在孩子第一次犯错时，要及时制止和纠正，在孩子有犯错的苗头时应及时打压。

我今年接到一个初中男生的报警电话。他说："一个同学经常在网上骂我，并且说要叫人打我。"他告诉我，刚上初中不久，他和另一所中学的男生认识了，结交了朋友，在网上加了QQ，并且经常一起出去玩。一次见面后，与一个叫虎虎的男孩因为一些小事而吵架，大家都很不高兴。以后，虎虎天天以短信的形式骚扰他，对他进行辱骂恐吓，最后发展到说要杀他，他不敢告诉家长。我并没有找到两个孩子的家长，只是私下里找到虎虎，和他单独聊聊天，才知道他父母离异，让他觉得自己是被抛弃的孩子。

通过这件事让我记起以前处理过的很多相似的案子。大多数欺负同学的孩子几乎都没有和睦的家庭环境，很多都是父母离异，或者有婚外恋，或者经常吵架……

不久前接到一个很典型的案子：一所学校寻求派出所的帮助，有三个学生欺负一个同年级的同学，让警察介入帮助调查解决。他的手臂上、脖子上，都有大量烟头烫伤的痕迹。警察询问他时，他开始不敢说出真相。经过多次努力，他才最终说出事情的原委，是那三个同学用烟头烫的。那个事件里的三个孩子都受到了学校和派出所的严厉教育。经过深入调查这三个孩子都生活在家庭暴力、父母离异、惨遭家长遗弃的家庭。

从另一个角度来看，那些对同学施以暴力的孩子也同样很可怜。

对同学施暴的孩子几乎都有过家庭暴力、惨遭遗弃的经历，他们由于各种原因无法把从家庭受到的屈辱发泄给家长，所以就将自己受到的虐待和痛苦转嫁到他人身上，在施暴的过程中，达到自己的报复和安慰心理。

他们施暴的对象大多是性格软弱或生活条件优越的同学，有时会是些没有反抗能力的小动物。

丽丽和苗苗俩人正在画画的时候，丽丽发现自己少了一只红蜡笔，而苗苗的笔盒里正好有一只，就要拿过来，非要说这是她的。苗苗不愿意给他，丽丽就把苗苗画的东西全都扔掉了，还对苗苗拳脚相加。

轩轩刚 8 岁，却冲动好斗，自由散漫，对谁都不客气。刚上一年级不久就全校有名了，是全校闻名的捣蛋鬼，学习成绩出奇的差，老师和同学都不喜欢他。他不遵守课堂纪律，和同学不友好相处，男同学玩时他捣乱，或者把女同学的橡皮筋扯得特别长，要不就对迎面来的同学故意冲撞，还容不得别人说他，一说就会对对方拳打脚踢。

亮亮成绩不好并且性格乖戾，手和脸经常脏兮兮的。对身边的同学他都要欺负，没人招惹他也会无缘无故地给同学一巴掌或一拳，故意抢同学的东西，一点儿不尊重老师，根本不听老师的话，经常对班里的同学造成不好的影响。

若孩子经常出现攻击性心理的时候，作为家长一定要重视！因为欲望得不到满足而产生攻击心理，以攻击别人而达到自己心理的安慰和快乐。 这种心理在不同的时期有不同的表现形式。 这种心理在行为上的表现方式有：在幼儿时期主要表现为吵架、人身攻击为主。 有些年龄大一点的孩子会在言语上对别人造成心理伤害。 男孩多用暴力攻击，女孩则是言语攻击。

形成这种心理有三个主要原因：第一，遗传，可能有些基因缺陷被这些儿童所继承；第二，家长的过分宠爱也会助长小霸王的形成；第三，所处的环境。 班杜拉是美国心理学家，经过一系列实验得出结论：有些孩子很容易模仿这种心理，假如孩子经常看含有暴力元素的电影，玩电子游戏或者是同有暴力倾向的人接触，以上的种种都会使这种心理得到强化。

这种心理会影响的孩子的性格乃至整个人生，如果不及时纠正这种行为，孩子成年以后，不但人际关系不好，社交有障碍，而且还容易走向犯罪的道路。

【给妈妈的建议】

男孩都是活泼好动的，在男孩还小的时候，家长就应该严格教导。 作为父母，应该以身作则，先把自己培养成道德良好的人。 这样，才能把孩子教育好。 这也就是所谓的："身教重于言教"。

防止男孩上网成瘾

随着科技的发展，网络渐渐渗透进人们的生活中。网络带给人们便利的同时也给我们带来了很多负面的东西。

有很多报道关于孩子沉迷于网络的事情：

一个叫黄勇的 17 岁少年因玩游戏时兴奋过度而死亡。南昌市像章中学 17 岁高三学生余斌。当大家都在准备迎接高考的时候，他每天却背着书包来到网吧。因为玩游戏时紧张且兴奋过度，在 4 月 17 日由于玩《传奇》而猝死。

学生闻某是辽阳市某中学初二学生，五一长假时，天天泡在网吧，妈妈不给他钱去网吧怕影响学习，他就自已翻找。由于母亲将 2000 元现金藏在柜子里，让他找不到钱，在 5 月 26 号这天，他开始动手打母亲，母亲骂了几句之后，他拿刀砍向妈妈，连砍了二十多刀，随后剪断家里的电话线，从倒在血泊中的妈妈身上拿走钱和同学去鞍山玩了。

男孩在成长的过程中，他们经不起网络的诱惑。 网络上不良信息和游戏，让涉世不深的他们充满新奇和向往。 赵老师是南京一所初中的班主任，他发现，孩子津津乐道的话题竟然是结婚、买房、生孩子。 班里近一半的同学在网上都有"虚拟结婚"的经历，几乎都有了老公或老婆。 一些不法分子乘机通过网络来进行诈骗犯罪或是施行绑架。

北京在最近进行了一项调查，结果显示每7名青少年中有1名沉迷于网络。 专家认为这个调查结果在全国具有代表性。

这项调查是在5名北师大教授的带领下，在13～18岁的青少年之间进行的。 在报告中教授们说："大多数迷恋网络的孩子是独生子女，与他人交流甚少。 当他们进入网络世界之后越来越孤僻，渐渐地与世隔绝。"

专家们这次调查并没有涉及成年人群，可是大家普遍认为这个结果有一定的代表性。 电脑和网络在中国迅速普及，中国人普遍沉迷于网络的现象让人担心。

沈亦云教授参与调查后说，美国沉迷于网络的人数没有中国人多，这让许多专家吃惊。 另一位教授说：政府鼓励市民高科技消费，由于网络游戏有巨大的利润，沉迷于网络的情况在中国也许会愈来愈严重。

调查还表明，自从因特网进入了中国之后，网络用户在中国已由原来的7 000人增加到5 800万人。 2 年之后，预计网民能达到2 亿多，我国将成为世界上网络用户最多的国家。

网络是虚拟的，但是生活还要继续。 对于社会发展网络起着积极的作用，但同时它也存在巨大的负面影响。

为什么大多数男孩沉迷于网络呢？因为在现实中得不到的在虚拟世界里会得到，在虚拟世界里可以实现理想，可以获得各种名声和成功，使自己在心理上获得满足。这些东西要想在现实生活中获得，就要付出艰辛的努力和代价，而在网络游戏中则能轻易获得这些成功，不用付出辛苦就能享受到。

综上所述，对于孩子来说网络的危害主要是：第一，孩子因在现实生活中得不到认可，就到虚拟世界里寻找体现自我价值的平台；第二，孩子把感情寄托在虚拟世界，现实里无法得到的满足，借以在网络里实现，有时会被骗或者为报复去骗人；第三，男孩在网络上寻找各种刺激，打发时间；第四，现实生活中的烦恼在他们沉迷网络后会脱离和忘却，工作生活不开心、无聊的时候，首先想到的是上网，不分昼夜地沉迷于网络世界；第五，上网使他们的开支出现极大的黑洞，从而容易导致违法犯罪。

【给妈妈的建议】

当代社会网络发展得非常迅速，也给社会带来很多益处，可是网络的弊端正在悄无声息地影响着孩子。现在的孩子沉迷网络、不爱学习，更有甚者与父母决裂。归结起来，大都是网络惹的祸。要想让孩子远离网络，父母必须向孩子说明网络的利弊和危害，让孩子合理、正确地利用网络来获取知识。这样，不仅解决了孩子沉迷网络的问题，还能让孩子借网络来学习，真是两全其美。

第七章

培养男孩的坚强品格

坚忍不拔是男孩成功的必经之路

作为男子汉，一定要坚忍不拔，一定要坚持不懈地为自己的理想和目标奋斗。

在众多家庭里，许多孩子因为家长的溺爱导致意志薄弱，做事情不能有始有终。

以下是一位母亲的口述：

> 我儿子实在是太软弱了，做事很少能坚持到底，每当遇到困难，不是要放弃就是要找我和他爸爸帮忙。虽然我们已经向他讲述了很多道理，但他还是老样子，我和他爸爸都十分着急。有时候我们也会下定决心叫他自己处理，可是看见他无助的表情，我又心软了，只能接着帮他处理。可是这样下去，当孩子长大成人之后，怎样在竞争激烈的社会立足？

这个母亲所举的事例存在于很多家庭中，由于家长对孩子的溺爱，替男孩处理了很多事情，会让孩子产生很强的依赖心理，不愿意思考，动手能力严重缺失。

考虑到男孩的健康成长，父母必须停止对男孩的溺爱，培养男孩坚持不懈的优良品质。

培养男孩坚持不懈的品质，应该从生活中的每一件小事入手。

快到吃晚饭的时候，爸爸带着3岁的冬冬去超市购物。

购物回来刚踏进小区，冬冬就一直喊累，开始向爸爸撒娇。"爸爸我实在是太累了，快点把我抱上楼。"爸爸当时手里提着两个购物袋，没有办法地说："我也很想这么做，但是你看我这里有这么多东西，腾不出手抱你呀。咱们再坚持几层就到家了。"小家伙只能自己跟在爸爸后面上楼。

走到二楼的时候，冬冬又叫累了。"爸爸，抱抱我吧。"听到这样可爱的声音，爸爸有些不忍心，孩子说了两遍同样的话，可能真的是很疲惫了。孩子不能太累了，要不怎么能长个子呢？

"好，爸爸来抱。"爸爸将两个袋子放在一个手上，展开手臂蹲下来，想让孩子上来。他以为孩子会像一只小鸟一样投入他的怀抱。但是，冬冬却一动不动。"怎么，不想让爸爸抱抱你吗？"爸爸有些惊讶。"爸爸，我还可以坚持，马上就进家门了。"儿子肯定地说，一步一步稳稳地向上走去。爸爸看到儿子这样，立刻表扬了儿子："儿子，你一定会成为一个男子汉的，爸爸以你为荣！"

其实想要培养男孩坚忍不拔的优良品质，有时也不需要刻意为之。生活中的一些小事也可以培养坚忍不拔的优良品质，使男孩成长为一个坚强的男子汉。

【给妈妈的建议】

方法一：要给孩子建立一个具体目标，鼓励他们坚持去做

例如，对男孩来说，冬天按时起床是非常困难的，这就要求父母为他们制订一个具体的起床时间表，并且坚持实施。不要产生怜悯之心，这样会让男孩觉得有机可乘，因此，父母要狠下心来，目的是培养男孩坚忍不拔的品质。

方法二：当孩子决心做一件事情并且取得成功之后，一定要给予他们一个爱的奖励

奖励不一定是物质的，可以是一个微笑、一个眼神，抑或是记录下孩子的每一步成长。但是，无节制的奖励是不可取的，这会使小男孩对于表扬、奖励这些东西产生依赖的心理，作为家长一定要注意这方面。

方法三：从培养一些简单的小习惯开始，逐步培养男孩毅力

有一些父母总是觉得自己的孩子不能够持之以恒，不能够坚持去做事情。也有一些父母认为毅力不是后天训练出来的，没有更好的办法，因此只能放弃对孩子的培养。实际上，毅力是能够培养出来的，而增强毅力的最好办法就是培养习惯，这两者是相互促进的。毅力会在培养小习惯的过程

中逐步形成，从而促进习惯的培养。

以下是一个母亲的教子心得：

今天，我们带着儿子去爬山。爬到一半的时候，儿子累得坐在地上直喘气。看着儿子上气不接下气的样子，我们做家长的也不想坚持了，然而为了能够培养孩子的坚忍不拔的意志，拥有勇于克难攻坚的精神，我们一再鼓励孩子，并且跟他说登山跟学习一样，逆水行舟不进则退，所以你一定要做一个持之以恒的孩子，迎难而上，永远不向困难妥协。我们不断激励着孩子，一边以身作则向山上登。在我们的带动下，孩子站了起来，最终一鼓作气爬到了山顶。

这件事对孩子的影响很大，在今后的生活里，遇到困难时他就会想到登山的启示。还有一次做课后作业，他无论如何都做不出来，当时已经很晚了，我们便想帮助他完成，但是他却说："我要通过自己的努力研究出来这道题，找到解题的方法。"

我们对孩子始终是实行爱而不娇、严而民主的方法，注重锻炼他的意志，培养他良好的品德。

有一次孩子生病了，我们不仅照顾得十分周到，更激励孩子勇敢战胜病魔。于是我们便给他讲了张海迪身残志坚的故事，不仅培养了孩子战胜病魔的意志力，而且还让他明白了人与人之间应该互相关心、爱护。

在他生病的这些天，他看到我们整日吃不好睡不安，就跑过来安慰我们说："爸爸妈妈，你们不必着急，我很快就会好起来的。"他也学会了和医生、护士沟通，治疗时积极配合，而且每回打针的时候表现得一点也不害怕："阿姨你放心打吧，我不怕疼。"

正是由于父母的鼓励，男孩才变得坚强。 所以，在日常生活中，父母要多给予男孩一些鼓励。

乐观向上让男孩一生充满阳光

当今大多数家庭，伴随着家庭条件的提升，孩子的物质条件也越来越好。特别是现在国际化教育越来越发达，为了让孩子不输在起跑线上，家长可谓是想方设法。

林女士在一家公司做资源管理，她在儿子刚到一周岁的时候，便逼着孩子开始学习文化知识、学算术、学习英语，希望孩子以后能出国学习；陈先生在一家公司做副经理，孩子小时候便开始让他背诵诗词，识字，学习琴棋书画。刘先生十分喜爱京剧，儿子两岁的时候，就替孩子请了专业的京剧家教，希望孩子以后能成为京剧名家。

以上所述的这些事例，体现了家长对孩子过高的期望，可以说是煞费苦心，每天忙着让孩子去学习各种特长和接受各种培训。作为儿童教育专家的安德森博士指出：对孩子的教育并不是局限在特长、智力上面的增长，更要注重培养他们的健康的心理素质和身体素质。

通过下面这个事例，我们就要懂得拥有一个乐观向上的心态是多么重要。

一个男孩9岁时，母亲去世；22岁时，经商受挫；23岁时，未能成功竞选州议员；在同一年又失业。他想去法学院学习，但是一直都没有取得入学资格；24岁时通过朋友筹到钱经商，在同一年年底，又一次破产，之后，为了把债还清，他用了16年时间；25岁时没有资格入学，又再次选取国会议员，这次竞选成功；26岁时，已订婚即将结婚的时候，未婚妻去世；27岁时，精神便失常了，在床上躺了6个月；29岁时，在争取成为州议员的发言人时又以失败告终；31岁时，坚持成为候选人，不料又失败了；34岁时，参加国会大选落选；39岁时，未能成功寻求国会议员连任；40岁时，在自己州内担任土地局长的工作的想法未获得批准；45岁时，参选竞争美国参议员，再次落选；47岁时，因得票不足100惨败于在共和党内争取副总统的提名；51岁时，这样一路坚持，当选美国总统，并最终成了美国历史上最伟大的总统之一。他就是林肯。林肯用了这样一句话概括他的一生："一定要有一种积极的心态，这样便胜过拥有一座矿山。"

那么，如何能使孩子拥有一个乐观向上的心态呢？

118

【给妈妈的建议】

方法一：为孩子营造优良的家庭氛围

孩子成长的环境是家庭，陶冶孩子性格、天赋和情操的土壤也是家庭。在家庭里面，首先需要父母做一个积极向上的人。身为家长，尤其是在孩子面前一定做个好榜样，不要把工作中的负面情绪带回家，无论遇到什么事情都要保持自信，一定要奋发图强，每时每刻都要用积极乐观的情绪去感染孩子。

方法二：找时间经常与孩子沟通交流

要随时去关注孩子的情绪，当孩子闷闷不乐的时候，不管自己多忙，都要找时间与孩子沟通，鼓励孩子说说心里话。一定要让孩子感受到家长对于自己的关怀和体贴，在情感需求上满足孩子，这样才能促进孩子养成健康的心理。

方法三：学会欣赏孩子

现代心理学之父威廉·詹姆斯指出："人最需要的鼓励就是被他人了解与欣赏。"孩子同样如此。孩子的自尊、自信会因父母对孩子的了解、欣赏、赞美和鼓励而增强。所以，就算孩子只取得了很小的进步，父母都要竖起大拇指对孩子说："孩子，你能行！"这样孩子不仅能够体验到被父母鼓励的幸福感，还会保持积极向上的态度。

方法四：让孩子享受苦难带来的快乐

在孩子的成长过程中避免不了困难和挫折，困难和挫折是成长中必不可少的调味剂。每当孩子遭受挫折的时候，这样跟孩子说：这仅仅是人生中一个小小的失败，一定要坚持爬起来继续前进，这样便会在痛苦中收获快乐。人在经历了困难和挫折后才能更坚强、更勇敢。 让孩子淡定地面对每一次失败，能够用灿烂的笑容迎接每一天的到来。

方法五：让男孩学会自我接纳

自我接纳就是让孩子认识自己，对自己的能力有信心。父母在日常的家庭生活中，应努力尝试同孩子和平共处，采取民主的教育方式，及时和孩子沟通，让孩子对自己有自信，勇于表达自己的观点，与父母探讨种种人生问题。 父母经常性的肯定会让孩子感到生活阳光明媚，会让孩子更加理解自己，并且在用行动去证实自己、塑造自己、完善自己时表现更加积极。

方法六：用"言传"来教育男孩开朗向上

如何能让男孩通过语言去暗示自己，才能让孩子更加乐观、积极？ 想要教会男孩心理暗示需要用成人的语言，比如"我可以"。

"我可以"这句话目的在于鼓励、提高孩子的自信心。自信绝非一种轻易的表态，是由内而外散发的自信心，它是通过家长在让孩子不断取得成功的经验而获得的。

宽容大度使男孩心胸能"纳百川"

当今家庭都是独生子女，每一个"少爷"和"公主"在父母眼里都是独一无二的，家长都不希望孩子成为"出气筒""受气包"，谁都不想让自己的男孩成长为一个经常惹是生非的"打架王"。

男孩受到体内荷尔蒙激素的影响，在跟同伴交往时，总是会惹出一些小矛盾。在这种情况下，许多家长出于保护孩子的目的，都会把责任归结到对方的孩子身上，这便是双方家长为什么会因为孩子之间的矛盾而大打出手的原因。

男孩早晚都要离开父母走向社会。试想一下，如果孩子总是被家长保护，男孩最终会变成一个自私、懦弱、胆小怕事的人。那么，当他突然要面对社会、面对各种各样的人的时候，该是多么胆怯和自私。

男孩走向社会之后赖以生存的根本就是与人的交往能力。我们经常可以听到发生在身边的怪事：有一些成绩十分优异的学生，最后因为不想过集体生活，程度轻的可能会患上抑郁症，严重的选择了休学，更有甚者居然选择了结束自己的生命。

　　某两个研究生就读于知名大学，总是因为一点小小的事情产生矛盾、争吵，最后竟然还出手伤人，最终酿成了惨剧。

这些事都是因为缺少宽容之心。

在男孩成长的过程中，遇事蛮横、欺负人、任性霸道等等，这在社会上是无法立足的；只有学会怎么样同朋友、陌生人相处，用更妥善的方法处理问题，方能驰骋社会。

父母可以通过如下方法来培养男孩的宽大胸襟。

【给妈妈的建议】

方法一：父母要为男孩树立宽容大度的榜样

　　睿睿这个男孩很懂事。有一次，他和朋友在公园里面聊得正开心，同班的一个男孩从背后不小心猛地碰了他一下，他没站稳一下子摔在了带刺的玫瑰花丛里面。手上还扎出了血，睿睿心里充满了委屈。

　　知道这件事后，睿睿的爸爸赶到了学校，一见爸爸来了，睿睿便一下跑到爸爸的怀抱，特别委屈。那个男孩唯唯诺诺地躲在旁边，等着妈妈和班主任的批评。

　　然而，听了老师的叙述后，睿睿的爸爸却是满脸笑意地拉了拉这个"闯祸"孩子的手，并且对自己的儿子说："这位同学不是有意的，你看他的表情里面充满了愧疚，他也和你道歉了，你就不会生他的气了吧？过来拉拉手，以后你们还是好同学。"

当两个男孩的手握在一起的时候，大家都松了一口气，终于雨过天晴。

事后听这位爸爸说，看到儿子被划伤的手臂，心里也难过。但是，他觉得借着这个机会可以教会孩子宽容、友爱和体谅。

如果自己犯了错，就要向别人承认错误，如果自己被冤枉，更要主动同他人积极地沟通。空口说白话教孩子，肯定不如睿睿爸爸这种教育方式好。

方法二：鼓励男孩要包容大度

以下是一位母亲的亲身经历：

一次，我陪刚满8岁的儿子骑车上学。因为是上班时间，街上那么多车，我不断地提醒儿子："人多要骑慢一些!"

"哐!"后面一辆自行车把儿子撞倒在地。听到"啊呀"一声，两旁的人都绕道过去，一些人下车看热闹。儿子起来坐在地上，摸着膝盖上的伤痕，泪眼汪汪地看着我。

撞倒儿子的小伙子也转身下车推着车慢慢走了过来，脸上的表情看起来十分后悔。儿子没有任何的责任，周围的人都闲言碎语指指点点。我非常平静地走到孩子旁边，强自压下心中的疼痛，温柔地对儿子说："起来吧，只是摔了一下，没什么大事，对吧？我儿子肯定不怕痛。

站起来吧！"

儿子就不哭了，一下子爬起来了，看着那个撞倒了自己的小伙子责问道："你怎么看的路啊？"

小伙子便开始道歉："实在对不起，小弟弟，上班有点着急。你没摔坏吧？……"

我笑了一笑，对那个小伙子说："没事儿了，你赶紧去上班吧。注意点儿啊，撞了人，想快反而却慢了。"那个小伙子便感谢地说："真是谢谢大姐！"

周围人的眼中透露出赞许，有的人说着"这个男孩真的是很勇敢""很懂事""大人也通情达理。"然后纷纷骑上车走了。这个时候我问儿子："还疼吗？那个哥哥着急去上班，迟到了可能会扣工资，不仅影响他的生活，更会影响工厂的生产。两个人撞车，各自都有些许责任的啊，我们要是没有受到伤害就不要继续纠缠下去，浪费时间。"

儿子在人们的夸奖中觉到了自豪，我需要把对人的宽容和友爱传达给他，使他受益终身。不认识的人伤害了自己，也需要宽容吗？答案是肯定的。难道父母培养男孩的宽容心理还要选择对象吗？妈妈一定要珍惜每个教育孩子的机会。

可能很多家长都会这样理解，什么事都让男孩"让"着别人，孩子长大了便会受人欺负、懦弱胆小。这种想法是不可取的，那不是"让"，是一种珍贵的品格，父母过度地溺爱才会导致孩子变得懦弱无能，让孩子在谦让中学会包容大度，有利于男孩的将来。

诚实守信是男孩的立身之本

诚实守信是中华民族的传统美德，也是可贵的品格，我们要把它作为教育孩子品质的第一步。 教育孩子养成诚实守信的好习惯，对孩子的成长是有利的。 一定要让孩子知道，要想建立属于自己的良好信誉，就要学会诚实、不说谎、信守诺言。 假如常常骗人，别人会觉得你不可靠，即使你对别人说的是真话，别人也会持怀疑态度，那时再后悔就晚了。

虽然家长希望把孩子培养成一个守信用的人，但他们自身的行为却使孩子说谎愈发严重。

在我们的周围，时常会出现这样的状况：

家里的地上有个碎了的花瓶。妈妈便会问这个花瓶是谁打碎的。男孩主动承认之后，结果妈妈却是一顿批评或者惩罚。然而当男孩又一次打碎花瓶之后，妈妈问是谁打碎了花瓶时，男孩害怕受到惩罚，便会说是狗打碎的。这回不但没遭到批评，反而逗乐了妈妈。

很多家长就是这样在无意中让自己的孩子学会了撒谎。

这件事听起来很滑稽，可大部分家长都能对号入座。如此看来，这个孩子长大以后养成了说谎的陋习，那么，到底是家长的责任还是孩子本身的问题呢？

儿童教育专家安德森博士指出：男孩说谎的问题在于他以前主动承认错误后被家长训斥导致的。假如训斥孩子的话，孩子肯定会找借口推脱责任。如果他勇于承认错误后得到的是父母的夸奖或从轻发落，那么，孩子便会喜欢上坦白。这就是大部分家长对孩子教育时的错误所在：对的教育方向、错的教育方式，结果往往南辕北辙。

既然诚信这样重要，那么，我们该怎么样让孩子具有诚信的美德呢？

【给妈妈的建议】

方法一：在关键时期培养孩子的诚信

往往，孩子为了逃避某种事实便会撒谎。比如，糖粒还在孩子嘴上粘着，坚持不承认自己吃过糖果，这种笨拙的谎言往往令家长一笑而置之，认为这是孩子天真可爱的表现。3岁以下的孩子说谎，大多流露出的是本性。可从4岁起，儿童就开始判断正误。实验证明：5岁时，92%的男孩认识到撒谎是不正确的；11岁时，只有28%的男孩觉得撒谎是错误的。显然，最不喜欢说谎的年龄是在5岁左右。所以要重视这个时期的诚信教育，只有这样才会取得更好的效果。伴随着年龄的增长，男孩便会有辨别谎话的能力，如果让他们认识说谎会受到惩罚，那么，谎言就会减少甚至消失。

方法二：父母要给男孩树立正确的榜样

要想培养孩子诚实守信，父母一定要做好榜样，任何人都有一种与生俱来的模仿能力，男孩同样拥有这种模仿能力，甚至比大人还要强，很容易受到某种行为的操纵。

春秋时期，曾参是孔子的得意门生。有一次，曾参妻子急着出门赶集，小儿子缠着妈妈要一同前去，妻子便哄骗孩子说："等我回来之后，便杀猪给你做肉吃。"小儿子就不再缠着母亲一起去赶集了。妻子回家了，丈夫就要将猪杀掉。妻子说："不过是哄孩子的玩笑话罢了，你干吗当真？"曾参严肃地说道："孩子小时候心灵十分纯洁，假如连父母都说谎的话，孩子就学会了撒谎。长大之后是不会诚信待人的，这样又让孩子如何立足呢？"为了孩子长大后能学会讲信用，曾参果断地把猪杀了。

假如家长经常骗孩子，不兑现自己所说的话，就会带给孩子说谎、不守信用的暗示，孩子便会跟着模仿。 再比如说，假如父母答应要带孩子去游乐园玩，就应该尽可能地去完成对孩子的承诺，假如有突发状况，也要先考虑事情是否重要，如果不是很重要的话，就要履行承诺，如果事情真的很重要，也要记得给孩子讲明原因。 至于这些简单的小道理，父母更需要谨记。

其实有时候也需要一些善意的谎言，家长还是要先想好如何向孩子表达，至于有些谎言，如果可以避免，还是不说为好。　如果孩子一旦发现家长也在说谎，孩子的心理就会出现偏差，会对孩子的身心发展十分不利。

　　生活中，许多父母都有可能不自觉地对孩子讲了一些不诚实的话，抑或没有兑现的承诺。　在这个时候家长一定要放下架子，以平等的地位向孩子承认错误，这样才会赢得孩子的信任。　要知道，只有家长为孩子做出优秀的榜样，孩子才能受到正面的影响。

　　从小培养孩子诚实守信的习惯，对于孩子来说会终身受益。

勇于向未知的事物挑战

康德说："只有乐观与希望，才能有利于我们生命的滋长，能够鞭策我们的奋斗意志，生出无尽的力量。"

我们的生活不可能总是那么圆满，每个人的一生都注定要跋山涉水，遇见一些从没遇见过的考验或挑战。父母要让孩子明白，遇到未知的事物不要畏惧，或畏缩着不敢前进，只要心中有理想、有信念，那么即使有失败的可能，也不要停止尝试的勇气。

勇气可以让人在遇到挫折时不害怕，不逃避，要勇于接受所有挑战，只要大胆地去行动、去尝试，总会有一些好处，要不收获成功，要不收获经验。

假如在挑战面前，因恐惧失败而不敢前进，放弃机会进行尝试，就没法知道事物的深刻内涵，如果勇敢去做，就算失败，也会因此而获得宝贵的经验。

在美国经济大危机最严重时，有一位年轻的艺术家，他全家靠救济金维持生计，那时他急需用钱。此人擅长木炭画。他画得虽然好，但社会局面却太糟了。他怎样才能发挥自己的才能呢？在那样的艰苦日子里，怎么会有人愿意买一个无名小卒的画呢？

他可以画他的邻居和朋友，但他们也一样没有钱。唯一可能的市场就是有钱人，那么谁是有钱人呢？他怎样才能获得接近他们的机会呢？

他对此思考很久，最终他到纽约一家报社资料室，从那里借了一份画册，画册中有美国一家银行总裁的肖像，于是他到家就开始照着画起来。

他画完像，然后裱在相框里。画得很好，对此他很有信心。但他怎样才能让对方看到呢？

在商界里他没有朋友，所以想被朋友引见是不可能的。他也知道，如果自己想办法约他出来，他肯定会被拒绝。通过信件要求见他，但这种信可能都无法通过这位大人物的秘书那一关。在这种十分困难的情况下，他还是决定不顾一切地试一试，就算是失败也比主动放弃的好。

他梳洗好自己，穿着自己最好的衣服，来到了总裁的办公室并要求和他见面，但秘书告知他："如果没有预先登记好，见总裁不太可能。"

"真糟糕！"年轻的艺术家抱怨道，同时揭开画的保护纸，"我只是想让他看看这个。"秘书看了一眼画，便接了过去。她思考了一会儿后说道："请先坐，我马上回来。"

一会儿，她回来了。"他说想见你。"她告诉画家。

当那个艺术家进去时，总裁正在欣赏他的画。"你画得很好，非常传神，"他说，"这张画你打算换多少钱？"年轻人松了一口气，告诉他需要 25 美元，结果便成交了（那时的 25 美元至少相当于现在的 500 美元）。

【给妈妈的建议】

如果你想让你的男孩成为一个成功的人，就必须帮助他锻炼出坚强的毅力、勇气和胆略。 一定要向孩子说明，敢冒风险并非不顾危险，敢冒风险的勇气和胆略是建立在对客观现实的科学分析基础之上的。 遵从客观规律努力，就会从风险中获得利益，这才是成功者必备的心理品质。

教育男孩勇于面对挫折

现在的男孩都是在宠爱中成长的，因此他们依赖性强，独立性差。这些"蜜罐里"成长的孩子在享受优越生活的同时，也拥有脆弱的、不堪一击的心理素质。

不少男孩的家长只知道关注男孩的学习成绩，关心他们的生活环境是否舒适，却忽略了他们的吃苦耐劳和挑战精神，而这些恰恰是他们人生所必需的东西。在我们平时的生活中，如何教育男孩面对挫折呢？可以从以下几方面考虑：

【给妈妈的建议】

方法一：要教男孩无须对挫折感到恐惧，遇到挫折要及时应对

胡山山长得比同龄小朋友高大，但却经常被幼儿园里一个个子小的男孩欺负，总被那男孩咬脸。胡山山不会反抗，只会暗地里偷偷地哭，也不敢告诉老师是谁咬

了他。老师发现这样的情况，就对他说："不要害怕，一定要反抗，下次他要是还咬你，你就推开他。"在老师的教导下，胡山山就不再害怕那个男孩了。

家长和老师不可能时时照顾着男孩，要让男孩学会用最正确的态度来对待遇到的挫折，让男孩知道挫折并不值得惧怕，引导他们在克服困难的过程中学会感受挫折，了解挫折。

方法二：为男孩创造困难情况，从而强化男孩的耐挫折能力

有些家长有心对男孩进行"挫折教育"，却得不到良好的效果，原因有两方面。

（1）家长没有把自己放在男孩的位置思考，而是把自己的想法强加于男孩。

高尔夫、网球等课程非常受欢迎，于是家长们就扎堆地让孩子报这两门课，其实孩子并不感兴趣。家长在每次上课前都为男孩准备好"装备"，充满兴致地送他到培训班去，却没有注意到男孩一脸闷闷不乐的表情。

家长希望男孩的体力和意志力能够通过体育运动而增强，出发点是好的，但是不能因为这样就把自己的想法强加到男孩头上。应该让男孩自己选择自己喜欢做的事情，在从事这项运动受到某种挫折时，孩子才会真正从心底激发起潜在的抗挫折能力。

（2）家长没有及时帮助孩子总结失败原因，使孩子经历失败却无所得。

学校组织演讲比赛，参加比赛的学生有二十名，前三位学生获得前三名，另有七名获得优秀奖。

子建本来充满信心，最后连优秀奖也与他擦肩而过，一直闷闷不乐地站在台下。来观看比赛的爸爸看到儿子这样，就走到儿子身边对他说："输就输了，只是一次演讲比赛，不算什么。"

挫折教育的意义就在于，要由失败总结经验，避免下一次在同样的问题上再次失败。如果仅仅一味安慰孩子，不为他分析出现问题的原因、怎样防止错误的再次出现，那么等下次再遇到同样的问题时，他依旧会再度失败。类似的挫折教育，是没有任何正面意义的，反而会使男孩心理蒙上阴影。

第八章

培养孩子的独立性

家有男孩，父母可以"懒"一点

能够达到金字塔顶端的只有两种动物：一种是蜗牛，一种是鹰。不管是在天空高高翱翔的鹰，还是平庸的蜗牛，能达到塔顶俯瞰群雄，都离不开"勤奋"这两个字。现在的孩子，身上最缺乏的就是勤奋。

在家里，孩子一般什么都懒得干：

"今天咱家要打扫卫生，你扫地还是擦桌子？"

"可是我要看书呢。"

"要吃饭了，快来给妈妈摆好碗筷。"

"哎呀，妈妈我要看动画片，妈妈还是你来吧。"

有的父母心疼孩子，认为现在的孩子都这样，就由着孩子的性子来，家务事从来都不需要他们来做，时间长了，男孩就养成了懒惰的习惯。然而懒惰正好是成功的克星。要知道天下没有免费的午餐，要想收获美好的果实，就必须为此付出自己的辛勤劳动。当父母想让孩子做一件事的时候，他总会找出成千上万的理由拒绝。

心理学家研究表明，爱劳动的孩子会比其他孩子稍微聪明一点，一些从小喜爱劳动的孩子，长大后一般都很能干，生活也很美满充实。而很多取得成就的名人，他们的成绩与小时候家长对他们的勤劳教育是密不可分的，富有创造性的脑部结构也是在平时的劳动中磨炼出来的。适当的劳动可以让孩子有个健康的身体，还可以锻炼孩子的意志，培养孩子吃苦耐劳的精神品质。

生理学家巴甫洛夫的父亲十分重视孩子劳动方面的教育。

当小巴甫洛夫长大后，父亲便把他带到了地里，指着一块翻好的地说："儿子，我们种菜吧。"他觉得，给孩子一双勤劳的手就好比给了孩子一双立足于社会的脚，劳动是这个世界上最快乐的事情。

"但是爸爸，我并不会种菜啊。"小巴甫洛夫说。

"没关系，爸爸可以教你啊。"

于是，巴甫洛夫拿着他的小铲子与父亲在菜地里度过了一天，父亲又带着他给菜浇水除草。过了不久，他们种下去的种子都长出了新鲜的嫩芽。后来，父亲又教孩子做木工活。不久，小巴甫洛夫便可以自己动手做一些简单的家具了。

巴甫洛夫在父亲言传身教的影响下，从小养成了不怕苦、不怕累的习惯，每回都是自己动手把东西做好。除了在父亲那里学习种菜以外，父亲还教会了他许多农活。这种从童年里便培养出的品质，成为巴甫洛夫事业上取得的重大成就的原因。

【给妈妈的建议】

假如要让孩子做一个成功的人士，妈妈一定要注意以下几个方面：

方法一：教会男孩拥有正确的劳动态度

可以选择亲自教男孩劳动，让孩子养成爱劳动的好习惯。一定要给孩子营造一种轻松的氛围，让他认为劳动是最光荣的。俗话说"态度决定一切"，如果想培养孩子对劳动的正确态度，那么，就先从改变他们对劳动的态度开始吧。

方法二：放手让男孩去做

让孩子在小的时候就开始让他自己学着穿衣服，学会自己吃饭。等孩子年龄稍微大一点，妈妈做家务的时候也给他分配一点力所能及的家务，例如做饭的时候，让孩子在旁边洗菜；扫地的时候，就让孩子在旁边拖地；当孩子把勤奋当成一种习惯后，不知不觉就会让劳动变成自己生活中的一部分了。妈妈平时也教孩子多帮自己分担一下家务，买酱油，取报纸，晾衣服，买东西等等简单的事情可以让孩子来做。

方法三：千万不要无条件满足孩子

不要孩子要什么便给他什么，一定要让他有所付出。当孩子想要得到一种东西，比如喜爱明星的签名，就要坚持扫一个月的地，一定要让孩子珍惜自己的劳动成果，也让他知道劳动的可贵；如果想要多一点的零花钱，一定要鼓励他自己挣，例如做一个星期的家务就是很好的方法。唯有脚踏实地地取得成果，自己才能过上高质量的生活。

所以，妈妈要想让自己的孩子有出息的话，一定要在他们小的时候培养他们的劳动精神。每个孩子都会有自己的理想，光有理想不付出行动，那么梦想只会落空。妈妈在教育孩子要有实干精神时也要以身作则，为孩子树立良好的榜样，营造一种积极的氛围。当男孩想干一件事情的时候，妈妈会担心孩子做不好便不让他们去做，这会让孩子产生惰性，就算之后有了什么奇思妙想也不想付诸行动了。

男孩有了理想之后，但是又不知道从何下手，妈妈一定要帮助孩子记录下这些梦想，督促他们每天实现一点，并且毫不懈怠地坚持下去。

让男孩自己做决定

"横看成岭侧成峰，远近高低各不同。"所有的事情都具有一定的定论，无论是谁提供的意见都只能作为参照，但是要永远坚持自身的想法，千万不要被其他人的论断绊住了自己前进的脚步。如同墙头草一样两边倒，完全没有自身的立场和做人准则，这样必定是无法迈入成功的。

有一名中文系的学生费尽心思写了一篇小说，请一位作家品评。由于作家正身患眼疾，于是学生便把自己写的作品读给作家听。但是学生却忽然停顿下来，作家追问道："是已经完结了吗？"听他的口气却是意犹未尽的感觉，十分期待后续的故事。作家的追问，充分地调动了这名学生积极性，于是灵感立刻如泉涌，接着他马上说道："并没有结束，其实我的下半部分更加精彩呢。"于是他便将自己的构思又一点点地接了下去。

又到了一个段落，作家似乎又意犹未尽地问道："在这里结束了?"

学生想，一定是我的文章写得十分好，能够引人入胜！学生更加兴奋，于是更慷慨激昂、更加富有写作灵感。他接着往下讲起了这个故事……最终，作家的手机很不合时宜地响起了铃声，打扰了这位学生源泉般的思绪。

原来是有人打电话找这位作家有要紧的事，于是作家便匆匆忙忙地准备离开了。学生问道"那剩下没有读完的小说呢?"作家说"其实这篇小说应该很快就收尾了，早在我首次询问你是否应该完成之际，你就应该结束了。为什么后面还要多此一举？该停就应该停下来，在我看来你还是没有把握写作的真谛，特别是缺乏必要的决断。抉择是当作家的重要根基，不然绵延不绝的乱说一通，怎么能够打动读者呢?"

学生感到十分后悔，于是认为这是由于性格太容易受外界的打扰，才难以把控作品，恐怕不能够成为一名作家。一段时间过后，这个学生又碰到了一个年轻作家，十分惭愧地说了这件事，哪里料想那个年轻作家突然惊叹道："你的反应这么迅速、拥有如此敏捷的思维，编故事的能力强大，你拥有的这些是一个作家必备的天赋呀！倘若你能够正确地使用它，你的佳作必定能够大获好评。"

通过上面这个故事，我们一定深有感触。 一个没有自身想法的人，或者自身虽然有想法，但是却总是根据他人的想法来改变自身想法，人家说什么就是什么，一味地去迎合别人的人，最终会慢慢地迷失了自我的方向。

吕坤就很不支持做事没有主见的人，吕坤曾说：凡是做事就一定要通过自己的思考来判断对错，而且要有正确的立场与论点。所以他说做事情之前就害怕别人讨论。做一半的时候因为有人提出反对的意见，为此就不敢做下去，这就说明了这个人没有一定的定力，也可以说是没主见。没有定力和主见的人，不是一个独立的人。

站在家庭教育的立场上，假如家里的男孩成天活在别人的世界里，太过于看重别人的看法，尤其是太重视周遭人看自己的眼神，永远存活在他人的世界中。日子久了，男孩便慢慢变得依赖他人，从而失去自我，这样的男孩肯定不会有独立思考的能力。

【给妈妈的建议】

怎样让男孩成为一个独立思考的人？这需要父母平时在家里通过小事情慢慢培养。

方法一：别拿他与他人比较

日常生活里没有必要总是在孩子的面前夸赞别家孩子如何好。例如"你瞧瞧别人这事干得多漂亮，多让父母省心""别家孩子穿衣真好看"等。这样会让孩子怀疑自身是否有能力做事情，因此，男孩便会逐渐对自己失去信心，导致仿照别人做事，这样便加重了孩子的从众心理。

方法二：一定让孩子坚信自己能行

父母一定要扩大孩子的知识面，要从各个角度提升孩子的素质，创造良好的条件，提供给孩子充分实现自我的机会。男孩自己分内的事应让他独立完成，家长也一定要给予孩子足够的赞赏，加强他对自身的欣赏能力，并且相信他自己也可以做得很好。

方法三：让男孩有自己选择的权利

当孩子在餐厅选择菜样、购物的时候，家长就应让孩子参与到其中来，让他们从小就有发言的权利。做家长的千万不要把自己喜欢的东西强加在孩子身上：比如"我挺喜欢这道菜的""这个衣服更好看""你应该会喜欢这件！"等类似的观点是不正确的。如果每次都是这个说法，孩子最终会迷失自己的想法。

方法四：做一名好的评论家，不如尝试做个好的倾听者

妈妈不要总是对孩子絮絮叨叨说个没完，更不要过分苛责孩子，把自己的命令强加给男孩。最明智的方法是能够让男孩有自己的想法，做个合格的倾听者。每当孩子在陈述的时候，不要急于打断，一定要耐心地听孩子一点一点地说下去。

方法五：锻炼孩子的叙述能力

要和孩子多多交流图书或者电视的问题，慢慢地指导男孩把从书本中学来的知识或者从电视上看到的内容，有条不紊地叙述出来，或是让孩子把幼儿园里发生的事情讲一讲，家长应该学会在旁边默默地倾听，在孩子不能表达自己意思的时候，家长应该在旁边给他提示，这种做法有利于训练他们的逻辑思维能力。

方法六：要给予孩子肯定

每次当男孩说出自己的想法时，作为父母一定学会耐心

倾听，孩子说话的时候要表示肯定并及时赞扬。 如果总是一味地压抑孩子想象的翅膀，孩子以后可能再也不会按自己的任何想法做事了。 除此之外，每当孩子的看法不合情理时，家长要学会柔和、耐心地解释，做法要让孩子易懂并且能够接受。

方法七：千万不要同男孩说"丢人现眼""太吵了"这样的话语

一定要避免对男孩说"别说了，丢人""太吵了"这样的话语，一定要让孩子相信自己，把自己的看法都倾诉出来。

方法八：让孩子参加适当的体育活动，激励孩子当"领头羊"的角色

很多男孩都喜欢运动，在游戏里，适时地激励孩子充当"领头羊"的角色，锻炼男孩的组织能力以及面对事情时的应变能力。

类似上述法则的方法数不胜数，家长要成为一个善于发现的人，这样便可以时时刻刻有惊喜了。 一定要制定针对男孩的方案，才会出现期待的结果。

必须强调的一点是，一定要培养孩子真正独立自主的个性，拥有其自身的看法。 父母本身一定要是个有"想法"的家长。 如果家长本身就没有主见，总是跟从他人的看法，我们又如何能够奢望这样的家长培养出独立自主的男孩呢？

培养男孩的自立精神

在平时的生活中，许多男孩为了得到自己想要的东西，总是会采取无理取闹、乱喊乱叫的办法，这使很多父母头痛，尤其对于平时就溺爱孩子的父母来说更为难。男孩没有自控能力，家长应该怎么办呢？

凯伦夫妇就被儿子的无理取闹弄得很头痛。他们的儿子只有6岁，但是性情却很暴躁。在逛商城的时候，只要一不满足孩子的要求，孩子便大发雷霆、大吼大叫，无论怎么和儿子讲道理，他总是听不进去，甚至还会在地上打滚、乱扔东西。

因此，凯伦夫妇用尽了方法，夫妇俩打他、骂他、呵斥他、让他罚站、苦口婆心地讲道理……这些都无济于事，遇到事情之后孩子还是会又哭又闹，脾气没有一点点改变。

没有家长喜欢随便发脾气的孩子，但是事实上发脾气是每个孩子必然会经历的过程，假如父母不加以正确的引导，孩子便会像文中的这个男孩一样，养成乱发脾气的习惯，尤其当不能满足他的要求时，孩子便会没完没了地哭闹起来，直到自己满足为止。

"现在的孩子脾气越来越大了！"年轻的家长纷纷抱怨道："只要不顺心，脾气一下子就上来了。打也不行骂也不行！"现实生活中，这样的孩子确实不少。家长应该如何应对孩子的牛脾气呢？

【给妈妈的建议】

家长给孩子物质上的奖励，会让孩子觉得金钱是万能的，并且会盲目地崇拜金钱，这不利于男孩的成长。如果经常用金钱作为奖励男孩的方法，最终会害了他。成功的家长提供健康的成长环境，并不是用金钱来消磨孩子的斗志，而是让孩子有一个舒适的环境，这样更有利于成长。

一部分家长在孩子的教育过程中过分强调物质奖励：今天孩子只不过是画了幅画，父母便给他物质奖励；孩子只不过是背了几个单词，就又奖励一次……

孩子不听话的时候，反复教育不听，就用孩子喜欢的食物来让孩子听话。这对于孩子来说，物质奖励只是一时的刺激，精神方面的奖励才是孩子应该追求的。

过度的物质奖励逐渐会让孩子变得更加娇气，甚至造成高消费的习惯，这些都不利于孩子形成朴素、有爱心、善良的个性。在孩子成长中虽然要有一定的物质奖励，但是这些应该与家长的精神奖励相辅相成，这样才会有好的教育效果。现在家庭教育方面还存在着很多误区，这些误区对男孩良好行为和品质的形成会造成一定的影响。

男孩间的冲突问题让男孩自己解决

曾经有一个真实的故事：

有两个孩子玩滑板的时候不小心撞到了一起，摔在地上哇哇大哭。他们的爸爸听完了立刻赶过来拉起孩子，虽然都对对方的孩子有不满意的情绪，但是却没有说出什么不堪的话语。

就在准备离开的时候，两个孩子的妈妈也慌慌张张地下了楼，都开始责怪对方的孩子。于是两位妈妈互相骂起来，两位爸爸也想要动手打架，最终被周围的邻居劝住了，才避免了双方家庭的激战。这边战争刚刚平息，那边摔倒的孩子又说说笑笑的，两个人一起去玩了。

这件事是否让人觉得很可笑？ 而这样的事情也经常发生在我们身上。 年龄相仿的人在一起，小打小闹都是经常的事儿。 很多类似的冲突经常发生，这些已经让家长十分头痛，玩着玩着，两个孩子便开始互相打骂起来，这让大人们也很紧张。为何两个孩子在一起会冲突不断呢？

教育学家认为：这些是因为孩子的认知发展不均衡引起的。3~6岁的男孩以自己为中心，他们只是考虑自我的想法，不会为他人考虑，更不会听取他人的意见，这样冲突肯定就会发生了。

除此之外，男孩缺乏社交经验，不会轻易表达自己的想法和感情，有时候好心办了坏事，事后也不会去辩解。男孩之间的冲突矛盾往往都是由一些事情引起的，而且发生矛盾后他们一般都是不记仇的。父母们，假如你的孩子会经常和周围小朋友起冲突的话，不用担心，这其实是孩子成长的必经之路。

孩子间难免会产生矛盾，但是为了培养孩子的独立性，一定要让孩子学会自己解决问题。

一位著名的学者曾经说过："孩子的礼物便是吵吵闹闹，上帝给予他们这个礼物的原因就是要让他们从吵闹中成长……"发生冲突的时候也是孩子学习的过程，对于将来融入社会也有着很独特的价值。孩子自己解决完问题后的成功感和胜利感也是语言教育和行为指导无法达到的。

一位教育家曾经说："听完了我便忘了；看过了我便知道了；做过了我便记住了。"

孩子都有自己的一套理论，他们之间的矛盾，即便自身解决得不好，在孩子的成长过程中也是种财富。只有失败过，才能得到经验的积累，唯有失败过，才会得到真正的成功。

每当孩子起冲突的时候，家长不要干涉，不能运用成人的方法来解决孩子之间的冲突。家长第一步想的便是要抓住这个机遇让孩子学习到一些经验，而不是想尽快解决问题。要知道共同分享、互相帮助等价值观，还有与他人如何共事的行为并不是天生的，这些都是在和同龄人的交往、打闹中慢慢积累的。

男孩之间产生冲突、矛盾，不仅可以使男孩在处理问题时学会交流，还可以帮助男孩改掉以自我为中心的不良习惯。

明明和亮亮是一对好朋友。有一天明明找亮亮玩，这两个孩子分别搭积木房子，但是积木不够，他们没办法搭成一个完整的房子。这二人为了抢积木产生了冲突，吵闹中把搭好的房子也推倒了。两人找到明明的爸爸告状。明明说道："他抢我的积木，我的房子还被他弄倒了。"亮亮也难过地说："你还拿了我的呢。"爸爸看这两个孩子互不让步，就说："如果你们两个懂得互帮互助，那么，房子不是早就建好了吗？"听了这话以后明明和亮亮纷纷回答道："我们俩一起玩这些积木。"爸爸听后也很高兴，说："好的，你们搭好后我给你们照相留念好不好。"两个小朋友听后马上一起搭房子去了。

现在的孩子大多数都是独生子女，自我意识非常强烈，在交往游戏中难免会产生冲突，就好像上面提到的两个孩子一样。因为他们现在年龄还小，还不能明白合作的重要性。

在这个过程中，通过让男孩自己解决问题，能够促进男孩在处理问题中懂得尊重他人、宽容他人，让他们懂得唯有尊重别人、满足别人才能更好地满足自己。

要让男孩在不断探索如何与他人相处的过程中，逐渐学会互谦互让、共同协商、相互合作，不断增长社会经验和了解社会规则，在不断提高人际交往能力的基础上，逐渐增加自己的心理承受能力。

父母不要认为为孩子解决问题是分内的事情，唯有父母才能够想出好的办法。要知道，孩子在自己解决问题的过程中往往会有出乎意料的办法。

家长都应该知道，冲突在孩子成长的过程中是无法避免的，不必惊讶。有一些父母不要因为孩子吃了一点点小亏或者发生"冲突"而去找对方的家长理论，或跑到幼儿园找老师告状。怕自己的孩子吃亏，而对自己的孩子过度保护，对孩子的健康成长是非常不利的。

【给妈妈的建议】

方法一：父母遇事要沉着冷静，千万不要步步干涉

孩子之间发生冲突、矛盾是再寻常不过的了，而孩子处理问题的方法和成人是不一样的。因此，父母千万不要用成人的方式去帮助男孩。一定要让他们自己去解决问题。

作为父母首先要做的就是相信自己的孩子，相信他们有独立解决问题的能力，如果父母给了男孩自己解决问题冲突的机会，那么，他们的做法便会让家长刮目相看。当孩子和朋友发生冲突时，家长让孩子在处理同伴之间的冲突中学会成长，并且要在必要时给予帮助。

与此同时，当孩子之间发生冲突的时候，父母也不要擅自介入进去评判是非。在发生冲突后，做家长的要相信自己孩子的能力，要为他们找寻机遇，让孩子慢慢学会自己解决矛盾，所以家长要做一位适当的引入者，这样做不仅能够平缓斗争，而且还能够为男孩的交往能力、道德水平、语言沟通能力的提高提供帮助。

方法二：父母要协助孩子解决问题

孩子一旦产生矛盾，父母不能马上就判断谁对谁错，而是要充分了解冲突的真相。作为家长不能凭自己的想象去推测，而是应该耐心听孩子说话。现在的年轻父母，由于对孩子的溺爱，在孩子之间发生冲突的时候，只会一味地纵容孩子。父母这样做有失风范，同时也会无形中加强了孩子的嚣张心态。有些孩子就会觉得只要有父母在就会为自己撑腰，长此以往，会使孩子越来越骄横跋扈。

也不要因为自家的孩子经常受人欺负就过度保护他，一定要让他多和小朋友一起玩。当孩子真正受欺负时，应该支持孩子，不能骂孩子软弱。

让男孩懂得吃亏是福

有人问李泽楷："你是不是和你父亲学习了很多成功赚钱的秘诀啊？"李泽楷回答道，父亲并没有教他任何赚钱的技巧，只是教会了他一些做人的道理。李嘉诚对李泽楷这样说过：他与别人合作，如果7分合格的话，那么他就会只拿6分。

李嘉诚想要告诉孩子的是——吃亏是福。你可以假设想想看他只拿了6分，但是现在可以合作的人增加到一百个，那么他便有机会拿到更多的六分。假设拿了8分的话，那么与他合作的便又少了，那么哪个获得的更多呢？这个香港富豪多次和他人进行了或长或短的合作，有时候宁愿自己少分到一些钱。假设生意不理想的话，他也可能会什么都放弃了。正是因为他的这种品格，使他的合作者众多，他的生意才会越做越大。他之所以成功便是源于他懂得吃亏是福的道理。

如果人们不能放弃一点儿利益，便会产生骄狂的姿态，那么就必然会侵犯到其他人的利益，四面楚歌之时，又有谁愿意和这样的人合作呢？所以，男孩在同社会上的人相处的时候，吃亏也未必是件坏事，通过这件事情要让他们学会宽容他人，虽然我们不能鼓励男孩去主动吃亏，但是当吃亏来临时要让他们懂得吃亏也是福。

现在有许多男孩，他们为了同一个目标而共同努力奋斗。但是在分享劳动果实时，往往会发生各种矛盾，因为他们谁都不想吃亏，反而都各自斤斤计较。这样谁也不肯让步，那么便会让本来已经要得到手的东西又从手里溜走。父母一定要让男孩明白，在这个世界上其实并没有绝对的公平，千万不要因为自己吃了亏，就一直把不公平挂在嘴边。

父母一定要让男孩明白，在小事上千万不要太拘泥于绝对的公平，实际上世界上根本就没有绝对的公平。一定要从长远的角度来看问题，千万不要斤斤计较，要有长远的规划。

懂得吃亏的人拥有一种气度和胸怀。懂的吃亏的男孩往往都是一生平安，并且生活得幸福美满。吃亏本来就是一种福气，一时的吃亏就有可能换来我们一世清闲。

要深深懂得吃亏是福这个道理。当孩子面临困难的处境，家长一定要告诫他们吃亏其实是一种谋略，不要对眼前利益斤斤计较。

一个大学生来到出版社做编辑，他不仅拥有好的文笔而且还拥有宝贵的工作品格。出版社决定出一套新书，人手不足，但是公司没打算招人，几乎整个编辑部都进行了抗议，但是大学生却很乐观，没有一丝怨言。随后，他又被调到了市场部去参加销售工作。除此之外，许许多多的零碎活都是由他来干的。不管上面下达什么要求，他都十分乐意帮忙。其他同事都觉得他吃亏了替他愤愤不平，但是后来他却升职了。

他通过吃亏把编辑行业的各个部门的流程都掌握了。他一直心胸开阔，他用吃亏换取了作者的信任；他用吃亏调动了其他员工的积极性；他用吃亏换取了好品格……从另一个角度说明：吃亏成就了他。

【给妈妈的建议】

如同上面的故事，吃亏就是占便宜。很多男生都不想吃亏，从内心里认为吃亏是丢人的，家长需要做到以下几点：

方法一：在吃亏时安慰男孩

让孩子尽量在吃亏中成长，让他们学会与人相处的经验，人生不单单只是有顺境。当男孩吃亏的时候，家长一定要为他们耐心地讲解，让他们的内心归于平静，尽量让他们从自己已经得到的食物当中找寻吃过亏的影子，这样他们便知道了所创造的福。

方法二：培养男孩宽大的胸怀

生活中一些磕磕绊绊的小事情其实没有必要放在心里，唯有在吃亏过后还能拥有一颗包容的心，才会有更多的朋友。

第九章

好妈妈教男孩如何管理情绪

乐观的家庭孕育乐观的男孩

常言道："事业与家庭是鱼与熊掌，事业心太重的女人，想有个完美的家庭是很难的。"

东北二人转演员出身的宋丹丹本来是很不赞同这样的话，不过随着名气的攀升，家庭也出现了裂痕，随着隔阂越来越深，最终还是离婚了。

宋丹丹的家庭破裂后，儿子一开始是跟着爸爸过，随后爸爸再婚，宋丹丹争回了孩子的抚养权。很显然，她不愿意孩子生活得不愉快，也不想害了孩子。虽然自己的婚姻是失败的，她依然非常乐观，积极向上，她想给孩子一个有趣的家庭环境。她非常重视儿子的培养问题，想要儿子被爱包围而不是恨，让他觉得前途是光明的。她让儿子为她决定再婚的对象，不过必须是爱她且爱他的。

宋丹丹同《家有儿女》里的母亲如出一辙，再婚后用个人积极向上的心态建成了一个和睦的家，她让儿子跟继父之间日渐亲密无间。儿子依然成为第二个家庭里的情感天使，一直开朗、轻松、幽默，爱妈妈，也爱继父，还爱继父的女儿，一个与他无血缘关系的小姐姐。

都说后妈难当，要经营好一个重组的家庭更难，但乐观的宋丹丹并没有被困难击倒，在儿子和女儿之间左右周旋，并且已经十分擅长当后妈了，竟然与和她没有一点血缘关系的女儿关系十分融洽。在宋丹丹看来，这个便是命中注定的母女缘分。尽管这对母女之间没有任何血缘关系，但是母女两个生活在一起时默契十足。

生活中，假如女儿提出了某些无理的要求，就像是要买一个价格昂贵的东西时，宋丹丹也会一样坚决不同意，女儿总是笑着说："这毕竟不是亲妈啊。"每当宋丹丹听到女儿这样说时，也会一笑而过。她觉得女儿和她这样说话才是真正没有隔阂的，说明女儿和自己没有在血缘之间产生任何隔阂。

在宋丹丹的细心呵护和理智适度的教育之下，儿子和女儿虽然在这种特殊的环境中成长却体会到了来自母爱的伟大，学会了宽容并健康快乐地成长。 可见，家教的宽严适度对于家庭中的孩子有着至关重要的影响。 父母也要在日常生活中将这种乐观的心态通过环境传递给孩子。 只有在一个良好的家庭环境之下，孩子才能自由、健康、快乐地成长。

快乐的家庭气氛总能培养出乐观的孩子，那么父母该如何在生活中向孩子传递来自家庭的快乐呢？

【给妈妈的建议】

方法一：给孩子营造一个温暖舒适的家，让孩子在家中体会到温暖

让孩子在家庭中体会到一种满足和自信，是父母应尽的义务与责任。在为孩子营造温暖的家庭气氛过程中，母亲有着独一无二的先天优势。母亲在生活中展现出来的细心与认真，能让孩子主动去理解来自家庭的爱，并能感受到来自家的温暖。

方法二：父母应该用积极乐观的态度面对生活，为孩子做出榜样

享誉世界的"领带大王"金利来的总裁曾宪梓，与夫人用一把小小的剪刀建立了属于自己的王国。在他事业有成之后十分热衷于公益事业，为国家和家乡建设先后捐款上亿元，被世人称赞。他的事业成功和他母亲的教导有着密切的关系，母亲在生活中的坚强赋予了他艰苦耐劳的品质，并让他受益终生。

在日常生活中父母一定要为孩子做一个积极的榜样，这样孩子才能在自己的人生中健康快乐地成长，并捕捉到更多的快乐。

方法三：父母用快乐的心态影响孩子

我们遇到过那些一见就令人喜爱的男孩，也遇到过那些一看就惹人生气的男孩。有些男孩在你还没有开口之前，就已经领会了你的用意，这是十分聪明的男孩；有些男孩就显得比较被动，你有问他才答，但你有问他必答，虽然显得像小女孩一般羞怯，但也有着令人怜爱的气质；可是有一种男孩

却完全不能或者根本就不愿意和他人交流配合，把自己封闭在小世界中，处处设防，随时充满着敌意和攻击性。实际上，这些不同的反应追根溯源都是反映孩子灵动的能力，也就是人际交往技能。

在孩子早期成长的过程中，父母精心地培养能够促进孩子在人际交往方面更好地发展，为孩子在日后走向社会、进行自主的工作和学习打下良好的基础。在培养孩子与他人交往和相处中，父母发挥着尤为重要的作用。

从孩子出生，父母便是与孩子关系最为亲近密切的人了，孩子最先感受到的触摸记忆和声音记忆都来源于自己的父母，父母也是与孩子在身体和精神上最为亲近的家人。孩子长大之后，在与外界相处中，其他孩子是否接纳他，关键就在于他以怎样的方式去接纳别人。了解适应社会这种能力便是从父母那里模仿出来的。

一般来讲，一个开朗热情的孩子往往会有一位慈爱宽容的父亲或母亲；一个性格偏激古怪的孩子的父母，他们的性格一般也会比较古怪。孩子在与人相处的过程中是否心态如常，与和母亲相处过程中的心态有着很大的关系。在语言表达上比较清晰的人，一般能和母亲进行有效明朗的沟通和交流感情，这也决定着他能和他人交流如常。

培养男孩的"阳光心态"

被人称作神奇教练的伍登在美国久负盛名。他在全美 12 年的篮球生涯当中，替加州大学洛杉矶分校赢得 10 次全国总冠军。如此辉煌的成就让他成为大家公认的有史以来最为称职的篮球教练。

一次有个记者问他："伍登教练，在赛场上的你永远都是那么活力充沛，到底是怎么一种力量让你取得这样辉煌的成就呢？"

伍登很愉快地回答："我每天睡觉之前都会精神抖擞地告诫自己：我今天表现得非常好，而且明天我的表现一定能够更好！"

"就这样简单的一句话就能做到吗？"记者有些不解地问。

伍登无比坚定地回答道："简短的一句话？但是我却每天如此坚持了 20 年，简短与否并不是重点，关键在于你是否有毅力一直坚持这样做，如果没有持之以恒，就算是长篇阔论也无济于事。"

伍登不仅仅在篮球赛场上展现了他积极的态度，更在他的生活细节中展现的一览无余。一次他和朋友开车到了市中心，面对拥堵不堪的车潮，朋友显然有些不耐烦，时不时地在抱怨，相反伍登却欣喜地说："这才像个热闹的城市呢。"

朋友好奇地问："为什么你总是和别人的想法不一样呢？"

伍登回答："没什么好奇怪的，我只是用一双善于发现美的眼睛看待了这个世界。无论是悲是喜，生活总为我们提供了机会，它们并不会因为我的悲喜而有所改变。只要用积极的生活态度来面对生活中的各种琐事，我们就能抓住机会，激发更多我们的内部潜能了。"

伍登积极进取的生活态度让他正确地面对生活，与此同时也让他收获了一份正确健康的生活方式和巨大的成就。

但很遗憾的是：很多家庭往往会忽略掉家教的重要性，事实上积极的人生态度能够最大限度地激发出人体内的"快乐因子"，这不仅能让家长和孩子保持一种健康快乐的生活态度，而且还能在一种无形的向上力量之中奋发向前。在此基础上父母也要让孩子了解到关于态度的秘密——虽然它会让孩子每次选择都十分艰难，但最终会决定孩子的一生。

态度是一种力量，可以最大限度地激发出人身体内的潜在能量。每个孩子身上都潜藏着不可想象的能量，一旦这种能量释放出来，就会给我们带来意想不到的能力，因此，态度也正是这种能力的导火索。 一旦男孩发现这种潜在力量，并且更加用心地善加利用，就一定能改变自己的人生轨迹。

以无数成功人士奋斗的历程来看：成功是那些有着积极心态的人获得的。 持有健康积极心态的人即便是遇到困难也会转危为安。 由此可见，培养男孩积极的"阳光心态"是家长应尽的责任。 那么，父母应该如何培养这种心态呢？

【给妈妈的建议】

方法一：引导男孩认识自己

大多数男孩都希望找到属于自己正确的生活态度，并拥有快乐的生活。 然而想要拥有这一切，他们首先要先做好充分的、正确的自我分析，因为只有先了解自己，才会走好自己的人生之路。 当他们了解到自己想要怎样的生活和发展前景的时候，他们才会努力实现自己的愿望，才会达到他们所期的愿望，正所谓"心有多远，你的世界就有多大"。

社会心理学家通过研究发现，善于理性思考和进取的成功人士往往会给自己的生活做出计划，对生命成长过程中每个阶段都细致谨慎地把握控制，采取正确积极的生活态度，一般能够主宰把握自身命运的人，成功自然离他们不远。

积极健康的生活心态要从认识自身开始。 孩子可能理解不了很多的数学难题或者记不住那么多的英语单词，但在处理班中琐碎事务中却有着超人的本领，解决纠纷、善于组织都可能是他的长处；也许孩子在理科算数方面有些吃力，但可能是写小说、诗歌方面的高手；也许孩子并不能很正确地分辨音律节拍，但是却有一双灵巧的手……

这样一来，父母让孩子通过实践认识到自己的长处，扬长补短、确立目标，将一门学问做深做好、认真刻苦学习，久而久之也能取得傲人的成果。相反，假如自己并没有对自己有一个准确清醒的认知，就不会用积极正确的生活态度来面对自己的短处，最终导致悲剧发生。

方法二：激发男孩的潜意识

什么叫作潜意识呢？弗洛伊德有一个十分生动的比喻，人的心灵即意识组成就像是一座冰山，意识只是露出水面的那一小部分，而潜藏在水面之下的那一大部分则叫作潜意识。人的举止言谈都只是由这一小部分意识来掌控的，而生活中的绝大部分则是由潜意识主宰的。

潜意识具有无限的能量，它在我们的内心深处，却能像魔术般创造奇迹。爱默生说："在你我出生之前，甚至在这教堂或是这世界存在之前，潜意识这种奇妙的力量就存在了。这种伟大而永恒、真实的能量，便是为生命运动而准备的。"

一定要让孩子紧紧抓住这种神奇的力量，因为它能够治愈孩子内心潜在的伤痛，愈合他身体的伤痛，帮助他们摆脱内心的恐惧和痛苦，重拾快乐。孩子所要做的就是将自己的身心、感情、期盼与美好的一切融为一体，伟大的潜意识会为他们做出最合理的安排。

方法三：要用行动促使男孩有着积极的心态

父母要让孩子懂得，事实上，态度与行为之间相互作用，态度能够作用到行为之上，行为也可以反过来决定态度。假如男孩的态度是乐观的，那么他的行为也会向着积极的方向发展；假如他们能够以积极的态度去面对，就会大大促进正确的生活态度。

行动会带来应得的反馈回报和成就感，也能带来喜悦，同时他们也能得到自我满足和快乐。 如果他们想要寻觅快乐发挥自身的潜能并获得成功，那么他们就必须付出积极的行动。 因此我们才更应该拥有积极的心态。

体谅男孩的特殊表达方式

由于男孩身体和心理上的一些原因，在表达情感方面，往往与女孩不同。家长要掌握并理解男孩特有的表达方法，同时选择正确时机对他的一些做法进行指导和修正。

【给妈妈的建议】

方法一：关注男孩的沉默

李俊是个阳光、上进的男孩，成绩优秀。选班委的时间就要到了，李俊非常想参选班长，然而最后当选的是一位不如他的同学。当天进家门以后，李俊一言不发，径直走进自己房间。妈妈下班后，看到儿子一声不吭，就立刻关心地问他发生了什么事情。

通过谈话，妈妈把事情弄清楚了以后说："民主投票选举班委理所应当，你也不用过于难过了，妈妈相信你的能力。"李俊向妈妈诉说述了内心的不平、埋怨，妈妈耐心聆听，不时好言相劝。李俊吐出了憋在心中的话，心情平和了，不再纠结，依旧努力、开心地学习。

把情绪说出来一般不是男孩的强项，如果男孩选择憋在心中，很可能他的情绪是有波动了，家长就要多一个心眼，并且要加倍地关心、引导男孩，了解男孩在想什么，不要让男孩笼罩在负面情绪下。

可能家长也会注意到，在教育男孩的过程中，有时男孩会选择保持沉默。遇到这种情况有些家长经常会沉不住气，把男孩的沉默当作耳旁风，还不住地向男孩发脾气。这时家长需要领会男孩的沉默，适当地给予教育，最忌讳抓住不放，要留给男孩足够的时间和空间让男孩自己支配。

方法二：理解男孩乱发脾气

为了一个关键的篮球赛事，李航非常兴奋，走路时蹦蹦跳跳，他渴望一场激战。然而，在下楼梯的时候，他过于激动，"嗖"地从上面跳下，结果扭伤了脚。李航的心情可想而知，他心里那个懊悔呀，狠狠地把拳头朝墙上砸去。

放学后，李航没精打采地走进家门，妈妈看到了他受伤的脚，马上问："哎哟，打球怎么那么不小心把脚扭伤了？"李航听到了"打球"两个字，大吼一声便冲进了房间。妈妈被吓了一跳，随之听到的还有叹气声。

女孩和男孩不一样，女孩会通过言语说"我不高兴了"

"我很伤心"等情绪，男孩更乐于用身体来传递自己的情感。也许很多高兴的事情男孩也会用砸东西来表达，这全是睾丸素在作祟，这些都是正常的成长过程，父母应当理解他们。

方法三：男孩更喜欢用行动来表达心情

男孩一般不像女孩一样用耳朵和嘴巴来表达心情，而是通过做出实实在在的事情来表达自己的心情。当家长心情不是很好或者生病的时候，女儿可能会一直陪在左右，说一些甜言蜜语。儿子却会用实际行动来表达一份关心，他可能只会朴实地倒一杯热水，可能会主动整理好玩具，证明他长大了不用父母担心了。

方法四：识别男孩的攻击行为

男孩有着很强的攻击性，动手处理问题是他们的首选。这可能是由于男孩不懂得如何能表达自己所想，因此才会选择这个不用动脑子的解决办法。这时父母要帮助孩子分析，让孩子好好想想心底还有哪些更好的解决办法。家长还需要教给男孩一些基本的道德观，指导孩子一些生活中的习惯和礼节，使他们掌握解决问题的最好方法。

告诉男孩控制情绪的正确途径

情绪的掌控，就是选择正确的方法。通过更好的方法，来了解自己的情绪、调控好自己的情绪、放松自己的心情。简而言之，就是要掌握最适合自己的情绪表达方式。

亚里士多德曾说："不管谁都会生气的，这不是难事。但要掌握正确的时间和地点，通过正确的方法把握分寸，对正确的对象发脾气，那就不是一件容易的事情了。"展露个人情绪要用最合适的方法，家长要向男孩传授控制情绪的办法，让男孩表达自己的心情，并且能够掌控自己的情绪。

【给妈妈的建议】

方法一：心理暗示法

这个方法是法国医生提出的，其经典名言是"我每天都会进步"。积极的心理暗示可以帮助人们保持好的心情，发掘人所拥有的潜能，并且体现人们的主观能动性。

通过心理学实验可以知道，一个人坐着，嘴里默念"怒发冠""暴跳如雷""太气人了"等话心率会升高，喘气的频率也在增快，好像是真的生气了。然而，如果默念"喜笑颜开""心花怒放""我太高兴了"，那么开心的体验也就随即而来了。从这里可以看出，高兴的体验不但能被语言表达唤醒，并且一些情绪反应也能被压制。

家长可以让孩子利用积极的心理暗示，解除部分消极情绪，以此来维持心情平和。举个例子，想象或用笔在纸上写出如下字样："冷静""在做每一件事情的时候都要留给自己三秒钟考虑""控制愤怒""淡定"等等。事实上，这样的心理暗示对人的情绪有很神奇的积极作用，这样过于紧张的情绪可以被缓解。

方法二：自我开导法

如果一个人想要尽快地摆脱精神上的不愉快，可以从一个点来开导或者辨析。当人的情绪有问题，往往说"成功失败是很平常的事情""塞翁失马，焉知非福""祸兮福之所倚"，这样不但可以缓解不愉快，还可以摆脱焦虑，最后把经验总结出来，引以为戒，从而让自己保持平和。

由此，男孩一定要体会到自我调节情绪绝不是自我逃避，同时更需要男孩把经验教训总结出来，使人生路走得更顺。

方法三：转移注意力法

转移注意力法，就是让注意力从只能观察到消极的状态，转移至别的事情上面或参加别的活动。这就好比出门遛弯、看看电影、打打篮球、对弈一盘、找个好朋友谈一谈等等。这样一来，不仅能防止刺激消极情绪，还能参加自己喜欢的活动，进而起到调节情绪的作用。

方法四：交往调节法

很多导致消极情绪的原因是人际关系的不愉快。如果男孩受这种情绪的困扰，就需要鼓励男孩积极地面对人际关系。只有这样才能适当地排解消极情绪，把情绪稳定住，并且有利于交换所想、互通情绪，把克服消极情绪的气魄和力量聚集起来。

方法五：适度宣泄

过度克制自己只能让自己的情绪更加恶化，而合理地发泄却能排遣坏的情绪，能够让紧绷的神经获得放松。所以，一旦碰到消极情绪，那么最简单的办法就是"宣泄"。比如，出去打打篮球，通过发泄自己的情绪，把心中的怒火释放。

但有一点必须清楚，使用宣泄这个方法排解男孩消极情绪的时候，必须协助他们提高自制力，不能随意宣泄这些不良的情绪。比如，使他们利用适合的方法，选择好的对象和地点，防止引起消极的后果。

方法六：进行心理咨询

若是以上途径无法使男孩走出消极情绪的困扰，这时候家长可以尽早带孩子进行心理咨询，心理专家会从专业的角度，对他们的心理情况进行判断，从而帮助男孩摆脱压抑。

第十章

让男孩爱上学习

让孩子主动地学习——成就动机

"现在的孩子怎么都听不进去家长说的话，不催着绝对不去学习！"

"我们家怕影响到孩子学习，每天都保持一个安静的环境，怎么孩子的成绩还是不好？"

"记得我们原来学习的时候，父母都不过问，现在的孩子真让人操心。"

现在，很多父母说孩子不主动学习，真让人操心。那么，父母有没有想过孩子不主动学习的原因呢？父母看看以下的行为是不是也存在于自己身上：

（1）孩子平日里遇到什么困难都是家长替他解决，从没有自己解决过。

（2）父母对孩子抱有很高的期望，希望孩子的成绩能达到最好，总是不满足。孩子考不好的时候，父母就会对孩子严加批评和指责。

（3）孩子一遇到麻烦，父母就会赶来解决。男孩自主学习的能力在很大程度上因为这些关爱而降低了。

首先，父母对孩子的这种关爱让孩子学习的主动性降低。 其次，孩子没有学习的动力。 父母在孩子小的时候就限制孩子这不能玩那不能玩，也导致了孩子厌恶学习，学习中的快乐孩子也体会不到，所以孩子也不会主动学习。 最后，父母不管孩子遇到了什么困难，都会及时出现帮助孩子解决，导致了孩子对学习的不负责。 在培养孩子自主学习之前，父母要反思一下自己的行为。

现代教育学的观点：积极的、理想的学习过程是要孩子主动、自觉地参与。 如何才能让孩子做到主动、自觉地学习？ 提高孩子的学习成就动机是最重要的。 什么是成就动机？ 成就动机是人类觉得最重要、最有价值的工作，并且把这项工作做得最完美，用高标准要求自己，把这项工作做成功。

拥有这种动机的孩子，具有主观能动性，并且会取得好成绩。 父母指导男孩自觉学习的最有效的方法是提高男孩的学习成就动机。

【给妈妈的建议】

方法一：让孩子明确学习目的

我们都知道，孩子在智力方面没有明显的差异，可是为什么在同一个学习环境下，孩子的成绩会时好时坏呢？ 专家经过调查发现，学习目标是否明确是根本的原因，学习成绩不理想的孩子一般都没有目标，那些目标明确的孩子成绩一般都很好。

明确了学习目标，在学习上就会主动。所以，想要孩子主动学习，最重要的是让孩子有明确的学习目标。例如，指导孩子树立理想，明确自己的学习目的。

方法二：加强对男孩责任感的教育

父母要让孩子知道，自己的责任是学习。要让孩子了解：每个家庭成员都有自己的责任，作为学生，学习就是自己的责任，所以要承担这种责任，当孩子具备了学习责任感的时候，他就会主动学习了。

方法三：在学习过程中，父母应积极给予指导

通常来讲，最好要孩子自己制订学习计划，父母的意见仅供孩子参考。孩子能够按照自己制订的计划做的时候，会养成良好的习惯，也就能够主动去学习。

学习不是任务，而是一种锻炼思维的过程，通过不断思考来解决难题就是锻炼的过程，这一点是父母要让孩子明白的。父母可以引导孩子解决问题，而不是开始就替孩子去做。

方法四：培养男孩树立竞争意识

父母要培养男孩在学习上的竞争意识，有竞争才有进步。将来孩子走进社会，也是适者生存。因此，父母要增强孩子的竞争能力，只有学会竞争，孩子才能学到更多的东西。

方法五：培养男孩正确使用工具书

孩子自主学习的时候少不了工具书的帮忙，孩子养成了查阅工具书的好习惯，就不会事事寻求父母的帮助。随着科技的发展，孩子还应该学会利用互联网搜索需要的资料，并进行下载。

方法六：巧妙减少男孩的抵触情绪

孩子的独立意识随着年龄的增长变得越来越强，这时候的父母要特别重视与男孩的沟通。父母要"认同"孩子在学习上的压力，要让孩子觉得父母是理解自己的，自己的付出是有价值的。当孩子的抵触减轻的时候，父母对孩子的教育也能够很好地接受了。

短期目标对孩子来讲很重要——门槛效应

下面是这样一个实验：

心理学家把一个班的小学生分为3组，分别由3位老师带他们去一个很远的地方进行训练。第一组学生不知道自己要走多远，只要跟着老师走就可以了，第二组学生知道自己要走的路程是多少，第三组学生除了知道自己要完成的距离，他们每到一处，还会有标志牌告诉他们距离目的地还有多远。

结果是，第一组学生没有一个走到终点；第二组的学生只有一半的人走到了终点；而第三组的学生全部走到了终点。

由此可以看出，目标太长远就不能激励起孩子的斗志。那么，是不是只要把远大的目标化为多个小目标，孩子就会坚持下去呢？

这里就有一个"门槛效应"：

美国的社会心理学家费里德曼与费雷泽曾经做过这样一个实验，让两名大学生对郊区的一些家庭主妇进行访问。一位大学生首先对她们提出了一个很小的要求，请她们在安全驾驶志愿书上签字，面对这个小要求，这些主妇几乎都答应了。

两周以后，另一位大学生来访问这些家庭主妇，想请她们在院子里树立一个呼吁安全驾驶的大招牌，但是招牌会影响院子的美观。结果是，答应第一项要求的人中有超过半数的人答应了这个请求，可是那些没被访问过的人中同意的只有17%。

这项实验说明的就是"门槛效应"，

在教学中也应用到了"门槛效应"，例如老师先让学生接受一些他们觉得很简单的事情，从而使他们接受更大的要求。当孩子先从很简单的事情迈入"门槛"后，即使后面会很困难，孩子也会坚持下来。所以在教育孩子的时候，恰当地使用"门槛效应"，就能达到很好的效果。

父母给孩子制定的目标也不能太过长远。特别是男孩，男孩天性贪玩，假如制定的目标太过长远，孩子就会觉得太难，不愿意去做。

对男孩来讲，短期的目标可以促进男孩的进步。因此，当男孩发愁自己繁忙的学业时，没有信心学得更好时，父母就要帮助孩子把长远的目标化成一个个的短期目标，以便孩子更加努力。 可以让孩子实现小的目标，增加孩子的信心。

父母如何帮助孩子设定短期目标呢？

【给妈妈的建议】

方法一：分析男孩学习上的特点

男孩的学习特点不同，例如，有些孩子记忆力好，学过的知识记得牢固；有些孩子，老师讲一遍就能懂；有些孩子手快可是却不细心；有些男孩动作慢但是仔细……父母要帮助孩子知道自己在哪些方面有优势，在哪些方面还存在不足，然后依据孩子学习的特点帮他制定目标。

方法二：不要给孩子制定过高目标

要根据孩子自身的情况，给孩子制定学习的目标，要在孩子的能力范围之内。 假如目标过高，孩子会因此丧失信心。 目标太过容易，孩子的成就感得不到满足，不能激发孩子的积极性。 开始时给孩子设定的目标要低一些，要求要渐渐提高。

不要对成绩过分苛刻——第十名现象

孩子经常说，"今天又要把卷子给家长看，我都不敢回家了。""我考得这么好，母亲一定会奖励我的。"这种现象很常见，孩子考好了就奖励孩子，孩子考不好就不问原因责骂孩子。

孩子成绩的好坏真的这么重要吗？有好的学习成绩就能有好的未来吗？下面是这样一个调查：李先生是一名小学的班主任，有一次毕业生聚会，他发现：那些有很高成就的人小时候学习并不很好，反而，那些小时候成绩很好的孩子，长大后却没有什么作为。

李先生对这个现象很好奇，于是他对自己带过的151名学生进行了跟踪调查，发现小学的优秀学生随着年级升高，会出现成绩名次后移的现象，而那些成绩排在班内十名左右的孩子在以后的学习中却取得了好成绩。

上面提到的就是"第十名现象"。这一现象告诉我们，学习成绩的高低不能决定孩子的成就高低。

那父母要怎样对待孩子的成绩，才能使孩子拥有学习的动力呢？

【给妈妈的建议】

方法一：得知考试的目的

不同的考试可以反映不同的问题。学科考试就分为：进度考试、摸底考试、总结性考试，还有重点考查知识的考试和重点考查能力的考试。只有明确考试的目的，才能弄清楚要反映的问题。例如，有些孩子在考查知识的考试中得分很高，但在考查能力的考试中分数却很低。那父母就不能根据这两次的成绩来判断孩子学习的努力程度，因为这将忽视孩子的发展。

方法二：家长要择善赞赏

父母不要因为孩子的成绩不好而发怒，应该在孩子的试卷中找出一些做得好的地方，对孩子进行表扬并给予肯定，同时告诉孩子哪里还存在不足，这样既不会打击孩子，还能激起孩子对学习的热情。家长应该和孩子一起寻找成绩差的原因，父母在这个过程中要态度和蔼，让孩子如实回答所问的问题，这样孩子在今后的学习中才能提高自己的成绩。

方法三：把考试得分当作男孩的隐私

一位母亲说过："我没有刻意地教过自己的孩子，我尊重孩子考试的得分，我觉得那是孩子隐私的一部分。对于孩子的学习，我只是告诉他，假如他有问题，我随时愿意提供帮助，除此之外，我不再过多询问，也许孩子觉得学习是自己的事情，才会有主动性。"把考试得分当作男孩的隐私来尊重孩子，孩子可能会学得更好。

营造最佳的学习氛围——家庭氛围效应

"近朱者赤，近墨者黑。"好的家庭氛围也影响着孩子，国外的家庭也把家庭氛围看得很重要，例如，德国的《家庭与教育》杂志介绍，德国人对孩子的教育有独到的见解，德国人认为：在孩子的成长中家庭起了很重要的作用。

冯纳斯基斯是德国慕尼黑学前教育研究所所长，他在来中国交流经验的时候说："孩子的一生都会受到父母和家庭的影响。中国父母在教育孩子的时候要注意自己的一言一行。要注意对孩子的教育方法，这样起到的效果才能长久。"

【给妈妈的建议】

方法一：营造一个喜欢学习、追求上进的家庭学习氛围

孩子对学习的兴趣会受到父母的学习热情影响，父母的学习热情还会间接影响孩子的成绩。假如孩子生活在一个学习氛围浓郁的环境中，那孩子就会积极主动地去学习。所

以，家长要以身作则，用自己的言行来影响孩子。

事实上，调查发现：很多学习不好的男孩都没有一个好的家庭氛围。

方法二：加强对于男孩学习的目的性教育

很多父母经常感叹，现在的孩子有这么好的学习条件，可为什么就是不好好学习呢？事实上，孩子也不明白父母为什么一定要让自己考上大学。男孩的个性特点被很多父母忽略了，他们强加给孩子自己的意愿；孩子觉得"爸妈见我的学习成绩不好，比我还着急，难道我是在为他们学习么"。

假如父母与男孩没有对于学习的意义达成一致，同时，孩子因为繁重的学习而感到厌烦，那孩子是不会取得好成绩的。所以，父母不要逼着孩子去学习；要让孩子知道，学习不仅是为了取得好成绩，也不是为了父母，学习的目的是要获得知识，提高自己的能力。孩子只有把学习当作自己的事情才能好好学习。